Reise-Taschenbuch

madrid

umgebung

Maria Anna Hälker
Manuel García Blázquez

GHOST
Nice To Meet You

Senkrechtstarter

Hoch oben vom Spanienturm an der Plaza de España geht der Blick nach unten in die Gran Vía. Als fast schnurgerade Linie zeigt sie den Willen zur Modernität. Den gab es vor über hundert Jahren, und den gibt es bis heute. Aber drumherum blieb das Altstadtgewusel, nicht nur in einem architektonischen Sinn. Drumherum ist in den Gassen Leben à la madrileña. Quirlig und kreativ, begegnungsoffen und direkt.

Überflieger

Plaza de España
Beim heiligen Dichter mit Esel und Pferd

Hip? Hipster
Malasaña

Gran Vía
Eine echte Shop

Casa de Campo
Wo Könige jagen gingen

Campo del Moro
Herumspazieren im Lager des Mauren

Palacio Real
Braucht man heute noch so ein Schloss?

Hört, hört! Arien.
Teatro Real

Plaza Mayor
Kein Platz ist so Mayor wie dieser

Las Vistillas
Romantisch sind die Sonnenuntergänge

La Latina
Tolle alte Tavernen

Rastro
Das Revier der Trödler

Río Manzanares
Armer, verspotteter Fluss

Hier geht's zum aufregendsten Schlachthof der Stadt.
Matadero Madrid

Madrid — vom strahlend blauen Himmel aus gesehen! Mal eben drüberfliegen und die Landmarken der Metropole entdecken!

Chueca
Ganz frei und entspannt leben

Calle Serrano
Mode so kostbar wie Gold

Große Straße
Gran Vía

en!

Fuente de Cibeles
Oh, schöne Göttin! Ikone der Fans von Real Madrid

Metrópolis
Das sagt doch alles.

Best Place to be …
Monument für Alfons XII.

Calle de Alcalá
Augen auf!

Puerta del Sol
Wogegen demonstrieren wir heute?

Huertas
Es wird debattiert und fabuliert und sich amüsiert. Es ist nun mal Madrids Dichterviertel.

Wow

Prado-Museum

Parque de El Retiro
Lungen lüften

Real Jardín Botánico
Dschungelgrün ist es hier. Wie ein Ausflug in die einstigen Kolonien.

Street-Art überall
Lavapiés

Calle Argumosa
Lernfeld Leben: jung, bunt, alternativ

Centro de Arte Reina Sofía
Guernica!

La Tabacalera
Tabak? Nein, Kunst!

Estación de Atocha
Flugs geht's im Zug nach Toledo …

Kreuz und quer

Fundstücke — zwischen krummen Altstadtgassen und Adelspalästen, mondänen Boulevards und gelebter Alternativkultur. Eine Metropole, in der das Leben pulsiert.

Die Altstadtviertel sind die Wucht

Sie sind verdichtetes, konzentriertes Leben auf engem Raum, Open-Air-Bar, Freiluftmuseum und Experimentierlabor für neue Ideen. Es gibt gelebte Toleranz, gutnachbarschaftliche Beziehungen, Lust auf Austausch und Zusammensein, kreatives Werkeln und Verschönern allerorten, Gemeinschaftsprojekte. Der Alltag in den Altstadt-*barrios* ist freundlich und lebenswert.

Mediterranes Flair

Madrilenen schlafen drinnen und leben draußen. In Gassen, auf Plätzen, in Cafés, Bars, alten Tavernen oder hippen Locations. Die Straße ist eine Form des Seins, ein Ort der Begegnung oder eines Schwatzes mit den *vecinos* (Nachbarn). Wenn über der Stadt nichts als blauer Himmel zu sehen ist und die Sonne jede Pore wärmt, möchte man glauben, dass das Meer gleich um die Ecke liegt.

Es ist so schön im Grünen

Ist es nun netter im Botanischen Garten mit all seinen exotischen Pflanzen oder im Stadtpark El Retiro, in dem es sich so schön zu Füßen des Monuments für Alfons XII. sitzt? Im feinen Schlosspark oder im riesigen alten Jagdrevier der Könige, der Casa de Campo? Oder an den Ufern des Manzanares? Es ist überall gut im Grünen.

Draußen auf dem Plastikstuhl einer Bar eine warme Sommernacht verstreichen lassen. Der Unterschied zwischen Himmel und Erde, zwischen Madrid und dem Himmel wird fließend. Und plötzlich ist klar, was die Madrilenen mit ihrem Wahlspruch meinen: »De Madrid al Cielo« (Von Madrid in den Himmel). Es ist einfach gut, genau hier zu sein und hier leben zu dürfen.

Kulturhauptstadt forever

Kunst ist überall, in Museen wie im öffentlichen Raum. Eine Kultur-›Hauptstadt‹ ist Madrid auch wegen des reichen Programms an Events, Festivals, Stadtfesten, Konzerten, Theateraufführungen, Lesungen, Kolloquien, Ausstellungen und jeder Menge Street-Art, zu der täglich Neues dazukommt. Kultur ist Teil des Alltags und Seins.

Der Prado ruft

2021 wurde der Kunstboulevard Paseo del Prado mit dem Ensemble des Prado-Museums und dem Retiro-Park zum UNESCO-Welterbe erklärt. In der grandiosen Gemäldesammlung des Prado glänzen spanische Hofmaler wie Velázquez, Goya, El Greco …

Flamenco
Vielleicht den besten Flamenco ganz Spaniens hören und sehen Sie in Madrid. Weil hier eine größere Community von *gitanos* beheimatet ist, in der diese Musik gepflegt und gelebt wird. Und weil diese Szene herausragende KünstlerInnen hervorgebracht hat.

Dieses ewige Spotten über den schmalen Fluss! Wen interessiert das in einer Metropole, die ihre zwölfspurige Castellana hat?

Es fährt ein Zug …

Nein, es fahren viele Züge zu spannenden Orten rund um Madrid. Schon wegen der Erfahrung absoluter Pünktlichkeit sind sie ein besonderes Erlebnis (zumindest für deutsche Besucher). Und Städte wie Alcalá de Henares, Segovia oder Toledo, die in einer knappen Stunde erreicht werden, sind sowieso ein Erlebnis. Zu Recht erhielten sie das Prädikat Welterbe der Menschheit. Es sind Museen der kastilischen Geschichte, mit beschaulichen, charmanten Ecken. Auch der Klosterpalast El Escorial, Residenz Philipps II., und das Städtchen drumherum lohnen allemal einen Ausflug.

Inhalt

Vor Ort

Paseo del Prado und Parque del Retiro 34

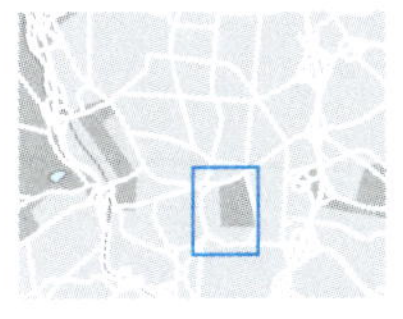

Viel mediterranes Flair haben die Gassen in den historischen Vierteln von Madrid. Fast könnte man sich in Neapel wähnen …

Puerta del Sol, Calle de Alcalá, Gran Vía 62

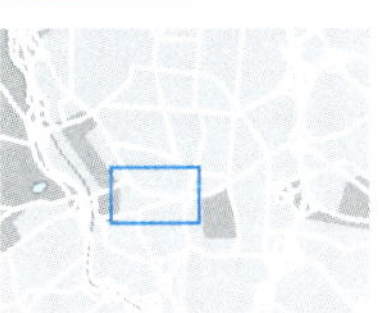

Historisches Zentrum 80

Lavapiés 110

Huertas 126

Chueca und Malasaña 144

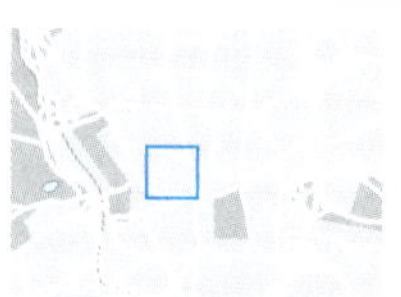

Argüelles, Moncloa, Univiertel, Madrid Río 166

Salamanca und die Castellana 190

Ausflüge in die Umgebung 212

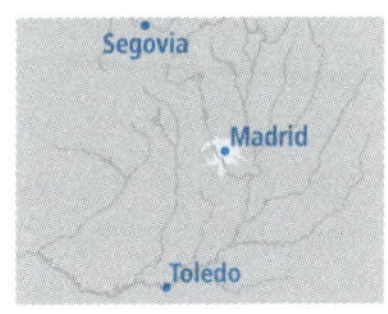

Das Kleingedruckte

Das Magazin

Stadtlandschaften

Vom Mittelalter ins 21. Jh. — von dörflichen Winkeln in den Altstadt-*barrios* zur modernen Metropole und den urbanen Visionen für die Zukunft.

Barrio de los Austrias

Das **Habsburgerviertel** ist Madrids ursprünglicher mittelalterlicher Kern. Es erstreckt sich vom Schloss im Westen bis zur **Puerta del Sol** im heutigen Zentrum, wo einst das ›Sonnentor‹ stand. Herzstück des mittelalterlichen Dorfes, der *villa*, ist die mit Laubengängen und Torbögen geschlossene **Plaza Mayor.** Nebenan zeichnen die Gassen Cava de San Miguel und Cava Baja noch den Verlauf eines ehemaligen Stadtgrabens nach. Übrigens waren es nicht die Habsburgerkönige, die Madrid gründeten, sondern lange zuvor die Araber, die von Andalusien nach Norden vordrangen. Ein paar Siedlungsreste wurden südlich des Schlosses und der Kathedrale ausgegraben.

Die Altstadtviertel

Die historisch gewachsenen Viertel rund um den Barrio de los Austrias sind auf dem Stadtplan an der dichten Bebauung und unregelmäßigen Gassenführung zu erkennen. Es waren die Quartiere der einfachen Leute. Bis heute findet man hier kaum Luxuswohnungen, inzwischen aber eine passabel sanierte Bausubstanz. Folge: Die Gentrifizierung hat eingesetzt. Im Uhrzeigersinn heißen die Stadtbezirke Universidad, Centro, Justicia, Cortes und Embajadores. Aber jedermann nennt die *barrios,* die Wohnviertel, nur **Moncloa, Argüelles, Malasaña, Chueca, Huertas, Lavapiés** oder **La Latina**.

Große Boulevards

Zentrum der City ist der Platz **Puerta del Sol** mitten im historischen Kern. Er ist ein Verkehrsknotenpunkt der Metrolinien, deren Schächte täglich Hunderttausende Menschen ausspucken. Es zieht sie in die umliegenden Geschäftsstraßen. Vom Platz zweigt einer der großen Stadtboulevards ab, die **Calle de Alcalá,** die Meile der Banken und Luxushotels, mit herrlicher Belle-Époque-Architektur. Ein zweiter Stadtboulevard, der zu Beginn des 20. Jh. eine Schneise in die dicht bebaute Altstadt schlug, ist die **Gran Vía.** Wo sich die beiden Straßenzüge gabeln, steht wahrzeichenhaft ein Bau, an dem in großen Lettern zu lesen ist, was Architekten und Investoren damals schaffen wollten: Metrópolis.

Viertel des Bürgertums

In die regelmäßig angelegten neueren Viertel Madrids zog es seit dem 19. Jh. die Leute der bürgerlichen Mittelklasse, so in die *barrios* **Chamberí, Argüelles** oder **Moncloa** nördlich der Altstadt. Fast eine Stadt für sich ist noch weiter nordwestlich die riesige **Ciudad Universitaria** (Universität), die den Architekturgeschmack seit den 1930er-Jahren spiegelt. Die gehobenen Wohnbedürfnisse von Adel und Bourgeoisie im späten 19. und beginnenden 20. Jh. repräsentiert **Salamanca.** Es ist bis heute teuer, in den schmucken, mehrstöckigen Bürgerhäusern zu wohnen.

Die wichtigste Stadtachse

Der **Paseo del Prado** mit dem Prado- und dem Thyssen-Museum sowie dem Centro de Arte Reina Sofía hat den Namen Kunstmeile verdient. In kaum einer anderen Stadt Europas gibt es ein vergleichbares Konzentrat an so großer Kunst auf so kleinem Raum. Als Nord-Süd-Achse durchschneiden Paseo del Prado–Paseo de Recoletos–Paseo de la Castellana die Stadt. Entlang der zwölfspurigen **Castellana** Richtung Norden ist die Entwicklung der Architektur von den 1950er-Jahren bis heute zu sehen.

Das neue Madrid im Norden und Westen

Die neuesten Glastürme stehen an der Castellana jenseits der eigenwilligen schiefen Türme an der Plaza de Castilla. Der Komplex **Cuatro Torres Business Area** (CTBA), dessen hoch hinausstrebenden Türme bereits beim Landeanflug zu sehen sind, ist nur der Auftakt zu einem geplanten visionären Stadtquartier nördlich des Hauptbahnhofs Chamartín: **Madrid Nuevo Norte.**
Abgeschlossen ist ein anderes großes Stadtentwicklungsprojekt im Westen: **Madrid Río.** Einst schien die Metropole an den mehrspurigen Autotrassen entlang der Flussufer zu enden. Madrid Río bedeutete die Wiedergewinnung der Flusslandschaft als Freizeitareal. Die andere Flussseite inklusive des ehemaligen königlichen Jagdreviers **Casa de Campo** ist näher an die Stadt gerückt.

Essen ist mehr

Essen ist Kult — Es ist Teil der Ausgehkultur und des Lifestyle. In den dicht bewohnten und viel besuchten Altstadtvierteln hat es den Anschein, als bestünde Madrid vor allem aus Märkten, Restaurants, Gastrobars, Tavernen, Bodegas, Bars und Terrassenlokalen. Gastronomische Kreationen gibt es in allen nur denkbaren Varianten, von lokal und traditionell über experimentell bis zu international und universell. Vor allem aber gilt: kein Tag ohne Tapas.

Ein Klassiker zum Frühstück oder auch am Nachmittag sind Churros oder Porras, die in Kaffee oder Kakao getunkt werden.

Vom Desayuno zur Cena

Das Frühstück *(desayuno)* fällt in Madrid eher genügsam aus: Wer abends spät isst, hat morgens keinen Hunger. Der Tag beginnt mit einem *café (solo, cortado, con leche* = Espresso, Espresso mit einem Schuss Milch, Milchkaffee), dazu eventuell einem Küchlein *(magdalenas)*, Toast *(tostada)* oder *churros* und *porras*. Das sind in Öl ausgebackene Teigkringel oder -stangen, die frisch zubereitet werden. Gegen 11 Uhr schlägt die Stunde einer kleinen Zwischenmahlzeit *(almuerzo)*, es ist Zeit für eine erste Tapa. Die Hauptmahlzeit wird während der *siesta* eingenommen - zwischen 13 und 16 Uhr herrscht in den Restaurants Hochbetrieb - oder am Abend. Dann zieht es viele Madrilenen in eine Bar, ein *mesón* oder eine Taverne *(taberna)*, um zu Wein oder Bier Tapas zu essen. Und in den ›langen‹ Nächten (Mi–Sa) verabredet man sich gern zu später Stunde mit Freunden und Bekannten zu einem Abendessen *(cena)*. Viele Lokale öffnen abends erst um 20 oder 20.30 Uhr, doch inzwischen gibt es immer mehr, die vom Morgen an durchgehend offen sind.

Schaufenster spanischer Kochkunst

Madrid ist ein Meltingpot spanischer Kochkunst, sämtliche Regionalküchen des Landes sind hier vertreten und haben eine abwechslungsreiche Gastronomie geschaffen. Die baskische, asturische und galicische Küchen genießen mit ihrer Spezialisierung auf Fisch und Meeresfrüchte einen guten Ruf, und aus der Gegend um Valencia stammen so beliebte Reisgerichte wie

als satt werden

Tapas stehen für die spanische Gastronomie und für eine ganze Lebenskultur. Tapa bedeutet eigentlich Deckel oder Abdeckung. Legenden ranken sich um diese gastronomische Kultur. Eine besagt, Alfons der Weise habe einst angeordnet, jedes an Soldaten ausgeschenkte Glas Wein mit einem Tellerchen und etwas Essbarem darauf zu bedecken, um Trunkenheit zu verhindern. Tapas sind bis heute solche Häppchen, serviert auf Tellerchen, die nicht mehr auf das Glas, sondern daneben gestellt werden. In Form von Tapas probieren Spanier die kulinarische Palette eines Lokals durch oder wechseln beim Tapeo von Lokal zu Lokal, drehen also eine gesellige gastronomische Runde von Bar zu Bar. Tapas sind so allgegenwärtig, dass sie sogar in Sterne-Restaurants im Vorspeisenprogramm zu finden sind. In allen Tavernen erhält man eine Vielfalt unterschiedlichster Speisen in Miniportionen oder auch als halbe oder ganze Portion (media ración oder ración). Kein Tag ohne Tapas!

die Paella. Die besten Schinken – als *Ibérico* gekennzeichnet – kommen aus Salamanca, der Extremadura oder Jabugo in Andalusien. Selbstverständlich stehen in der Stadt auch besternte Spitzenköche am Herd. Diego Guerrero mit dem DSTAgE (s. S. 159) oder Dani García mit BiBo und Lobito de Mar (s. S. 207)gehören dazu.

Die spanische Delikatesse schlechthin, Jamón Íbérico, gibt es in jeder Markthalle. Von Schweinen aus Eichelmast ist er am besten und teuersten.

Aus Markthallen werden Gastromeilen

Jedes Stadtviertel hat eine Markthalle, in der sich die Bewohner seit jeher mit frischem Obst und Gemüse, Fisch und Fleisch, Käse und anderen Milchprodukten, Schinken und Wurst, Gewürzen und Konserven versorgten. Markthallen gehören zur traditionellen Infrastruktur. Aber sie konkurrieren mit Supermärkten, die sogar länger am Abend offen sind. An den Marktständen ist das Einkaufen ein Akt der Kommunikation, und die Produkte stammen in der Regel aus der Region. Trotzdem: Es ging mit den Markthallen bergab. Bis sie eine nach der anderen begannen, sich neu zu erfinden. Als wahre Gastro-Hallen mit Garküchen und Essensständen für den Direktverzehr und einem größeren Angebot an besten spanischen Delikatessen und Bioprodukten.

Gastronomie 2.0

Spannend ist der bei jungen Köchen beliebte Trend, mit klassischen Rezepten und traditionellen Zutaten zu experimentieren. So entstand eine Art spanische Küche 2.0, in der sich auch Fusionkonzepte mit Anleihen aus der lateinamerikanischen, afrikanischen und asiatischen Gastronomie finden. Auch die bewusste vegetarische und vegane Ernährung ist auf dem Vormarsch. Die Zahl darauf spezialisierter Lokale ist überschaubar, aber das entsprechende Angebot auf den Menükarten nimmt zu. Der vegetarische Klassiker forever ist übrigens die Tortilla, die spanische Kartoffeltorte.

Die Cocidos bei La Daniela gehören zu den besten der Stadt.

Eintopf in drei Gängen

Der *cocido madrileño,* der Madrider Eintopf, steht schon seit Jahrhunderten auf dem Speiseplan der Madrilenen. Heute gibt es etliche gute Restaurants, wie La Bola (s. S. 103) oder La Daniela (s. S. 208), deren Name mit diesem Eintopf verbunden ist. Er köchelt lange auf einem Feuer und wird klassischerweise in drei Gängen gegessen: Suppe, Kichererbsen, Fleisch. Danach muss man sich dringend aufs Sofa legen.

Que aproveche – aber wohin zum Essen?*

Vermutlich lautet der beste Tipp: Legen Sie Ihren Reiseführer einfach beiseite, in den Altstadtvierteln stolpern Sie an jeder Straßenecke über ein Lokal, lassen Sie sich von Augen und Nase inspirieren. Oft sind die alten, noch nicht schick renovierten Tavernen und Bodegas eine gute Wahl. Hier ein paar Tipps, wo Sie eine hohe Dichte an Food-Tempeln finden:

Cava Baja **G–H 14–15:** In dieser hübschen Altstadtgasse reiht sich ein Lokal an das andere. Ob Tapas oder Gourmetküche, hier verhungert niemand.

Calle Argumosa **J 15:** Gut für Tapas und einfache Gerichte, man kann ungezwungen draußen sitzen und sich unter die (jungen) Leute von Lavapiés mischen.

Plaza de Santa Ana, Huertas **J 14:** Rund um das Herz des Literatenviertels, des Madrider Ausgehviertels schlechthin, häufen sich die Tapas-Lokale, darunter einige der schönsten und bekanntesten der Stadt. In den Parallelstraßen **Echegaray** und **Ventura de la Vega** finden sich außerdem zahlreiche Restaurants mit unterschiedlicher Küche.

Calle de la Libertad **J 12–13:** Die ›Freiheitsstraße‹ in Chueca ist eine bunt gemischte Gastromeile, von ungezwungen bis fein reicht die Palette der Lokale.

Calle de Ponzano **J 7–9:** In dieser Straße in Chamberí lassen sich rund 70 gastronomische Betriebe zählen.

* Wo Sie in den verschiedenen Stadtgegenden gut essen können, steht an Ort und Stelle im Buch.

TYPISCH MADRID

Brot: *Pan* darf bei keiner Mahlzeit fehlen, egal ob Sie eine Tapa oder ein Menü bestellen. In vielen Restaurants wird das Brot mit einem kleinen Extrabetrag auf der Rechnung ausgewiesen, ob Sie es nun essen oder nicht.
Frisches von der Küste: Fisch und Meeresfrüchte gibt es in einer überraschenden, riesigen Auswahl. Madrids Fischmarkt zählt zu den bedeutendsten weltweit. Vieles kommt aus spanischen Küstengewässern und gelangt binnen einer Nacht in die Hauptstadt. Beliebt als Tapas sind z. B. die Gambas aus Huelva.
Kastilische Landküche: Lamm *(cordero)* und Rind *(ternera)*, gegrillt, geschmort oder im Ofen gegart, *estofado*, ein Fleischragout vom Rind, das lange mit Knoblauch, Tomaten, Zwiebeln, Kartoffeln, Salz und Petersilie köchelt, Spanferkel und *rabo de toro* (Stierschwanz) erfreuen sich immer noch großer Beliebtheit. Gemüse oder Salate werden in Restaurants meist als Vorspeisen bzw. als eigene Gerichte vor oder als Alternative zum Hauptgang angeboten.
Zum Nachtisch Kuchen: Neben Obst, Karamellpudding *(flan)* oder Eisspezialitäten gehören köstliche, handwerklich hergestellte Kuchen *(tarta)* zum Nachtischprogramm.
Bier und Wein: Das Essen begleiten neben Wasser meist Bier *(cerveza)* und trockener weißer oder roter Wein *(vino blanco, vino tinto)*. Spanien produziert weltweit geschätzte, großartige Weine. Probieren Sie einfach mal einen Tropfen aus einem unbekannteren Weinbaugebiet, die gibt es auch aus der Region Madrid.

Ausgewählt

Hochgelobt

Seite 159
DSTAgE: Gastronomische Experimente der höheren Art beim Sternekoch Diego Guerrero. Kommt im Fabrikambiente richtig gut. **K 12**

Seite 177
Madrí Madre: Sterneküche für alle. In einer offenen, modernen Taverne, die der baskische Kochstar Martín Berasategui 2023 aufmachte. **F/G** 12

Seite 207
BiBo: Avantgarde aus Málaga. Dani García ist ein herausragender Koch, im BiBo gibt es kreative Neuinterpretationen von Tapas und *raciones.* **L 9**

Tapas

Seite 59
Estado Puro: Kultige Tapas von einem Starkoch, in einem kultigen Lokal (s. Abb. oben) gegenüber dem Prado-Museum. Karte 3, **K 14**

Seite 104
Bodegas Ricla: Ein Uraltlokal unterhalb der Plaza Mayor. Der Wein zu den Tapas kommt aus hundertjährigen Fässern. Karte 3, **H 14**

Seite 104
Casa Dani / Vinos 11: Ein Tapas-Lokal wie aus alten Tagen in La Latina. Authentische Bar, gute Weine, klassisches Tapas-Programm. **G 15**

Seite 104
Taberna Casa Gerardo: Spanische Käse zum Durchprobieren. Mehr braucht der Mensch nicht. **G 15**

Seite 122
El Boquerón: Meeresfrüchte in kleinen Genussportionen – im Stehen. **J 16**

Seite 139
Casa Alberto: Eine klassische Taverne von 1827 – und besuchenswert. Gute Tapas-Palette. Karte 3, **J 14**

Seite 161
Casa Julio: *Patatas bravas,* Hackfleischbällchen etc., Madrilenen lieben die Kroketten dieser historischen Taverne. **H 12**

Angesagt

Seite 105

Gloria Bendita: Charmantes, informelles Lokal mit viel jungem Publikum, das von den modernen Gerichten ›zum Teilen‹ begeistert ist. Karte 3, **G 14**

Seite 122

La Caníbal: Trendiges Lokal mit innovativer galicischer Küche, das bei einem jungen Publikum beliebt ist. **K 16**

Seite 137

Triciclo: Liebevoll geführt, hübsches Ambiente, kreative mediterrane Küche und gute Weine. Karte 3, **J 14**

Seite 137

La Ferretería: Traditionsküche neu erfunden. Hochwertige Zutaten und liebevolle Zubereitung sind der Schlüssel für die Beliebtheit des Lokals in einer ehemaligen Eisenwarenhandlung. Karte 3, **J 14**

Seite 207

Taberna Verdejo: In der modernen, informellen Taverne isst man entspannt und richtig gutes frisch Gekochtes. Das geht auch laktose- oder glutenfrei. **N 10**

Gesund und vegetarisch

Seite 138

Artemisa: Bewährt, inzwischen ein Klassiker unter den vegetarischen Restaurants im Literatenviertel. Karte 3, **J 14**

Seite 161

VEGA: Kreative Fusionküche, saisonal, regional, bio, vegan, und das in modernem Ambiente. **H 12**

Süßes

Seite 106

Café de Oriente: Die Terrasse gegenüber dem Schloss ist ein unschlagbar schöner Ort, ob für Café, Kuchen und Süßes, Tapas oder Menüs. Karte 3, **G 13**

Seite 106

Chocolatería San Ginés: Der sämige Kakao, in den man *churros* tunkt, ist stadtbekannt. Und stärkt. Karte 3, **H 13**

Seite 161

Café Comercial: Ein Klassiker aus dem 19. Jh. Die hausgemachte Schokotorte ist genial. **J 11**

Lieblinge

Seite 40

Bodegas Rosell: In dem historischen Weinladen können Sie über 50 verschiedene Tapas durchprobieren. **K 16**

Seite 104

Viuda de Vacas: Gute Madrider Saisonküche vom Herd der Brüder Juan Carlos und Javier. Ein freundliches Restaurant. Karte 3, **G 15**

Seite 159

La Carmencita: Schon wegen der historischen Räumlichkeiten lohnt die Einkehr. Auch das Essen überzeugt absolut. **J 12/13**

Seite 159

Barrutia y el 9: Ein wunderbar unprätenziöses Lokal, und was der baskische Koch zaubert, schmeckt einfach. **K 12**

Flanieren

An Schaufenstern entlanglaufen — durch Märkte stöbern, das Besondere entdecken …

Schaufenstermeilen

Um die Puerta del Sol: H–J 13
Der Platz und die Gassen drumherum bis hin zur Gran Vía sind die zentrale Shoppingzone, vor allem für Schuhe, Kleidung, Accessoires. S. 74

Rund um die Plaza de Chueca: J 12
Hippes, Flippiges, Mode von NachwuchsdesignerInnen. Kleine Lädchen zum Stöbern und Entdecken. S. 147

Calle de Fuencarral: J 11–12
Bei jungen Shoppern beliebte Marken wie Levis, Diesel, Desigual oder Mango plus individuelle Ladenkonzepte. S. 153

Calle del Conde Duque: G 11
Die vielen kleinen Modegeschäfte sind für junge Madrilenen attraktiv. S. 161

In den Granitfassaden der Gran Vía machen sich bunte Schaufenster gut.

W

WO MADRID EINKAUFT

Die spanische Kaufhauskette **El Corte Inglés** hat in Madrid zahlreiche Filialen, und dort gibt es fast alles inklusive Lebensmitteln. Neben **Carrefour-Supermärkten** finden sich auch **Aldi, Lidl & Co.** Sie sind oft bis Mitternacht geöffnet.

Calle de Serrano: L 11–12
In Salamanca shoppt es sich edel und teuer an der Goldmeile der Haute Couturiers. S. 197

Flohmärkte

El Rastro: Karte 3, **H 15**
Der Sonntagsflohmarkt mit Tausenden Ständen in den Gassen rund um die Plaza de Cascorro. S. 119

Mercado de Motores: K 17
Secondhand, Kunsthandwerk, Musik und Essen im Museo del Ferrocarril im alten Delicias-Bahnhof, einmal monatlich Sa, So 11–22/21 Uhr. Paseo de las Delicias 61, Metro: L 3 Delicias, https://mercadodemotores.es.

Mercadillo de Pintores: G/H 14
Künstlermarkt unter freiem Himmel, So 10–14 Uhr. Plaza del Conde de Barajas, http://pintorestallerabierto.com/.

Fundstücke

Seite 77
Casa de Diego: Im Sommer brauchen Sie in Madrid einen hübschen Fächer. Karte 3, **H 13**

Seite 106
Taller Puntera: Handwerklich gefertigte Taschen und mehr aus Leder. Karte 3, **G 14**

Seite 107
El Jardín del Convento: Süßes aus klösterlicher Produktion. Karte 3, **G 14**

Seite 141
Peseta: Nette Sachen aus Stoff, von spanischen Kunsthandwerkern. Karte 3, **J 14**

Seite 209
La Pajarita: Ein hübscher historischer Laden mit so hübschen Schokovögelchen! Zu schade zum Essen. **L 12**

Märkte

Seite 86
Mercado de San Miguel: Die spanischen Delikatessen können auch gleich verkostet werden. Karte 3, **G 14**

Seite 119, 123
Mercado de Antón Martín: Klassischer Viertel-Lebensmittelmarkt, auch Bio-Produkte. Karte 3, **J 15**

Seite 197
Mercado de la Paz: Der große, feine Markt von Salamanca. **L 11**

Seite 77
Mercado de los Mostenses: Mitten in Madrid, aber ein bisschen versteckt. Hier fühlt es sich noch richtig nach Markt an. **G 12**

Von Kopf bis Fuß

Seite 107
Helena Rohner: Laden, Werkstatt und Showroom einer kanarischen Schmuckdesignerin. Karte 3, **G 14**

Seite 139
Capas Seseña: Die Wollcapes möchten alle haben. Karte 3, **J 14**

Seite 161
Lurdes Bergada / Syngman Cucala: Die Katalanin kreiert lässige Mode mit eigener Handschrift. **J 12, K 12**

Seite 162
Antigua Casa Crespo: Alpargatas, Hanfschuhe, aus Familienproduktion und gewiss nachhaltig. **H 11**

Seite 197, 208
Adolfo Domínguez: Ein Stadtpalais mit der Kollektion des spanischen Designers. **L 12**

Seite 178
The Circular Project Shop: Kleidung aus nachhaltiger Kreislaufwirtschaft. **G 12**

Diese Museen …

Dutzende Museen besitzt Madrid — aber welche lohnen wirklich? Hier ein paar Meinungen.

Museo Nacional del Prado

Museum aller Museen. Weltberühmt. Und ja: die Bilder von Velázquez, Goya, El Greco, Hieronymus Bosch, Tizian, Tintoretto oder Rubens haben auch heute noch so viel zu erzählen. Es ist eine wahrhaft königliche Sammlung. S. 53, Karte 3, **K 14**

Museo Nacional Centro de Arte Reina Sofía

Zeitgenössische Kunst des 20. und 21. Jh. wird mit Dokumenten aus Genres wie Film, Fotografie, Architektur, Plakatkunst, Werbung, Printmedien, Theater, Literatur in die Aura ihrer Entstehungszeit und gesellschaftspolitischer Krisen eingebettet. Ein modernes Museumskonzept. Hier hängt Picassos »Guernica«. S. 47, **K 15/16**

Museo del Traje

Schon lustig, was über die Jahrhunderte bei Frauen und Männern als schick galt, in was für Zeug man sich hineingequält hat. Ein bezaubernder Rundgang durch die Geschichte der Mode bis zur heutigen Haute Couture. S. 183, **D 8**

Museo Nacional Thyssen-Bornemisza

Die spektakuläre Privatsammlung des Barons hat in Madrid ihr finales Domizil gefunden. Sie ist ein ›Lehrgang‹ durch die Geschichte der Malerei vom 13. Jh. bis zur experimentellen Avantgarde und zu Pop-Art. S. 56, Karte 3, **K 14**

Museo Sorolla

Wie malt man eigentlich Licht? Der Valencianer Joaquín Sorolla konnte das wie kein anderer. Vielleicht, weil sein Madrider Domizil einen andalusisch anmutenden Garten hat? S. 204, **K 9**

FREIER EINTRITT

Fast alle Museen haben eintrittsfreie Zeiten. Im Prado und dem Centro de Arte Reina Sofía sind das z. B. die Randstunden am Tagesende, im Thyssen Mo 12–16 Uhr.

Museo Arqueológico Nacional

Kein bisschen langweilig! Eine sehr animativ inszenierte spanische Kulturgeschichte, mit 3-D-Filmen, virtuellen Spielen, Touchscreens. Wunderschöne iberische Skulpturen. S. 203, L 12

Museo La Neomudéjar

Aktuellste Kunsttrends – Video, Performance, Skulptur – in alten Eisenbahnwerkshallen. Das ist einer der besten Orte in Madrid, um sich in die junge, alternative Kulturszene hineinzufühlen. S. 58, M 16

Galería de las Colecciones Reales

Ein grandioser Museumsneubau, 2023 eröffnet. Und ja, noch einmal königliche Sammlungen, wie schon im Prado und im Schloss. Aber auch archäologische Ausgrabungen des ursprünglich arabischen Madrid. S. 102, F 14

Monasterio de las Descalzas Reales

Hineinspaziert in das Kloster der Königlichen Barfüßigen! Die Führung machen sie nicht, sondern Leute vom Denkmalschutzamt. Was für ein Prunk und was für Kunstschätze sich hinter den strengen Mauern verbergen, das ahnen Sie nicht im Traum! S. 101, Karte 3, H 13

Museo Cerralbo

So also wohnte spanischer Adel, in zig Salons mit Lüstern. Und was der Markgraf nicht alles gesammelt hat! Waffen, Bücher, Uhren, wertvolle Kunst. Ist alles noch am Platz. Vielleicht schaut er gleich um die Ecke? S. 173, G 12

MUSEUMSBESUCHE PLANEN

Ruhetage: Viele Museen haben am Mo geschlossen. Generell sind der 1. Jan., Karfreitag, der 1. Mai und 25. Dez. Ruhetage.
Ermäßigungen: Rentner, Studenten, Jugendliche, meist auch Arbeitslose und Menschen mit Handicap erhalten Ermäßigungen von bis zu 50 % (Ausweise vorlegen), einige Museen sind für sie kostenlos.
Kombitickets: Das ›Paseo-del-Arte‹-Ticket für Prado, Thyssen und Reina Sofía spart einige Euro.

… lieben wir!

Nachtschw

Wenn es Nacht wird, geht die Arbeit der Kellnerinnen und Kellner erst richtig los. So wie hier im Vincci The Mint an der Gran Vía.

Topdestination für Musikfans, Partygänger, Nachteulen. In dieser Hinsicht hat Madrid schon seit den 1990er-Jahren einen legendären Ruf. Praktisch ist der Umstand, dass sich die entsprechenden Locations dicht an dicht in den Altstadtvierteln knubbeln. Der Wechsel von einem Ort zum nächsten ist meist zu Fuß gut machbar. Madrid ist nachts ein Dschungel, der nicht zur Ruhe kommt. Das gilt zumindest von Mittwoch bis Samstag. *Trasnochar,* durchmachen bis morgens die Metro ihren Betrieb wieder aufnimmt.

An Wochenenden jedenfalls scheint ganz Madrid auf Tour durch *bares de copas* (Kneipen), Diskotheken, sogenannte *disco-bares* oder *cafés* zu gehen, man lauscht einer Latino- oder Afroband oder erlebt irgendwo eine Flamencosession. Bei Livekonzerten in Musikbars und DJ-Nächten mit Tanz, die gern erst im Morgengrauen enden, wird meist eine Eintrittsgebühr erhoben, oder der Preis der Getränke ist erhöht.

Meist ganzjährig und ganztägig von morgens bis Mitternacht geöffnet sind Lokalterrassen, die sich inzwischen über die gesamte Stadt ausbreiten. Extrem beliebt sind die Rooftop-Bars, allein in der Gran Vía gibt es schon rund 20 solcher Dachterrassen, auf denen ein Sundowner doppelter Genuss ist.

* Wohin am Abend? Bei jedem Viertel sind ausgewählte Adressen und Tipps gelistet.

ärmereien

Da ist nachts was los …

La Latina 📍 **Karte 3, G 14–15**
In der Altstadt sind es vor allem die Cava Baja und die Lokale an den Plätzen rund um die Iglesia de San Andrés, die nachts aufdrehen. S. 89, 108

Calle Argumosa 📍 **J 15**
Das ist der Kiez der links-alternativen jungen Szene im Multikultiviertel Lavapiés. S. 114

Literatenviertel Huertas 📍 **Karte 3, J 14**
Der *barrio* war schon immer ein Zentrum des Madrider Nightlife. Startpunkt der Nachtschwärmer ist die Plaza de Santa Ana. S. 129

Chueca 📍 **J–K 11–12**
Die bunte LGTBI-Szene trifft sich gern rund um die Plaza de Chueca. S. 147

Malasaña 📍 **H–J 11–12**
Die Plaza del Dos de Mayo und die Discos und Kneipen in der Umgebung ziehen ein junges Publikum an. S. 156, 270

Cocktail & Co. – was trinken

Seite 78
360° Rooftop Bar (Hotel Riu): Die aktuell jüngste der so beliebten Dachterrassen-Bars in Madrid. 📍 **G 12**

Seite 78
The Mint Roof: Chillen mit Aussicht, hoch über der Gran Vía. 📍 Karte 3, **J 13**

Seite 124
La Fisna Vinos: Wer gern ein Glas Wein probiert, ist hier richtig. 📍 **J 16**

Seite 143
Jazz Bar: Angenehme Musik hören, plaudern und entspannen. 📍 Karte 3, **K 14**

Seite 150
Taberna Ángel Sierra: Was dem Londoner sein alter Pub, das ist dem Madrider seine hundertjährige Taverne, so wie diese in Chueca. 📍 **J 12**

Seite 164
Bodega La Ardosa: Die Stehkneipe mit Guiness vom Fass ist ein Urgestein in Malasaña und immer noch beliebt. 📍 **J 12**

B

BUSSE FÜR NACHTSCHWÄRMER

Um 1.30 Uhr fahren die letzten Metrozüge, Busse sind bis 23.30 Uhr im Einsatz. Danach verkehren Nachtbusse *(búhos)* So bis Fr alle 35 Min. bis 4 Uhr. Sa und vor Feiertagen sind *búhos* im 20-Minuten-Takt von 23–7 Uhr unterwegs. Sie starten alle an der Plaza de Cibeles.

Seite 209
Amazónico: Schickes, buntes Lokal in Salamanca, zum Loungen, Essen, Jazzhören. **L 12**

Flamenco

Madrid hat eine sehr lebendige Flamencoszene, s. S. 295.

Seite 78
Las Tablas: Von zwei Flamenco-Tänzerinnen gegründeter *tablao.* **G 12**

Seite 108
Las Carboneras: Flamenco im Souterrain, im Stil eines *café cantante* (Musikcafé). Karte 3, **G 14**

Seite 108
Corral de la Morería: In puncto Flamenco eine Institution, ein klassischer *tablao.* mit gutem Restaurant. Karte 3, **G 14**

Seite 141
Tablao Flamenco 1911: Der andalusische Dekorationsstil passt gut zur vorgetragenen Kunst. Karte 3, **J 14**

Seite 143
Cardamomo: Viele Liveauftritte, hier trifft sich die junge Flamencoszene. Karte 3, **J 14**

Musik hören

Seite 108
Café Berlín: Funk, Soul, Flamenco, Fusion, Jazz live, ab Mitternacht Disco. Karte 3, **H 13**

Seite 124
El Juglar: Rock, Jazz, Indie, Flamenco in Lavapiés, oft Livemusik. Karte 3, **H/J 15**

Seite 142
Café Central: Quasi täglich Jazz-Livekonzerte, ein Kultort in Huertas. Karte 3, **J 14**

Seite 163
Sala Clamores: Intimer Musikclub für Jazzfans. Aber auch Swing oder Rhythm & Blues. **J 10**

Seite 163
Honky Tonk: Viel Rock, dazu Blues und Country, und das häufig live. **J 11**

Seite 164
El Penta: Kneipe und Disco, eine Instituton in Malasaña und der Madrider Nächte. Hier wurden lokale Bands berühmt. **J 11**

Tanzen

Seite 60
Kapital: Disco auf mehreren Stockwerken, Karaoke gibt es auch. Am Wochenende wird es voll. Karte 3, **K 15**

Seite 108
Teatro Eslava: Ein gemischtes Publikum tanzt durch die Räume eines alten Theaters! Karte 3, **H 13**

Seite 124
Medias Puri – The Secret: Beliebter Ort zum Abtanzen. Karte 3, **H 14**

Kultur aktuell

Die Kulturzentren *(centros culturales)* bieten mit Konzerten, Livemusik, Theater etc. ein hochkarätiges Programm. Besonders im alten Schlachthof **Matadero Madrid** (**J 19;** s. S. 185) und im **Centro de Cultura Contemporánea Condeduque** (**G 11;** s. S. 157), aber auch im **Centro-Centro** (Karte 3, **K 13;** s. S. 47) und dem **Centro Cultural de la Villa Fernán Gómez** (**L 12**) ist ständig etwas los. Ähnliches gilt für den **Círculo de Bellas Artes** (Karte 3, **K 13;** s. Lieblingsort S. 71) und das **CaixaForum** (**K 15;** s. Lieblingsort S. 42).

Es ist eines der besten Theater der Stadt. Das Teatro Valle-Inclán in Lavapiés untersteht dem Nationalen Dramatischen Zentrum.

Kino

Cineasten fühlen sich zur **Manzana del Cine** (**G 12**; s. Kasten S. 73), dem Kino-Carré, hingezogen. Es ehrt Regisseure wie Pedro Almodóvar und international bekannte spanische Kino-›Sternchen‹.

Seite 119
Cine Doré: Im schönen Jugendstilgebäude der spanischen Filmothek werden Originalfilme mit Untertiteln gezeigt.
Karte 3, **J 14/15**

Theater, Oper, Ballett

Madrids Institution für Oper und Ballett ist das **Teatro Real** (Karte 3, **G 13**; s. S. 97). Überhaupt bieten die Bühnen der Stadt viel. Neben den staatlich subventionierten gibt es Dutzende privater Bühnen bzw. *salas alternativas*, die viel experimentelles Theater inszenieren. Die großen Theater im Literatenviertel sind das **Teatro Español** und das **Teatro de la Comedia** (beide Karte 3, **J 14:** s. S. 129, 130) und in Lavapiés das **Teatro Valle-Inclán** (**J 15**; s. S. 113). Ebenfalls wichtig sind das **Teatro María Guerrero** (**K 12**; Tamayo y Baus 4, https://dramatico.mcu.es) und die **Teatros del Canal** (**H 9**; www.teatroscanal.com) in Chamberí.

PROGRAMMINFOS & TICKETS

Programm: Einen Überblick über Konzerte, Theaterprogramm und andere kulturelle Events geben die Websites www.lanocheenvivo.com, https://guiadelocio.es und www.esmadrid.com.
Ticket-Vorbestellung: www.elcorteingles.es/entradas (Konzerte, Theater), www.fnac.es/comprar-entradas-con-fnac (Konzerte, Livemusik), www.ticketmaster.es oder www.entradas.com

Wo du schläfst,

Und dafür bietet Madrid viele Optionen — ob private Atmosphäre, mal was ganz Neues probieren oder luxuriös wohnen.

Am schönsten wohnt man in den Altstadtvierteln oder in Salamanca. Generell haben die Unterkunftspreise nach Corona deutlich angezogen, aber je nach Auslastung und Jahreszeit machen gerade auch teurere Hotels unschlagbare Angebote, die tagesaktuell auf den Hotelbuchungsportalen angezeigt werden. Neben der ›offiziellen‹ Hotellerie gibt es in Madrid Hunderte Privatangebote, vom Gästezimmer bis zur kompletten Wohnung – zum Leidwesen der Stadt. Der Wohnraum würde dringend gebraucht. Das ist nicht anders als in Berlin oder New York ... Vielleicht mal ein Hostal probieren? Die familiär geführten Pensionen liegen meist in Etagenwohnungen. **Preise:** Die IVA (Steuer) ist enthalten, Einzelzimmer kosten ca. 60–70 % eines Doppelzimmers. **Preiskategorien:** s. S. 247.

Viel Madrid-Feeling

Großvaters Haus

Artrip Hotel, J 16: Das Haus seiner Großeltern hat der Besitzer zu einem kleinen Hotel umgebaut. Im Eingangsbereich hängen oft Werke junger Künstler, sie werden auch zum Verkauf angeboten. Das passt zum Szeneviertel Lavapiés. Jedes der 17 Zimmer hat eine individuelle Handschrift, viel Flair haben die Räume unter dem Dach. Zur Ausstattung gehört ein Wasserkocher, Trinkwasser steht flaschenweise gratis bereit. Unten trifft man sich im kleinen Frühstücksraum. Valencia 11, Metro: L 3 Lavapiés, T 915 39 32 82, www.artriphotel.com, €€–€€€

Stylish

Room Mate Mario, Karte 3, G 13: Das erste Hotel von Kike Sarasola. Als Olympionik (Reiter), der sich mutig als Gay outete, ist er ein Quereinsteiger in der Branche. Das macht sich angenehm bemerkbar, ›Großstadtmenschen‹ werden das unkomplizierte 54-Zimmer-Hotel hinter der unaufgeregten Altstadtfassade mögen. Die Atmosphäre ist ungezwungen, das Designkonzept frisch, die Lage ruhig. Campomanes 4, Metro: L 2, 5, R Ópera, T 915 48 85 48, www.room-matehotels.com, €€

Elegantes Stadtpalais

Intur Palacio de San Martín, Karte 3, H 13: Das Stadtpalais aus dem 19. Jh. neben dem Descalzas-Kloster war mal die Adresse der ersten US-Botschaft in Madrid. Recht geräumige, edel möblierte Zimmer, teils mit Terrasse, Bar-*cafetería*, ein überdachter Innenhof und ein Restau-

rant im 6. Stock mit Blick über die Dächer der Madrider Altstadt – das ist viel Luxus.
Plaza de San Martín 5, Metro: L 3, 5 Callao, T 917 01 50 00, www.hotelpalaciosanmartin.com, €€–€€€

Für Literaturliebhaber

Iberostar Las Letras Gran Vía, Karte 3, J 13: Der Name ist Programm. Jedes Zimmer ziert ein Dichterspruch, eine Bibliothek gibt's im Souterrain. Die stilvollen Habitat-Interieurs stehen dem Palais gut, so wie Parkettboden, alte Holztüren, Wandkacheln oder das originale Treppenhaus. Sauna, Pool, Fitnessraum, Restaurant sowie Tapas- und Cocktail-Lounge.
Gran Vía 11, Metro: L 1, 5 Gran Vía, T 915 23 79 80, 902 42 24 82, www.iberostar.com, €€€

Herberge für Handelsreisende

Posada del León de Oro, Karte 3, H 14: Die charmanten Gemäuer der einstigen Altstadtherberge trumpfen nun mit pfiffig-modernem Design in den 17 stilvollen, individuellen Zimmern auf. Ob in der *enotaberna* unten im Haus oder in der Restaurantmeile Cava Baja – für das leibliche Wohl ist rundherum gesorgt.
Cava Baja 12, Metro: L 1 Tirso de Molina, L 5 La Latina, T 911 19 14 94, www.posadadelleondeoro.com, €€–€€€

Zukunftsfähig

Hoch oben im Spanienturm

Riu Plaza España, G 12: Was für ein Projekt! Das 1950er-Jahre-Hochhaus an der Plaza de España, über Jahre Objekt von Immobilienspekulation, wurde dann doch noch saniert und entkernt, um innen ein supermodernes Riu-Hotel hochzuziehen. 27 Etagen, Komfort-Zimmer, Fitnessbereiche, Außenpool im 21. Stock, und das Beste sind vielleicht die Sky Bar im 26. und die 360° Rooftop Bar (s. Kasten S. 78) im 27. Stock.
Gran Vía 84, Metro: Plaza de España, T 919 19 33 93, www.riu.com, €€–€€€

Mitten in der Szene

One Shot Prado 23, Karte 3, J 14: Schlichte, moderne Studios mit Holzfußböden im nachtaktiven Literatenviertel. Schöner Minimalismus, gestaltet von »Las 2 Mercedes«, zwei jungen Designerinnen aus Sevilla, die beide mit Vornamen Mercedes heißen. Wer mehr frühstücken möchte als einen Kaffee, geht ins Kulturzentrum Ateneo gleich nebenan. Ein Schwesterhotel, das **One Shot Recoletos 04 (L 12),** liegt in einer ruhigen Straße im unteren Salamanca-Viertel.
Prado 23, Metro: L 1 Antón Martín, T 914 20 40 01, www.hoteloneshotprado23.com, €€ (kein Frühstück); One Shot Recoletos 04: Salustiano Olózaga 4, www.hoteloneshotrecoletos04.com, €€–€€€

bist du zu Hause

Und auf dem Dach ein Foodtruck

Vincci The Mint, Karte 3, J 13: Manches ist hier anders. Das beginnt schon an der Rezeption. Sie checken nämlich an einer Bartheke ein! Und es endet mit der Dachterrasse und dem mintfarbenen Foodtruck, wo man zu Snacks und Drinks und schöner Aussicht chillen kann. Minztöne und allerlei andere Schattierungen von Grün geben den Ton im Haus an, in dem es an Designideen und avantgardistischen Akzenten nicht fehlt. Die Schallschutzfenster sind gut und auch nötig, doch dafür wohnen Sie am schönen Stadtboulevard Gran Vía.

Gran Vía 10, Metro: L 1, 5 Gran Vía, L 2 Banco de España, T 912 03 06 50, http://de.vinccithemint.com, €€€

Hightech in alten Mauern

Petit Palace Santa Bárbara, K 11: Am Rand des Szeneviertels Chueca und direkt am angenehmen Santa-Bárbara-Platz liegt das mehrstöckige Stadthaus, das innen durch modernes Design besticht. Das alte Treppenhaus ist eine wahre Augenweide, der Innenhof eine angenehme Ruhezone. Zimmer mit iPod-Dockingstation, Laptop, WLAN, kostenloser Radverleih gehören hier selbstredend dazu.

Plaza Santa Bárbara 10, Metro: L 4, 5, 10 Alonso Martínez, T 913 91 44 21, www.petitpalacesantabarbara.com, €€–€€€

Wenn es einfach sein darf

Und doch mit Stil

Hostal Gala, Karte 3, H 13: Ein Stadthaus mit hohen Räumen und schmalen Balkonen, wie sie typisch für die Bürgerhäuser in Madrid sind. Die Zimmer sind angenehm in Schwarz und Weiß gehalten, die Bäder klein, aber funktional. Die Apartments oben im Haus bieten Platz für eine ganze Freundesgruppe oder eine Familie – und ermöglichen unabhängiges Wohnen mit Kochgelegenheit. Sehr angenehme, junge Crew und eine 24-Stunden-Rezeption.

Costanilla de los Ángeles 15, 2° (2. Stock), Metro: L 2 Santo Domingo, L 3, 5 Callao, T 915 41 96 92, https://hostalgala.com, € (kein Frühstück)

Tradition am Atocha-Bahnhof

Hotel Mediodía, K 15: Das Haus neben dem Centro de Arte Reina Sofía hat das Format eines gediegenen Hotels – Schmuckfassade und schmiedeeiserne Balkone, Eingangshalle mit Teppichen, Stuck und Lüstern. Die 165 Zimmer haben Parkettfußboden und großzügige Bäder. Die Zimmer zum Innenhof oder zum Vorplatz des Kunstzentrums sind ruhiger.

Plaza del Emperador Carlos V 8, Metro: L 1 Estación del Arte, T 915 27 30 60, www.mediodiahotel.com, €–€€

Boutique-Hostal

Vitium Urban Suites, G 12: Der Eingang sieht nicht nach Hotel aus. Mit dem Aufzug geht es in den 5. Stock zu den 12 hellen Zimmern in ansprechendem modernem Design, hoch über Madrids Boulevard. Die Kategorien Standard, Deluxe und Premium unterscheiden sich vornehmlich durch ihre Größe und durch zusätzliche Sitzbereiche.

Gran Vía 61, 5° (5. Stock), Metro: L 2, 3, 10 Plaza de España, T 911 16 41 44, https://vitium.es, €–€€

D

DAS PASSENDE BETT SELBST SUCHEN

Auf den gängigen Buchungsportalen wie booking.com oder hrs.de können Sie Ihre individuellen Suchkriterien eingeben.

Hotelketten mit mehreren Häusern
www.cataloniahotels.com
www.melia.com
www.nh-hotels.com
www.nh-collection.com
www.petitpalace.com
www.rafaelhoteles.com
www.room-matehotels.com

Ferienwohnungen
www.airbnb.de
www.fewo-direkt.de

Paradores in der Umgebung
www.paradores.es

In der Obhut der Brüder Gonzalo

Hostal Gonzalo, Karte 3, K 14: Ein persönlich geführtes Hostal im nachtaktiven Viertel Huertas, im 3. Stock eines Altstadthauses. Die Lage ist bestens, alles Wichtige erreicht man gut zu Fuß, und die Calle de Cervantes ist relativ ruhig. Die Brüder kümmern sich gern um ihre Gäste und stehen ihnen bei Fragen mit Rat und Tat zur Seite.

Cervantes 34, 3° (3. Stock), Metro: L 1 Antón Martín, T 914 29 27 14, www.hostalgonzalo.com, € (kein Frühstück)

Moderne Hostels

Hostel der feineren Art

TOC Hostel Madrid, Karte 3, H 13: So möchte man in einer Großstadt wohnen. Im Altbau mit Parkettboden, 100-jährigen Fliesen, Stuckdecken … Die 55 Räume des Toc Hostels befinden sich in so einem Haus im Zentrum. In den Loungebereichen, der Küche oder dem Billardzimmer kommt schon mal WG-Feeling auf. Es gibt Doppelzimmer, Familienzimmer, Frauenschlafsäle mit 6 Betten, gemischte Schlafsäle, jeweils mit Bad.

Plaza Celenque 3–5, Metro: L 1, 2, 3 Sol, T 915 32 13 04, www.tochostels.com/madrid, €

Smart und öko

The Hat Madrid, Karte 3, H 14: In einer lockeren Atmosphäre wohnen Sie in diesem Hostal mitten in Madrid, gleich bei der Plaza Mayor, ob im Mehrbettzimmer oder im separaten Doppelzimmer mit Dusche. Fairer, gleichberechtigter Umgang und nachhaltiges Denken sind hier Trumpf. Die Energie kommt aus erneuerbaren Quellen, Papier gibt es nur für die Toilette. Ob Frühstück oder Sundowner – die Sonnenterrase ist wunderbar. Ein Hostel, in dem man Anschluss findet.

Imperial 9, Metro: L 1, 2, 3 Sol, T 917 72 85 72, https://thehatmadrid.com, €

Generation Facebook-Feeling

Room 007 Chueca Hostel, J 12, Room 007 Ventura Hostel, Karte 3, J 14: Die Schlafräume, die man sich teilt, sind nicht nur bei jungen und jüngsten Reisenden oder Hipstern beliebt, sondern auch bei Kleingruppen und jungen Familien. Das Ambiente ist unaufdringlich, die Loungebereiche sind angenehm, innen ist Ruhe und direkt vor der Tür mischt man sich unter die Szeneflaneure und Partygänger von Chueca oder Huertas. Die Doppel- und Zweibettzimmer sind naturgemäß teurer (teils über 100 €).

Hortaleza 74, T 913 68 81 11, und Ventura de la Vega 5, T 914 20 44 81, www.room007.com, € (kein Frühstück)

Vor

20 octubre 2020 - 28 febrero 2021
EL GRECO
en Illescas
MUSEO NACIONAL
DEL PRADO
Con el patrocinio de
Fundación Amigos
Museo del Prado
Con la colaboración de
Comunidad
de Madrid

Ort

Auch zum Skaten prima! Die Gasse vor der Krönungskirche San Jerónimo el Real.

Paseo del Prado und Parque del Retiro

Eine Stadtlandschaft als Welterbe — Kulturelle Bildung und Naturgenuss, hier gehört beides zusammen.

Seite 40, 47

Museo Nacional Centro de Arte Reina Sofía ✪

Schon der Gebäudekomplex ist besonders. Das MNCARS zeigt Kunst des 20. und 21. Jh. Das Highlight: Picassos »Guernica«.

Seite 43, 53

Campus Prado ✪

Weltkulturerbe ist das Museo Nacional del Prado samt Umgebung. Wie der baumbestandene Paseo del Prado hat auch das Museum königliche Ursprünge. Zum Staunen gut sind die Bilder von Velázquez, Goya, El Greco, Rubens …

Alles Prado? Eine Prado-Straße, ein Prado-Museum, ein Campus Prado …

Seite 42

CaixaForum

Ein Industriedenkmal wird zum Ausstellungszentrum. Und eine Hauswand zum Garten.

Seite 43

Real Jardín Botánico

So viel Natur in ihrer ganzen Vielfalt und Urwüchsigkeit tut mitten in der Stadt gut.

Seite 46

Fuente de Cibeles

Schöne Brunnen mit mythologischen Figuren schmücken den Paseo del Prado. Aber keine ist so schön wie Kybele.

Seite 47

CentroCentro

Das Kulturzentrum im Rathaus hat im 6. Stock einen wunderbaren Ausguck über Madrid.

Seite 48

Parque del Retiro ✪

Es gibt kaum einen schöneren Platz als die Treppenstufen zu Füßen des Monuments für Alfons XII. am See, um die Sonne zu genießen, ein Buch zu lesen oder Löcher in den Himmel zu gucken.

Seite 56

Museo Nacional Thyssen-Bornemisza

Was für eine Gemäldesammlung Madrid doch von Baron Hans-Heinrich Thyssen-Bornemisza erworben hat! Hier spazieren Sie in einem Adelspalast durch die ganze Geschichte der Malerei.

Seite 61

Die Blumenmacherin

Loreto Nebreda ist eine der Gärtnerinnen, die in den Gewächshäusern des Retiro Blumen und Grünpflanzen für die ganze Stadt ziehen.

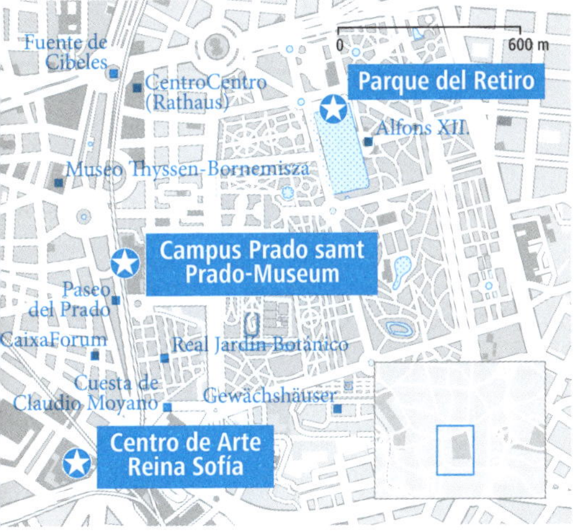

Wo die Kultur zu Hause ist, wird meist auch gelesen. Den Stoff dafür gibt es an den Kiosken der Cuesta de Claudio Moyano.

Auf den Namen Paisaje de la Luz, Landschaft des Lichtes, taufte die UNESCO den Paseo del Prado und den Retiro-Park. Eine Stadtlandschaft, in der Kunst und Kultur wunderbar in Natur eingebettet sind.

Viel Grün und viel Kunst

D

Diese Stadtlandschaft steht für eine Zeit des Aufbruchs. Des Aufbruchs in die Aufklärung, die Mensch, Natur und (Natur-) Wissenschaften in den Mittelpunkt stellte. 2021 wurde sie als ›Landschaft des Lichtes‹ zum UNESCO-Welterbe gekürt. Am Paseo del Prado wird weiter gewerkelt, restauriert und an der Zukunft gebaut, die historischen Gebäude rund um das Prado-Museum wachsen zum Campus Prado zusammen.

Der Paseo del Prado ist auch als Paseo del Arte, als Kunstmeile, bekannt: Centro de Arte Reina Sofía, Prado und Museo Thyssen-Bornemisza heißen die musealen Meilensteine an der schönen Stadtpromenade, die trotz des mehrspurig rauschenden Verkehrs zum Flanieren einlädt. Der Name *prado* (Aue, Weide) erinnert noch an die Auen am Rand der mittelalterlichen Stadt. Der heutige Boulevard wurde unter dem aufgeklärten Karl III. zur Flaniermeile ausgebaut. Aufwendige Brunnenanlagen und Wasserspiele machen sie zur schönsten Promenade der Stadt; geradezu emblematischen Charakter hat das Brunnentrio, das Neptun, Apollo und Kybele geweiht ist. Nicht zu vergessen die 100-jährigen Baumriesen, die angenehmen Schatten spenden. Überhaupt repräsentiert diese Gegend Madrids grüne Seite – mit dem von Karl III. angelegten Botanischen Garten und dem Stadtpark El Retiro, Grünareale, nach denen eine dicht bebaute Millionenmetropole wie Madrid geradezu lechzt.

O

ORIENTIERUNG

Cityplan: S. 39
Infos: Ein Info-Kiosk der Stadt befindet sich direkt beim Centro de Arte Reina Sofía.
Ankommen: Das untere Ende des Paseo del Prado erreichen Sie mit der Metro L 1 Estación del Arte bzw. Atocha, das obere Ende an der Plaza de la Cibeles mit der Metro L 2 Banco de España. Zu Fuß benötigt man für den Weg zwischen den beiden Stationen ohne Besichtigungen ca. 15–20 Min.
Besuch der großen Kunstmuseen: Versuchen Sie möglichst nicht, die drei großen Kunstmuseen an einem Tag zu besuchen. So viel Kunst verkraftet niemand. Oder Sie steuern gezielt die wichtigsten Werke an: Picassos »Guernica« im Centro de Arte Reina Sofía, Velázquez, El Greco und Goya im Prado, die Expressionisten im Thyssen-Bornemisza-Museum.

Rund um den Atocha-Bahnhof

K–M 15–16

Wie ein rechteckiger Querriegel liegt die Plaza del Emperador Carlos V zwischen Altstadt und dem Madrider Südbahnhof. Hier braust der Verkehr aus dem Kranz der aufeinandertreffenden Straßen gewaltig um den Brunnen herum, der am Südende des Paseo del Prado plätschert. Die **Fuente de la Alcachofa** ❶ ist allerdings nur eine Reproduktion des bereits vor knapp 150 Jahren in den Retiro-Park versetzten Originals. Die namengebende Artischocke oben auf dem barocken Ensemble steht für die Heilkraft der Pflanzen und gesunde Ernährung und damit auch für den aufgeklärten König Karl III., der den Paseo del Prado samt Brunnen anlegen ließ.

Mehrere Landmarken umgeben den Platz. So das **Ministerium für Landwirtschaft, Fischfang, Ernährung** ❷, ein Gebäude von 1897. Die gewaltigen allegorischen Bronzeskulpturen sind typisch für die Madrider Belle-Époque-Architektur. Schmiedeeiserne Gitter, spanisches Kunsthandwerk vom Feinsten, schirmen das Ministeriumsgelände von der Öffentlichkeit ab. Markenzeichen direkt gegenüber dem Bahnhof sind auch die weiß strahlende Fassade des **Hotel Mediodía** und das Kunstzentrum Reina Sofía.

Bahnhof mit Geschichte

Als langer Ziegelsteintunnel mit Jugendstilfassade aus Gusseisen und Glas steht die **Estación de Atocha** ❸ seit der Wende zum 20. Jh. an diesem Platz. Als Bahn-

In dieser Stadtgegend wachsen die Bäume dem blauen Himmel über Madrid entgegen. Und wenn sie ihr Herbstkleid anlegen, sind Spaziergänge im Retiro oder auf dem Paseo del Prado doppelt schön.

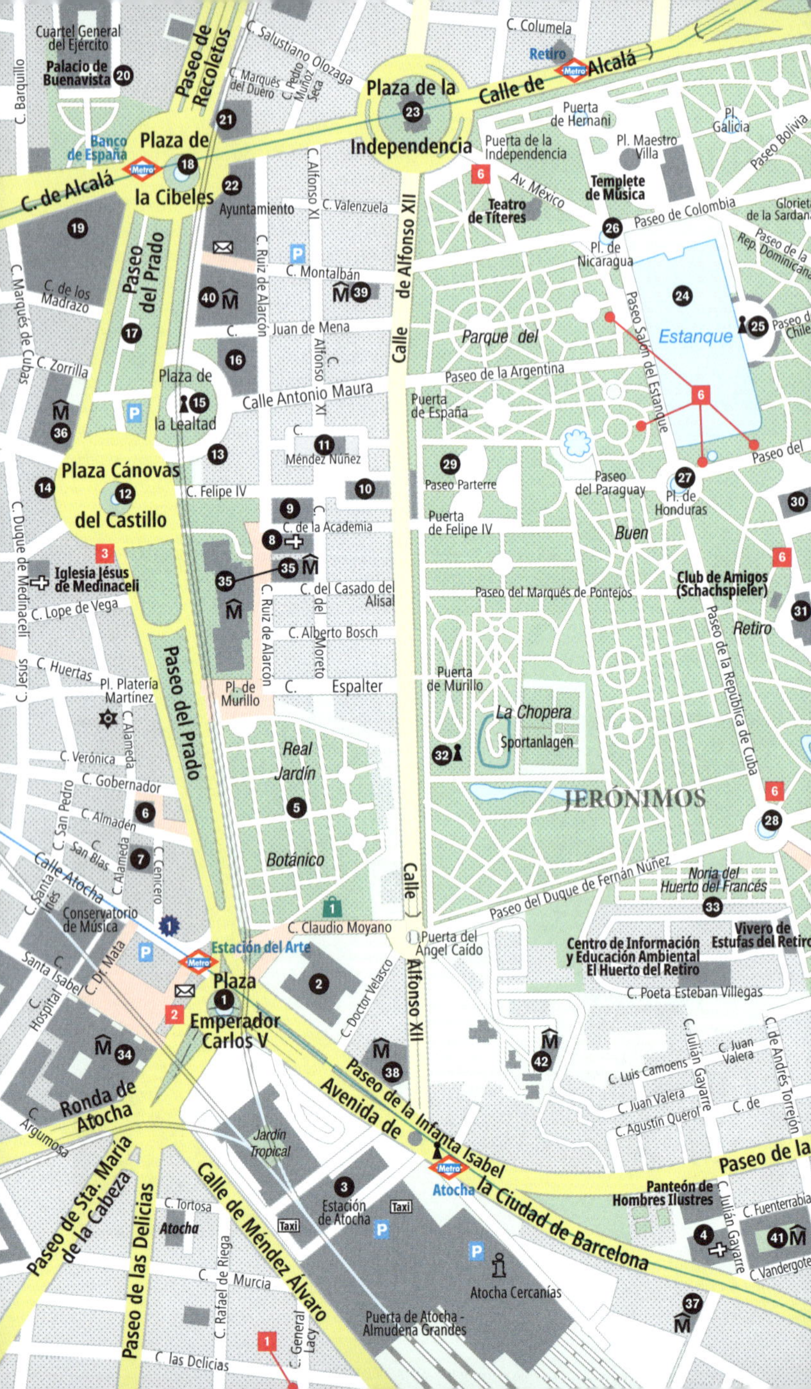
Cuartel General del Ejército
Palacio de Buenavista
Paseo de Recoletos
C. Salustiano Olozaga
C. Marqués del Duero
C. Pedro Muñoz Seca
Plaza de la Independencia
Calle de Alcalá
C. Columela
Retiro
C. Barquillo
Banco de España
Plaza de la Cibeles
C. de Alcalá
Ayuntamiento
C. Alfonso XI
C. Valenzuela
Puerta de Hernani
Puerta de la Independencia
Pl. Galicia
Pl. Maestro Villa
Paseo Bolivia
Av. México
Teatro de Títeres
Templete de Música
Paseo de Colombia
Glorieta de la Sardana
Paseo de la Rep. Dominicana
Pl. de Nicaragua
Paseo de Chile
Estanque
Paseo Salón del Estanque
C. Marqués de Cubas
C. de los Madrazo
Paseo del Prado
C. Ruiz de Alarcón
C. Montalbán
Calle de Alfonso XII
C. Juan de Mena
Parque del Buen Retiro
C. Zorrilla
Plaza de la Lealtad
Calle Antonio Maura
Paseo de la Argentina
Puerta de España
C. Méndez Núñez
Paseo del Paraguay
Paseo del
Pl. de Honduras
Plaza Cánovas del Castillo
C. Felipe IV
Paseo Parterre
C. de la Academia
Puerta de Felipe IV
C. Duque de Medinaceli
Iglesia Jésus de Medinaceli
C. del Casado del Alisal
C. del Moreto
Paseo del Marqués de Pontejos
Club de Amigos (Schachspieler)
C. Lope de Vega
C. Alberto Bosch
Paseo de la República de Cuba
C. Jesús
C. Huertas
Pl. Platería Martínez
Pl. de Murillo
C. Espalter
Puerta de Murillo
La Chopera
Sportanlagen
C. Alameda
C. Verónica
Real Jardín Botánico
C. Gobernador
JERÓNIMOS
C. Almadén
C. San Pedro
C. San Blas
C. Cenicero
Calle Atocha
C. Santa Inés
Conservatorio de Música
Paseo del Duque de Fernán Núñez
Noria del Huerto del Francés
C. Claudio Moyano
Puerta del Ángel Caído
Estación del Arte
Centro de Información y Educación Ambiental El Huerto del Retiro
Vivero de Estufas del Retiro
Santa Isabel
C. Dr. Mata
Plaza Emperador Carlos V
C. Doctor Velasco
C. Poeta Esteban Villegas
C. Hospital
C. Julián Gayarre
C. Juan Valera
C. de Andrés Torrejón
C. Luis Camoens
Ronda de Atocha
Paseo de la Infanta Isabel
Avenida de la Ciudad de Barcelona
C. Agustín Querol
C. de
C. Argumosa
Jardín Tropical
Paseo de la
Atocha
Paseo de Sta. María de la Cabeza
Calle de Méndez Álvaro
Panteón de Hombres Ilustres
C. Fuenterrabía
C. Tortosa
Paseo de las Delicias
Estación de Atocha
Taxi
C. Vandergoten
C. Murcia
C. Rafael de Riega
Atocha Cercanías
Puerta de Atocha - Almudena Grandes
C. General Lacy
C. las Delicias
Metro
1 2 3 4 5 6 7 8 9 10 11 12 13 14 15 16 17 18 19 20 21 22 23 24 25 26 27 28 29 30 31 32 33 34 35 36 37 38 39 40 41 42

Paseo del Prado und Retiro

Ansehen

1. Fuente de la Alcachofa
2. Ministerium für Landwirtschaft, Fischfang, Ernährung
3. Estación de Atocha
4. Basílica de Nuestra Señora de Atocha
5. Real Jardín Botánico
6. CaixaForum
7. Espacio Cultural Serrería Belga
8. Parroquia de San Jerónimo el Real
9. Real Academia Española
10. Casón del Buen Retiro
11. Salón de Reinos
12. Neptunbrunnen
13. Hotel Ritz
14. Hotel Palace
15. Plaza de la Lealtad
16. Börse
17. Fuente de Apolo
18. Fuente de Cibeles
19. Banco de España
20. Cuartel General del Ejército
21. Casa de América
22. Palacio de Cibeles, Rathaus, CentroCentro
23. Puerta de Alcalá
24. Estanque
25. Monument für Alfons XII.
26. Fuente de los Galápagos
27. Fuente de la Alcachofa
28. Fuente del Ángel Caído
29. Ahuehuete-Baum
30. Palacio de Velázquez
31. Palacio de Cristal
32. Bosque del Recuerdo
33. Noria
34. Museo Nacional Centro de Arte Reina Sofía (MNCARS)
35. Museo Nacional del Prado
36. Museo Nacional Thyssen-Bornemisza
37. Museo La Neomudéjar
38. Museo Nacional de Antropología
39. Museo Nacional de Artes Decorativas
40. Museo Naval
41. Real Fábrica de Tapices
42. Real Observatorio de Madrid

Essen

1. Bodegas Rosell
2. El Brillante
3. Estado Puro
4. La Castela
5. Florida Park
6. Kioskos im Retiro

Einkaufen

1. Straßen-Buchmarkt (Cuesta Claudio Moyano)

Bewegen

1. Diverbikes

Ausgehen

1. Kapital

P

PARA VIVIR BIEN ...

»... beban vinos en Rosell«: Zum guten Leben gehört ein Wein im Rosell. Gute Idee! Schon die mit romantischen *azulejo*-Motiven geschmückte Fassade kündet von einer Madrider Traditionstaverne, einem ehemaligen Weinladen mit Ausschank. Zu Wein oder gezapftem Bier (Cruzcampo) bekommen Gäste eine erste Tapa. Danach können Sie sich durch ein überzeugendes Angebot an Tapas und *raciones* ›arbeiten‹.

Bodegas Rosell 1: General Lacy 14, Metro: L 1 Atocha, T 914 67 84 58, www.bodegasrosell.es, Di–Sa 12–16, 19–24, So 12–16 Uhr, Karwoche und Aug. geschl., Juni–Okt. So und Mo Vormittag geschl., *raciones* ab 10/12 €

hof hat sie ausgedient, sie wurde in einen tropischen Wintergarten verwandelt, den Reisende als ›grünen‹ Wartesaal nutzen. Dahinter liegt der vom Spanier Rafael Moneo geschaffene neue Säulenbahnhof **Puerta de Atocha–Almudena Grandes.**

Im Betriebsbereich der Nahverkehrszüge *(cercanías)* erinnert eine Gedenkstätte an die Opfer des 11. März 2004, als der Bahnhof Schauplatz eines Bombenattentats muslimischer Fundamentalisten wurde: Sie sprengten voll besetzte Vorortzüge in die Luft (s. S. 291). Im Zuge von Bauarbeiten an der Metro wird auch der **Homenaje a las Víctimas del 11 de Marzo** genannte Ort umgestaltet werden.

Unsere Jungfrau von Atocha

Seit 1523 beten Madrilenen in der **Basílica de Nuestra Señora de Atocha** 4 zur Gottesmutter von Atocha. Die Taufkirche der spanischen Prinzen musste nach dem Bürgerkrieg neu aufgebaut werden. Fray Bartolomé de las Casas, ein Mönch, der als Fürsprecher der indigenen Einwohner Lateinamerikas in die Geschichte einging, hat hier sein Grab. Ende des 19. Jh. wurde neben der Kirche im neobyzantinischen Stil der **Panteón de España** errichtet, in dem die Gebeine berühmter Spanier ihre letzte Ruhe finden sollten. Entsprechend aufwendig sind die Grabmäler in diesem Monument.

Avda. de la Ciudad de Barcelona 1, Kirche Mo–Fr 7.45–14, 17–21, Sa 11–13, 18–21, So 8.30–14, 18–21, Panteón, www.patrimonionacional.es, Di–Sa 10–14, 16–18.30, So, Fei 10–15 Uhr, Eintritt frei

Ein Krankenhaus voller Kunst 

Streng und abweisend, die Fenster mit robusten Eisenstäben vergittert, gibt sich der Hauptbau des **MNCARS,** des **Museo Nacional Centro de Arte Reina Sofía** 34 (s. S. 47). Es ist eines der großen Madrider Kunstmuseen, benannt nach seiner Schirmherrin Königin Sofía. Einen ganzen Häuserblock nimmt es ein, den sich ein bemerkenswertes architektonisches Duo teilt: Der Hauptbau ist das ehemalige Madrider Stadthospital, das Karl III. von seinem italienischen Architekten Francesco Sabatini 1781 errichten ließ. Diese Vierflügelanlage rund um einen Innenhof diente bis 1965 als Krankenhaus. In den schlichten Sälen und weißen Krankenhausfluren des historischen Baus lenkt heute nichts von der Kunstbetrachtung ab. Einen modernen Akzent setzen nur die transparenten, gläsernen Aufzugsschächte, die vor der Fassade angebracht wurden. Das architektonische Gegenstück ist der von Stararchitekt Jean Nouvel hochgezogene **Erweiterungsbau,** der mit seinem Formen- und Materialspiel neben dem strengen Altbau fast wie ein modernes Kunstobjekt wirkt. Die zwei neuen Flügel fassen einen Innenhof mit einer Skulptur von Roy Lichtenstein ein.

Wenn Sie sich in den gläsernen Aufzügen des MNCARS rauf und runter bewegen, scannen die Augen wie eine Kamera das Leben auf dem Platz vor dem Museum. Da ist immer was los.

›Plaza dura‹ mit Charme

Die Plaza de Juan Goytisolo, der ›harte‹ Pflasterplatz vor dem Haupteingang, ist besonders in den späten Nachmittagsstunden belebt, wenn die Anwohner der nahen Altstadtgassen frische Luft und Spielflächen für ihre Kinder suchen. Eingefasst vom Musikkonservatorium, der Museumsfassade mit gläsernen Aufzügen, dem Belle-Époque-Hotel und ein paar Lokalen mit Außenplätzen, hat er durchaus Charme. Die schlanke Skulptur von Alberto Sánchez vor dem MNCARS trägt den Titel: »*El pueblo español tiene un camino que conduce a una estrella*« (Das spanische Volk hat einen Weg, der zu einem Stern führt). Ihr Original wurde wie Picassos »Guernica« 1937, zur Zeit des Spanischen Bürgerkriegs, für die Pariser Weltausstellung geschaffen und bekundet die damaligen Visionen der Republikaner für die Zukunft des Landes. Möge Sánchez' Vision für Madrilenen und Spanier auch heute noch gelten.

Unterer Paseo del Prado

K 14–15

Es ist ein Novum, dass eine Allee samt einem Stadtpark zum UNESCO-Welterbe erklärt wurde. Man wünscht ihr, wieder zu werden, als was sie geplant war und was sie wieder sein könnte: eine Meile zum Spazieren, Kultur genießen, Lernen. Ob grüne Ruhezonen mit Brunnengeflüster, Botanischer Garten oder Kunstmuseen, der Grundstein zu diesem Kulturensemble wurde im 18. Jh.

Lieblingsort

CaixaForum mit ›hängendem‹ Garten

Er ist ein Blickfang: der vertikale Garten, der die Hauswand am Vorplatz grünen und blühen lässt. Wie mag er wohl bewässert werden? Die Augen wollen sich nicht lösen vom Pflanzenteppich. Doch auch das **CaixaForum** ❻ selbst zieht uns Autoren magisch an. Jahrzehntelang dümpelte das ehemalige Elektrizitätswerk vor sich hin, ein zweischiffiger Ziegelsteinbau, die Fenster vermauert. Bis die Schweizer Architekten Herzog & de Meuron ihn entkernten, auf Sockel stellten, die innen Aufzüge und Treppen enthalten, die alte Fabrik also quasi in einen Schwebezustand versetzten. Und sie verpassten ihr eine rostige Stahlhaube. Innen sind die Kunstausstellungen der Stiftung der katalanischen Bank La Caixa ein Genuss. Ebenso der Aufenthalt im Café ganz oben – mit Blick durch das filigrane Rostgewebe auf den Paseo del Prado.
Paseo del Prado 36, www.caixaforum.org, tgl. 10–20 Uhr, Ausstellungen 6 €

gelegt. Die **Buchstände** in der autofreien **Cuesta de Claudio Moyano** 1 entlang der Südseite des Botanischen Gartens passen dazu: Bodenständig und einfach wirken die hölzernen *casetas,* die Neuerscheinungen, Bücher aus zweiter Hand und Raritäten ausgelegt haben.

Der Botanische Garten ist sexy

Kein Botanischer Garten der Welt sei so sexy wie derjenige von Madrid, behauptete der spanische Botschafter bei seinem Kampf um das Welterbeprädikat für den Paseo del Prado. Wer wollte ihm widersprechen? Ein schmiedeeisernes Gitter fasst den **Real Jardín Botánico** 5 ein, den Karl III. von Francesco Sabatini und Juan de Villanueva bis 1781 realisieren ließ. Jahrhundertealte Riesenbäume und die Überfülle von Pflanzen aus dem mediterranen und lateinamerikanischen Raum demonstrieren die ganze Kraft der Natur, berühren emotional und begeistern auch das Fachpublikum. Im Sommer tun das Schattendach, das frischere Mikroklima und die Ruhe unendlich gut. Hinter dem Eingang gegenüber dem Murillo-Portal des Prado-Museums geht es nur noch um eines: in Natur baden. Sich nach Lust und Laune durch das Grün treiben lassen, ungewöhnliche Pflanzen und Bäume entdecken und die Gewächshäuser bestaunen. Oder es sich im Café La Cátedra im Pabellón Villanueva gutgehen lassen.

www.rjb.csic.es, 10–18/19, im Sommer bis 20/21 Uhr, inkl. Villanueva-Pavillon 7/4 €, nur Gärten 2 € weniger, gratis Di 10–14 Uhr sowie für unter 18-Jährige u. Arbeitslose

Industriedenkmäler für die Kultur

Gegenüber dem Botanischen Garten bilden zwei Industriedenkmäler den Rahmen für hochattraktive Ausstellungs- und Kulturzentren. Neben dem **CaixaForum** 6 (s. Lieblingsort S. 42) wird der **Espacio Cultural Serrería Belga** 7 als städtisches Kulturzentrum genutzt. Die zwei 100-jährigen Sägewerkshallen einer belgischen Firma – daher der Name Serrería Belga, Belgisches Sägewerk – sind wundervolle Räume für Ausstellungen.

Alameda 15, Plaza de las Letras, www.serreria-belga.es, Di–So 10–20 Uhr

Campus Prado 

K–L 14

Die Gegend zwischen Prado-Museum und Retiro-Park wird auch Campus Prado genannt. Warum nicht? Schließlich ist sie mit ihren historischen Gebäuden ein Areal, auf dem Kunst-Intensivstudien betrieben werden können. Einen großen Konferenzsaal und eine Bibliothek gibt es auch. Und wie auf einem Uni-Campus ruhen sich die Menschen auf kleinen Rasenflächen, Bänken oder allem, worauf man sitzen oder liegen kann, rund um den Prado nach all dem Kunst-Gucken aus, so dass sogar Campus-Stimmung entsteht.

Museum aller Museen

Das **Museo Nacional del Prado** 35 (s. S. 53) ist eine der bedeutendsten Pinakotheken der Welt und allein schon eine Reise nach Madrid wert. Das Gebäude hatte bereits Karl III. geplant, es sollte direkt neben dem Botanischen Garten eine naturwissenschaftliche Akademie beherbergen. Der **Edificio de Villanueva,** so genannt nach dem Architekten Juan de Villanueva, wurde 1785 begonnen. Er hat ein ebenmäßiges neoklassizistisches Design, die Grundstruktur ist dreigliedrig mit zurückversetztem Zentralkörper. Doch statt der geplanten Akademie zogen hier zu Beginn des 19. Jh. – unter Karl IV. – Napoleons berittene Soldaten ein. Karls Nachfolger, der nicht sonderlich kunst-

Die Kunst altehrwürdiger Hofmaler gucken ist nur was für Rentner und Intellektuelle? Weit gefehlt! Das zeigen die vielen Gruppen junger Besucher aus aller Welt rund um den Prado, Campus Prado genannt.

sinnige Ferdinand VII., ließ die heutige Galerie einrichten und am 19. November 1819 einweihen, um die königlichen Gemäldesammlungen der Öffentlichkeit zugänglich zu machen. Seither sind die Bestände des Museums auf weit über 18 000 Gemälde, Zeichnungen und Skulpturen angewachsen. Um die Raumprobleme zu lösen, gliederte Architekt Rafael Moneo an die Ostseite des Hauptgebäudes den auf einem Hügel gelegenen **Edificio Jerónimos** an, in dem vor allem die großen Ausstellungen präsentiert werden.

Die Krönungskirche

Geschickt packte Moneo den Kreuzgang eines ehemaligen **Hieronymitenklosters** in den Prado-Anbau hinein. Weil die Mönche in ihrem ursprünglich am Manzanares gelegenen Kloster häufig wegen des schlechten Wassers erkrankten, baten sie die Katholischen Könige um einen neuen Platz, den sie 1503 hier bekamen. 1808 verwüsteten die Franzosen das Kloster, das kurz darauf aufgelöst wurde. Zu ihm hatte auch die **Parroquia de San Jerónimo el Real** ❽ gehört. Das gotische Gotteshaus, dessen Fassade in der zweiten Hälfte des 19. Jh. erneuert wurde, ist seit 1528 die Krönungskirche der spanischen Könige. Doch als Juan Carlos I abgedankt hatte, verzichtete sein Nachfolger Felipe VI im Jahr 2014 auf eine solche Zeremonie, und das war wohl auch ein Zeichen für die aktuelle Krise der spanischen Monarchie. In der Zwölf-Uhr-Messe an jedem letzten Sonntag im Monat singt der Chor von Los Jerónimos.

Moreto 4, www.parroquiasanjeronimoelreal.es, Mo–So 10–13, 17–20, 1.7.–15.9. 10–13, 18–20.30 Uhr

Königlicher Sommerpalast

Hinter der 1713 gegründeten Königlichen Sprachakademie **Real Academia Española** ❾ (Felipe IV 4, www.rae.es), die den kastilischen ›Duden‹ herausgibt, steht das, was vom königlichen Sommer- und Vergnügungssitz **Palacio del Buen Retiro** übrig geblieben ist. Philipp IV. hatte ihn ab 1630 als Vierflügelanlage bauen lassen, und er ›retirierte‹ gern von den Hofgeschäften in den Palast samt riesigem Parkareal, dem heutigen Parque del Retiro. Für den spanischen Adel und ausländische Gäste wurden dort allerlei Feste gegeben und Theaterstücke inszeniert. Auf dem See im Park veranstaltete man Gondelfahrten, und das riesige Grünareal diente der Jagd. Doch den königlichen Sommervergnügen bereitete der Unabhängigkeitskrieg gegen Napoleons Soldaten zu Beginn des 19. Jh. ein Ende, das Schloss wurde ebenso ein Opfer der Ereignisse wie die königliche Porzellanmanufaktur Fábrica del Buen Retiro, die im Park stand.

Ein Überbleibsel des Schlosses ist der **Casón del Buen Retiro** ❿ (Alfonso XII 28), allerdings stammen seine neoklassizistischen Fassaden aus dem 19. Jh. Er ist eine Außenstelle des Prado mit Bibliothek, Studien- und Dokumentationszentrum sowie Restaurierungswerkstätten. Der Neapolitaner Luca Giordano schuf 1697 das monumentale Fresko »Apotheose der spanischen Monarchie«, das den ehemaligen Botschaftersaal bedeckt. Auch im Escorial oder im Königsschloss begegnet man diesem Maler mit dem Spitznamen »Fa Presto« (»Mach schnell«). Er malte wohl fix und konnte auch Deckenfresken. Der Prado besitzt einige Dutzend seiner Gemälde (Besichtigung So 12 Uhr, Anmeldung mind. 30 Min. vorher im Prado, Jerónimos-Gebäude, Área de Educación).

Der zweite verbliebene Gebäudeteil, ein Flügel mit dem **Salón de Reinos** ⓫ (Saal der Königreiche), ist zugleich der letzte Baustein in der Vollendung des Campus Prado. Zuvor war hier ein Heeresmuseum untergebracht, das 2015 in den Alcázar von Toledo umgezogen ist. Den Architektenwettbewerb gewannen Norman Foster und Carlos Rubio. Ihr Entwurf wird die Stadtlandschaft verändern, die Gegend offener und fußgängerfreundlicher machen. Die Fassaden sollen wieder wie im 17. Jh. aussehen. An der Südseite entsteht eine neue Eingangszone in Form einer offenen Loggia. Innen liegt der Salón de Reinos von 1634, das alte und neue Herz des Ensembles, auf mittlerer Höhe. Die Wappen aller 24 Königreiche, die zur Zeit Philipps IV. zu Spanien gehörten – daher der Name Saal der Königreiche –, sind in dem Salon abgebildet. Ganz oben im Haus ist Platz für Ausstellungen. Der Campus Prado bleibt in den nächsten Jahren ein spannendes Projekt.

Oberer Paseo del Prado

K–L 13

Wasserspiele und Luxushotels

Inmitten der Plaza de Cánovas del Castillo steht der Gott des fließenden Wassers samt Dreizack und muschelförmiger Kutsche, die von Hippokampen gezogen wird. Sich diagonal am Platz mit dem **Neptunbrunnen** ⓬ gegenüberliegend buhlen die Belle-Époque-Paläste Ritz und Palace um zahlungskräftige Gäste. Im **Ritz** ⓭ (Mandarin Oriental Ritz), einer 1910 von König Alfons XIII. eröffneten Luxusherberge, lassen sich Staatsgäste, Geldadel und Noblesse aus aller Welt verwöhnen. Es zählt zu den Leading Hotels of the World. Wer es kennenlernen möchte, kann gegen 16 Uhr zum Nachmittagstee in den Salon gehen oder am Sonntag zum Brunch auf die schöne Gartenterrasse. Unter der be-

N

NEPTUN UND KYBELE

Die Wasserspiele mit den mythologischen Gestalten Neptun und Kybele wurden im 18. Jh. auf dem Paseo del Prado platziert. Sie waren damals die Endpunkte des sogenannten Salón del Prado, der guten Stube Madrids. Derartig schön und wahrzeichenhaft sind beide Anlagen, dass es die Fußballfans zu ihnen zieht. Neptun ist für die Anhänger von Atlético Madrid Ziel ihrer Siegesfeiern nach Vereinsspielen. Und – Kulturgut hin, Kulturgut her – nach siegreichen Spielen von Real Madrid blasen die Fans der ›Königlichen‹ zum Sturm auf die Göttin, trotz strikten Verbots. Sie verlor dabei bereits einmal eine Hand …

eindruckenden Jugendstil-Glaskuppel über der Eingangsrotunde des **Hotel Palace** ⓮ (jetzt Westin Palace) zechten bereits Pablo Picasso, Orson Welles, Ava Gardner und Ernest Hemingway.

Vergleichsweise bescheiden kommt der Palacio de Villahermosa daher, ein klassizistischer Adelspalast aus dem 18./19. Jh. Aber die herausragende Gemäldesammlung des **Museo Nacional Thyssen-Bornemisza** 36 (s. S. 56) bereichert seit 1992 den Madrider Kunstboulevard und zieht viel Publikum an.

Platz der Treue

An der rechten Seite des Paseo del Prado buchtet sich die runde, baumüberschattete **Plaza de la Lealtad** ⓯ aus. Der 29 m hohe Obelisk und das immerwährende Feuer erinnern an den Aufstand der Madrilenen gegen Napoleon und an alle für das Vaterland gestorbenen Spanier. Steinurnen bergen die Asche der am 2. Mai 1808 (s. S. 289) in den blutigen Auseinandersetzungen mit den Franzosen Gefallenen. Der Platz ist seit 1893 die Adresse der spanischen **Börse** ⓰, die nach dem Wiener Vorbild einen Säulenportikus hat.

Zum Wahrzeichen Madrids

Auf dem Weg zur Plaza de la Cibeles wird die **Fuente de Apolo** ⓱ (Apollobrunnen) gern übersehen. Sie ist ein Schmuckstück mit aufwendigem Bildprogramm: den Gott des Lichtes und der Musen umgeben Darstellungen der vier Jahreszeiten.

Die Kunstmeile Paseo del Prado endet am Wahrzeichen Madrids, der **Fuente de Cibeles** ⓲ aus dem 18. Jh. Kybele, die Göttin der Fruchtbarkeit, die große Mutter der Erde, sitzt auf einem Wagen, der von Löwen gezogen wird. Francisco Gutiérrez schuf die weiße Marmordame, der Franzose Robert Michel meißelte das Löwengespann. Sie ist der ruhende Pol inmitten des hektischen Verkehrs rundherum und thront majestätisch über dem rauschenden Wasser. Kybele blickt Richtung Stadtzentrum, über das Denkmal für die Opfer der Covid-19-Pandemie hinweg in die Calle de Alcalá und bildet einen harmonischen Auftakt zur dortigen Fassadenphalanx der Belle Époque.

Ein Kranz prachtvoller Bauwerke umgibt die göttliche Brunnendame: der **Banco de España** ⓳ (Bank von Spanien), ein Neorenaissancebau vom Ende des 19. Jh.; der 1769–77 errichtete, in Gartenanlagen versteckte Palacio de Buenavista, einst Besitz der Herzogin von Alba, heute **Cuartel General del Ejército** ⓴ (Oberste Heeresleitung); der neobarocke Palacio de Linares aus der zweiten Hälfte des 18. Jh., der Madrids Amerikahaus **Casa de América** ㉑ beherbergt. Es widmet sich der Förderung der lateinamerikanischen Kultur und hat ein Restaurant mit schöner Gartenterrasse.

Auffallendstes Gebäude ist jedoch das 1917 eröffnete Post- und Telegrafenamt mit seiner dem Platzrund angepassten Fassade im Zuckerbäckerstil.

Mit ironischem Unterton nannten es die Madrilenen früher Nuestra Señora de las Comunicaciones, Unsere Liebe Frau der Kommunikation, denn das Gebäude hat mit seinen Türmchen und der Protzarchitektur tatsächlich etwas von einer Kathedrale. Seit 2011 lautet der offizielle Name **Palacio de Cibeles** ㉒. Er ist Sitz der Stadtverwaltung und des **Rathauses.** Hineingehen lohnt schon wegen der gewaltigen Empfangshalle, in der im letzten Jahrhundert Briefe, Päckchen oder Telegramme aufgegeben wurden. Auf mehreren Etagen präsentiert das städtische Kulturzentrum **CentroCentro** Ausstellungen, darunter eine zum Weltkulturerbe der ›Landschaft des Lichtes‹. Im 6. Stock liegen der Zugang zum Aussichtsturm und zu einer Terrassen-Bar.

CentroCentro: www.centrocentro.org, Di–So 10–20 Uhr
Aussichtsturm/Mirador: Di–Sa 10.30–14, 16–19.30 Uhr, 3/2,25 €, online 0,50 € mehr

Zu Ehren des Stadterneuerers

Die nahe Plaza de la Independencia (Unabhängigkeitsplatz) schmückt ein Triumphbogen von 1779: Die von Sabatini errichtete **Puerta de Alcalá** ㉓, eine Erinnerung an die ersten 20 Jahre Herrschaft des aufgeklärten Königs Karl III., steht über der Ausfallstraße nach Alcalá de Henares inmitten eines Wegekreuzes. Nach Norden zweigt die Nobeleinkaufsmeile Calle de Serrano ab. Am Platz liegt ein Eingang in den Retiro (s. Tour S. 48).

Museen

Krisen als Quelle von Kunst? ✪

㉞ Museo Nacional Centro de Arte Reina Sofía (MNCARS): Das ambitionierte Kunstmuseum geht einen überraschenden Weg. Schwerpunkt sind KünstlerInnen des 20. und 21. Jh., und es sind große Namen mit von der Partie: Picasso, Dalí, Miró, Gris, Tàpies … Aber sie wer-

Alle lieben die schöne Göttin, die den Brunnen auf der Plaza de Cibeles beherrscht. Sie ist ein Wahrzeichen Madrids.

TOUR
Durch den Parque del Retiro ✪

Zu Fuß oder per Rad: unterwegs in Madrids Stadtgarten

Infos

L–M 13–15
Cityplan S. 39, ㉔–㉝

Öffnungszeiten:
April–Sept. 6–24, Okt.–März 6–22 Uhr

Centro de Educación Ambiental El Huerto del Retiro (L 15):
Im Park, https://diario.madrid.es/cieaelretiro, April–Sept. Di–So 10–14, 17–19.30, Okt.–März Di–Fr 9–14, 15.30–18, Sa, So, Fei 10–14, 15.30–18 Uhr. Retiro-Plan mit den Sehenswürdigkeiten und botanischen Raritäten, Anmeldung zu botanischen Führungen und zum Besuch der Gewächshäuser. (s. auch S. 61)

Bootfahren:
Bootsverleih an der Nordseite des Estanque, 6 €, Sa, So, Fei 8 €. Kurzfahrten mit dem solarbetriebenen Barco Solar Di–So 10–13.30, 16 Uhr bis Sonnenuntergang, 2 €/Pers.

Der schönste aller Gärten sei der Retiro, sagte der Madrider Dichter Gómez de la Serna. 2021 ist er sogar zum Welterbe gekürt worden. Bis 1873 durften sich nur Könige in dem Areal vergnügen, dann öffnete es die erste republikanische Regierung für das Volk. Eine Armee von Gärtnern ist mit der ständigen Pflege der von einem schmiedeeisernen Zaun eingefassten grünen Insel beschäftigt, damit dieses Stück urbaner Lebensqualität erhalten bleibt. Vor allem an Sonntagen scheint sich halb Madrid auf der 120 ha großen Grünfläche zu tummeln: Spaziergänger und Jogger, Sonnenanbeter und Liebespaare, Alt und Jung zieht es in den Park. Rund um den See (Estanque) in seiner Mitte, wo man sich zu Bootspartien trifft, ist besonders viel los: Zauberer, Straßenkünstler und Musiker treten auf, *gitanas* lesen für ein paar Münzen aus der Hand, fliegende Händler verkaufen Eis, Chips oder *pipas* (Sonnenblumenkerne). Liebhaber klassischer Konzerte zieht es zum **Musikpavillon** (Templete de Música), wo sonntags um 12 Uhr das Stadtorchester aufspielt. Für Kinder gibt es im **Teatro de Títeres** (Puppentheater) an Wochenenden Gratisaufführungen. Schach-, Domino- und Kartenspieler treffen sich beim **Club de Amigos del Buen Retiro.**

Auf zum See!

Egal durch welches Tor Sie das umzäunte Areal betreten – irgendwann führen alle Wege zum **Estanque** ㉔, dem als Rechteck angelegten künstlichen See. Wer eine Ruderpartie antreten möchte, geht zum *embarcadero* an der Nordseite. Leseratten und Sonnenanbeter steuern die Treppen am **Monument für Alfons XII.** ㉕ an. Von seinem Podest, umgeben von einer halbkreisförmigen Säulenhalle, von mächtigen Löwen flankiert, beherrscht der König seit dem Jahr 1922 den Estanque. Begehrt sind auch die Plätze in den Freiluftcafés am See, die im Schatten der Bäume erfrischenden *granizado* (zerstoßenes Eis mit Zitronensirup), *horchata* (Erdmandelmilch) und andere Getränke und Kleinigkeiten servieren.

Da sitzt man nett direkt am Wasser und schaut auf die Paddler. Die Treppenstufen zu Füßen von Alfons XII. sind besonders zur Zeit des Sonnenuntergangs ein stimmungsvoller Ort.

Drei-Brunnen-Route
Skulpturen, Brunnen und Wasserspiele schmücken den Park. Entlang der Hauptpromenade kommt man an den schönsten vorbei: Galápagos- und Artischockenbrunnen markieren die Endpunkte des Paseo Salón del Estanque. Wasserspeiende Kröten und Schildkröten und Putten im Kampf mit Delfinen zeigt die **Fuente de los Galápagos** 26. Die **Fuente de la Alcachofa** 27 geht auf einen Entwurf des Architekten Ventura Rodríguez zurück, der dem aufgeklärten Herrscher Karl III. diente. Molch und Nereide halten das Stadtwappen, Kinder stützen eine geöffnete Artischocke (span.: *alcachofa*) – die allegorische Lobpreisung des Wassers als Lebensquell, der Kindheit als goldenes Lebensalter und der Heilkraft der Pflanzen. Der berühmteste Brunnen ist zweifellos die **Fuente del Ángel Caído** 28 (Brunnen des Gefallenen Engels) von Ricardo Bellver aus dem Jahr 1885. Er stellt die Vertreibung Luzifers aus dem Paradies dar und ist vielleicht das einzige dem Teufel gewidmete Monument.

Botanische Raritäten
Naturliebhaber sollten sich Zeit für den Retiro nehmen, wegen all der seltenen Pflanzen und teils aus den Kolonien stammenden Baumarten. Ein botanischer Lehrpfad verbindet die außergewöhnlichsten Gewächse; sie sind mit Erläuterungstafeln (auf Spanisch und Englisch) versehen. Rund 400 Jahre alt ist der **Ahuehuete** 29 im Parterre, einer französisch inspirierten Gartenanlage aus der Zeit Philipps V., und er ist dank seiner Größe leicht auszumachen. Wie Kandelaber ragen die Stämme vielarmig in die Höhe. Von den Ästen hängen mit weichen Nadeln besetzte dünne Zweige wie Bindfäden herab. Diese Mexikanische Sumpfzypresse *(Taxodium mucronatum)*, auch Montezuma-Zypresse genannt, ist der Nationalbaum Mexikos, wo es mehrtausendjährige Exemplare geben soll – einige der ältesten Bäume der Welt –, mit Umfängen von über 50 m. Kaum findet sich in der Stadt respektive im Retiro ein noch älterer Baum.

Jedes Jahr Ende Mai, Anfang Juni findet an der Ostseite des Retiro eine Buchmesse statt. Unter freiem Himmel stellen Verlage dem Publikum ihre neuesten Publikationen vor.

Kunst im Grünen

Das südlich des großen Sees gelegene Areal wurde Ende des 19. Jh. wie ein Landschaftsgarten gestaltet – mit einem kleinen See und zwei schönen Ausstellungspavillons. Sie unterstehen dem Museo Nacional Centro de Arte Reina Sofía, das sie für Ausstellungen nutzt. Der **Palacio de Velázquez** 30 von 1883 ist als Ziegelgebäude dekorativ mit Kacheln geschmückt, wie man es aus Andalusien kennt. Die Eisen-Glas-Bauweise des **Palacio de Cristal** 31 erinnert an ein Gewächshaus. Seine Glasfassade spiegelt sich romantisch in einem Wasserbecken.

Ein Hügel der Trauer …

Der **Bosque del Recuerdo** 32 (Wald der Erinnerung) nahe den städtischen Sportanlagen La Chopera bewahrt das Andenken an die 192 Menschen, die am 11. März 2004 ihre letzte ›Reise‹ in einem der Madrider Vorortzüge unternahmen und Opfer eines Terroranschlags wurden (s. S. 291). Ein aufgeschütteter Hügel, umgeben von einem Wassergraben, wurde mit Ölbäumen und Zypressen bepflanzt, zwischen denen sich ein Weg nach oben schraubt.

Man könnte im Retiro joggen gehen. Der Freundeskreis des Club de Amigos del Buen Retiro legt mehr Wert auf Hirntraining. Schachmatt!

… und ein königliches Wasserschöpfrad

Von diesem Ort des Gedenkens ist es nicht weit zu einem kargen Relikt der namhaften königlichen Porzellanmanufaktur, deren Produkte heute in Schlössern und Museen zu bewundern sind. Aus der Fábrica del Buen Retiro stammten ganze Wandverkleidungen wie sie in den Königlichen Palästen von Madrid und Aranjuez zu sehen sind. 1812, im Unabhängigkeitskrieg, wurde die Fabrik komplett zerstört. Übrig blieb nur eine kleine hydraulische Anlage für die Wasserversorgung, die **Noria** 33. Von dort können Sie den Parkausgang an der Südwest- oder Südseite nehmen.

den weder saalweise noch chronologisch präsentiert, denn das Museum stellt alle Werke in die Aura ihrer Zeit, umgibt sie mit einem Lebensgefühl, mit Zeugnissen gesellschaftlicher Krisen, zu denen sie in einem Bezug stehen. Die Zusammenschau von Gemälden, Skulpturen, Grafiken, Zeichnungen, Architekturskizzen, Fotos, Filmen, Plakaten, Zeitungsausschnitten und anderen Zeitdokumenten rekonstruiert ein Zeitgefühl, das Kunst als Teil des gesellschaftlichen Diskurses verstehen lässt. Ende 2021 stellte das MNCARS das Konzept seiner acht Episodios vor. Sie sind wie Erzählräume oder Themenblöcke aufgebaut und verteilen sich über mehrere Stockwerke des Sabatini- und Nouvel-Gebäudes, zwischen denen Übergänge eingerichtet wurden. Neben dieser ständigen Sammlung (Colección) organisiert das Museum wechselnde Sonderausstellungen.

Im Juni 2023 trat Manuel Segade sein Amt als neuer Museumsdirektor an. Vielleicht wird er das Episodios-Konzept seines Vorgängers umgestalten. Wie auch immer: Einen aktuellen Museumsplan können Sie am Eingang über einen QR-Code mit Ihrer Handy-Kamera einscannen. Und Picassos Guernica, die Ikone des Hauses, scheint in Raum 205 einen unverrückbaren Platz zu haben.

Die Avantgarde zu Beginn des 20. Jh.
Im 2. Stock des Sabatini-Baus ist Episodio 1 so etwas wie das Herzstück des MNCARS. Es geht um die Anfänge der Avantgarde an der Wende zum 20. Jh., um Architekten wie Le Corbusier und Walter Gropius, Fotografen wie Man Ray, Paul Strand oder Sánchez Portela, Filmemacher wie Luis Buñuel, Dramatiker wie Federico García Lorca und KünstlerInnen wie María Blanchard, Salvador Dalí, Óscar Domínguez, Juan Gris, George Grosz, Wassily Kandinsky, Fernand Léger, Maruja Mallo, André Masson, Joan Miró und andere. Viele experimentierten mit neuen Themen und Stilen: Kubismus, Dadaismus, Surrealismus.

RUHEN UND SCHAUEN

Der Garten im alten Trakt des Centro de Arte Reina Sofía, mit einer Skulptur von Alexander Calder, ist grün und still und eignet sich mit seinen Bänken ideal zum Lesen, während man im schattigen Innenhof des Nouvel-Baus mit Blick auf die Skulptur von Roy Lichtenstein pausiert. Dieser Bereich – mit einem Café-Restaurant und der Bibliothek – ist auch ohne Eintrittskarte von der Straße aus zugänglich. Und wenn Sie im Nouvel-Bau zur Terrasse des 4. Stocks hochfahren, haben Sie einen tollen Ausblick auf die Umgebung.

»Guernica«
Ein Wallfahrtsort innerhalb des MNCARS ist in Saal 205 »Guernica«. Niemand löst sich schnell von diesem Bild. Eine Szene, als hätte eine Bombe eingeschlagen. Der in Málaga geborene Pablo Ruiz Picasso (1881–1973) schuf »Guernica« als Auftragsarbeit für den Spanischen Pavillon auf der Pariser Weltausstellung von 1937. Bis 1981 hing das Werk im Museum of Modern Art in New York, denn Picasso hatte testamentarisch verfügt, es dürfe erst unter demokratischen Verhältnissen nach Spanien zurückgeführt werden.

Das 3,49 x 7,76 m große Bild bewertete Picasso selbst als sein einziges Werk mit bewusst propagandistischer Absicht. Im Licht einer Deckenglühbirne präsentiert sich ein schwarz-weißes Schreckensszenario. Es entstand unter dem Eindruck der erbitterten Bürgerkriegsschlachten in Spanien, des Vordringens der Franco-Truppen und der Schützenhilfe, welche die deutsche Legion Condor dem Caudillo gab, indem sie am 26. April 1937 die baskische Kleinstadt Guernica binnen weniger Stunden zu einem Trümmerfeld zerbombte.

Rock-Ola und Alaska waren in Madrid mythische Orte der Movida Madrileña. Das Lebensgefühl dieser Zeit spiegelt sich in der Plakatkunst. Grund genug für das MNCARS, sich damit zu beschäftigen.

»Guernica« nannte der erschütterte Picasso sein Bild, auf dem keinerlei Kriegsgerät abgebildet ist. Mit Stier und Pferd werden zwei Akteure des Stierkampfes aufgenommen: der Stier als Symbol des spanischen Nationalismus, das misshandelte, tödlich verwundete Pferd als schreiendes Opfer. Unter den wie im Schmerz zerrissenen Figuren erschüttert eine Mutter mit totem Kind unter dem Stier.

Exponate und Filmsequenzen in den benachbarten Räumen beschwören die von Konflikten und Umwälzungen geprägten 1930er-Jahre herauf, geben Einblicke in die damalige Kulturproduktion der Avantgarde wie in die spanische Volkskultur.

Weitere Episodios

Den Episodios 2 bis 5 gehört der 4. Stock im Sabatini-Bau. Sie zeigen die Kulturentwicklung von der dunkelsten Phase der franquistischen Ära bis in die 1960er-Jahre – eine Zeit von Flucht und Exil vieler Franco-Gegner, des Exodus, der Autarkie und Abschottung unter einem nationalistisch-katholizistischen Diktator. Auf der internationalen politischen Bühne herrschte Kalter Krieg, und New York entwickelte sich zum Zentrum einer neuen Avantgarde. Prominente Vertreter der Nachkriegskunst werden präsentiert, neben weltbekannten spanischen Künstlern begegnen wir Namen wie Robert Motherwell, Richard Hamilton, Francis Bacon, Jean Dubuffet, Marcel Duchamp oder Robert Rauschenberg.

Ein nächster Themenblock ist den 1980er-Jahren gewidmet, in denen spanische Künstler wie Miquel Barceló, Antoni Tàpies, Eduardo Chillida oder Esteban Vicente ins internationale Rampenlicht traten und die Kulturbewegung der Movida Madrileña die neue Freiheit nach Francos Tod feierte. Ein Jahrzehnt später – die Weltausstellung Expo '92 in Sevilla gedachte zugleich der Entdeckung Amerikas 500 Jahre zuvor – spiegelten sich die Debatten über Dekolonisierung, interkulturelle Verständigung und Multikulturalität auch in der Kunst der Alten wie der Neuen Welt.

Der letzte Episodio (»Exodo y vida en común«) ist der Gegenwart gewidmet. Ökologie, Feminismus, Proteste gegen den Neoliberalismus, Zukunftsängste werden in den Arbeiten von Jorge Ribalta, Ignacio Elías, Dora García, Victoria Gil und vielen anderen Künstlern spürbar.

Santa Isabel 52, Eingänge und Kassen auch an der Ronda de Atocha s/n, Metro: L 1 Estación del Arte, www.museoreinasofia.es, Mo, Mi–Sa 10–21, So 10–14.30 Uhr, 1.1., Karfreitag, 1.4., 25.12. geschl., 12 €, Paseo-del-Arte-Ticket 32 €, Audioguide 4,50 €, Eintritt frei ab 19, So 12–14.15 Uhr sowie am 18.4., 18.5., 12.10. und 6.12., für Jugendliche und über 65-Jährige gratis

Der Prado, weltberühmt ✪

㉟ Museo Nacional del Prado: Die Sammlungen des Prado spiegeln den Geschmack der spanischen Könige wieder, sie ließen weltbekannte Künstler wie Tizian, Velázquez oder Goya für sich arbeiten und Kunstwerke aus Flandern und Italien herbeischaffen. Nach der Säkularisierung des Kirchenbesitzes 1835 kamen Werke aus Kirchen und Klöstern hinzu. Die Bilder sind nach historischen Gesichtspunkten sowie nach Herkunft und Schulen geordnet – vor allem italienische, flämische und spanische Malerei bis zum 19./20. Jh.

Der Zugang durch die **Puerta de los Jerónimos** (Neubau, Rückseite) führt ins Erdgeschoss, wo im Nordtrakt flämische und italienische Malerei des 14.–16. Jh. hängen, u. a. von El Bosco und Raffael. Darüber folgen im Hauptgeschoss italienische und spanische Malerei des 16./17. Jh., und hier brillieren die großen Publikumsmagneten des *Siglo de Oro,* des Goldenen Zeitalters der spanischen Kunst: El Greco, Velázquez, Murillo oder Goya. Im Südflügel des Prado hat die Malerei des 19. Jh. viel Platz bekommen, sie ist über drei Stockwerke hinweg zu finden.

Wer Lust auf einen Sprung ins frühe Mittelalter hat, sollte die romanischen Fresken aus den kastilischen Einsiedeleien San Baudelio de Berlanga (12. Jh.) und Santa Cruz de Maderuelo (13. Jh.) nicht versäumen (unten, Säle 51 B und C). Sie zeigen mozarabische und byzantinische Einflüsse.

Flämische Malerei des 15./16. Jh.

In der flämischen Sektion ist Saal 56 A einem der rätselhaftesten Maler der Geschichte gewidmet: **Hieronymus Bosch,** in Spanien El Bosco genannt, dessen Werke Philipp II. sammelte. Die spöttisch-ketzerischen Szenen mit lasziven Spukgestalten und fantastischen Unterweltfiguren, die geradezu surrealistische Momente vorwegzunehmen scheinen, beeindrucken am meisten in »Der Garten der Lüste«.

Ein Saal am Übergang zur Galerie zeigt von **Albrecht Dürer** ein »Selbstbildnis« sowie »Adam und Eva« und von seinem Schüler **Hans Baldung Grien** »Die Lebensalter und der Tod«. Sowohl die flämische wie auch die italienische Sektion bergen etliche gotische Retabel und Triptychons.

Italienische Malerei des 14.–16. Jh.

Zum Bilderkabinett der italienischen Schule gehören Meisterwerke der Renaissance von **Fra Angelico, Mantegna, Botticelli** und **Raffael.** Ein ›roter‹ Hingucker von Raffael in der unteren Galerie heißt »Der Kardinal«.

In der oberen Galerie folgt **Tizian,** der Lieblingsmaler Karls V. So groß soll die Verehrung für den Venezianer gewesen sein, dass sich der Herrscher einmal bückte, um ihm den Pinsel aufzuheben. Sein Werk »Kaiser Karl V. nach der Schlacht bei Mühlberg« ist das vielleicht berühmteste Porträt des Herrschers, der – in Ritterrüstung zu Pferd, die Lanze in Angriffsposition – doch gealtert und müde wirkt. Lebensfreude und Sinnlichkeit, kraftvolle Farben und ein geradezu vibrierendes Licht, Elemente, die

Tizian zum Vorbild der Barockmaler werden ließen, kommen eher in seinen Bildern mit allegorisch-mythologischen Anspielungen zum Tragen, so in »Danae, den Goldregen empfangend« und in »Bacchanal«. Einen prominenten Platz in der Galerie haben auch Bilder von **Peter Paul Rubens**.

Publikumsmagneten des Siglo de Oro

Spanische Barockkunst, etwa der Valencianer **Francisco Ribalta** und **Jusepe (José) de Ribera,** des aus Extremadura stammenden **Francisco de Zurbarán** (1598–1664), der durch seine Mönchsbilder mit den perfekt gemalten Fältelungen ihrer Kutten bekannt wurde, sowie von El Greco und Velázquez bergen die Säle 7A bis 11.

El Greco, der aus Kreta stammende Domenikus Theotokopoulos, kam nach Aufenthalten in Venedig und Rom 1577 nach Spanien, wohl in der Hoffnung, von Philipp II. beschäftigt zu werden, doch der fand an der Malweise des ›Griechen‹ wenig Gefallen. In der Bischofsstadt Toledo (s. ab S. 229) war ihm mehr Erfolg beschieden. El Greco war strenggläubiger Katholik, der als Maler der Gegenreformation durchaus den religiösen Geist des Goldenen Zeitalters spiegelt. Religiöse Inbrunst strahlen seine pathetischen Szenen mit ihren entrückt und entmaterialisiert wirkenden Figuren aus, die in ein geradezu übernatürliches Licht getaucht sind. Künstlerisch weisen seine Arbeiten bereits in die Moderne: Die gestreckten Proportionen seiner Gestalten lassen El Greco manchem als Vorläufer des Expressionismus erscheinen.

Rund um das Polygon (Saal 12) findet sich die weltweit einzigartige Werkschau des Hofmalers **Diego de Velázquez y Silva** (1599–1660). Vor »Las Meninas« (Die Hofdamen; s. S. 280) halten Kunstfans besonders lange inne, es ist ein besonders vielschichtiges Werk. Neben Porträts von Philipp IV. und dessen Familie sowie den feinfühlig gemalten Hofnarren widmete sich Velázquez auch mythologischen Themen, die er als volkstümliche Alltagsszenen darstellte. Zwei der schönsten Beispiele dieser Arbeiten sind »Die Trinker« und »Die Spinnerinnen«. Mag sein, dass sich in ihnen Einflüsse von Rubens zeigen, der sich zweimal am königlichen Hof aufgehalten hatte.

Als eines der ersten Historiengemälde der europäischen Kunstgeschichte gilt Velázquez' »Übergabe von Breda«. Das Bild hält den 5. Juni 1625 fest, als Spinola, spanischer Heerführer im langwierigen Kampf um die Niederlande, von den Holländern die Schlüssel der Stadt Breda überreicht bekommt. Doch nichts von heroischem Gestus, Spinola legt dem Unterlegenen die Hand auf die Schulter.

Weitere Künstler des spanischen *Siglo de Oro* sind **Bartolomé Esteban Murillo**, der sich in zartfarbigen Variationen den Themen der Verkündigung und unbefleckten Empfängnis widmete, sowie Valdés Leal, Alonso Cano, Claudio Coello, Pedro de Mena, Juan Carreño de Miranda.

Das Repertoire der spanischen Barockkünstler ergänzen flämische und holländische Werke aus derselben Zeit. Der Prado besitzt die weltweit bedeutendste Sammlung an **Rubens**-Bildern. Ein Meisterwerk sind die üppig-barocken »Drei Grazien«. »Artemisia«, welche die aufgelöste Asche ihres Gatten Mausolus trinkt, ist vielleicht das großartigste und ausdrucksstärkste der **Rembrandt**-Bilder.

Goya und das 19. Jh.

Nach dem Spanischen Erbfolgekrieg herrschten ab 1714 die Bourbonen im Land. Sie holten ausländische Künstler an den Hof. Zu ihnen gehörte Francisco Bayeu, der wiederum seinem Schwager Einlass bei der Madrider Gesellschaft verschaffte: dem spanischen Malergenie **Francisco de Goya y Lucientes** (1746–1828), geboren im aragonischen Dorf Fuentetodos.

Am Hof malte Goya 1775 seine ersten Wandteppichentwürfe. In der Hauptstadt

Einen prominenten Platz haben die Gemälde von Tizian und Rubens in der schönen, schlauchartigen Galerie im Obergeschoss des Prado.

befreundete er sich bald mit den spanischen Aufklärern *(ilustrados)*, er erlebte den Beginn dieser Bewegung und bald danach ihren Zusammenbruch im Kampf gegen Napoleons Soldaten. Goya gelang der gesellschaftliche Aufstieg, 1799 ernannte ihn Karl IV. zu seinem Hofmaler.

Der **Südtrakt des Prad**o bietet über drei Stockwerke eine eindrucksvolle Werkschau des Künstlers: Arbeiten für den Hof, für den Madrider Adel und private Bilder, die teils Goyas pessimistisches Urteil über den Zustand der Gesellschaft zeigen. Das Entrée zur Goya-Sektion ist das Bild der »Familie Karls IV.« in Saal 32: In prunkschimmernden Kleidern stecken dumm-derbe Köpfe. Die feinen Gewänder stehen für die zur Schau gestellte Fassade der Monarchie, die Konterfeis ihrer Repräsentanten entlarven ihr faules Wesen. Nach dem Velázquezschen Vorbild von »Las Meninas« brachte sich Goya links im Hintergrund als Maler mit ins Bild.

Wegen der Doppelbildnisse der liegenden Herzogin von Alba – bekleidet als »Maja vestida« und nackt als »Maja desnuda« – wurde Goya 1814 vor das Inquisitionstribunal zitiert. Das ›unzüchtige‹ Gemälde hatte man nach dem Tod der Herzogin in ihrem Palast am Cibeles-Platz gefunden. Es war wohl eine mehr als flüchtige, wenn auch nicht glückliche Liebe, die den Maler mit der schönen Duquesa verband.

In den **oberen Sälen** im 2. Stock sind wiederum Arbeiten für den Hof zu sehen, der Goya der Teppichkartons: fröhlich-bunte Reigen, hübsche Madrider Mädchen *(majas)*, spielende Kinder, Picknickszenen, Jahrmärkte der Eitelkeiten. Doch es finden sich auch sozialkritische Akzente, so in der Darstellung der Not der Bauern in »Schneefall«, Teil des

Jahreszeitenzyklus für den königlichen Speisesaal.

Goyas *pinturas negras* (Schwarze Gemälde) im Erdgeschoss sind das krasse Gegenteil der fröhlichen Reigen der Teppichkartons. Der ertaubte, abgeschieden in seinem Landhaus Quinta del Sordo am Manzanares lebende Künstler bemalte die häuslichen Wände mit den dämonischen Visionen, die im Prado zu sehen sind: »Im Sand versinkender Hund«, »Zweikampf mit Knüppeln«, »Hexensabbat« und »Saturn verschlingt einen seiner Söhne«. Sie werfen ein Licht auf den Seelenzustand des Malers während der letzten Madrider Jahre und weisen ihn zugleich als Wegbereiter der modernen Kunst aus.

Schlussakkord in der Goya-Ausstellung sind Darstellungen der Ereignisse des 2. Mai 1808 – des Aufstands der Madrilenen gegen die französischen Okkupanten und des »Kampfes mit den Mameluken« – sowie die Erschießung der Aufständischen am folgenden Tag durch die Franzosen. In diesen Werken kündigt sich bereits eine expressionistische Malweise an.

Die Sammlung mit Gemälden des 19. Jh. wurde im Südtrakt aufgestockt und umfasst jetzt 275 Bilder. Es ist viel Landschafts- und Historienmalerei dabei, aber gegen Ende des 19. Jh. nahmen sozialkritische Themen zu, und Frauen mischten die Szene auf. Prominente spanische Künstlernamen dieser Zeit sind Fortuny, Rosales, Sorolla oder Zuloaga.

Edificio de los Jerónimos

Das schlicht-strenge Ziegelsteingebäude von Architekt Rafael Moneo bietet Platz für ein Café, einen Shop und Ausstellungssäle. Fahrstühle und Rolltreppen bringen Besucher nach oben zu **Saal C,** in dem der **Kreuzgang des Jerónimos-Klosters,** dessen Stelle der Neubau einnimmt, Stein für Stein wiederaufgebaut wurde.

Ruiz de Alarcón 23, Metro: L 1 Estación del Arte, www.museodelprado.es, Kasse: Goya-Eingang (Nordseite), Mo–Sa 10–20, So, Fei 10–19, 6.1., 24.12., 31.12. 10–14 Uhr, 1.1., 1.5., 25.12. geschl., 15 €, reduziert 7,50 € (Jugendliche, EU-Bürger ab 65), Ticket plus Prado-Führer 24 €, Audioguide 5 €, Vorverkauf: www.entradas.museodelprado.com; Kombiticket ›Paseo del Arte‹ 32 €, Eintritt frei bzw. Sonderausstellungen zum reduzierten Preis Mo–Sa 18–20, So, Fei 17–19 Uhr und für Jugendliche unter 18, Studenten der EU unter 25 Jahren, Menschen mit Handicap und ohne Arbeit (Ausweise!). Ein QR-Code oder die Website führen zu einem aktuellen Pradoplan.

Die Bilder des Barons

36 Museo Nacional Thyssen-Bornemisza: Im Palacio de Villahermosa, einem klassizistischen Adelspalast aus dem 18./19. Jh., ist seit 1992 die Sammlung von Baron Hans-Heinrich Thyssen-Bornemisza zu sehen, der wie sein Vater Heinrich Thyssen leidenschaftlicher Kunstsammler war. Mag sein, dass Madrid diese hochdotierte Privatsammlung erhielt, weil Thyssen-Bornemiszas Frau Carmen Cervera Spanierin ist. Wie auch immer: Der Bilderschatz fügt sich bestens in die Kunstmeile Paseo del Prado ein und ist seit 1993 Eigentum des spanischen Staates. Die kleinere Kollektion von Carmen Thyssen wurde 2021 – gegen erkleckliche Zahlungen, versteht sich – bis 2035 als Leihgabe gesichert.

Die lachsrosa und weiß getünchten Räume des einstigen Adelspalastes bilden einen würdigen, harmonischen Rahmen für die Werke abendländischer Kunst des 13.–20. Jh. Ein Schwerpunkt sind die französischen Impressionisten und deutschen Expressionisten.

Sammlung Thyssen

Die Gemälde wurden in den beiden oberen Stockwerken des Adelspalastes und eines Annexes gehängt. Die Säle 1 – 29 befinden sich im 2., die Säle 30 – 52 im 1. Stock. Wer den Weg durch das Museum in Saal 1 im 2. Stock beginnt, erlebt einen Gang durch die Geschichte der Malerei.

Am Anfang stehen frühe italienische Meister mit mittelalterlicher religiöser Kunst. Ihr folgen Porträts der Frührenaissance, darunter Hans Holbeins d. J. »Bildnis des Königs Heinrich VIII. von England« sowie italienische Malerei der Hochrenaissance. Nach italienischen (u. a. Tizian, Tintoretto) und deutschen Werken des 16. Jh. (Lucas Cranach d. Ä., Albrecht Dürer, Hans Baldung Grien) geht es weiter mit dem italienischen Frühbarock und spanischen Malern des *Siglo de Oro*. Umfangreich ist Thyssens Sammlung flämischer und holländischer Malerei des 17./18 Jh., die sich über mehrere Säle (19 – 28) verteilt. Canalettos berühmte Venedig-Ansichten entstanden im 18. Jh. Am Übergang von der Romantik zum Realismus und der Malerei der Moderne stehen in der Sammlung Caspar David Friedrich (»Ostermorgen«), Francisco de Goya und Eugène Delacroix.

In der Sammlung impressionistischer und spätimpressionistischer Malerei (1. Stock) fehlt kein wichtiger Künstlername: Pierre-Auguste Renoir, Claude Monet, Édouard Manet, Camille Pissarro, Pierre Bonnard, Edgar Dégas, Henri de Toulouse-Lautrec, Vincent van Gogh, Paul Gauguin und Paul Cézanne. Mindestens ebenso bedeutend ist der Bilderschatz, der mit den Expressionisten ins 20. Jh. führt: Egon Schiele, Erich Heckel, Ernst Ludwig Kirchner, Karl Schmidt-Rottluff, Wassily Kandinsky, August Macke, Franz Marc, Paul Klee, Otto Dix und George Grosz. Als Künstler der experimentellen Avantgarde sind El Lissitzky, Ljubow Popowa und Ivan Kljun ebenso vertreten wie Piet Mondrian, Fernand Léger oder Pablo Picasso. Den Abschluss bilden die klassische Moderne, Surrealismus und Pop-Art, u. a. mit Max Ernst, Miró, Dalí, Gris, Modigliani, Hopper.

Von Bild zu Bild geht es durch die Privatsammlungen des verstorbenen Barons Thyssen und seiner in Andorra lebenden Gattin – durch die ganze Geschichte der Malerei.

Sammlung Carmen Thyssen

Es ist eine Privatsammlung, die separat in den Räumen A–J im Erdgeschoss gehängt wurde, statt sie mit der Thyssen-Kollektion zu verzahnen. Unter inhaltlichen Gesichtspunkten hätte das sicher Sinn gemacht. Also noch einmal Malerei des 17.–20. Jh., Landschaften, Stillleben, Genreszenen, Naturalismus, Impressionismus und Expressionismus ... Deutsche Expressionisten, Fauvisten, der Kubismus und andere abstrakte Kunstformen sind vertreten. Die Ikone der Sammlung ist Gauguins »Mata Mua«.

Paseo del Prado 8, Metro: L 2 Banco de España, www.museothyssen.org, Mo 12–16 (Eintritt frei), Di–So 10–19 Uhr, 13/9 €, unter 18 Jahren gratis, Paseo-del-Arte-Ticket 32 €, Audioguide 5 €

Wild und spooky

37 Museo La Neomudéjar: Was für ein Kontrast zu all den gediegenen Museumsräumlichkeiten rund um den Paseo del Prado. In den original belassenen Werkshallen einer Eisenbahngesellschaft unweit des Atocha-Bahnhofs sind es jetzt KünstlerInnen statt Bahnarbeiter, die sich einen Blaumann überziehen. Sie sind eingeladen, ihre Werke an Ort und Stelle zu produzieren. Das junge Kreativzentrum für die avantgardistischste Kunst unserer Zeit bietet Ausstellungen, Installationen, in situ Entstandenes, Videokunst, Kolloquien. Der Name verweist auf die Industriearchitektur im Neomudéjarstil (19. Jh.).

Antonio Nebrija s/n, Metro: L 1, Atocha, www.laneomudejar.com, Mi–So 11–15, 17–21 Uhr, 6/5 €, Mi 11–13 Uhr Eintritt frei, der Zugang zum Café und der Hofterrasse ist gratis

Exotisches aus Ex-Kolonien

38 Museo Nacional de Antropología: Seit 1875 existiert dieses Völkerkundemuseum mit ethnografischen Objekten und Antiquitäten von allen Kontinenten und Kulturen der Welt. Überwiegend stammen sie aus dem ehemaligen spanischen Kolonialreich – Philippinen, Ozeanien, Westafrika, Lateinamerika. Ausstellungen nehmen auch aktuelle Themen wie Flucht und Migration in den Fokus.

Alfonso XII 68, Metro: L 1 Atocha, www.culturaydeporte.gob.es/mnantropologia, Di–Sa 9.30–20, So, Fei 10–15 Uhr, 3/1,50 €, Sa ab 14 Uhr und So Eintritt frei

Spanisches Kunstgewerbe

39 Museo Nacional de Artes Decorativas: Spanische Wohn- und Lebenskultur präsentiert dieses Kunstgewerbemuseum. In einem fünfstöckigen Adelspalast des 19. Jh. wandelt man durch Schlaf-, Wohn- und Küchenräume, die historische Wohnstile verschiedener Regionen und Epochen vorstellen. Die Keramik- und *azulejos*-Kollektion dokumentiert das hohe Niveau dieser Kunst auf der Iberischen Halbinsel. Eine valencianische Küche aus dem 18. Jh., im oberen Stock, ist mit Kacheln aus Manises ausgeschlagen, deren Motive Szenen des häuslichen Lebens wiedergeben. Ähnlich kunstvoll wie die Keramik ist das ebenfalls durch maurische Einflüsse geprägte spanische Lederhandwerk. Darüber hinaus sind unzählige Einzelstücke spanischer Dekorkunst versammelt: Glasgefäße, Holzplastiken und *artesonados* – geschnitzte Holzdecken im Mudéjarstil –, Kinderspielzeug, Gobelins, Teppiche, Stickarbeiten, Schmuck und Fächer.

Montalbán 12, Metro: L 2 Banco de España, Retiro, www.culturaydeporte.gob.es/mnartesdecorativas, Di–Sa 9.30–15, Do außer Juli–Sept. auch 17–20, So, Fei 10–15 Uhr, am 1.1., 6.1., 1.5., 24., 25. und 31.12. geschl., 3/1,50 €, Eintritt frei: Sa 14–15 Uhr, So, Do nachmittags

Die Welt der Seefahrt

40 Museo Naval: In dem gediegenen Gebäude des Marinehauptquartiers befindet sich ein Marinemuseum mit historischen Schiffsmodellen, Galionsfiguren, Navigationskarten. Ein kartografisches Meisterwerk ist die um 1500 angefertigte erste Weltkarte von Juan de la Cosa, der Kolumbus bei seinen Reisen nach Amerika begleitet hatte. Gewiss kam die ungewöhnliche Porzellansammlung aus der Zeit der Ming-Dynastie (um 1600) per Schiff nach Spanien. Dessen Schifffahrtsgeschichte seit dem Mittelalter samt Flottenbau, Bewaffnung, Handelsrouten und frühem Kulturaustausch dokumentiert das Museum.

Paseo del Prado 3, Metro: L 2 Banco de España, Di–So 10–19, Aug. 10–15 Uhr, 3 € Spende

Königliche Teppichfabrik

41 **Real Fábrica de Tapices:** Als nach der Unabhängigkeit der spanischen Niederlande die Versorgung des Hofes mit kostbaren flandrischen Gobelins schwieriger wurde, gründete Philipp V. 1721 die Königliche Teppichfabrik und berief eine flämische Familie nach Madrid. Deren Erben widmen sich bis heute der Fabrikation und Restaurierung hochwertigster Teppiche. Sie entstehen an Knüpfstühlen des 18. Jh. – oft nach alten Kartons, wie sie der Hofmaler Goya schuf. Im Rahmen der angebotenen Führungen wird eine Sammlung von historischen Textilien, Teppichen, Wandteppichen und Handwerksgeräten gezeigt. Im Garten wachsen Pflanzen, die für die Herstellung von Garnen oder natürlichen Farben eine Rolle spielten.

Fuenterrabía 2, Metro: L 1 Atocha, Führungen Mo–Fr 10, 11, 12, 13 sowie Mo–Do 16 Uhr, 6/5 €, Anmeldung: visitasmuseo@realfabricadetapices.com

In die Sterne gucken

42 **Real Observatorio de Madrid:** Und noch eine Ikone der Wissenschaft steht im Umfeld des Paseo del Prado frei auf einem Hügel: Die unter Karl III. gegründete Sternwarte stammt als neoklassizistisches Gebäude von Architekt Juan de Villanueva. Innen bewundern Sie eine reiche Instrumentensammlung, ein Foucaultsches Pendel, das die tägliche Erdrotation demonstriert, den Repsold-Meridiankreis von 1854 oder den Nachbau des historischen Herschel-Spiegelteleskops vom Ende des 18. Jh. Es ist ein Ausflug in die Welt der Astrologie, der Geodäsie und und Geophysik.

Alfonso XII 3, Metro: L 1 Estación del Arte, www.ign.es, Juli–Sept. Sa, So 10.30, 12.30, sonst Fr 16.30 (Juni: 17.30), Sa 12, 16.30 (Juni: 17.30), So 10.30, 12.30 Uhr, 5/3 €, bis 10 Jahre gratis

Essen

Para vivir bien ...

1 **Bodegas Rosell:** s. Kasten S. 40.

Ein Brötchen auf die Hand

2 **El Brillante:** 80 000–100 000 kg *calamares*, in Kichererbsenmehl gewendet und dann in Olivenöl frittiert, werden im Brillante alljährlich zwischen die Brötchen geschoben, für die mancher Madrilene eigens den Weg hierher antritt.

Plaza del Emperador Carlos V 8, im Hotel Mediodía, Metro: L 1 Estación del Arte, www.barelbrillante.es, tgl. 7.30–24 Uhr, €

Tapas pur genießen

3 **Estado Puro:** Die Tapas-Bar von Starkoch Paco Roncero lohnt schon wegen der Dekoration mit folkloristischen Imitationen spanischer Frauenhaarkämme einen Blick. Und die Tapas sind ein bisschen kultiger als andernorts, etwa die *croquetas,* die es in vielen Varianten gibt. ›Richtig‹ essen geht ebenfalls. Von der Terrasse auf dem Bürgersteig schaut man dem Treiben auf dem Paseo del Prado zu.

Plaza de Cánovas del Castillo 4 (im Hotel NH Paseo del Prado), Metro: L 2 Banco de España, L 1 Estación del Arte, T 638 66 38 05, www.tapasenestadopuro.com, tgl. 12–24 Uhr, €€

Tapas und Meeresfrüchte

4 **La Castela:** Mit leckeren Tapas und *raciones*, Bier und Wein verwöhnt das alteingesessene, bodenständige Lokal

seine Gäste, denen es nichts ausmacht zu stehen, wenn die wenigen Tische auf der Außenterrasse oder im Barraum mit den alten Kacheln und der Zinktheke mal wieder besetzt sind. Dahinter gibt es allerdings noch Restauranträumlichkeiten. Das Essen ist zum Durchprobieren gut und die Kellnercrew ausgesprochen freundlich. Besser reservieren.

Doctor Castelo 22, Metro: L 9 Ibiza, T 915 73 55 90, 915 74 00 15, www.lacastela.com, Mo–Do 12.30–17, 20–24, Fr, Sa 12.30–0.30 Uhr, €–€€

Legendär

5 **Florida Park:** In den 1970er- und 1980er-Jahren war der Pavillon an der Ostseite des Retiro eine Institution im Madrider Nachtleben. Hier traten Charles Aznavour, Plácido Domingo, Tina Turner oder Liza Minelli auf. Nach gründlicher Renovierung verköstigen ein Restaurant und eine Tapas-Bar, übrigens auch auf einer schönen Terrasse, wieder ihre Gäste. Und Freitag sowie Samstag locken nachts wieder Shows und Konzerte in die Sala del Florida. Aus dem 18. Jh. finden sich auf dem Gelände noch die Überbleibsel eines Schöpfrades, das den See und die kleinen Bäche im Park mit Wasser versorgte.

Paseo de Panamá s/n, Metro: L 9 Ibiza, L 2, L 9 Príncipe de Vergara, T 91827 52 75, www.floridapark.com, tgl. 10–24 Uhr, €€

Entspannt sitzen und schauen

6 **Kioskos im Retiro:** Es sind einfache Kioske mit Außenterrassen und meist mit Plastikstühlen, doch sind die Plätze direkt am See beliebt. Zum Café, einem *granizado* (zerstoßenes Eis mit Zitronensirup), einer *horchata* (Erdmandelmilch) oder einem Bier schauen Besucherinnen und Besucher im Schatten der Bäume entspannt auf den Estanque, auf dem immer etwas los ist.

Metro: L 2 Retiro, ca. 10 Uhr bis Sonnenuntergang

Einkaufen

Zum Ver- und Selbstbeschenken

In den geräumigen **Museumsshops** von Centro de Arte Reina Sofía, Museo del Prado und Thyssen-Museum sind mit Kunstmotiven bedruckte Schals, Tücher, T-Shirts und Krawatten, Schmuck, Gläser, Schalen und Geschirr, Notizblocks, Bleistifte, Postkarten, Poster, Kunstplakate und Bücher eine Fundgrube an hübschen Sachen. Und auch in den Shops des CaixaForum, des Botanischen Gartens und des städtischen Kulturzentrums CentroCentro finden Sie manch inspirierendes Stück. Stöbern lässt sich auch wunderbar auf dem **Straßen-Buchmarkt** 1 in der Cuesta de Claudio Moyano (s. S. 43).

Bewegen

Auf zwei Rädern ins Grüne

1 **Diverbikes:** Das ist einer der am nächsten zum Retiro gelegenen Radverleiher. Tourenräder, auch für Familien, sowie E-Bikes.

Avda. Menéndez Pelayo 9, Metro: L 2, L 9 Príncipe de Vergara, T 914 31 34 24, www.diverbikes.es, Mo–Fr ca. 11–19.30, Sa, So 10–20 Uhr, ab 5 € pro Std./18 € pro Tag

Ausgehen

Ist Tanzen eine Frage des Alters?

1 **Kapital:** Von überallher schwärmt hier am Wochenende vor allem junges Publikum ein und verteilt sich über die mehrstöckige Riesendisco – die Nähe zum Atocha-Bahnhof ist dabei von Vorteil. Man fragt sich: Auf welche der Tanzflächen gehe ich? Oder eben gleich in die Karaoke-Sektion …

Atocha 125, Metro: L 1 Estación del Arte, www.grupo-kapital.com, Do–Sa 24–6 Uhr, Eintritt je nach Event ab 15 €

Zugabe
Die Blumenmacherin

Der Retiro ist die Kinderstube von Grünpflanzen und Blumen für die ganze Stadt

Loreto Nebreda ist eine der 30 GärtnerInnen, die in der Baumschule und den Gewächshäusern des Retiro arbeiten. Mit Hingabe widmet sie sich seit mehr als 20 Jahren der Aufzucht von Pflanzen. Jedes Jahr verlassen mehr als eine halbe Million blühende Gewächse und dekorative Grünpflanzen ihre Kinderstube, um im Retiro und anderen Stadtparks weiterzuwachsen, um Straßen und Plätze zu begrünen oder zu offiziellen Anlässen sogar das Rathaus zu schmücken.

Ihren Arbeitsplatz haben die GärtnerInnen des Retiro auf 3,5 ha Fläche an der Südseite des Parks, abseits des Getriebes. 24 Gewächshäuser aus Eisen und Glas stehen dort, von denen 19 historische Exemplare noch aus dem 19. Jh. stammen. Besonders schön ist der Estufón, ein Treibhaus, das ursprünglich zum Palacio de Liria gehörte, dem Madrider Anwesen der Herzöge von Alba. (Zu den Besuchsmöglichkeiten der Gewächshäuser: s. Infos S. 48) ■

Puerta del Sol, Calle de Alcalá, Gran Vía

Meilensteine der Großstadtentwicklung — Boulevards, die von Ehrgeiz künden, vom Willen, eine Metropole zu sein.

Seite 65

Calle de Alcalá

Belle Époque vom Feinsten, die Parade der Banken und der neuen Luxushotels steht für das Selbstbewusstsein einer reichen bürgerlichen Elite, die der Stadt zu Beginn des 20. Jh. mit Prunkbauten ihren Stempel aufdrücken wollte.

Seite 66

Puerta del Sol

Harmonische Fassaden umschließen den Platz, der eindeutiger Mittelpunkt der Stadt und als Kilometer 0 sogar des Landes ist. Begrüßen Sie dort die Bärin, Madrids weibliches Wappentier.

Ein Gebäudename an der Ecke von Calle de Alcalá und Gran Via sagt alles: Metrópolis!

Eintauchen

Seite 70

Gran Vía 

Einmal die Große Straße entlanglaufen, das geht auch ohne sich die Taschen mit Einkäufen oder den Magen mit Fast Food vollzustopfen. Einfach nur alte Prachtbauten von unten und von oben gucken.

Seite 71

Café im Círculo de Bellas Artes

Der stilvolle Café-Salon ist ein Schaufenster zur Gran Vía. Und von der Dachterrasse des Vereins der Schönen Künste reicht der Blick weit über den Boulevard hinweg über die Stadt. Einer der besten Aussichtspunkte.

Seite 73

Plaza de España

Nicht die zwei Hochhäuser der 1950er-Jahre sind die Attraktion, sondern die Flanierzonen rund um das Denkmal für den Dichter Cervantes samt seinen weltbekannten Romanhelden. Es ist ein Wahrzeichen der Stadt.

Seite 74

Real Academia de Bellas Artes de San Fernando

Eine kleine feine Kunstsammlung, in der die Künstler des *Siglo de Oro* mit spannenden Werken vertreten sind.

Seite 78

Dachterrassen

Von oben bei einem Drink über die Gran Vía und die Plaza de España zu blicken, das hat was. Etliche schicke Hotels an dem Boulevard haben tolle Terrassen.

Seite 79

Manifestódromo

Die Puerta del Sol ist ein Platz der Proteste. Große oder kleine Menschenmengen, Megafone, bunte Fahnen, Sit-ins – in Madrids Zentrum ist oft die Hölle los.

Es gibt nun einmal zwei Spanien: das der Träumer und das der Vernünftigen. Schon Cervantes beschrieb sie in seinen Figuren Don Quijote und Sancho Panza.

Wunderschön sind die 100-jährigen Fassaden der Calle de Alcalá und der Gran Vía. Das Beste ist oben: riesige allegorische Metallskulpturen und rund 20 Sundowner-Dachterrassen.

Boulevards und Shoppingmeilen

D

Der eindeutige Referenzpunkt und Inbegriff der Madrider City ist die Puerta del Sol. Der Platz liegt am Ostrand des ursprünglichen Stadtkerns, der auch als Madrid der Habsburger bezeichnet wird. Nach Westen zweigen die Calle Mayor und die Calle del Arenal ab, durchschneiden die ältesten Stadtviertel und führen Richtung Königsschloss am Westrand der Altstadt (s. Anschlusskapitel Historisches Zentrum). Nach Osten schafft der Prachtboulevard Calle de Alcalá die Verbindung zum Paseo del Prado, der am schönen Kybelebrunnen erreicht ist, und führt dann – an Retiro-Park und Madrids ›Stierkampfkathedrale‹ vorbei – stadtauswärts Richtung Alcalá de Henares. Die Gassen nördlich der Puerta del Sol bilden als Fußgängerzonen eines der wichtigsten Madrider Einkaufsviertel. Teils haben die Geschäfte, etwa in den Calles Carretas, Preciados, Carmen oder Montera, sogar an Sonn- und Feiertagen geöffnet. Letztgenannte Straßen münden in einen zweiten großen Boulevard, die Gran Vía.

Calle de Alcalá und Gran Vía wurden seit Ende des 19. Jh. als Geschäfts- und Flaniermeilen angelegt. Hier heißt es: Die Augen nach oben richten! Die Fassaden sind aufwendig mit Erkern, Türmchen und Figuren geschmückt und ein Stück Vorzeige-Madrid. Die Gran Vía endet – mit einem architektonischen Sprung in die 1950er-Jahre – auf dem Spanienplatz und bei einer literarischen Ikone: Don Quijote und Sancho Pansa, den Hauptfiguren des großen Nationaldichters Miguel de Cervantes.

Rund um Madrids Große Straße taucht man übrigens unvermittelt in Altstadtgassen ein, in denen eine andere Welt und eine andere Zeit das Sagen zu haben scheinen. In welche der nördlich abzweigenden Sträßchen man auch einbiegt, das Ambiente wechselt relativ abrupt. Ein Stück altes Madrid, das in den letzten Jahren stark aufgehübscht wurde. Kaum finden sich noch die früheren zwielichtigen Ecken, sie wichen einer jungen urbanen Stadtszene.

O

ORIENTIERUNG

Cityplan: S. 69
Ankommen: Metro L 1, 2, 3 Sol. Von der Plaza Puerta del Sol lassen sich die Stadtboulevards Calle de Alcalá und Gran Vía sowie deren Umgebung gut erkunden. Kalkulieren Sie etwa 3 Std. ohne Besichtigungen/Museumsbesuche.

Calle de Alcalá

J–K 13

Der Boulevard folgt einem historisch gewachsenen Weg: Aufgrund eines königlichen Dekrets von 1481 diente er als *Cañada Real,* als Viehtriebsweg der kastilischen Wanderschäfer, die Madrid mit ihren Herden legal und geordnet auf dem Weg zu den Winterweiden im Süden passieren durften. Das Dekret gilt bis heute, einmal im Jahr, Ende Oktober, ziehen Schafe durch die Straße und kacken sie voll. Selbst die luxuriösen Fassaden der Gebäude, die bis zur Finanzkrise überwiegend Banken beherbergten, flößen ihnen keinen Respekt ein. In der Straße des Geldes sitzt auch das Finanzministerium, und zwar im ältesten Gebäude, der **Casa de la Aduana** ❶. Das einstige Zollhaus errichtete 1769 der Italiener Francisco Sabatini, der spätere Lieblingsarchitekt Karls III. In der schlichten neoklassizistischen Fassade prunkt ein aufwendiger Portalrahmen (Nachbildung) des Barockkünstlers Pedro de Ribera.

Akademie der Schönen Künste

Das Nachbarhaus birgt eine der wichtigsten Gemäldesammlungen Madrids. 1752, unter Karl III., bezog die **Real Academia de Bellas Artes de San Fernando** ㉒ (s. S. 74), die Königliche Akademie der Schönen Künste, diesen ehemaligen Adelspalast. Malern, Bildhauern und Architekten stellte sie Ateliers zur Verfügung. Goya war seit 1780 Mitglied der Akademie, Picasso und Dalí arbeiteten hier – Letzterer bis zum Hinauswurf.

Parade der Belle-Époque-Bauten

Im Übrigen gehört die Calle de Alcalá protzigen Belle-Époque-Gebäuden, die den Aufbruchswillen von Finanz- und Industriemagnaten an der Wende vom 19. zum 20. Jh. dokumentieren. Verschwenderisches Dekor, Erker, Kuppeln, Türme und Skulpturenensembles als architektonische i-Tüpfelchen verleihen den Gebäuden eine fast imperiale Ausstrahlung. Der **Palacio de la Equitativa** ❷ (Alcalá 14), 1887–91 errichtet, ist zur Spitzkehre von Calle de Alcalá und Calle Sevilla hin gerundet. Säulen mit Elefantenköpfen stützen die Galerie des Hauptgeschosses, ein auffälliger Metallturm setzt dem Haus die Krone auf. Einst war es das Domizil mehrerer Banken. Sie machten Platz für das Luxushotel Four Seasons, die Einkaufsgalerie Galería Canalejas, eine Food Hall im Souterrain (da haben Sie die Wahl zwischen Austern und Dim Sum), Läden wie Hermès und luxuriöse Wohnungen.

Die Pferde bäumen sich auf? Auf den Dächern der Calle de Alcalá ist wirklich was los …

Den einstigen Bankenbau in der Calle de Alcalá 16, jetzt Sitz der Madrider **Consejería de Medio Ambiente y Orde-**

TOUR
Puerta del Sol

Einmal rund ums Sonnentor

Infos

Karte 3, H 13

Zeit:
ca. 1 Std.

Anfahrt:
Metro L 1, 2, 3 Sol

Nein, es geht nicht rund um ein Tor, sondern rund um einen Platz. Er heißt, wie er heißt, weil genau an dieser Stelle im Mittelalter ein Stadttor stand, das sich nach Osten zur aufgehenden Sonne öffnete. Die Puerta del Sol, von den Madrilenen kurz Sol genannt, ist ein Inbegriff und Symbol der Madrider Stadtlandschaft und der eindeutige Mittelpunkt der Metropole – nicht nur als Wegekreuz von zehn einmündenden, inzwischen autofreien Straßen und als unterirdische Schaltstelle im Geflecht der Metrolinien, sondern auch als historisches, politisches und soziales Ereignisfeld. 1861 erhielt der Platz sein heutiges Gesicht: Er wurde von einem Halbrund harmonisch-uniformer Fassaden eingefasst; nur die Casa de Correos, die alte Post, blieb erhalten.

Die alte Post

Seit jeher ist die Puerta del Sol Schauplatz wichtiger politischer Ereignisse, von der Ausrufung der Zweiten Republik 1931 bis zu den Demonstrationen, die hier heute stattfinden. Und zwar vor der 1768 errichteten **Casa de Correos** (Postgebäude), dem Sitz der Regierung der Comunidad Autónoma de Madrid. Unter Franco war das Ziegelsteingebäude Domizil der berüchtigten Sicherheitspolizei. Zu beiden Seiten des Portals erinnern Gedenktafeln an tragische Momente der Stadtgeschichte: an die Erschießung der Madrilenen, die sich Napoleons Truppen am 2. Mai 1808 widersetzten (s. S. 289), sowie an die Opfer des 11. März 2004 (s. S. 291) und die Solidarität und zupackende Hilfsbereitschaft der Stadtbewohner angesichts dieses düsteren Ereignisses. Auf den Uhrturm, der dem Gebäude im 19. Jh. aufgesetzt wurde, blickt in der Silvesternacht ganz Spanien – sei es von dem mit Festlärm erfüllten Platz, sei es vor dem Fernseher –, um

die zwölf Glockenschläge zu hören, die das alte Jahr beenden und das neue einläuten. Seit dem 19. Jh. ist es Tradition, zu jedem Glockenschlag eine Traube zu verzehren: Das bringt Glück, zwölf Monate lang.

Am Kilometer 0

Vor dem von Guardias bewachten Portal der Casa de Correos markiert eine Metallplakette im Straßenpflaster den berühmten **Kilometer 0.** Von ihm bemessen sich sämtliche Entfernungen der spanischen Nationalstraßen, die in alle Landesteile streben. Am sichtbarsten wird dies an der Calle de Alcalá, die nach Osten führt.

Abstecher in Madrids Untergrund

An der Ostseite des Platzes geht es hinab zur **Renfe-Bahnstation** für die Nahverkehrszüge zwischen dem Atocha-Bahnhof und dem Hauptbahnhof Chamartín im Norden der Stadt. Im Untergrund stieß man während der Bauarbeiten auf originale Steinfundamente der **Iglesia del Buen Suceso** (Kirche der Gnadenmutter) aus dem 16. Jh. Man sieht sie beim Abstieg zu den Gleisen. Am Bau dieses Gotteshauses hatte Escorial-Architekt Juan de Herrera mitgewirkt. Sei es deswegen oder aus anderen Gründen: Die Habsburgerherrscher wie auch die Madrilenen hatten ein besonderes Verhältnis zu der Kirche, die 1854 den Plänen für die neue Platzgestaltung weichen musste. 50 Jahre zuvor waren in ihr mehrere Stadtbewohner während des Aufstands am 2. und 3. Mai 1808 von

Wie Spielfiguren wurden die Denkmäler auf der Puerta del Sol bei der Platzrenovierung im Jahr 2023 verschoben, auch die gute alte Bärin samt dem Erdbeerbaum, dessen Früchte sie nascht. Die Madrilenen hatten sich für ihren Zentrumsplatz laut einer Umfrage etwas ganz anderes gewünscht: mehr Grün, Bäume, mehr Sitzgelegenheiten. Nicht ein einziger Baum wurde gepflanzt. Die Stadtregierung wollte wohl keinen Schattenplatz aus dem Sonnenplatz machen …

Napoleons Soldaten erschossen worden. Im Untergeschoss von **Apple Store de Sol** an der Ostseite des Platzes sind ebenfalls Mauerreste und Pfeiler des einstigen Krankenhauses **Hospital del Buen Suceso** aus dem 15. Jh. zu sehen, das sich direkt neben der Kirche befand.

Onkel Pepe, die Bärin, der König und die ›Hure‹

Zurück ans Tageslicht und zu den Wahrzeichen des Platzes. Da ist zunächst die **Neonreklame für die Sherry-Marke Tío Pepe** auf Haus Nr. 11. Vom allgemeinen Verbot, den Platz mit Werbung zu verschandeln, machte man bei der historischen Reklame für die ›Sonne Andalusiens‹ eine Ausnahme – man erklärte sie kurzerhand zum nationalen Kulturgut.

Karl III. wurde 2023 von einer Platzseite auf die andere umgezogen und steht jetzt vor dem Sitz der Regionalregierung. Ob sie sich wünscht, ein wenig vom Glanz dieses Regenten zu profitieren? Aber wer über ihn mehr erfahren und die Inschriften auf dem ovalen Sockel lesen möchte, muss ihn mehrfach umkreisen. Das macht doch rammdösig!

Ein beliebtes Fotomotiv und daher meist von Touristen umschwärmt ist die in Bronze gegossene Madrider Bärin, das **Wappentier der Stadt** (s. Foto S. 67). Sie steht auf einem Sockel an der Nordostseite und richtet sich an einem Erdbeerbaum auf. Unübersehbar beherrscht **Karl III.**, der ›beste Bürgermeister der Stadt‹ den Platz – aus Gusseisen, hoch zu Ross. Und dann gibt es da noch eine zierliche barbusige Venus aus weißem Marmor, eine Kopie der 1625 für einen Platzbrunnen geschaffenen Skulptur, die im Volksmund bald **Mariblanca** (Weiße Marie) hieß; Marie nannte man damals übrigens die Prostituierten.

Alteingesessene Anrainer

Da muss zuallererst die 100-jährige **Casa de Diego** 1 (s. S. 77) genannt werden. Spanische Fächer, die *abanicos,* mit denen frau sich bis heute gern an heißen Tagen Luft zufächelt, gibt es im kleinen Laden in großer Auswahl. Auch das **Café La Mallorquina** 1 (s. S. 76) ist eine stadtbekannte Institution. Vor dem Haus bieten Frauen Lose der staatlichen Lotterie an. Da sie als besonders glücksbringend gelten, kommen zur Weihnachtslotterie Glückshungrige aus ganz Spanien, um Lose aus der Hand dieser Frauen zu ergattern. Übrigens: bitte nicht fotografieren! Das bringt vielleicht Unglück, so glauben sie selbst. Von den Fensterplätzen im 1. Stock bietet sich der beste Überblick über das Treiben auf dem Platz. Langeweile kommt dort nicht auf …

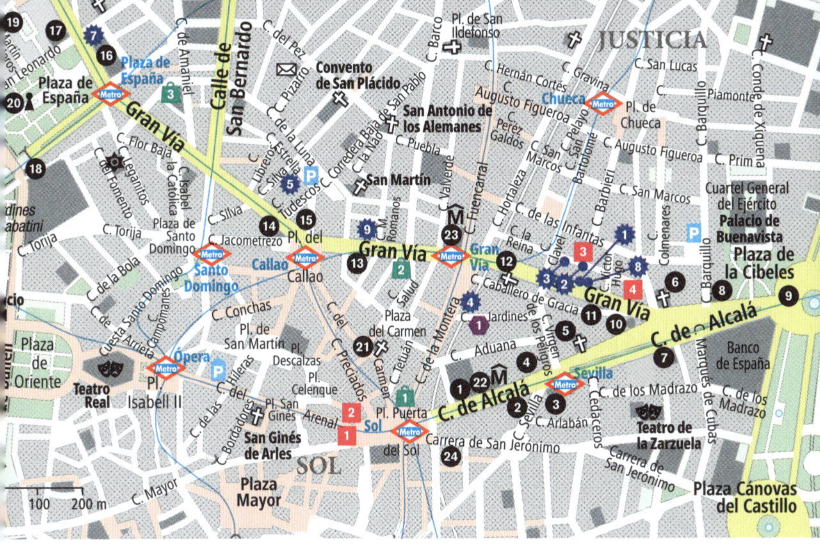

Puerta del Sol, Calle de Alcalá, Gran Vía

Ansehen

1 Casa de la Aduana
2 Palacio de la Equitativa
3 Consejería de Medio Ambiente y Ordenación del Territorio
4 Casino de Madrid
5 Iglesia de las Calatravas
6 Iglesia de San José
7 Círculo de Bellas Artes
8 Instituto Cervantes
9 Plaza de la Cibeles
10 Edificio Metrópolis
11 Edificio Grassy
12 Oratorio del Caballero de Gracia
13 Palacio de la Música
14 Edificio Capitol
15 Palacio de la Prensa
16 Edificio España
17 Torre de Madrid
18 Antigua Real Compañía Asturiana de Minas
19 Manzana del Cine
20 Cervantes-Denkmal
21 Iglesia del Carmen
22 Real Academia de Bellas Artes de San Fernando
23 Telefónica / Espacio Fundación Telefónica
24 Legends.The Home of Football

Essen

1 Café La Mallorquina
2 Casa Labra
3 La Barraca
4 Parrilla de la Reina

Einkaufen

1 Casa de Diego
2 La Casa del Libro
3 Mercado de los Mostenses

Bewegen

1 Trixi Bike Rental & Tour

Ausgehen

1 Museo Chicote
2 Bar Cock
3 Del Diego
4 El Sol
5 Josealfredo
6 Las Tablas
7 360° Rooftop Bar
8 The Mint Roof
9 Le Tavernier

---

nación del Territorio 3 (Umwelt- und Ordnungsamt), bekrönt ein bronzenes Viergespann. Innen schmückt sich das Haus mit einer polychromen Glaskuppel und einem Vestibül mit Fresken des Basken Aurelio Arteta.

In dieser vornehmen Nachbarschaft liegt auch das 1905–10 errichtete **Casino de Madrid** ❹. Das ausgezeichnete Restaurant des Kasinos steht auch Nicht-Clubmitgliedern offen.

Für stille Gebete gut

Zwischen den Prunkbauten duckt sich die 1623 als Klosterkirche erbaute **Iglesia de las Calatravas** ❺, deren Fassade 1886 dem Renaissancestil angepasst und später rot getüncht wurde. Sie ist auffällig mit dem Kreuzwappen des Calatrava-Ritterordens geschmückt. Den Hauptaltar von 1720 schuf der Barockkünstler José de Churriguera.

Auch in der ursprünglich von Pedro de Ribera begonnenen **Iglesia de San José** ❻ aus dem 18. Jh. kehrt man der Stadt und dem Lärm am Eingang zur Gran Vía den Rücken. Als die Madrider Prachtstraße 1910 geplant wurde, passte man die Form der Barockkirche kurzerhand den Erfordernissen des neuen Straßenverlaufs an. Zwischen den Plastiken aus dem 17. und 18. Jh. herrscht wunderbare Stille, die zur Meditation einlädt.

Iglesia de las Calatravas: Alcalá 25, Mo 8–13, Di–Fr 7.45–13, 18–20, Sa 7.30–9, 18.30–20, So, Fei 11.30–13 Uhr
San José: Alcalá 43, Mo–Fr 7–12.30/13, 18.30–20.30/21, Sa 10–12.30, So 9.30–12.30/13, 18.30–20.30 Uhr

Tempel der Stadtkultur

Das stolze Gebäude des **Instituto Cervantes** ❽ ist wie der Círculo de Bellas Artes (s. Lieblingsort S. 71) und der Palacio de Cibeles (Rathaus, Plaza de la Cibeles) ein Werk des Architekten Antonio Palacios Ramilo. Es entstand einst für den Banco Español del Río de la Plata. 2007 wurde das Bankhaus renoviert und zum Sitz des **Cervantes-Instituts**, einer dem deutschen Goethe-Institut vergleichbaren Einrichtung. Sie ist der Förderung und Verbreitung der spanischen und lateinamerikanischen Sprache und Kultur verpflichtet. Im Institut finden Kunstausstellungen und Konferenzen statt.

Alcalá 49, www.cervantes.org, Ausstellungen Di–Sa 11–20, So 11–16 Uhr

Mit den Augen der Kybele

Der pompöse Abschnitt der Calle de Alcalá endet auf der **Plaza de la Cibeles** ❾ mit dem wunderschönen, rauschenden **Kybelebrunnen** (s. S. 46). Schauen Sie doch vom Denkmal für die Covid-19-Opfer der Stadt – mit Kybele im Rücken – den zur Puerta del Sol leicht ansteigenden Boulevard hinauf, um ihn samt den markanten Gebäuden am Eingang zur Gran Vía als Gesamtkunstwerk zu erfassen.

Gran Vía ✪ G–J 12–13

Um die Gran Vía anzulegen, schlugen Bauarbeiter ab 1910 eine Schneise durch das dicht bebaute nördliche Stadtzentrum. Die ›Große Straße‹ sollte als neue Ost-West-Verbindung und zugleich als großstädtische Flanier- und Einkaufsmeile dienen. Nur den Kirchen zollte man Respekt. Um sie nicht abreißen zu müssen, wurde die Gran Vía als leicht gewundener Straßenzug angelegt. Die einst noble Flaniermeile ist tagsüber ein hektisches Einkaufs- und Vergnügungszentrum: Kaufhäuser, gediegene Bekleidungsgeschäfte, Juweliere, Parfümerien und Buchhandlungen, Hotels, Restaurants, Cafés und Fast-Food-Lokale, Spielhallen, Diskotheken und Music Halls säumen den Boulevard. Von Anfang an war die Gran Vía auch Madrids Straße der Kinopaläste, die Kassenschlager aus Hollywood zeigten.

Wahrzeichen der Gran Vía

Tags wie nachts – besonders von der Plaza de Cibeles aus – ist der **Edificio**

Lieblingsort

Schaufenster zur Gran Vía

Gegenüber der Einmündung der Gran Vía und dem Metrópolis-Bau besitzt der Madrider **Círculo de Bellas Artes ❼,** der Verein der Schönen Künste, einen der Prachtbauten der Calle de Alcalá. In dem 1919 bis 1926 nach einem Entwurf von Antonio Palacios errichteten Haus fördert der 1880 gegründete Verein das Kulturleben in der Stadt mit Film- und Theateraufführungen, Ausstellungen, Lesungen und Konzerten. Mit seinen hohen Fenstern ist das schöne Jugendstil-Café **La Pecera** (tgl. 9–1 Uhr), in dem die Skulptur einer ›dahingegossenen‹ Nackten von Moisés Huerta (1910) die Blicke auf sich zieht, das Schaufenster schlechthin zur Gran Vía. Überwältigend ist der Ausblick von der Dachterrasse, der **Azotea del Círculo,** auf der zudem die strenge, 3000 kg schwere Bronze-Minerva von J. L. Vasallos aus der Nähe betrachtet werden kann.

Alcalá 42, Eingang: Marqués Casa Riera 2, Metro: L 2 Sevilla, Banco de España, www.circulobellasartes.com, **Ausstellungen** Di–So 11–14, 17–21, Fei 11–14 Uhr; **Dachterrasse,** www.azoteadelcirculo.com, tgl. 10–1, Sa, So und vor Feiertagen bis 1.30 Uhr; Eintritt 5 € für Ausstellungen und Dachterrasse

Metrópolis ⓾ am Entrée zur Gran Vía ein Blickfang. Mit seiner dekorativen Kuppel, von einer geflügelten Victoria bekrönt, erinnert er deutlich an Pariser Vorbilder. Der einstige Versicherungspalast wird wie viele andere Häuser am Boulevard zum Luxushotel umgebaut. Der **Edificio Piaget** bzw. **Edificio Grassy** ⓫ nimmt sich neben dem Metrópolis wie dessen kleinere Schwester aus. Im Haus sitzt ein stadtbekannter Juwelier.

Heilige Immobilienspekulation!

Die hohe Apsis des **Oratorio del Caballero de Gracia** ⓬ buchtet sich zur Gran Vía aus. Sie ist nicht auf Anhieb als rückwärtige Fassade einer Kirche zu erkennen (Eingang in der Caballero de Gracia 5). Ein italienischer Immobilienspekulant hatte sie gegründet, der später als Priester und »Caballero de Gracia« bekannt wurde. Prado-Architekt Juan de Villanueva entwarf die 1786 bis 1799 erbaute neoklassizistische Säulenbasilika, die von Zacarías González Velázquez mit Fresken ausgeschmückt wurde. Die Kirche untersteht dem Opus Dei.

Ein Hoch auf's Telefonieren

Bei der Metrostation Gran Vía und ihrem rekonstruierten historischen Eingang steht das kantige, oben gestufte Gebäude der **Telefónica** ㉓ (spanische Telefongesellschaft; s. auch S. 75) von 1929. Es beruht auf einem Entwurf des amerikanischen Architekten Luis S. Week und zeigt den Einfluss amerikanischer Hochhausarchitektur beim Bau der Gran Vía. In den späteren Abschnitten wird er noch deutlicher. Rund 1000 Bauarbeiter errichteten das mit seinen gut 89 m Gesamthöhe (Fassade: 41 m) seinerzeit höchste Gebäude Europas. Der Turm ist so hoch, dass ihn die Republikaner im Bürgerkrieg als

In der Gran Vía ist ständig Rushhour, auch auf den Bürgersteigen. Wie soll man sich da noch auf die wunderschönen Fassaden oder die Skulpturen auf den Dächern konzentrieren?

Aussichtspunkt nutzten, um das Vordringen der Franco-Truppen nach Madrid zu kontrollieren. Heute leuchtet dort oben eine große Uhr in weithin sichtbarem Neonblau wie ein Wahrzeichen der Straße.

Rund um die Plaza de Callao

Metrostation, Bushaltestellen, das Kulturkaufhaus FNAC und Kinos: auf der Plaza de Callao ist immer viel los. Heute sind es eher die Shopper, aber in den Anfängen der Gran Vía war sie ein Treff der Kinogänger. Der **Palacio de la Música** ⑬ (Gran Vía 35) von 1926 bot mit der Innendekoration im Stil des sevillanischen Barock einen tollen Rahmen für Filme und Konzerte. Das lange Zeit heruntergekommene, inzwischen renovierte Haus soll wieder für Theater und Kulturevents zur Verfügung stehen.

Am Platz selbst liegt der Edificio Carrión bzw. **Edificio Capitol** ⑭ (Gran Vía 41, s. auch S. 262), der weithin durch seine Neonreklame und großflächige Kinowerbung auffällt, und auch gegenüber im **Palacio de la Prensa** ⑮ (Gran Vía 46, Pressepalast) laufen Filme über die Leinwände.

Die Plaza de Callao markiert den Beginn des dritten Bauabschnitts der Gran Vía ab 1922. In diesem ›amerikanischen‹ Teilstück des Boulevards weicht der üppige Bauschmuck des vorderen Abschnitts einem funktionalistischen Stil.

Plaza de España

Leicht abwärts führend, endet der Boulevard auf dem geräumigen Spanienplatz. Mitte des 20. Jh. wurden hier die beiden ersten Hochhäuser Madrids hochgezogen. Der 1947–53 erbaute **Edificio España** ⑯ war ein architektonisches Aushängeschild des Franco-Regimes. Ähnlichkeiten mit frühen amerikanischen Wolkenkratzern sind nicht zu verkennen. 107 m hoch ist der getreppte Koloss, die rot-weiße Ziegel-Kalkstein-Fassade greift Elemente des Madrider Barockstils auf. Unsummen hat die jüngste Renovierung verschlungen, bevor ein Riu-Hotel sowie Läden, Cafés und Restaurants einzogen. Es kostet ein paar Euro Eintritt, aber die Fahrt hinauf zum 27. Stock und zur dortigen **360° Rooftop Bar** 7 (s. Kasten S. 78) sind sie wert. Denn dort liegt Ihnen Madrid zu Füßen!

Ein Jahr nach Fertigstellung des Edificio España legte man den Grundstein für die **Torre de Madrid** ⑰, die mit 124 m eine neue Rekordhöhe aufstellte. Zu den älteren Gebäuden am Platz zählt die Ende des 19. Jh. errichtete **Antigua Real Compañía Asturiana de Minas** ⑱ (Alte Königlich-Asturische Bergbaugesellschaft) in der Südwestecke.

Seit der Renovierung im Herbst 2021 wirkt die Plaza de España weiter, offener und sogar ein bisschen radfahrerfreundlicher. Und das opulente **Cervantes-Denk-**

KINO-CARRÉ

Die Madrider **Manzana del Cine** ⑲ liegt in der von der Plaza de España abzweigenden Calle Martín de los Heros. Neben Programmkinos finden Filmenthusiasten hier das Fachgeschäft **Ocho y Medio** (www.ochoymediolibrosdecine.es) mit einem kleinen Café und Außentischen. Sie sind gut für eine Pause in ruhiger Umgebung. Gegenüber, vor den Kinos Renoir und Golem, gibt sich die Fußgängergasse im Pflaster filmverliebt: Um die 25 in den Boden eingelassene ›Sternchen‹ des spanischen Films repräsentieren u. a. Pedro Almodóvar, Penélope Cruz oder Javier Bardem.

Kantig und abweisend mag der Edificio España wirken. Spätestens auf den Dachterrassen sieht das anders aus.

mal ⑳ von 1915 tritt noch deutlicher als ihr wahres Zentrum hervor. Es ist eine Hommage an den großen kastilischen Dichter. In Stein gehauen thront er hoch oben auf einem Sockel, in Bronze gegossen sind zu seinen Füßen seine berühmten Helden in Szene gesetzt: Der Ritter Don Quijote auf seinem Pferd Rocinante und sein Begleiter Sancho Panza auf dem Maulesel Rucio. Sie sind ein beliebtes Fotomotiv für die Besucher der Stadt, die sich auch schon mal auf die Rücken der Reittiere schwingen. Bänke und Spazierflächen machen den Madrilenen Spaß. Neue Fußgängerwege führen bis zum Schloss und in der anderen Richtung zum Parque del Oeste.

Zwischen Gran Vía und Sol

H–J 13

Ein Geflecht schmaler Gassen prägt die Gegend zwischen der ›Großen Straße‹ (Gran Vía) und der Puerta del Sol. Massen von Fußgängern sind dort geschäftig unterwegs. Die Straßen Preciados und Carmen gehören zu den wichtigsten **Shoppingmeilen,** sie werden täglich von einer halben Million Menschen passiert, die es in die Kaufhäuser oder Geschäfte zieht, die Kleidung, Schuhe, Lebensmittel und Sonstiges anbieten.

Ort der Sünden

Inmitten des Einkaufstrubels in der Calle del Carmen steht die beschauliche **Iglesia del Carmen ㉑.** Sie ist Überbleibsel eines Klosters aus dem 16. Jh. Mit dessen Gründung sollten die an dieser Stelle begangenen Sünden gesühnt werden. Die Betreiber des Freudenhauses, das hier vorher stand, hatte die Inquisition bereits auf dem Scheiterhaufen enden lassen. Denn das Frauenbild, mit dem sie für das sündige Gewerbe warben, soll die Jungfrau Maria höchstpersönlich, betitelt als »Unsere Liebe Frau von Madrid«, dargestellt haben. Mag die Carmen-Kirche jetzt frei von Sünden sein, die Gegend rundherum ist es sicher nicht. Man braucht nur zwei Gassen weiter gehen, in die Calle de la Montera …

Die Kirche weist das für Madrid typische Fassadenmuster aus Ziegeln und Steinen auf. Das Portal mit gedrehten Säulen an der Calle de la Salud stammt von 1715. Links hinter dem Eingang befinden sich zwei Barockkapellen, die schmiedeeisernen Gitter und die Marmorkanzeln stammen aus dem 16. Jh.

Carmen 10, tgl. 10–12.30, 17.30–20.30 Uhr

Museen

Die Akademie der schönen Kunst

㉒ Real Academia de Bellas Artes de San Fernando: Vielen der aus dem Prado bekannten Künstlernamen begegnet man in der Pinakothek wieder. Zurbarán, El Greco, Jusepe de Ribera, Alonso Cano, Murillo, Velázquez vertreten die Maler des Goldenen Zeitalters. Toll: Goyas »Stierkampf im Dorf«, »Inquisitionstribunal« und »Irrenhaus«. Sein »Begräbnis der Sardine« zeigt eine Volksszene anlässlich des traditionellen Festes zum Madrider Karnevalsende – Goya war Mitglied der Karnevalsbruderschaft. Die Kunst des 18.–20. Jh. dokumentieren u. a. Francisco Bayeu, Joaquín Sorolla, Vázquez Díaz, Benjamín Palencia, Juan Gris, Antonio Tàpies sowie Pablo Gargallo, Eduardo Chillida und Joaquín Vaquero Turcios.

Goyas eindringliche Radierungen, oft sozialkritische Bildszenen, wurden in der Calcographie gedruckt, Im sogenannten **Gabinete Goya** sind mehr als 200 originale Kupferplatten zu den Radierfolgen »Los Caprichos«, »Los Desastres de la Guerra«, »Tauromaquia« und »Los Disparates« zu besichtigen.

Alcalá 13, Metro: L 1, 2, 3 Sol, www.realacademiabellasartessanfernando.com, Di–So, Fei 10–15 Uhr, Aug., 1.1., 6. 1., 1.5., 30. 5., 9. 11., 24.12., 25.12., 31.12. geschl., 9/5 €, gratis Mi sowie für Studenten und unter 18-Jährige

Ein Hoch aufs Telefonieren

23 Espacio Fundación Telefónica: Wie funktionierte das Telefonieren, bevor es Handys gab? Das zeigt die Ausstellung der spanischen Telefongesellschaft in ihrem markanten Gebäude, dessen Treppenhaus die Wucht ist. Zudem organisiert die Stiftung sehr sehenswerte Ausstellungen von zeitgenössischer Avantgardekunst und organisiert Debatten zu aktuellen (Welt-) Themen.

Fuencarral 3 (Seiteneingang im Telefónica-Bau), Metro: L 1, 5 Gran Vía, https://espacio.fundaciontelefonica.com, Di–So 10–20 Uhr, am besten online reservieren, gratis

Die Reliquien der Fußballgötter

24 Legends. The Home of Football: Vor den originalen Trikots von Messi, Maradona oder Pelé stehen oder vor Schuhen und Bällen von Weltmeistern, das ist aufregend, oder? Den großen Momenten und Objekten der Fußballgeschichte gehören gleich bei der Puerta del Sol 4000 m² Flä-

Zwischen Mode und Souvenirs lockt das eine oder andere Schaufenster im Shoppingzentrum rund um die Puerta del Sol mit typisch spanischen Delikatessen wie Käse, Schinken oder Fischkonserven.

che auf sieben Stockwerken. Es gibt einen Shop und was zu essen auf dem Dach.
Carrera de San Jarónimo 2, Metro: L 1, 2, 3 Sol, https://legends.football, Mo–Fr 12–20.30, Sa, So 10–20.30 Uhr, Tickets: entradas.com oder T 902 48 84 88, ab 19,20 €

Essen

Süßes mit Aussicht

1 **Café La Mallorquina:** Seit 1894 gehen Madrilenen ins Mallorquina, um Kuchen und Geburtstagstorten zu besorgen oder einen Snack für die Mittagspause. Unten im Café wird eingekauft oder gleich im Stehen verzehrt. Sitzplätze gibt es im 1. Stock, da könnten schon unsere Omas gesessen haben. Von einigen Fensterplätzen schaut man über die Puerta del Sol.
Puerta del Sol 8, Metro: L 1, 2, 3 Sol, L T 915 21 12 01, www.pastelerialamallorquina.es, So–Do 9–20.30, Fr, Sa 9–21 Uhr

Heiß und fettig

2 **Casa Labra:** Weiß befrackte Kellner schieben frisch frittierten *bacalao* (Stockfisch), *croquetas* (Kroketten) und Biere *(cañas)* über den alten Tresen zu den Kunden rüber. Das Procedere geht so: an der Kasse anstellen, bestellen, zahlen, dann essen und trinken. Von der Hand in den Mund, im Stehen, quasi im Vorübergehen – wenngleich es einen kleinen Speiseraum hinter der Theke gibt. Ein herrlich altbackenes Lokal. Von 1860 stammt die Taverne, und sie ist ein historisch bedeutsamer Ort: Am 2. Mai 1879 wurde genau hier heimlich der Partido Socialista Obrero Español, die spanische Arbeiterpartei, gegründet.
Tetuán 12, Metro: L 1, 2, 3 Sol, T 915 31 00 81, www.casalabra.es, tgl. 11–15.30, 18–23 Uhr, €

Reis, Reis, Reis …

3 **La Barraca:** Zwischen den Interieurs fühlt man sich in eine Bauernkate

Wenn die Nacht kommt, gehen die Lichter an. In Madrids Zentrum endet der Tag noch lange nicht. Etwas essen und dann weiterziehen. So machen es alle.

der valencianischen Reisbauregion versetzt. Es gibt Reisgerichte: Paella, *arroz negro* (Schwarzer Reis), *arroz a banda* mit getrennt serviertem Fisch und Meeresfrüchten, Reis mit Gemüse. Empfehlenswert!

Reina 29, Metro: L 2 Banco de España, T 915 32 71 54, www.labarraca.es, tgl. 13.30–16.15, 19.30–23.15 Uhr, €€

Alles wird gegrillt

4 **Parrilla de la Reina:** Farbenfroh und leger ist das Ambiente, und gegrillt werden hier nicht nur Fleisch und Fisch, sondern auch Gemüse – das ist gut für Vegetarier. Dazu gibt es Salat, Kartoffeln und die unverzichtbaren (auch scharfen) Saucen.

Gran Vía 10 (weiterer Eingang an der Calle de la Reina), Metro: L 2 Banco de España, L 1, 5 Gran Vía, T 915 32 68 67, www.parrilladela reina.com, Mo–Do 12–17, 20–24, Fr, Sa 12–1, So 12–24 Uhr, €–€€

Einkaufen

Die Gassen rund um die Puerta del Sol und die Gran Vía sind ein riesiges Shoppingareal mit Kaufhäusern und den Niederlassungen international bekannter Ketten, dazwischen kleinere Läden und an der Gran Vía, deren Bürgersteige erst jüngst verbreitert wurden, auch spanische Luxusmarken.

Fächer sind zum Fächeln da

1 **Casa de Diego:** Die Madrider Adresse für Fächer in allen Farben, Formen und Preisklassen bis hin zur handbemalten Kostbarkeit, sogar gut genug für das Königshaus und den spanischen Adel. Selbst Lady Di kaufte einst hier ein. Seit 1858 stammen sie, ebenso wie Schirme und Spazierstöcke, aus eigener Fabrikation.

Puerta del Sol 12, Metro: L 1, 2, 3 Sol, www.casadediego.net, Mo–Sa 9.30–20 Uhr

Das Haus des Buches

2 **La Casa del Libro:** Die mehrstöckige Buchhandlung des Verlags Espasa Calpe gehört seit Anbeginn zur Großen Straße Madrids und ist bis heute ein Treffpunkt von Autoren und Lesern.

Gran Vía 29, Metro: L 1, 5 Gran Vía, www.casadellibro.com, Mo–Sa 9.30–21.30, So, Fei 11–21 Uhr

Traditionsmarkthalle

3 **Mercado de los Mostenses:** Im Mostenses-Markt kaufen die Viertelbewohner seit 1946 ein, was sie zum Kochen brauchen. Vieles kommt aus der Region oder Spanien, aber auch aus Asien und Lateinamerika, vor allem aus Peru. Für Reisende interessant sind die Markt-Bars und Tavernen mit kleinen Gerichten aus den Küchen der Welt.

Plaza de los Mostenses 1, Metro: L 2, 3, 10 Plaza de España, Mo–Fr 9–14, 17.30–20, Sa 9–14.30 Uhr

Bewegen

Madrid per Velo

1 **Trixi Bike Rental & Tour:** Eine internationale Mitarbeiter-Crew verleiht die gepflegten Cityräder oder E-Bikes samt Helmen und bietet auch Madrid-Kennenlerntouren per Rad an (auch auf Deutsch oder Englisch). Praktisch sind die Halterungen für Handys am Lenker. Personalausweis mitbringen, eine Kaution wird bar oder per Kreditkarte hinterlegt.

Jardines 12, Metro: L 1, 5 Gran Vía, www.trixi.com, Mo–Fr 10–18, Sa, So bis 20 Uhr, Tag 18 €, E-Bike 36 €

Ausgehen

Wo schon Hemingway zechte

1 **Museo Chicote:** Die Cocktails sind nicht billig, aber schon Hemingway ließ sie sich in dieser Cocktailbar von 1931 mixen.

DACHTERRASSEN ÜBER DER GRAN VÍA

Dass so viele Gebäude in schicke Hotels umgewandelt wurden, hat einen wunderbaren Nebeneffekt: Wir, ob Locals oder Besucher, können dort oben hinauf. Sich dem Himmel über Madrid so nah zu fühlen und solche Aussichten über die Dächer rundherum zu haben, das ist Luxus. Es gibt inzwischen rund 20 dieser auch für Nicht-Hotelgäste zugänglichen Dachterrassen. Hier drei Tipps: die **360° Rooftop Bar** 7 des Riu Plaza de España (Gran Vía 84, www.riu360rooftopbar.com, 5/10 € Eintritt) wegen des spektakulären 360^0-Rundumblicks und eines schwindelerregenden Laufstegs. **The Mint Roof** 8 im Vincci The Mint (Gran Vía 10, www.vinccithemint.com) ist samt Foodtruck auf dem Dach ein schöner Ort zum Chillen. Im **Le Tavernier** 9 im Innside by Meliá (Mesonero Romanos 13, Gran Vía 34, www.letavernier.es) gibt es Tapas und Cocktails in maritim angehauchtem Ambiente.

Über die Jahrzehnte schlürften in den Art-déco-Nischen viele Stars ihren Drink, wie die Fotos an den Wänden beweisen. Auch Essen, nachts Livemusik.

Gran Vía 12, L 1, 5 Gran Vía, www.museochicote.com, Metro: L 2 Banco de España, Mo–Fr 16–3, Sa, So 13–3/3.30 Uhr, im Aug. So geschl.

Die Bar für Nachteulen

2 **Bar Cock:** Seit 1921 geht man ins Le Cock, um gesehen zu werden. Die Cocktailbar ist ein Treffpunkt der Schönen *(gente guapa)* und der Kunstszene der Stadt: ein Klassiker der Madrider Nachtschwärmer. Die Sammlung originaler Kunstwerke mit dem namengebenden Hahn stammt von Künstlern, die sich hier wohlfühlten.

Reina 16, Metro: L 1, 5 Gran Vía, L 2 Banco de España, Di–Sa 19–3 Uhr

Cocktails mit Stil

3 **Del Diego:** Fernando del Diego schüttelt seit seinem 14. Lebensjahr Cocktails, er mixt Rum, Gin, Whisky, Tequila, Brandy und Sekt so gut wie kaum ein anderer in Madrid. Ruhige Cocktailbar im Art-déco-Stil mit dezenter Hintergrundmusik.

Reina 12, Metro: L 1, 5 Gran Vía, L 2 Banco de España, www.deldiego.com, Mo–Sa 19–3/3.30 Uhr

Rock und Pop und Party

4 **El Sol:** Der 1979 gegründete Musikclub wurde mit der Movida Madrileña groß und ist bis heute in. Das Programm an Livekonzerten ist ausgezeichnet, Do bis Sa trifft man sich ab 0.30 zum Clubbing mit Musik und Tanz bis zum Morgengrauen.

Jardines 3, Metro: L 1, 5 Gran Vía, http://salaelsol.com, je nach Konzertangebot Di–Sa 22.30/0.30–3/6 Uhr, um 20 €

Cocktails à la americana

5 **Josealfredo:** Die Madrider Kultband Marlango betreibt das Lokal im Stil einer amerikanischen Whisky-Bar. Großes Cocktailangebot, Spezialität des Hauses ist der Cocktail Josealfredo mit Tequila, Limette, Rosmarin und Grapefruit.

Silva 22, Metro: L 3, 5 Callao, www.josealfredobar.com, tgl. ca. 19–3 Uhr

Flamenco

6 **Las Tablas:** Die von den Tänzerinnen Antonia Moya und Marisol Navarro gegründete Bühne pflegt in den Flamencosessions den puren authentischen Stil. Im Café lauscht man Fusion mit Jazz, Blues, Soul oder Latin.

Plaza de España 9, Metro: L 2, 3, 10 Plaza de España, www.lastablasmadrid.com, Flamenco tgl. um 19 und 21, Sa, So auch um 13 Uhr, ab. 38 €, mit Menü 66 €

Zugabe Manifestódromo

Die Puerta del Sol ist Madrids Platz der Proteste

Es war schon immer so. Demos und Massenkundgebungen aller Art enden auf der Puerta del Sol. Angestellte, ArbeiterInnen, GewerkschafterInnen, RentnerInnen, Arbeitslose, TierschützerInnen, StierkampfgegnerInnen, Feministinnen, ÖkologInnen, MieterInnen oder die Gruppe, die hier Woche für Woche historische Gerechtigkeit für die Regimegegner der Franco-Zeit fordert, oder die jungen Leute der Bewegung 15-M, die sich auf dem Platz immer wieder versammeln, seit sie hier am 15. Mai 2011 ihre Zelte aufschlugen, für sie alle ist die Puerta del Sol der Ort, an dem sie ihr Anliegen, ihre Forderungen, ihren Protest, ihre Wut, ihre Solidarität laut kundtun.

Es vergeht kaum eine Woche ohne Manifestionen, an manchen Tagen sind es gleich drei oder vier, und deswegen heißt der Platz auch Manifestódromo. Mal kommen Zehntausende und mal nur ein paar Dutzend Menschen zusammen. Sie wollen von der Regierung oder der Präsidentin der Autonomen Gemeinschaft Madrid, die ihren Schreibtisch im historischen Postgebäude hat, gehört und wahrgenommen werden. Und auch von den Hunderttausenden Menschen, die täglich aus den Metroschächten strömen und dieses Drehkreuz der City passieren. Sprechchöre, Megafone, bunte Fahnen, Sit-ins – auf der Puerta del Sol ist oft die Hölle los. ■

Historisches Zentrum

Wo alles seinen Anfang nahm — Habsburgerviertel werden die Altstadt-*barrios* genannt. Doch finden sich auch noch Spuren der arabischen Stadtgründer.

Seite 83

Plaza Mayor

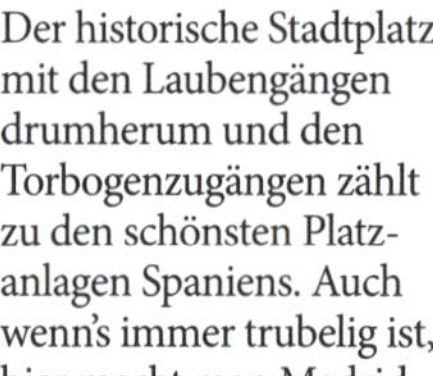

Der historische Stadtplatz mit den Laubengängen drumherum und den Torbogenzugängen zählt zu den schönsten Platzanlagen Spaniens. Auch wenn's immer trubelig ist, hier macht man Madrid den Antrittsbesuch.

Seite 88

Cava Baja

Eine malerische Altstadtgasse, die dem ehemaligen Stadtgraben folgt. Wo sich einst die Herbergen *(posadas)* für die in der Metropole nächtigenden Kaufleute aneinanderreihten, locken heute Tavernen und Restaurants die Besucher an.

Alles ›real‹? Palacio Real, Teatro Real, Real Basílica de San Francisco el Grande …

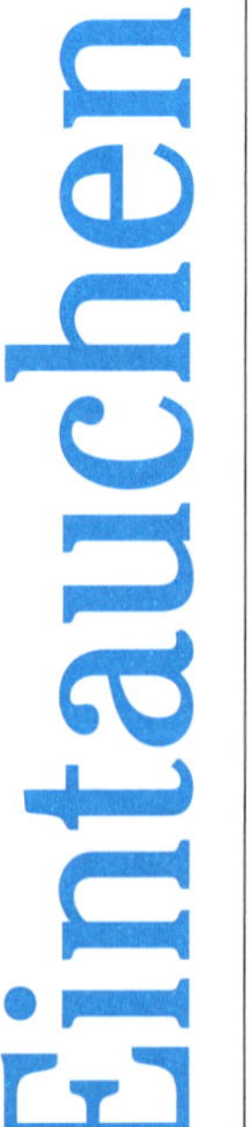

Seite 89

La Latina

Rund um die Iglesia de San Andrés und den Mercado de la Cebada fühlt sich eine junge Szene in alten Gassen und handfesten Bars wohl.

Seite 91

Plaza de la Paja

Ein richtiger Staubplatz mitten in einer Großstadt? Als hätte man ihn seit dem Mittelalter vergessen. Einfach mal tief durchatmen!

Seite 92

Plaza de la Villa

Das war Madrids historischer Rathausplatz. Hier steht gebaute Geschichte.

Seite 94

Palacio Real

Bis 1931 residierten im Schloss die spanischen Könige. Heute steht es Besuchern offen, die durch wahrhaft königliche Salons schlendern.

Seite 98

Unterwegs in königlichen Gärten

Ob Plaza de Oriente, Jardines de Sabatini oder Campo del Moro – rund ums Schloss laden gepflegte Grünanlagen zu Spaziergängen ein.

Seite 100, 101

Die Habsburgerklöster

Die von Habsburgerfrauen gegründeten Klöster Monasterio de la Encarnación und Monasterio de las Descalzas Reales stecken voller Prunk und Kunst. Hinter den Klostermauern verbirgt sich aber auch so manches Kuriosum …

Seite 109

Ein bisschen Natur in einer Welt aus Plastik

Juan Sánchez hat Informatik studiert und bei Banken gearbeitet, bevor er zum Handwerk seiner Eltern und Großeltern zurückkehrte. Er ist Espartero, der einzige in Madrid.

So soll es mit Madrid angefangen haben: Auf Wasser erbaut, die Mauern aus Feuer-(Stein). Was sollte da noch schiefgehen?

Bei Nacht durch die Altstadtgassen bummeln, sich von Taverne zu Taverne treiben lassen, das ist Madrid-Feeling pur, lässt tief in das Seelenleben der Stadt (und der Touristen) blicken.

Barrio de los Austrias und La Latina

Adelspaläste und Kirchen, mittelalterlich anmutende Gassen, Kunst und barocker Prunk im Königsschloss und den Habsburgerklöstern: So präsentiert sich eines der ursprünglichsten *barrios* im Zentrum der Stadt. Im sogenannten Habsburgerviertel, das sich zwischen Puerta del Sol und königlichem Schloss erstreckt, und im Szeneviertel La Latina rund um die gleichnamige Metrostation bieten sich Einblicke in die ersten Jahrhunderte der Stadtgeschichte und in den Lebensalltag zur Zeit der Habsburgerkönige. Diese waren es, die Madrid 1561 zur Hauptstadt krönten und das Gesicht der Stadt mit Gebäuden im Stil eines habsburgisch-madrilenischen Barock prägten. Mit der arkadengesäumten Plaza Mayor, dem schönsten Platz der Stadt und einem der schönsten des ganzen Landes, schufen sie den architektonischen Höhepunkt schlechthin.

An der Calle Mayor, der an diesem Platz vorbeiführenden ›Hauptstraße‹ der Altstadt, und der Calle del Arenal, die beide von der Puerta del Sol zum Schloss führen, ließ sich einst bevorzugt der Adel nieder. In den umliegenden Gassen siedelten sich Handwerker und Handeltreibende an; noch heute erinnern die Straßennamen an Zeiten, in denen hier alte Zünfte und Gewerbe werkelten.

Insbesondere das unregelmäßige Gassengeflecht südlich der Calle Mayor lohnt eine eingehende Erkundung: malerische Straßenzüge wie die Calle Cava de San Miguel, Calle Cuchilleros und die Cava Baja, eigentümlich stille Winkel, in denen einst die arabische Medina angesiedelt war, und Plätze, auf denen sich heute heiteres Stadtleben in alten und neuen Bars und Tavernen entfaltet.

O

ORIENTIERUNG

Cityplan: S. 85
Infos: Centro de Turismo, Plaza Mayor 27, T 915 78 78 10, mit WLAN-Zone, tgl. 9.30–20.30 Uhr
Ankommen: Wer sich das Habsburgerviertel in einem Rundgang erschließen möchte, sollte an der Puerta del Sol (Metro: L 1, 2, 3 Sol) beginnen. Bei wenig Zeit lassen sich die folgenden Sehenswürdigkeiten zu einem verkürzten Rundgang verbinden: Plaza Mayor – Cava Baja – Plaza de la Villa – Kathedrale – Schloss und Oper plus eventuell die Habsburgerklöster.

Plaza Mayor 

Karte 3, H 14

Wer von der Metrostation Sol kommt, findet links neben dem Café La Mallorquina die Calle Mayor. Dort führen drei Durchgänge auf Madrids historischen Stadtplatz. Alternativ geht es durch die Gässchen Postas und Sal, wo es neben Souvenirgeschäften noch alte Läden von Silberhandwerkern und Uhrmachern gibt, wie die 1880 gegründete **Antigua Relojería de la Calle de la Sal.**

Einen der Torbögen passieren – und schon ist man auf der **Plaza Mayor.** Solche ›Hauptplätze‹ sind typisch für kastilische Städte, ein öffentlicher Raum für Begegnungen, Veranstaltungen, Feste. Die Madrider Plaza Mayor mit ihren Laubengängen zählt zu den schönsten ganz Spaniens. Schon bevor Escorial-Architekt Juan de Herrera seine Entwürfe für die heutige Anlage zeichnete, wurde hier Markt abgehalten. Das geschlossene Geviert von 120 x 100 m Länge wurde 1620 mit der Seligsprechung des Stadtpatrons San Isidro offiziell eingeweiht. Nach verheerenden Bränden renovierte Juan de Villanueva 1790 den Platz. Mit den einheitlichen Gebäudehöhen und Zugängen durch Torbögen wirkt er harmonisch und recht malerisch.

Ältestes Gebäude ist die **Casa de la Panadería** ❶. Dieses Bäckerhaus samt seinen Türmchen mit Gaden und spitzen Helmen ist von 1672. Carlos Franco übertünchte 1992 die Fassade, die Fresken zeigen eine barock anmutende Interpretation der mythologischen Vermählung von Erde und Wasser. Vom Balkon der Bäckerei aus sahen die Habsburgerkönige

Gassi gehen? Eher nicht auf diesem großartigen Platz. Auf dem Weg von einem Altstadtviertel ins andere kommt man hier einfach vorbei.

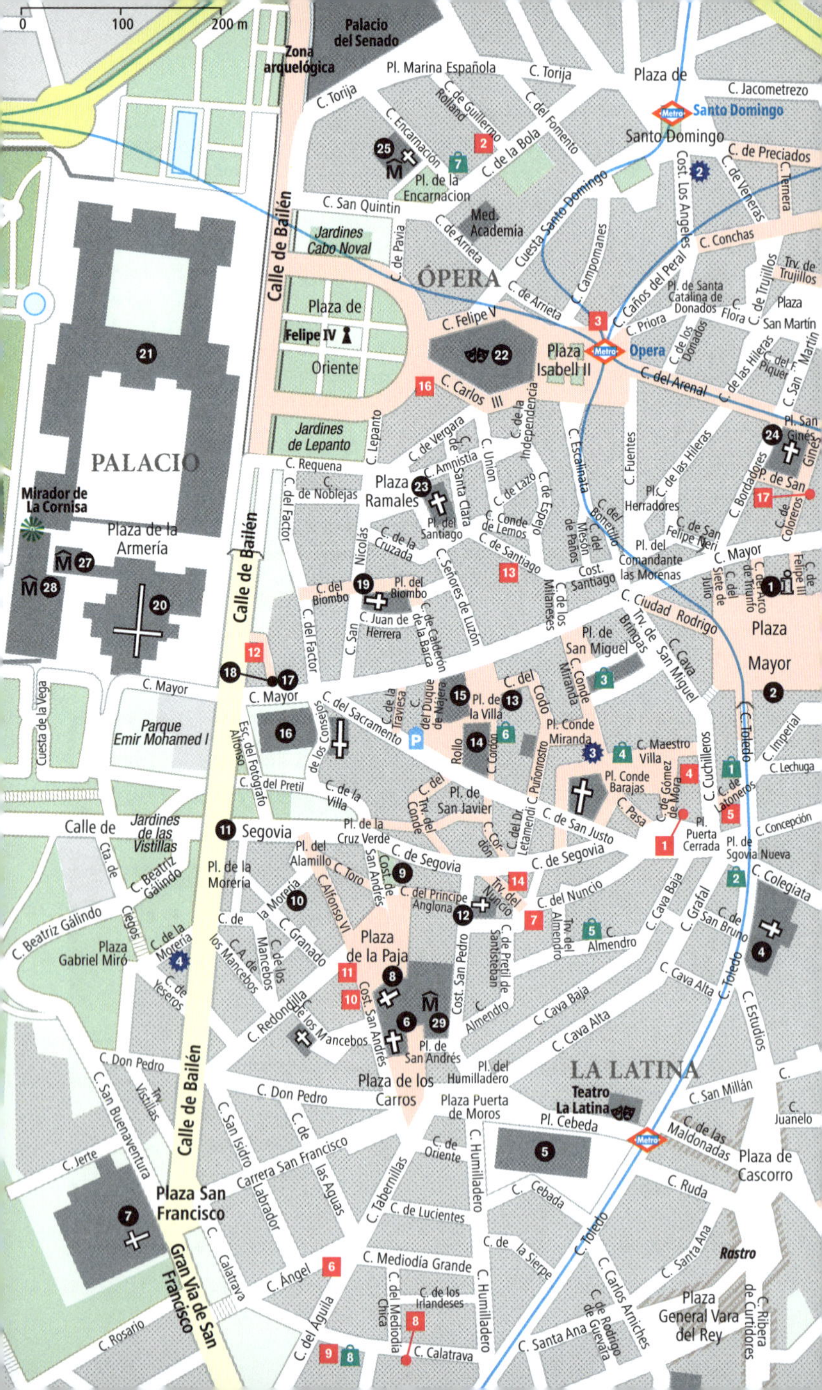

0
100
200 m
Palacio del Senado
Zona arquelógica
Pl. Marina Española
C. Torija
Plaza de Santo Domingo
Santo Domingo
C. Jacometrezo
C. de Preciados
PALACIO
Mirador de La Cornisa
Plaza de la Armería
Calle de Bailén
Jardines Cabo Noval
Plaza de Oriente
Felipe IV
Jardines de Lepanto
ÓPERA
Plaza Isabell II
Opera
C. del Arenal
Pl. de la Encarnación
Med. Academia
Cuesta Santo Domingo
C. Felipe V
C. Carlos III
Plaza Ramales
Pl. del Biombo
Pl. de San Miguel
Plaza Mayor
C. Mayor
Parque Emir Mohamed I
Calle de Segovia
Jardines de las Vistillas
Plaza Gabriel Miró
Pl. de la Morería
Plaza de la Paja
Pl. de San Andrés
Plaza de los Carros
Plaza Puerta de Moros
Pl. del Humilladero
LA LATINA
Teatro La Latina
Pl. Cebeda
Plaza de Cascorro
Plaza San Francisco
Gran Vía de San Francisco
Rastro
Plaza General Vara del Rey
C. Toledo
C. Mediodía Grande
C. Calatrava

Historisches Zentrum

Ansehen

1. Casa de la Panadería
2. Casa de la Carnicería
3. Palacio de Santa Cruz
4. Colegiata de San Isidro
5. Mercado de la Cebada
6. Iglesia de San Andrés
7. Real Basílica de San Francisco el Grande
8. Capilla del Obispo
9. Jardines del Príncipe de Anglona
10. Morería-Viertel
11. Viadukt
12. Iglesia de San Pedro el Viejo
13. Torre y Casa de los Lujanes
14. Casa de Cisneros
15. Casa de la Villa
16. Capitanía General
17. Palacio de Abrantes
18. Iglesia de Santa María de la Almudena (Reste)
19. Iglesia de San Nicolás
20. Kathedrale
21. Palacio Real (Schloss)
22. Teatro Real
23. Iglesia de Santiago
24. Iglesia de San Ginés
25. Monasterio de la Encarnación
26. Monasterio de las Descalzas Reales
27. Museo de la Catedral
28. Galería de las Colecciones Reales
29. Museo de San Isidro. Los Orígenes de Madrid

Essen

1. Casa Paco
2. La Bola
3. Entre Suspiro y Suspiro
4. Bodegas Ricla
5. Casa Revuelta
6. Viuda de Vacas
7. El Escaldón
8. Vinos 11 / Casa Dani
9. Taberna Casa Gerardo
10. Delic
11. La Musa Latina
12. El Anciano Rey de los Vinos
13. Gloria Bendita
14. Café del Nuncio
15. Pastelería El Riojano
16. Café de Oriente
17. Chocolatería San Ginés

Einkaufen

1. Casa Hernanz
2. Calzados Lobo
3. Mercado de San Miguel
4. Taller Puntera
5. Helena Rohner
6. El Jardín del Convento
7. Alambique
8. Mariano Madrueño
9. Guitarras Ramírez

Bewegen

1. Hammam Al Andalús

Ausgehen

1. Teatro Eslava
2. Café Berlin
3. Las Carboneras
4. Corral de la Morería

den Festivitäten und Spektakeln auf dem Platz zu. Das Haus ist jetzt Sitz der städtischen Touristeninformation.

Gegenüber dem Bäckerhaus befindet sich eine architektonische Zwillingsschwester, das einstige Fleischerhaus **Casa de la Carnicería** ❷. Jetzt ist es ein Hotel, das Pestana Plaza Mayor. Im Übrigen wird rund um den Platz gewohnt, und unter den Arkaden haben sich kleine Geschäfte und Restaurants eingemietet.

Die Plaza Mayor war früher Kulisse für Heiligsprechungen und Stierkämpfe, Reitturniere und prunkvolle Theaterdarbietungen, für die Tribunale (Autodafés) der Inquisition und Exekutionen. Die letzte Hinrichtung fand im 19. Jh. statt. Bis zu 50 000 Zuschauer konnten zusehen. Auch heute ist der Platz bei Sommerkonzerten und Stadtfesten eine Open-Air-Bühne. Sonntagmorgens treffen sich hier immer noch die Briefmarken- und Münzensammler. Maler und Karikaturisten warten auf Kundschaft, ebenso die Cafés und Tavernen. Die Platzmitte beherrscht das **Reiterdenkmal Philipps III.** (1616), dem Madrid seinen Stadtplatz verdankt.

D

DELIKATESSENHALLE

Als die kleine Markthalle **Mercado de San Miguel**  1914–16 gebaut wurde, schwebte dem Architekten ein verkleinertes Abbild von Les Halles de Saint-Germain in Paris vor. Hübsch sind die zierlichen Eisensäulen, die schützende Glashaut schafft Transparenz. Zwar gibt es noch einige Verkaufsstände mit Schwerpunkt auf spanischen Delikatessen, aber es dominieren die Probier- und Essensstände.
Calle Mayor/Cava de San Miguel, Metro: L 1, 2, 3 Sol, www.mercadodesanmiguel.es, So–Do 10–24, Fr, Sa, vor Feiertagen 10–1 Uhr

Rund um die Plaza Mayor

Karte 3, H 14

Das Hofgefängnis

Gleich hinter dem Torbogen in der Südostecke liegt der **Palacio de Santa Cruz** ❸ von 1629. Er ist ein typisches Beispiel der Habsburgerarchitektur, ein Wappen Philipps IV. schmückt das Granitportal. Die Dimensionen des Gebäudes erklären sich wohl eher aus dem Bedürfnis, die Größe der Habsburgerdynastie zu demonstrieren, als aus der Notwendigkeit, genügend Unterkünfte für Übeltäter bereitzustellen. Die Kerker des Hofgefängnisses verließen berühmte Männer, darunter 1837 der Bandit Luis Candelas – zur Exekution. Seit 1901 ist der Palacio de Santa Cruz Sitz des **Außenministeriums**.

Malerische Altstadtgassen

Der Straßenzug von **Cava de San Miguel** und **Calle de Cuchilleros** zählt zu den malerischsten Winkeln der Altstadt. Er beginnt beim **Mercado de San Miguel** (s. Kasten links) und führt bergab. Die Bezeichnung *cava* erinnert an den Graben, der hier längs der mittelalterlichen Stadtmauer verlief. Hübsch bauen sich an der linken Seite die Fassaden auf, die oben bündig mit der Plaza Mayor abschließen. Unten erreichen sie wegen des stark abschüssigen Geländes eine ungewöhnliche Höhe, erst 1889 wurde sie von anderen Madrider Häusern übertroffen. In den Gewölben der Souterrains haben Tavernen und Gasthäuser stimmungsvolle Räumlichkeiten geschaffen, die bei Touristen beliebt sind. Stadtbekannt ist **Las**

Der ›Platz des Verschlossenen Tores‹ wirkt mit bunten Wandgemälden und trubeligen Lokalen gar nicht verschlossen. Er ist ein lebendiger und offener Knotenpunkt der Altstadtgassen.

Cuevas de Luis Candelas. Der Name erinnert an den 1804 in Lavapiés geborenen *bandolero* (Banditen). Für seine Missetaten endete er 1837 auf dem Richtplatz, aber in Madrid blieb er in guter Erinnerung, denn er hatte stets einen Teil seines Diebesguts an Arme verteilt. Das im Stil jener Zeit eingerichtete Lokal befindet sich unter dem **Arco de Cuchilleros,** wo eine Granittreppe zur Plaza Mayor hinaufführt.

Manch alte Holzfassade und handgemaltes Firmenschild schmückt die gebogene **Calle de Cuchilleros.** Das älteste Haus ist ein Ziegelbau von 1725 mit dem stadtbekannten Restaurant **Sobrino de Botín.** Wo Ex-König Juan Carlos schon mal Spanferkel gegessen haben soll, kehren jetzt Touristen aus aller Welt ein.

Die Gasse mündet in den Platz **Puerta Cerrada** (Verschlossenes Tor), wo früher ein Stadttor stand. Rundherum gibt es eine Reihe beliebter Lokale mit Sonnenplätzen. Wandgemälde, darunter eines mit dem Satz »*Fui sobre agua edificada, mis muros de fuego son*« setzen bunt-fröhliche Akzente auf einige Fassaden. »Ich wurde auf Wasser erbaut, meine Mauern sind aus Feuer«, das sind Anspielungen auf den einstigen Wasserreichtum und auf den Feuerstein, aus dem die Stadtmauer bestand.

Zu Besuch beim Stadtpatron

In der **Colegiata de San Isidro** ❹ fand der Stadtpatron samt Frau seine letzte Bleibe. Die Stiftskirche und die benachbarte Kaiserliche Schule (heute ein Gymnasium) wurden bis 1664 auf Initiative des Jesuitenordens errichtet. Nach dem Vorbild von Il Gesù in Rom, der Mutterkirche der Jesuiten, ist San

Isidro als einschiffiger Bau mit tiefen Seitenkapellen gestaltet. Doña María de Austria, Schwester Philipps II., half bei der Finanzierung, dem sich ausbreitenden Protestantismus in Deutschland wollte sie nämlich mit Klöstern und Klosterschulen etwas entgegensetzen. Nachdem der aufgeklärte Karl III. die Jesuiten 1767 des Landes verwiesen hatte, wurde San Isidro Stiftskirche *(colegiata)* und diente 100 Jahre als Kathedrale der Stadt, bis 1993 die neue Catedral de la Almudena neben dem Schloss fertig wurde. Die Silberurne mit den Gebeinen des Stadtpatrons am Hauptaltar fertigten 1620 Madrider Silberschmiede.

Während der Karwoche beten vor allem die in Madrid lebenden Andalusier vor den Plastiken von Jesús del Gran Poder und La Macarena. Am Gründonnerstag werden mit ihnen nach dem Vorbild der berühmten Semana-Santa-Umzüge von Sevilla Prozessionen veranstaltet. Am 15. Mai, zum Fest des Stadtpatrons, ist es San Isidro, der durch die Straßen der Stadt geführt wird.

Toledo 37, tgl. 7.30–14, 17–21, im Sommer 7.30–13, 19–21 Uhr

Cava Baja: eine Herbergsgasse

Auch die **Cava Baja** – wie die parallele Cava Alta – folgt dem Verlauf des mittelalterlichen Stadtgrabens. Der Gang entlang von Gebäuden aus dem 18. und 19. Jh., im Erdgeschoss oft mit alten Holzverkleidungen und Kachelbildern geschmückt, versetzt in eine vergangene Zeit. Damals war die Gasse voller Herbergen *(posadas)* für Kauf- und Fuhrleute. Samt Pferd und Kutsche fuhren sie durch die doppelflügeligen Holzportale in die Innenhöfe. Vor allem Handelsleute aus Toledo, die zu den Markttagen kamen, schätzten die hiesigen Gasthäuser.

Ob gediegene Posada mit Alt-Madrider Küche oder Pizzeria, die Cava Baja ist eine einzige Gourmetmeile. Die junge Szene zieht es ans Ende der Gasse, wo sie in ein Platzensemble mit jeder Menge Bars übergeht.

Heute reiht sich ein Restaurant an das andere, oft stimmungsvoll im traditionellen Stil eingerichtet.

La Latina 

Karte 3, G–H 14–15

Die Cava Baja stößt ins Szeneviertel La Latina vor, den ältesten Stadtkern von Madrid. Rund um das Platzensemble von Plaza del Humilladero, Puerta de Moros, Plaza de la Cebada und Plaza de San Andrés bzw. rund um die San-Andrés-Kirche lässt sich ein ganzes Dutzend Lokale zählen. Sonntags lassen hier viele Rastro-Besucher ihren Flohmarktgang ausklingen, und auch allabendlich füllen sich die Szenebars und Open-Air-Terrassen.

La Latina ist ein authentisches Altstadtviertel, zu dessen Flair die große Markthalle **Mercado de la Cebada** 5 mit ihren bunten Kuppeln aus den 1950er-Jahren beiträgt. Innen versorgen sich die Anwohner mit Lebensmitteln und nutzen Handwerkerdienste oder essen etwas an den kleinen Tapas-Ständen.
Mo–Fr 9–14, 17–20, Sa 9–18 Uhr

Oh heiliger Stadtpatron!

Ein fleißiger Landarbeiter, tiefgläubig und ein Wundertäter – so soll Madrids Stadtpatron gewesen sein. Er lebte einst dort, wo seit dem 16. Jh. der Palast der Grafen von Paredes steht, im heutigen **Museo de San Isidro. Los Orígenes de Madrid** 29 (s. S. 102). Im Haus gibt es noch den Wunderbrunnen, von dem es heißt, Isidro habe seinen darin ertrunkenen Sohn förmlich ins Leben zurückgebetet.

Die benachbarte **Iglesia de San Andrés** 6 aus der Mitte des 17. Jh., ein kompaktes Rechteck mit großer Tambourkuppel, sollte die Grabeskirche des Stadtpatrons werden – und war mal als ›achtes Weltwunder‹ geplant. Für das Fundament wurden Steine der abgerissenen Stadtmauer verbaut, die Fassaden zog man aus billigen Ziegelsteinen hoch. Mehr gaben die Mittel dann doch nicht her. Obendrein wurde die Kirche im Bürgerkrieg stark beschädigt. An den Stadtheiligen erinnert eine Kapelle mit naiven Gemälden. Sie erzählen vom Landarbeiter und seinen Wundertaten. Was von ihm übrig blieb, fand eine bessere Bleibe in der Colegiata de San Isidro (s. S. 87).
Plaza San Andrés 1, wegen Renovierung bis ca. Ende 2024 geschl.

WER WAR LA LATINA?

Der Name La Latina wurde für diese Stadtgegend seit dem Mittelalter gebräuchlich. So nannte man auch das Krankenhaus, das sich hier befand, aber Anfang des 20. Jh. abgerissen wurde. Dieses wiederum hieß La Latina nach seiner Gründerin: Beatriz Galindo. Sie unterwies die Kinder der Katholischen Königin in Grammatik und Latein – und wurde deswegen in Madrid »La Latina«, die Lateinische, gerufen.

Eine gewaltige Kuppel

Am Ende der Carrera de San Francisco strahlt sonnengelb die Hauptfassade der **Real Basílica de San Francisco el Grande** 7. Wo sie steht, soll sich im 13. Jh. der hl. Franz von Assisi aufgehalten haben. Er war in Spanien als Pilger nach Santiago de Compostela unterwegs gewesen. Und noch ein Franziskus spielt für die Kirche eine Rolle. Der Franziskanermönch Francisco de Cabezas hatte eine Vision: den monumentalsten Kirchenbau Madrids hochzuziehen. Im Auftrag des Franziskanerordens und unter Mitwirkung des Königsarchitekten Sabatini entstand im 18. Jh. die klassizistische Basilika. Sie hatte es nicht immer leicht, wurde mal Kaserne, dann wieder Königliche Kirche, dann ein Opfer des Bürgerkriegs.

Hinter der vorgewölbten Granitfassade überrascht ein italienisch anmutender überkuppelter Rundbau, den sechs überkuppelte Kapellen rahmen. Mit 33 m Durchmesser und 58 m Höhe ist die Kuppel nach dem Petersdom und dem Pantheon in Rom sowie Santa Maria de Fiore in Florenz die viertgrößte Europas!

Wertvoll ist die Gemäldesammlung. In der ersten Kapelle links hängt die »Predigt des heiligen Bernhardin« von Goya. Werke von Zurbarán, Alonso Cano, Lucas Jordán oder Vicente Carducho (ital.: Vincenzo Carducci) u. a. gehören ebenfalls zum Bilderschatz.

Gran Vía de San Francisco 19, Di–Sa 10.30–12.30, 16–17.30, Juli–Sept. Di–Sa 10.30–14.30 Uhr, 5/3 €, Do Eintritt frei

Kleinode am Strohplatz

Zurück zur Iglesia de San Andrés. An ihrer Rückseite dockt die ursprünglich mit der Kirche verbundene **Capilla del Obispo** ❽ an. Eine Steintreppe führt zum aufwendig gestalteten Portal hinauf. Die Kapelle wurde bis 1535 im Stil der isabellinischen Gotik fertiggestellt und ist die Familiengrablege des Adelsgeschlechts der Vargas. Der Stadtpatron hatte ihnen mal gedient und sollte hier ebenfalls zur letzten Ruhe kommen. Stattdessen erhielt ein Bischof aus dem Adelsgeschlecht ein aufwendiges Alabastergrab. Die Kapelle untersteht inzwischen den kleinen Schwestern vom Lamm aus der Ordensfamilie der Dominikaner. Kurz vor ihren Betstunden gelingt es meist, einen Blick hineinzuwerfen.

Zu Füßen dieses Monuments breitet sich die **Plaza de la Paja** aus (s. Lieblingsort S. 91). Eine kleine Garten-Kostbarkeit versteckt sich an ihrer Nordseite: die **Jardines del Príncipe de Anglona** ❾. Sie wurden im 18. Jh. als Privatgarten angelegt und gehörten zum angrenzenden Adelspalast – diese Gegend Madrids ist ja übersät mit alten Adelsanwesen. Der Maler und Gartenarchitekt Javier Winthuysen erneuerte den Garten 1920, und eine toskanische Gartenspezialistin legte 2002 noch einmal Hand an. Buchsbaumrabatten, Rosen, Sträucher, ein Brunnen und Bänke – das ist ein beschaulicher Ort mitten in der Altstadt. Er ist zugleich eine Art Balkon über der Calle de Segovia, die unten an der Mauer vorbeiführt.

Capilla del Obispo: Führungen außer Juli/Aug. Di 10, 10.45, 11.30, Do 16, 16.45 Uhr, 4 €, Tickets im Museo de la Catedral, s. S. 102, oder unter reservascapilladelobispo@archimadrid.es
Jardines del Príncipe de Anglona: 10 Uhr bis ca. Sonnenuntergang

> **S**
>
> ### SELBSTMÖRDERBRÜCKE
>
> Am Rand des Morería-Viertels spannt sich ein 25 m hoher **Viadukt** ⓫ über die Schlucht, durch die es auf der Calle de Segovia zum Río Manzanares hinuntergeht. Konnten die Dichter früher spotten, Madrid besitze nicht mal einen Fluss, in dem man sich ertränken könnte, so gab es ab 1942 diese ›todsichere‹ Brücke für Lebensmüde. Und die fanden sich gleich nach der Fertigstellung ein. Steigt man die Treppenstufen der Calle de los Caños Viejos Richtung Calle Segovia hinunter, sieht man die Konstruktion aus einer einzigartigen Perspektive.

Arabisches Viertel

Rund um den alten ›Strohplatz‹ befand sich im Mittelalter die **Morería** ❿. Nur die intime Atmosphäre eines alten *barrio* mit unregelmäßiger Gassenführung und ein paar Platz- und Straßennamen erinnern daran. Gegenüber der muslimischen Bevölkerung, die hier seit dem 9. Jh. lebte, ließen die christlichen Herr-

Lieblingsort

Versteckter Staubplatz

Ein wenig versteckt liegt die **Plaza de la Paja** an der **Rückseite der San-Andrés-Kirche** ❻, deren Turm und Tambourkuppel ebenso zum historischen Platzpanorama gehören wie die Steintreppe, die zur Capilla de Obispo hinaufführt. Kein Auto hat zum Platz Zugang, er ist nicht gepflastert, sondern seit dem Mittelalter ein Staubplatz geblieben, auf einem abschüssigen, unregelmäßigen Gelände mit ein paar Bäumen. Es gab Zeiten, in denen er der bedeutendste Platz der Siedlung war. In arabischer Zeit wurde hier lebhaft auf dem Basar gehandelt, im späteren Mittelalter kamen die Bauern auf den ›Strohplatz‹ – daher der Name –, um den zehnten Teil ihrer Ernte an den Klerus abzuliefern. Und trotz des Geländegefälles fanden Stierkämpfe statt. Jetzt spielen hier Kinder, in Pausen stehen ein paar Schüler zusammen vor ihrem Gymnasium, wo ein in Bronze gegossener Leser auf einer Bank in seine Lektüre vertieft ist. Und ein paar Bar-Terrassen laden abseits des Stadtlärms zu einer stillen Pause ein.

scher zunächst Toleranz walten, aber nach Abschluss der *reconquista* Iberiens machten sie ihr den Garaus.

Von der Nordseite der Plaza de la Paja bzw. vom Gässchen Príncipe de Anglona hat man den leicht schiefen Turm der **Iglesia de San Pedro el Viejo** ⓬ ganz im Blick. Die Kirche stammt aus dem 15. Jh., den Mudéjarturm aus Ziegeln mauerten maurische Baumeister 1354. Er ist schlicht bis auf die kleinen Turmfenster im arabo-byzantinischen Stil. Für gläubige Madrilenen enthält die Kirche zwei Magneten: die Skulptur von Jesús el Nazareno (18. Jh.), auch Jesús el Pobre (Armer Jesus) genannt – übrigens das Gegenstück zum reichen Jesús de Medinaceli (s. Kasten S. 135) –, und das Altarbild der von zwei weißen Tauben flankierten Virgen de la Paloma. Ihr huldigt man besonders beim großen Stadtfest im August.

Ein Minarett? Den Glockenturm von San Pedro bauten Mauren. Vor 700 Jahren wohnten sie hier in der Morería.

Um die Apsis der Kirche schlängelt sich die Treppengasse Travesía del Nuncio, auf der das **Café del Nuncio** 14 seine Außentische ausbreitet.

Plaza de la Villa

Karte 3, G 14

Auf der anderen Seite der Calle de Segovia, die durch eine Senke zum Fluss hinunterführt, steigen mehrere Gassen hügelan Richtung Calle Mayor und Plaza de la Villa. Sie ist ein weiteres Herz des Habsburgerviertels. Auf einem Sockel mit Versen von Lope de Vega steht auf dem Platz **Don Álvaro de Bazán,** ein Denkmal von 1891. Es erinnert an den illustren Flottenkommandanten Philipps II., der 1588 in Lissabon starb. Er hatte gerade mit der als unbesiegbar geltenden spanischen Armada eine Niederlage gegen die Engländer erlebt.

Historisches Ensemble

Eine Platzseite nimmt das älteste Bürgerhaus Madrids ein, die **Torre y Casa de los Lujanes** ⓭ gehörte einem alteingesessenen Geschlecht. Am gotischen Portal prangt noch das Familienwappen. Der Turm vom Anfang des 15. Jh. nimmt den für die Habsburgerzeit typischen Wechsel von Bruchstein und Ziegeln vorweg. Zur Calle del Codo zeigt ein hufeisenförmiges Tor. Das benachbarte **Haus Nr. 3** mit einem Portal im Mudéjarstil stammt ebenfalls aus dem 15. Jh.

Auf das 16. Jh. geht die **Casa de Cisneros** ⓮ zurück, die ein Neffe des berühmten Kardinal-Regenten Francisco Jiménez de Cisneros errichten ließ. Die platereske Hauptfassade zeigt zur Calle del Sacramento, während die Fassade am Platz, an dem ursprünglich die Pferdeställe untergebracht waren, im

Nachhinein dem Outfit der historischen Gebäude angepasst wurde.

Die **Casa de la Villa** ⓯ aus dem 17. Jh. besitzt zwei mächtige Portale. Durch eines ging es früher ins Stadtgefängnis, durch das andere in die Stadtverwaltung. Bis 2007 diente das Gebäude als Rathaus der Stadt. Es zeigt typische Merkmale des Habsburgerstils und ist geradezu ein Prototyp des Madrider Barocks. Die Handschrift der Baumeister der Plaza Mayor ist wiederzuerkennen. Zur Calle Mayor wurde 1789 der Balcón de la Reina ergänzt, damit die Königin von ihm den Fronleichnamsprozessionen zuschauen konnte.

G

GESCHLECHTER-GERECHTIGKEIT

Zumindest bei den Stadtpatronen stimmt in Madrid die Quote. Neben San Isidro gibt es eine Stadtpatronin, die Virgen de la Almudena. Ihr Name geht ausgerechnet auf die ursprüngliche arabische Medina *(almudayna)* zurück. Denn in der Mauer, die sie umgab, soll Alfons VI. 1085 bei der Eroberung Madrids das Bildnis der heiligen Jungfrau gefunden haben. Sie hat also sogar die älteren Anrechte auf Verehrung.

Calle Mayor

Karte 3, G–H 14

Madrids historische Hauptstraße. Während der Abschnitt Richtung Puerta del Sol zu Beginn des 20. Jh. im Stil der Zeit mit üppigem Fassadenschmuck erneuert wurde und großbürgerliches Wohnen dokumentiert, sind am unteren Ende gediegene Adelshäuser erhalten. In einem Herzogspalast mit originaler Fassade von 1613 sind die **Capitanía General** ⓰ (Oberste Heeresleitung) und der Consejo del Estado (Staatsrat) untergebracht. Auf der anderen Straßenseite steht der **Palacio de Abrantes** ⓱.

Die ältesten Kirchen der Stadt

Neben dem Palast, an der Ecke zur kleinen Calle Almudena, sind durch eine Glasplatte im Boden archäologische Reste der mittelalterlichen **Iglesia de Santa María de la Almudena** ⓲ bzw. von ihrem Vorgängerbau zu sehen. Und das war Madrids Hauptmoschee in arabischer Zeit. Die Kirche an ihrer Stelle war der Schutzpatronin der Stadt geweiht, La Almudena. Heute wird sie in der Kathedrale verehrt.

Nicht weit entfernt steht die kleine **Iglesia de San Nicolás** ⓳, im Kern die älteste Kirche Madrids. Der mit Hufeisen- und Vielpassblendbögen verzierte Mudéjarturm aus dem 12. Jh. zeigt die Handschrift maurischer Baumeister. Innen trennt ein Hufeisenbogen den Altar- vom Kirchenraum ab, über den sich eine Holzdecke aus dem 15. Jh. spannt. Juan de Herrera, Baumeister des Escorial (s. S. 215), liegt in der Krypta begraben.

Plaza San Nicolás 6, Mo–Sa 8.30–9.30, 19–20.30, Fei 10–14, 19–21 Uhr

Kathedrale

F/G 14

Catedral de Santa María la Real de la Almudena ⓴, so heißt Madrids Kathedrale mit vollständigem Namen. Sie steht auf der Anhöhe über dem Manzanares-Fluss, gleich neben dem Schloss, und wurde auch aus demselben hellen Stein errichtet.

Die Kirche zeigt ein buntes Stilgemisch. Hell und hoch ist der **Innen-**

raum mit bunt verzierter Decke. Als kunsthistorisches Kleinod hängt ein Gekreuzigter, 1621 von Juan de Mesa geschnitzt, im Altarraum. Der Virgen de la Almudena, Madrids Schutzpatronin, ist im rechten Vierungsarm das aus 18 Tafeln zusammengesetzte polychrome Retabel von Juan de Borgoña (16. Jh.) gewidmet. Eine Skulptur der Jungfrau bekrönt den Silberschrein, der die Reste des von Alfons VI. gefundenen Bildnisses bergen soll.

Im Chorumgang steht in der Kapelle mit den seitlich platzierten Holzskulpturen von San Isidro und seiner Frau Santa María de la Cabeza der polychrome Holzsarkophag dieses Stadtpatrons, ein gotisches Meisterstück aus dem 13. Jh. Auf ihm sind Leben und Wunderwerke des Heiligen dargestellt. Das goldbelegte 20-teilige Retabel von Pedro Berruguete an der linken Seite des Chorumgangs entstammt einer Dorfkirche in den Gebirgen nördlich von Madrid. Es stellt Szenen der Bibelgeschichte dar.

Kathedralenmuseum ㉗ (s. Museo de la Catedral S. 102) und Turm haben einen separaten Eingang.

Eine Kirche unter der Kirche

Ältester Teil der Kirche ist die dreischiffige Krypta, die **Parroquia de Nuestra Señora de la Almudena,** deren Eingang unter dem neogotischen Chor an der Cuesta de la Vega liegt. Rund 400 mächtige Säulen mit eklektizistischem Kapitellschmuck gliedern den weiten Raum – er ist eine Kirche unter der Kirche. Rechter Hand findet man die **Capilla de Nuestra Señora de la Flor de Lis** mit einem Bildnis, das Alfons VI. im 11.Jh. in Auftrag gegeben haben soll. Zahlreiche Adelige und wohlhabende Bürger kauften sich in der Krypta der Madrider Kathedrale Grablegen und Privatkapellen.

Bailén 10, tgl. 10–20, Juli/Aug. 10–21 Uhr, 1 € Spende, Krypta tgl. 10–14, 16.30–20 Uhr, 1 €

Palacio Real ⚲ F/G 13

Auf der Anhöhe über dem Río Manzanares stand bereits eine arabische Wehrburg und dann ein *alcázar,* der von den Habsburgern umgebaut wurde, jedoch 1734 abbrannte. Philipp V., der erste Herrscher der Bourbonendynastie, nutzte die Gelegenheit, ein Königliches Schloss nach seinem Geschmack zu planen. Das Grundmuster eines spanischen *alcázar,* einer quadratischen Vierflügelanlage, wurde beibehalten. Architekt war Ventura Rodríguez, 1764 bezog Karl III. den Palast. Seine Nachfolger regierten Spanien von dieser Residenz aus bis zur Ausrufung der Zweiten Republik 1931.

Heute ist der **Palacio Real** ㉑ zwar noch die offizielle Residenz und Sitz des Staatsoberhaupts und wird gelegentlich für offizielle Empfänge und Botschafterakkreditierungen genutzt. Im Wesentlichen residiert (und arbeitet) der spanische König jedoch im Palacio de la Zarzuela in einem ausgedehnten Waldstück im Nordwesten der Stadt (Real Sitio de El Pardo). So ist das Madrider Schloss heute vor allem eins: ein Museum der spanischen Monarchie und der Monarchen, die in ihm gelebt haben.

Höfischer Prunk

Die spätbarocke sechsstöckige Koloss aus Granit und Kalkstein ist rund 500 m lang und breit und um einen quadratischen Innenhof angelegt. Pilaster und Säulen gliedern die mit Königsstatuen geschmückten Fassaden. Nur ein Teil der Räume ist zu besichtigen, doch angesichts der höfischen Pracht und all der prunkvollen Interieurs – Möbel verschiedener Stilepochen, schwere Kristalllüster, Gobelins, Teppiche, Gemälde, Porzellan, Uhren – ermüden die Augen ohnehin beim Gang durch die endlose Flucht von Sälen und Gemächern.

Schon die imposanten Deckenfresken in Treppenhaus und Salons von Giaquinto, Tiepolo oder Mengs zeigen: Die spanischen Könige legten wert darauf, sich mit Kunst zu umgeben.

Hinter dem Eingang an der **Plaza de la Armería** (Waffenplatz) empfängt Sie über der majestätischen zweiläufigen Haupttreppe das Fresko »Triumph der Religion und der Kirche« von Conrado Giaquinto. Durch den **Salón de Alabarderos** (Salon der Hellebarden bzw. Wachen) mit Teppichen aus der Real Fábrica de Santa Bárbara und dem Deckenfresko »Apotheose des Äneas« von Giambattista Tiepolo (1766), der u. a. auch das Treppenhaus der Würzburger Residenz gestaltete, gelangt man in den **Salón de Columnas.** Er ist mit Brüsseler Gobelins nach Kartons von Raffael (17. Jh.) sowie Fresken von Giaquinto geschmückt. In diesem Säulensaal wurde 1985 der Vertrag über Spaniens Beitritt zur Europäischen Gemeinschaft unterzeichnet.

Die folgenden Säle – hergerichtet vom neapolitanischen Maler und Stukkateur Gasparini, mit einem Deckenfresko des Böhmen Anton Raphael Mengs – bewohnte Karl III. bis zu seinem Tod 1788. An den Salón de Carlos III schließt sich der kleine **Gabinete de Porcelana** mit prachtvollem Kachelwerk aus der Fábrica del Buen Retiro an. Ein gänzlich anderes Ambiente bietet die mit gelber Seide und Wandteppichen aus der Real Fábrica de Tapices (s. S. 59) ausgeschlagene **Saleta Amarilla,** das Arbeitszimmer Karls III.

Der lang gestreckte **Comedor de Gala,** ein nobler Rahmen für Galadiners oder Tanzabende, wird bis heute bei offiziellen Empfängen genutzt. Brüsseler Gobelins aus dem 16. Jh. zieren die Wände, Gemälde von Mengs (»Aurora auf ihrem Wagen«), Antonio González Velázquez (»Christoph Kolumbus vor den Katholischen Königen«) und von Mengs-Schüler Francisco Bayeu (»Übergabe Granadas«)

schmücken die Decken. Lüster, Wandleuchter und Kandelaber, insgesamt rund 1000 Lichtquellen, sorgen für eine verschwenderische Festbeleuchtung.

Die Säle in der Nordostecke sind den **königlichen Sammlungen** vorbehalten, von Medaillen bis zu Musikinstrumenten. An der Galerie rund um den Innenhof reihen sich die Königliche Kapelle, die Gemächer von Königin María Cristina, der Saal der Krone – mit einer Krone, die schon Karl III. trug, und dem Goldenen Vlies, das die jetzigen Könige tragen – und ein Rauchersalon.

Zum Schluss der prächtigste Salon: der mit rotem Samt ausgeschlagene **Salón del Trono** mit den Thronsesseln. Er wird auch Saal der Königreiche, Botschaftersaal oder Handkusssaal genannt. Das 26 x 11 m große Deckenfresko von Tiepolo (1764) ist ein Lob auf die Größe der spanischen Monarchie.

Rund um den Waffenhof

Von der Galerie an der Westseite des Waffenplatzes reicht der Blick über den Schlosspark **Campo del Moro** (s. Tour S. 98) und den Madrider Stadtfluss hinweg bis zur Casa de Campo, die einst das Jagdgebiet der spanischen Könige war.

Hier liegt auch die **Real Armería** samt einer Wiederauferstehung des Mittelalters: Eine ganze Armee belanzter Ritter präsentiert sich auf eingerüsteten Pferden, als könnten die beliebten Turniere der *caballeros* gleich beginnen. Helme, Rüstungen, Lanzen, Metallpanzer für die Pferde stammen überwiegend aus dem Besitz Karls V. und Philipps II.

Wer die königliche Küche im Untergeschoss des Traktes an der Calle Bailén inspizieren möchte, muss sich auf der Website zu 30-minütigen Führungen anmelden. Die Sorge um das leibliche Wohl von Königen und ihren Gästen spielte über all die Jahrhunderte eine große Rolle, das machen die 2000 m^2 mit Tausenden Küchenutensilien klar.

An der Stirnseite der Plaza de la Armería, neben dem Aussichtspunkt **Mirador de la Cornisa**, geht es in der **Galería de las Colecciones Reales** 28 (s. S. 102) weiter mit dem gesammelten Erbe der spanischen Monarchen.

Bailén s/n, Metro: L 2, 5, R Ópera, www.patrimonionacional.es, April–Sept. Mo–Sa 10–19, Okt.–März 10–18, So, Fei 10–16 Uhr (Einlass bis jeweils eine Stunde vor Schluss), 12/6 €, freier Eintritt für EU-Bürger Mo–Do 17–19, im Winter 16–18 Uhr, Audioguide 5 €, Tickets online unter https://royal-palace.ticket-madrid.com

WACHABLÖSUNG

Monarchie und Zeremonie, das gehört wohl zusammen. Mittwochs und samstags können Sie auf der Plaza de Oriente oder auf dem Waffenplatz der Wachablösung (Mitte Juni–Mitte Sept. 10–12, sonst 11–14 Uhr) beiwohnen, an jedem ersten Mittwoch im Monat samt Konzert der Königlichen Garde. Ein besonderes Schauspiel ist der gelegentliche Transport von Botschaftern vom Außenministerium (Palacio de Santa Cruz) über die Plaza Mayor zum Schloss, in königlichen Kutschen, begleitet von der königlichen Reitergarde.

Rund um die Plaza de Oriente

Karte 3, G 13

Ein würdiger Schlossplatz

Einen Hauch von Eleganz strahlt die **Plaza de Oriente** zwischen den hellgrauen Granitfassaden von spätbarockem Königs-

Die Terrasse des Café de Oriente ist immer gut besetzt. Der Blick auf den Platz und das Schloss ist nicht zu übertreffen.

schloss und klassizistisch-strenger Oper aus. Die Seitenwege des parkartigen Areals schmückt eine Skulpturenphalanx westgotischer Könige, die Spanien nach dem Niedergang des Römischen Reiches beherrschten. Hier spazieren und pausieren Madrilenen, fotografieren sich Touristen, üben angehende Musiker ihre Stimme oder ihre Instrumente.

Auf der Mittelachse zwischen Oper und Schloss steht auf hohem Sockel die **Reiterstatue Philipps IV.** 1640 ließ einer seiner fragwürdigen Ratgeber, der ehrgeizige Conde Duque de Olivares, die Statue anfertigen. Das Pferd ist nur auf seine Hinterbeine gestützt, und das war damals eine technische und bildhauerische Meisterleistung. Vier ›Genies‹ leisteten ihren Beitrag: Vom Hofmaler Velázquez stammen die Entwürfe des Herzogs zu Pferd, die übrigens einem Bild im Prado ähneln; von Galileo Galilei kam der Rat, einem massiven Pferdehinterteil ein hohles Vorderteil aufzusetzen; der andalusische Bildhauer Martínez Montañés schuf den König und der Italiener Piero Tacca goss das Ganze in Bronze.

Königliche Oper

Das beste Opernhaus der Welt! Jedenfalls erhielt das Madrider **Teatro Real** ㉒ 2021 den International Opera Award. Ab 1831 wurde das Haus als unregelmäßiges Sechseck erbaut und 1850 eingeweiht. Die Schaufassade, mit vorgeblendeten Säulen und musizierenden Engelsfiguren über den Fenstern, weist zur Plaza de Oriente. Über 1700 Zuschauern bietet der prunkvolle Hauptsaal Platz. Eine der Logen ist der Königsfamilie vorbehalten. Neben Opern stehen Ballettaufführungen und Konzerte des spanischen Sinfonieorchesters auf dem Programm. Selbstredend besitzt das Haus ein schönes Café-Restaurant.

TOUR
Unterwegs in königlichen Gärten

Zu Fuß durchs Grüne rund ums Schloss

Infos

F/G 13/14

Planung:
ca. 2 km, etwa ein halber Tag inklusive Pausen im Grünen. Start an der Plaza de Oriente, Metrostation Ópera

Sabatini-Gärten:
tgl. 9–21/22 Uhr
Campo del Moro:
tgl. 10–18, im Sommer bis 20 Uhr, Eintritt frei

Die gepflegte **Plaza de Oriente** gibt bereits einen Vorgeschmack auf die Schlossgärten. An der Nordseite des Königspalastes stoßen die **Jardines de Sabatini** quasi an den Platz. Sie liegen seitlich unterhalb der Calle de Bailén. Der Name Sabatini-Gärten erinnert an den Lieblingsarchitekten Karls III. Der hatte hier einst Pferdeställe gebaut, die aber 1932 den heutigen Gärten wichen. Zwischen den Blumenrabatten und Buchsbaumhecken, den Brunnen und Bänken ist von Großstadthektik wenig zu spüren. Wie Zwerge muten die Fußgänger zwischen den riesigen Steinstatuen und zylinderförmig zurechtgestutzten Zypressen an. Zu jeder Tageszeit ist es hier schön, besonders aber in den Abendstunden, wenn die Sonne im Westen hinter dem Königspalast untergeht.

An der Nordwestseite der Jardines de Sabatini führen wahlweise eine Treppe oder ein Aufzug zum tiefer liegenden Bürgersteig der **Cuesta de San Vicente** hinunter. Ihm folgen Sie bergab. Unten an der Kreuzung mit dem Triumphbogen angekommen, wenden Sie sich nach links in den Paseo de la Virgen del Puerto und laufen am Zaun des Schlossparks entlang, bis Sie dessen Eingang erreichen. Der Park zählt ohne Zweifel zu den schönsten Grünflächen Madrids. Seinen Namen **Campo del Moro** (Lager des Mauren) verdankt er einem angeblichen Camp, das maurische Truppen an dieser Stelle in der Zeit der Kriege zwischen christlichem Norden und muslimischem Süden aufgeschlagen hatten. Philipp II.

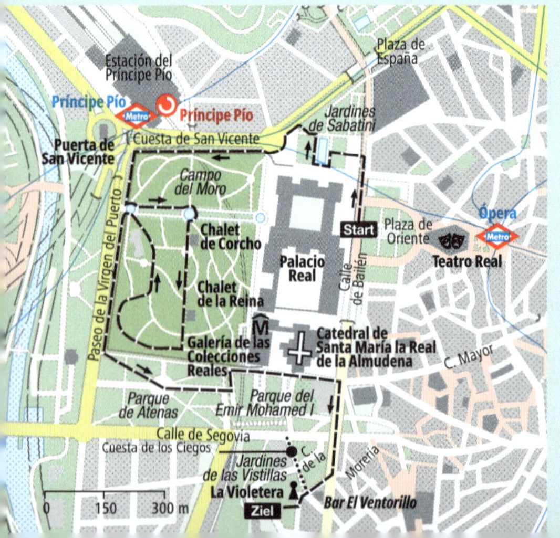

ließ auf dem Gelände einen Palastgarten anlegen, Isabella II. veranlasste im 19. Jh. seine Umgestaltung nach englischem Vorbild. Zur königlichen Erbauung richtete man zwei kleine Pavillons her, das **Chalet de Corcho** (Korkhaus) und das im Fachwerkstil gehaltene **Chalet de la Reina** (Pavillon der Königin). Es ist ein Genuss, im Campo del Moro herumzuspazieren, nur bei offiziellen Empfängen wird der Park geschlossen.

Gartenzauber beim Schloss. Die Jardines de Sabatini sind ein grünes Labyrinth der Buchsbaumhecken.

Zurück auf der Straße wenden Sie sich nach links. Am Ende des Zaunes beginnt der **Parque de Atenas,** der sich direkt an die Schlossgärten anschließt. Durch ihn geht es bergauf bis zur rückwärtigen Seite der Kathedrale. Der kleine Park auf der anderen Straßenseite enthält die spärlichen Ausgrabungen der arabischen Stadtmauer aus dem 9. Jh. Damals befand sich dort das Stadttor Puerta de la Vega. Die Anlage trägt den Namen des Stadtgründers: **Parque del Emir Mohamed I.**

Letztes Ziel der ›grünen‹ Tour sind die **Jardines de las Vistillas** (Gärten der kleinen Aussichten) auf dem Hügel jenseits der Talsenke mit der Calle de Segovia. Über den Viadukt der Calle de Bailén gelangen Sie dorthin. Von der Terrasse der Bar **El Ventorrillo,** die von Johannisbrotbäumen beschattet wird, haben Sie einen schönen Blick auf die Kathedrale. Das ist nur das Präludium zu den Panoramen, die sich von den Vistillas-Gärten bieten: Sie sehen jenseits des Manzanares das Grün der Casa de Campo vor dem Hintergrund der Sierra de Guadarrama. Der kleine Park mit Bäumen, Spielmöglichkeiten für die Kinder des Viertels und Sitzgelegenheiten füllt sich bei schönem Wetter und besonders abends, wenn die Sonnenuntergangsstimmung beginnt. Und wenn die Altstadtviertel ihre Feste feiern, haben die Vistillas-Gärten einen festen Platz im Programm.

Nahe der Statue der **Violetera** beginnt in den Jardines de las Vistillas die **Cuesta de los Ciegos,** die bergab zur Calle Segovia führt. Im Zickzackkurs geht es zwischen Grünanlagen 254 Stufen hinunter – mit Blick auf den alten Viadukt.

WO SIND SIE GEBLIEBEN?

Die etwas erhöht gelegene **Plaza de Ramales** verdankt Madrid wieder mal Napoleons Bruder Joseph Bonaparte. Der machte Kirchen dem Erdboden gleich und durchlüftete die Altstadtviertel, was ihnen guttat. Aber in dem Johannes dem Täufer gewidmeten Gotteshaus auf der Plaza de Ramales war ausgerechnet 1660 der Hofmaler Velázquez beigesetzt worden. Vor einiger Zeit haben sich Archäologen deshalb noch einmal über den Platzuntergrund hergemacht, suchten nach Knochen, nach Hinweisen auf das Malergenie. Nichts! An **Velázquez** erinnert nur das Denkmal in der Platzmitte. Reste der **Iglesia de San Juan Bautista** und eines arabischen Silos sind durch eine Glasplatte zu sehen.

Plaza Isabel II s/n, www.teatroreal.es, tgl. 10.30–13.30, mit Audioguide (span., engl.), 8/7 €, Kinder bis 5 Jahre gratis, Führungen um 10, 12, 13.30 Uhr, 10/8 €

Im Mittelalter unterwegs

Die Gassen zwischen den Straßen Mayor und Arenal sowie den Plätzen Oriente und Sol zeigen teils noch mittelalterliche Strukturen. Die **Calle de Santiago** mit ihrer Wohnarchitektur des 17./18 Jh., kleinen Restaurants, Cafés und Buchhandlungen beginnt bei der dem spanischen Schutzpatron gewidmeten **Iglesia de Santiago** ㉓ von 1811. In dieser Gegend saßen im Mittelalter straßenweise spezielle Zünfte und Gewerbe, an die noch die Namen und die auf dekorativen Kacheln abgebildeten Berufe erinnern: Calle del Bonetillo (Straße des Zierrats), Plaza de Herradores (Hufschmiede), Calles de Hileras, Bordadores, Coloreros (Spinner, Sticker, Färber). Letztere stößt auf die Rückseite der **Iglesia de San Ginés** ㉔. In ihren Seitenkapellen bietet diese eine Paradeschau der Madonnen, eine schöner als die andere. In der 1651 angebauten Capilla del Cristo (rechts vom Eingang) hängt von El Greco »Die Austreibung der Wechsler aus dem Tempel«.

Arenal 13, Mo, Di, Do–Sa 8.45–12.30, 18–20.30, Mi 8.45–13, 17.30–20.30, So, Fei 8.45–14, 17.45–21 Uhr

Museen

Reliquienkult bis heute

㉕ **Monasterio de la Encarnación:** Margarete von Österreich, eine Enkelin Karls V., verbrachte ihre letzten Lebensjahre in Madrid und gründete dieses Kloster der Fleischwerdung, inzwischen ein Augustinerinnenkloster. Es wurde erst 1616, fünf Jahre nach ihrem Tod, eingeweiht und stammt von Juan Gómez de Mora, dem Architekten der Plaza Mayor.

Besucher werden in der mit Kacheln aus Talavera de la Reina geschmückten **Portería Reglar** vom Bild »Intercambio de Princesas« empfangen. Es hält ein historisches Ereignis von 1615 fest: Die Königshäuser von Spanien und Frankreich tauschen auf dem Grenzfluss Bidasoa Prinzessinnen aus; Ludwig XIII. wird die Tochter Philipps III. zur Frau nehmen, während dem spanischen Thronfolger Philipp IV. eine Tochter Heinrichs IV., Isabelle de Bourbon, als Gemahlin bestimmt ist. Es folgen in der **Sala de Pinturas** und der **Sala de Imágenes** Gemälde und Skulpturen von Künstlern, die auch im Prado vertreten sind. Der **Salón de Reyes** (Königssaal) dokumentiert mit zahlreichen Porträts der Habsburgerdynastie die enge Verbindung von Kloster und Königshaus.

Spektakulärster Teil des Museums ist der **Relicario** (Reliquiensaal). Reliquienkult und Wunderglaube spielten in Spanien schon immer eine große Rolle, aber die schier überquellende Reliquienkammer in La Encarnación gleicht einem Kuriositätenkabinett: Knöchelchen, Ringe, Stofffetzen und Holzstückchen in kostbaren Fassungen und Behältnissen versetzen in tiefstes Mittelalter. Mehrere tausend Reliquien gelangten vom 16. bis 19. Jh. ins Kloster. Besonders berühmt und verehrt ist eine wundersame Glasampulle mit dem Blut des Märtyrers San Pantaleón, das sich am Namenstag des Heiligen, in der Nacht vom 26. auf den 27. Juli, verflüssigt und später wieder gerinnt. Ein Schauspiel, dem die Öffentlichkeit ab und an beiwohnen darf. Alle hoffen, das Blut möge sich nur an diesem Tag verflüssigen, denn zu jedem anderen Zeitpunkt kündigt es Unheil an.

Die **Encarnación-Kirche** wurde in der Nacht des großen Palastbrands beschädigt und danach von Ventura Rodríguez erneuert. Die Fresken sind ein Werk der Gebrüder González Velázquez sowie des Hofmalers Francisco Bayeu.

Plaza de la Encarnación 1, Metro: L 2, 5, R Ópera, www.patrimonionacional.es, Führungen Di–Sa 10–14, 16–18.30, So, Fei 10–15 Uhr (Einlass bis 1 Std. vor Schluss), 8 €, Mi und Do nachmittags für EU-Bürger Eintritt frei

Klösterliche Schatzkammer

㉖ Monasterio de las Descalzas Reales: Neben dem Monasterio de la Encarnación das zweite Madrider Habsburgerkloster. Doña Juana, eine Tochter Karls V., wollte in ihrem Geburtshaus, dem Renaissancepalast des kaiserlichen Schatzmeisters, begraben werden. Deshalb stiftete sie 1554 das Kloster der Barfüßigen Königlichen, das heute von Klarissinnen bewohnt und bewirtschaftet wird.

Von asketischen Klostermauern ist darin nichts zu spüren, vielmehr gibt eine verschwenderische Dekorierlust den Ton an, als sollte Gott selbst mit Kunst und Prunk betört werden. Las Descalzas besitzt Salons mit flämischer, spanischer und italienischer Malerei, ca. 400 Gemälde, darunter von Pieter Brueghel d. Ä., Caravaggio, Tizian, Rubens, Francisco de Zurbarán ... Die Porträts von Habsburgern zeugen von der intimen Verbindung des Konvents zum Königshaus. Dazu kommen prächtige Fresken, Plastiken und Gobelins, vielfach nach Kartons von Rubens in der Brüsseler Gobelinmanufaktur von Jan Raes gewebt, kunstvolle *azulejos* und geschnitzte Holzdecken – Grund genug für das Nationale Denkmalschutzamt, das Kloster in seine Obhut zu nehmen.

Zentimeter für Zentimeter ist das **Treppenhaus** ausgemalt: mit Fresken und Trompe-l'œil von Künstlern der Madrider Schule des 17. Jh. Claudio Coello schuf das Deckenbild. An der oberen Treppenflucht schaut die Familie Philipps IV. aus einer Loge (von Antonio de Pereda).

Im **Coro** findet sich ein Bild der Klostergründerin Doña Juana. Auch birgt dort eine Nische über dem Chorgestühl das

Im Kloster der Fleischwerdung wird heiliges Blut flüssig, um wieder zu gerinnen. Das glauben Sie nicht?

KLOSTERKINDER

Die beiden von Habsburgerfrauen gegründeten Klöster in Madrid nahmen Novizinnen aus adeligen Familien auf: Witwen, unverheiratet Gebliebene, aber auch uneheliche Töchter der spanischen Herrscher. Das Monasterio de la Encarnación war sogar durch einen unterirdischen Gang direkt mit dem Königspalast verbunden. Die zur Erziehung ins Kloster gegebenen Mädchen waren oft noch sehr jung. Daran erinnert im Descalzas-Kloster die Sammlung der Jesuskindlein im ehemaligen Schlafsaal der Nonnen. Sie waren die Puppen von Klosterkindern …

Grab ihrer Schwester Kaiserin Maria von Österreich, die nach dem Tod Maximilians II. nach Madrid zurückgekehrt war. In der **Kirche** (nicht Teil der Klosterführung) befindet sich rechts neben dem Altar das Mausoleum der Klostergründerin Doña Juana. Die Deckenfresken des im 18. Jh. erneuerten Gotteshauses stammen von den Gebrüdern González Velázquez.

Plaza de la Descalzas s/n, Metro: L 2, 5, R Ópera, www.patrimonionacional.es, Führungen Di–Sa 10–14, 16–18.30, So, Fei 10–15 Uhr (Einlass bis 1 Std. vor Schluss), 8 €, Mi und Do nachmittags für EU-Bürger Eintritt frei, Kirche: Mo–Sa 8, 19, So, Fei 8, 10, 12 Uhr

Kirchenschätze

27 Museo de la Catedral: Das Museum präsentiert liturgische Objekte sowie Erinnerungsstücke an die Schutzpatrone der Stadt. Von der Kuppel (Treppenaufgang!) hat man schöne Ausblicke über die Umgebung.

Bailén 10, Eingang an der Plaza de la Armería, Metro: L 2, 5, R Ópera, www.museo.catedral delaalmudena.es, Museum und Turmbesteigung Mo–Sa 10–14.30 Uhr, 7/5 €

Die Schätze der Könige

28 Galería de las Colecciones Reales: Mit viel Fingerspitzengefühl für die Anforderungen moderner Museumsbauten und für die besondere Lage auf dem abschüssigen Gelände hinter der Kathedrale und dem Schloss schufen Mansilla & Tuñón Arquitectos das 2023 eröffnete Museum für die königlichen Sammlungen. Nüchtern und avangardistisch zugleich wirkt es und wurde schon mehrfach mit Architekturpreisen ausgezeichnet. Es enthält auf 40 000 m² Fläche pfiffig unterteilte riesige Ausstellungshallen sowie Raum für Lager, Werkstätten und die Verwaltung des Denkmalschutzamtes. Innen bewegen Sie sich über mehrere Ebenen von oben nach unten, machen eine Reise durch die Kulturgeschichte der spanischen Monarchie und genießen die Ausblicke auf die Stadt und die nahen Gebirge. Im Stockwerk unterhalb der oberen Eingangsebene (P –1) sind archäologische Ausgrabungen aus den Anfängen Madrids (arabische Stadtmauer) und in den Sälen A1 – A8 das Erbe der Habsburgerkönige von Karl V. bis zu Carlos II zu sehen. Darunter (Ebene P –2) geht es um die Bourbonen seit Felipe V und bis ins 20. Jh. Ebene P –3 ist für Ausstellungen reserviert.

Bailén s/n, Eingang an der Plaza de la Armería, Metro: L 2, 5, R Ópera, www.galeriadelascolec cionesreales.es, Mo–Sa 10–20, So 10–19 Uhr, Einlass bis 45 Min. vor Schluss, 1. u. 6. Jan., 1. Mai, 25. Dez. geschl., 14/7 €, Audioguide 5 €

Dem Stadtheiligen gewidmet

29 Museo de San Isidro. Los Orígenes de Madrid: An Madrids Stadtpatron erinnern eine Kapelle mit seiner Skulptur, das Fresko »Apotheose des heiligen Isidro« von González Velázquez (18. Jh.) und der Brunnen, in den Isidros Sohn hineingefallen war. Welch Wunder, dass es dem Vater durch Beten gelang, das Kind *lebendig* wieder herauszuholen! Der Stadtpatron ist ein Inbegriff der frühen Stadtgeschichte. Aber im Museum gibt es noch mehr davon. Die archäologischen Fundstücke reichen von Stoßzähnen von Elefanten und Mammuts, die einst das Manzanares-Tal bevölkerten, bis zu römischen Mosaiken, arabischer Keramik und mittelalterlichen Stadtansichten der Habsburgerära.

Plaza de San Andrés s/n, Metro: L 5 La Latina, www.madrid.es/museosanisidro, Di–So, Fei 10–20, im Sommer bis 19 Uhr, Eintritt frei

Essen

Haus der Steaks

1 **Casa Paco:** Die rot-grün getäfelte Fassade und die mit alten *azulejos* und Fotos illustrer Gäste dekorierten Wände weisen das Haus als einen alteingesessenen Klassiker aus, eine typische Madrider *tasca,* in der sich einst die Fans von Flamenco und Stierkampf von weiß befrackten Kellnern bedienen ließen. Herausragend sind die Steaks *(cebón de buey):* groß, saftig, schmackhaft, von besten Rindern. Bezahlt wird nach Gewicht. Auch Fischsuppe, *pisto manchego* (Ratatouille), Kutteln oder Lamm schmecken in der Casa Paco gut. Über den Tresen im Eingangsraum werden Tapas gereicht.

Plaza Puerta Cerrada 11, Metro: L 5 La Latina, L 1 Tirso de Molina, T 913 66 31 67, www.casapaco1933.es, Di–Sa 12–16, 19–24, So 12.30–16 Uhr, €€

Madrider Eintopf für Gourmets

2 **La Bola:** Gehoben-rustikales Altstadtlokal mit viel Madrid-Flair: Hinter der rot gestrichenen Holzfassade wird seit 1870 deftiger *cocido madrileño* auf einem Feuer aus Eichenholzkohle zubereitet und in Tontöpfen serviert. Er mundet anspruchsvollen Gaumen. La Bola fokussiert sich auf kastilische und mediterrane Küche.

In einer richtig alten Altstadt, wie Madrid sie hat, sollte es auch richtig alte Tavernen geben, in die es schon die Urgroßväter zog. So wie die Casa Gerardo. Geht heute als Vintage durch und ist damit up to date.

Bola 5, Metro: L 2, 5, R Ópera, T 915 47 69 30, www.labola.es, So–Mi 13–16, Do–Sa 12–21.30 Uhr, Juli, Aug. Sa abends u. So geschl., €€

Mexiko für Feinschmecker

3 Entre Suspiro y Suspiro: Die Bilder in dem hübschen mexikanischen Restaurant malte einst der Großvater. Chili und Koriander geben dem Essen die Würze: gefüllte mexikanische Käse-Tortillas und Tacos, Aztekensuppe, scharf gebeiztes Lamm, Ceviche, Guacamole, wunderbare Nachspeisen samt Cocktails und Tequila.

Caños del Peral 3, Ecke Plaza Isabel II, Metro: L 2, 5, R Ópera, T 915 42 06 44, www.entresuspiroysuspiro.com, Di–Sa 13.30–16, 20.30–23.30, So 13.30–16 Uhr, Aug. teils geschl., €€

Zwischen Weinbottichen

4 Bodegas Ricla: In der 1867 von einem Aragonesen aus Ricla gegründeten kleinen *bodega* sind die Weinfässer teils 100 Jahre alt. Eintreten lohnt: Zum Wein gibt es gute Tapas, beliebt ist *rabo de toro* (Stierschwanz).

Cuchilleros 6, Metro: L 1, 2, 3 Sol, T 913 65 20 69, Mo, Mi, 13.30–17.30, Do–Sa 13.30–16.30, 20.30–24, So 13.30–18 Uhr, €

Häppchenweise Stockfisch

5 Casa Revuelta: Mitten im touristischen Zentrum wirkt dieses Lokal bescheiden und altertümlich – im besten Sinne. Während sich vor der Tür Allerweltsreisende auf den Sonnenplätzen der Puerta Cerrada mit Allerweltsgastronomie bewirten lassen, geht die ›Gemeinde‹ zu den *horas de vermú* (der Stunde eines ersten Drinks) in diese Minikneipe. Frittierter panierter Stockfisch geht in kleinen Portionen über den Tresen, als kulinarischer Begleiter von Bier und Wein.

Latoneros 3, www.casarevuelta.com, Metro: L 1, 2, 3 Sol, T 913 66 33 32, Di–Sa 10.30–16, 20–23, So 10.30–16 Uhr, €, Zweigstelle in der Calle Cuchilleros 10

Angenehmer Familienbetrieb

6 Viuda de Vacas: Die Brüder Juan Carlos und Javier betreiben das wohltuend informelle Lokal, in dem spanische Saisonküche zubereitet wird. Frittierte Artischocken oder Auberginen in Tempura, Kutteln oder Stierschwanz, Lammeintopf, Seehecht aus dem Ofen, Stockfisch, Reisgerichte – es schmeckt.

Aguila 2, Metro: L 5 La Latina, T 913 66 58 47, www.viudadevacas.es, Mo, Mi–So 13–16.30, 20–24 Uhr, €–€€

Die Küche der Kanaren

7 El Escaldón: Ein reizendes kleines Lokal mit kanarischen Spezialitäten und Getränken. Natürlich gibt es *papas arrugadas* (Salz-Schrumpelkartoffeln), *tapas canarias* oder Fisch.

C. del Nuncio, 17, Metro: L 5 La Latina, L 1, 2, 3 Sol, T 913 65 55 06, https://elescaldon.com, Mo–Mi 13–16.30, 19–23.30, Fr–So 12–1 Uhr, €–€€

Authentische Taverne

8 Vinos 11 / Casa Dani: Über der Tür steht schlicht *Vinos* (Weine). Und die gibt es in diesem Familienbetrieb, in dem jetzt Dani hinter dem Tresen steht, schon seit über 120 Jahren! Zu offenem Wein oder gezapftem Bier probiert man *raciones:* Schinken, Wurst, Anchovis, Käse, Thunfischsalat – alles ganz wie anno dazumal. So auch die Einrichtung, die aus wenigen Tischen, einer alten Holztheke und einem Riesenspiegel besteht.

Calatrava 11, Metro: L 5 La Latina, T 913 65 26 21, Mo 20–24, Di–Sa 12.30–15.30, 20–24 Uhr, Mitte Aug.–Mitte Sept. geschl., €

Wo kommt nur all der Käse her?

9 Taberna Casa Gerardo: Seit über 60 Jahren gibt es diese Taverne, die früher eine Weinhandlung war – Almacén de Vinos steht bis heute über dem Eingang. Und auch die Inneneinrichtung erinnert an alte kastilische Bodegas. Hier können Sie exzellente Käse verkosten, etwa Idiazabal, Manchego, Gamoneu oder Cabrales. Dazu sind Tapas im Angebot, viele offene Weine, Wermut vom Fass und Bier.

Calatrava 21, Metro: L 5 La Latina, T 912 21 96 60, auf Facebook, Mo–Do 13–16, 19.30–24, Fr 13–16, 20.30–1, Sa 13–17.30, 20.30–1, So 13–17.30 Uhr, €

Unter freiem Himmel

10 **Delic:** Hausgemachte Kuchen, Kaffee oder Tee in einer wunderbar entspannten Umgebung – vom Morgen bis tief in die Nacht sitzt man hier draußen auf einem der nettesten Plätze Madrids. Mittags gibt es ein wechselndes Tagesgericht, abends lässt man sich zu Tapas mit frischer Minze gemachte Mojitos servieren, die es auch als alkoholfreie Variante gibt.

Plaza de la Paja / Costanilla de San Andrés 14, Metro: L 5 La Latina, T 913 64 54 50, www.delic.es, Di–So 11–2/2.30 Uhr, €

Innen und außen angenehm

11 **La Musa Latina:** Im hell und modern dekorierten Raum mit langer Theke und rustikalen Tischen oder auf der schattigen Außenterrasse isst man diverse Wokgerichte, und die gibt es auch als vegetarische Varianten. Oder man wählt Tapas und Dips. Downstairs taucht man zum Essen in Clubatmosphäre ein.

Costanilla de San Andrés 12, Metro: L 5 La Latina, T 913 54 02 55, www.grupolamusa.com, Mo–Fr 12.30–1, Sa, So 10–1/2 Uhr, €

Beim 100-jährigen Weinkönig

12 **El Anciano Rey de los Vinos:** Im ›Alten Weinkönig‹, einer 1909 eröffneten Taverne, sind noch ein paar historische Wandkacheln erhalten. Hier nippt man am Tresen am Sherry und bestellt dazu Tapas oder isst im Restaurant Madrider Hausmannskost. Das Lokal punktet mit einer Außenterrasse gegenüber der Kathedrale und günstigen Gerichten.

Bailén 19, Metro: L 2, 5, R Ópera, T 915 59 53 32, www.elancianoreydelosvinos.com, Mi–Mo 9.30–23.45 Uhr, €–€€

Unsere lieben Freunde aus Madrid! Sitzen schon wieder im Vinos 11 / Casa Dani und freuen sich des Lebens …

Das ›Gesegnete Himmelreich‹

13 **Gloria Bendita:** Das Lokal in einer der nettesten Altstadtgassen hat eine Außenterrasse. Ambiente und Innendesign inklusive alter Ziegelsteinwände sind hübsch. Gemüse, Salate, Toast mit Hummus, Serranoschinken oder Lachs, die Hamburger gibt es auch als vegetarische Variante. Frühstücken oder einen Cocktail schlürfen, das geht hier ebenfalls.

Santiago 3, Metro: L 2, 5, R Ópera, L 1, 2, 3 Sol, T 915 48 83 75, tgl. 12–24 Uhr, €

Café und Bistro

14 **Café del Nuncio:** Das Altstadtcafé, in dem schon der Schriftsteller Benito Pérez Galdós vor mehr als 100 Jahren gesessen hat, wurde zu einem gemütlichen Café-Bistro weiterentwickelt. In Sommernächten sitzt es sich auf der Treppengasse, die sich um die Apsis der San-Pedro-Kirche windet, im Freien be-

sonders nett, bei Kaffee und Kuchen oder Bistro-Küche mit Wein oder Cocktails.
Segovia 9 / Ecke Nuncio, Metro: L 5 La Latina, www.cafedelnuncio.com, tgl. 9.30–24 Uhr, €

Himmlisch süß

15 **Pastelería El Riojano:** Die 1855 gegründete Konditorei mit einem kleinen Café hinter dem schmalen Verkaufsraum ist eine Institution. Die Rezepturen der Kuchen, Küchlein und Pralinen sind so alt und originell wie die Ladeneinrichtung.
Mayor 10, Metro: L 1, 2, 3 Sol, www.pasteleriaelriojano.com, tgl. 9–20.30/21 Uhr, Juni, Juli, Anf. Sept. So und im Aug. ganz geschl.

Das Operncafé

16 **Café de Oriente:** Das Traditionscafé neben der Oper. Zum Probieren gut: *chocolate con churros* (Kakao mit frittierten Teigkringeln), die Kuchen, die Mittagsmenüs oder das Restaurant in den Kellergewölben. Von der Außenterrasse blickt man über die Plaza de Oriente und auf den Königspalast.
Plaza de Oriente 2, Metro: L 2, 5, R Ópera, T 915 41 39 74, https://cafedeoriente.es, Mo–Fr 12–24, Sa, So 11–24 Uhr

S

SEIT 1845

Rund um Madrids mittelalterlichen Stadtplatz finden sich noch ein paar 100-jährige Läden mit holzverkleideten Fassaden und handgemalten Firmenschildern. Dazu gehört die *alpargatería* **Casa Hernanz** , vor der in der Hochsaison die Touristen bis auf die Straße hinaus Schlange stehen. Echte spanische Hanfschuhe, *alpargatas,* lassen sich als Sommer-, Strand- oder Hausschuhe tragen und sind ein nettes Mitbringsel (Toledo 18, Metro: 1, 2, 3 Sol. https://casahernanz.es, Mo–Fr 9–13.30, 16.30–20, Sa 10–14 Uhr).

Schokolade im Morgengrauen

17 **Chocolatería San Ginés:** Letzte Station einer langen Nacht ist seit Jahrzehnten die an Wochenenden rund um die Uhr geöffnete Chocolatería San Ginés. Sie liegt nur ein paar Schritte von der Puerta del Sol entfernt hinter der Iglesia de San Ginés. Leckeren Kakao erhält man in fast allen Cafés, aber keine *chocolate* ist so bekannt wie diese. In den dickflüssigen Kakao tunkt man *churros,* frittierte Teigkringel. Das bringt wieder auf die Beine!
Pasadizo de San Ginés 5, Metro: L 1, 2, 3 Sol, https://chocolateriasangines.com, Mo–Mi 8–23.30 Uhr, Do–So rund um die Uhr, *chocolate* und *churros* ca. 5,50 €

Einkaufen

Hanfschuhe und Tanzschuhe

2 **Calzados Lobo:** Hinter der alten Holzfassade eines der traditionsreichsten Madrider Familienläden (von 1897) ist es noch ein bisschen wie Ende des 19. Jh. In dem kleinen Raum werden Hanfschuhe, Ibizenker, leichte Stoffturnschuhe und Tanzschuhe aus spanischer Fabrikation verkauft. Die Preise sind reell.
Toledo 30, Metro: L 5 La Latina, L 1 Tirso de Molina, L1, 2, 3 Sol, www.calzadoslobo.com, Mo–Fr 9.30–14, 16.30/17–20/20.30, Sa 10–14 Uhr

Delikatessenmarkt

3 **Mercado de San Miguel:** s. Kasten S. 86.

Aus der eigenen Lederwerkstatt

4 **Taller Puntera:** Es ist ein stiller Platz in der Altstadt, an dem der Laden sein ausgesuchtes Angebot an Handtaschen, Rucksäcken, Geldbörsen, Etuis, lederbezogenen Notizblöcken, Schuhen und Stiefeln verkauft. Es gibt sie auch in schrillen Farben wie Neongrün oder Pink. Alles wird an Ort und Stelle gefertigt. Und man bietet sogar Handwerkskurse für Neugierige an.

Es gab Zeiten, in denen die guten alten Hanfschuhe zumindest für die ärmeren Schichten das Schuhwerk schlechthin waren. Bei Calzados Lobo füllen sie auch heute noch die Ladenregale.

Plaza Conde de Barajas 4, Metro: L 1, 2, 3 Sol, https://puntera.com, Mo–Sa 10–14.30, 16–20.30 Uhr

Schmuckes für Sie

5 **Helena Rohner:** Der Laden (Hauseingang benutzen und an der Tür rechts klingeln) der renommierten kanarischen Schmuckdesignerin ist alles in einem: Werkstatt, Showroom und Schmuckboutique. Helena Rohner stellt sehr hochwertigen Silberschmuck her, ihre Ohrringe, Halsketten und Armbänder sind bei Frau beliebt.

Almendro 4, Metro: L 1, 2, 3 Sol, L 5 La Latina, www.helenarohner.com, Mo–Fr 9.30–20.30, Sa 12–14.30, 15.30–20 Uhr

Süßes aus Nonnenhand

6 **El Jardín del Convento:** Seit jeher sind die spanischen Nonnenklöster für ihre traditionelle Herstellung von Keksen, Marmeladen, *turrón* oder *magdalenas* bekannt. Man bekommt auch Naturseifen, Duftkerzen und andere Mitbringsel in dem kleinen Laden bei der Plaza de la Villa, der zum Corpus-Christi-Kloster aus dem 17. Jh. gehört.

Cordón 1, Metro: L 1, 2, 3 Sol, T 915 41 22 99, www.eljardindelconvento.net, Di–So 11–14.30, 17.30–20.30 Uhr, im Aug. geschl.

Schönes für Ihre Küche

7 **Alambique:** Porzellan, Tongeschirr, Gläser, Messer, Töpfe – alles, was Kochkünstler und Gourmets brauchen und eine Küche so richtig in Szene setzt. Auch Kochkurse werden angeboten.

Plaza Encarnación 2, Metro: L 2, 5, R Ópera, www.alambique.com, Mo–Fr 10–20, Sa 10–14, Dez. bis 20 Uhr, im Aug. zwei Wochen geschl.

100-jähriger Spirituosenhändler

8 **Mariano Madrueño:** Das war mal Madrids erste Licorería, ein Likör- und Schnapshandel. Jetzt bergen die betagten Räumlichkeiten, wo jeder Zentimeter ausgenutzt ist, ein feines Weinsortiment, edle Liköre und Brandys aus ganz Spanien.

Postigo de San Martín 6, Metro: L 3, 5 Callao. Eine Filiale befindet sich in der Calle Calatrava 19, Metro: L 5, La Latina. https://marianomadrueno.es, Mo 10–14, Di–Sa 10–14 (Sa ab 11), 17.30–20.30 Uhr

Spanische Qualitätsgitarren

9 **Guitarras Ramírez:** Der madrilenische HandwerkerJosé Ramírez ist seit Generationen als exzellenter Gitarrenbauer bekannt. Bei ihm kaufte bereits Andrés Segovia ein, einer der bekanntesten Solisten der klassischen spanischen Gitarre.

Paz 8, www.guitarrasramirez.com, Metro: L 1, 2, 3 Sol, Mo–Fr 10–14, 16.30–20, Sa 10–14 Uhr

Bewegen

Arabisches Bad

1 **Hammam Al Ándalus:** Arabische Bäder, wie es sie in der Kalifenzeit gab, erleben in Spanien eine Renaissance. In einer alten Zisternenanlage wurde dieser Hammam eingerichtet. Ein Durchgang dauert ca. 1,5 Std. Anmeldung sinnvoll!

Atocha 14, Metro: L 1, 2, 3 Sol, T 914 29 90 20, www.hammamalandalus.com, ab 10 Uhr, Bad ab 35 €, inkl. 15 Min. Massage ab 45 €

Ausgehen

Kneipentreffs in La Latina

Rund um die San-Andrés-Kirche und in den umliegenden Gassen des Viertels La Latina knubbeln sich förmlich die Kneipen und Open-Air-Bars. Für einen nächtlichen Streifzug auf eigene Faust ist diese Gegend gut geeignet.

Raum für Musik und Tanzen

1 **Teatro Eslava:** Schick durchgestylt sind die Räumlichkeiten des ehemaligen Theaters unweit der Puerta del Sol. Ein selten schönes Ambiente, das Philippe Starck 2022 zum angeblich »avantgardistischsten Nachtspot« in ganz Europa weiterentwickelte. Auf dem Programm stehen zahlreiche Liveacts und Musikevents mit hochkarätiger Besetzung, Musik und Disco für ein kunterbunt gemischtes Publikum.

Arenal 11, Metro: L 1, 2, 3 Sol, L 2, 5, R Ópera, Programm unter https://teatroeslava.com, ab 15/16 € Eintritt

Cocktails mit Livemusik

2 **Café Berlín:** Ein Nachtclub, in dem es fast täglich Livemusik gibt – Funk, Soul, Flamenco, Fusion, Samba, Blues oder Jazz. Konzerte beginnen meist spät, Disco und Dancing folgen nach Mitternacht. Dazu nippt man an Cocktails.

Costanilla de los Ángeles 20, Metro: L 3, 5 Callao, www.berlincafe.es, tgl. 20–6 Uhr, Livekonzerte ab 8 €

Flamenco im Adelspalast

3 **Las Carboneras:** In der Altstadt, im Souterrain eines ehemaligen Adelspalastes, befindet sich dieser *tablao,* der im Stil ein wenig an die alten *cafés-cantantes* (Musikcafés) erinnert. Zum Menü gibt es Flamenco live, oft mit bekannten Künstlern des Genres.

Plaza del Conde de Miranda 1, Metro: L 1, 2, 3 Sol, https://tablaolascarboneras.com, Programm s. Website, ab 45 €, mit Menü ab 84 €, Kinder von 6–12 Jahren zahlen die Hälfte

Der Klassiker unter den Tablaos

4 **Corral de la Morería:** Im klassischen Restaurant-*tablao* kommt seit 1956 Flamenco auf die Bühne, Gesang, Tanz, Gitarre. Berühmtheiten aus aller Welt waren schon zu Gast.

Morería 17, Metro: L 5 La Latina, www.corraldelamoreria.com, tgl. 20.30–2 Uhr, Programm s. Website, Eintritt ca. 50 €, Menüs ab 50 €

Zugabe

Ein bisschen Natur in einer Welt aus Plastik

Juan Sánchez, der Espartero

Juan Sánchez fertigt wie schon seine Vorfahren Produkte aus Espartogras.

Die Straßennamen im Zentrum Madrids erinnern an viele verschwundene Handwerke. So wie die Calle de los Esparteros, die Straße der Espartogras-Verarbeiter. Jetzt gibt es diesen Beruf nicht mehr. Einzige Ausnahme: Juan Sánchez, allerdings in der Calle Mediodía Grande. Er setzt dieses Handwerk in der dritten Generation einer Familie fort, die schon immer mit Espartogras gearbeitet hat. Juan, 52 Jahre alt, ist sicher, dass diese Tradition mit ihm endet, seinen Sohn sieht er nicht als Nachfolger.

Auch er selbst hatte einst seine Zweifel. Seit seinem zwölften Lebensjahr hatte er zusammen mit seinem Großvater und Vater gearbeitet, aber dann studierte er Informatik und Elektrotechnik und arbeitete zwölf Jahre in mehreren Banken. Bis er lieber sein eigener Chef sein wollte. Er machte einen Laden in der Cava Baja auf, schloss ihn wieder und zog in dieses kleine Geschäft in La Latina um. Dort repariert er Rattanstühle, näht Espartograsvorhänge, macht Seile, Kordeln, Gewebe aus Hanf, Jute oder Rattan. Und verkauft eigene wie hinzugekaufte Kunsthandwerksprodukte, ob Weinschläuche, Kuhglocken oder Holzzahnbürsten mit Naturborsten. Seine Sachen werden für so unterschiedliche Zwecke wie Dekoration, Ausbildung von Feuerwehrleuten oder Requisiten für Film- oder Theaterproduktionen eingesetzt. *Gitanos* lieben seine Holzstöcke, suchen nach dem besten, elegantesten Stück für ihren Patriarchen. Und natürlich zählen auch Touristen zu seinen Kunden. In einer Welt, in der Billigprodukte, Plastik und Verschwendung das Sagen haben, ist er ein seltener Vogel geworden.

> Er ist ein seltener Vogel geworden.

Juan Sánchez kann, was eben nur ein Handwerker mit Fachkenntnissen kann: beraten. (Espartería Juan Sánchez, Mediodía Grande 3, Metro: L 5 La Latina, L 1 Tirso de Molina, www.esparteria.com, Mo–Fr 10–13.30, 16.30–19.30 Uhr) ■

Lavapiés

Das bunte Vielvölkerviertel — In diesen Altstadt-*barrio* zieht es viele Migranten, aber ebenso die jungen Kreativen, die neue Formen urbanen Zusammenlebens und künstlerischen Ausdrucks ausprobieren.

Seite 114

Calle Argumosa

Das Wohnzimmer von Lavapiés: Auf den ausladenden Bürgersteigen vor historischen Häusern, die durch Street-Art oder Graffiti aufgehübscht wurden, herrscht ein wunderbar ungezwungenes Flair.

Seite 115

La Tabacalera

Einen ganzen Häuserblock nimmt die aufgelassene Tabakfabrik ein. Industriearchitektur, die dem Verfall preisgegeben ist? Mitnichten. Was jetzt hinter den Mauern produziert wird, ist Kunst, Kultur und ein alternatives Lebensgefühl.

Das beste Theater der Stadt. Auf den hiesigen Bühnen sowieso …

Eintauchen

Seite 116

Corralas

Nur wenige Exemplare solcher Hofhäuser mit winzigen Mietwohnungen blieben erhalten.

Seite 116, 123

Mercado de San Fernando

In der Betonhalle gibt's nicht nur Gemüse. Dieser Markt passt zur jungen Alternativszene im Viertel.

Seite 118

Palacio del Marqués de Perales

Solche Barockportale konnte nur Pedro de Ribera. Das passende Entrée zum Adelspalast.

Seite 119

Cine Doré

Klein, aber fein ist das Jugendstilkino inklusive Café. In Saal 1 wohnen Regisseure gern ihren Uraufführungen bei.

Seite 119

El Rastro

Madrids riesiger Sonntagsflohmarkt ist ein Event. Schon wegen der After-Rastro-Rituale, also des Besuchs einer Tapas-Bar oder Kneipe. Egal, ob man etwas nutzloses Brauchbares erworben hat oder nicht.

Seite 120

Im Trödelrevier

Szenenwechsel unter der Woche. In aller Ruhe und mit Sicherheitsabstand erleben Sie auf dieser Tour die Antiquitätenhändler, Trödler, Secondhandlädchen oder kleinen Start-ups beim gemächlichen Spaziergang durch die Rastro-Gegend.

Seite 125

Der Clown von Lavapiés

Ein schräger Vogel. Aber gerade deswegen passt der Komiker Leo Bassi ganz gut zu Lavapiés. Sein persönliches Heiligtum ist die Iglesia Patólica, nicht zu verwechseln mit Católica, es geht eher um eine Art Entenkirche …

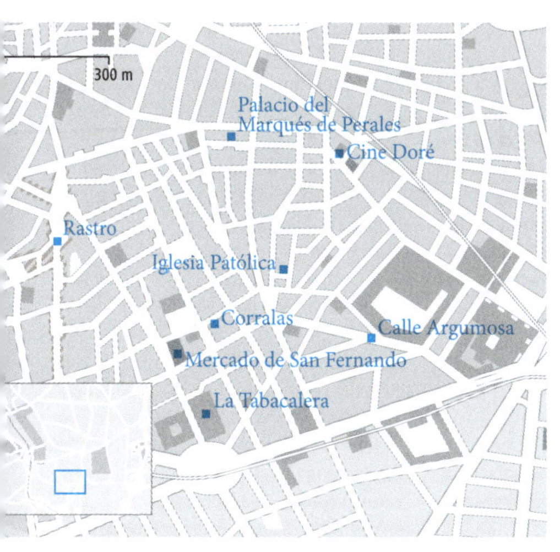

Es war ein Ausländer, der Mexikaner Agustín Lara, der für Lavapiés ein Lied komponierte. Dafür bekam er prompt ein Denkmal (S. 116).

Es sind nur ein paar alte Gassen, die sich über den Hügel schlängeln, voll mit Cafés, Bars, Tavernen, Restaurants – und jungen Leuten. Selbst reiche Madrilenen laben sich gern an diesem Jungbrunnen.

Jung und alternativ, bunt und multikulturell

E

Es ist einer der älteren *barrios* der Stadt mit noch fast provinziellem Charme. Als die hiesigen Arbeiter in bessere Wohnungen zogen, kamen die Einwanderer nach: 45 000 Menschen, 100 Nationen, Sprachen aus allen Weltgegenden, fast jeder dritte Einwohner hat einen Migrationshintergrund. Viele schlagen sich mit Lädchen oder fliegendem Handel durch. Ein buntes Völkergemisch prägt das Leben in den Gassen. In einstigen Tante-Emma-Läden herrscht schon mal asiatische Geschäftigkeit. Neben indischen Restaurants und pakistanischen Gemüseläden finden sich marokkanische Teestuben und Fleischer oder senegalesische Lokale.

Eine entspannte, junge Alternativszene hat sich dazugesellt. Sie macht ihre Vorstellungen vom Leben in Kulturzentren wie der alten Tabakfabrik La Tabacalera, in wilden Gärten wie Esto es una plaza, Bioläden und veganen Restaurants deutlich. Und sie hat Lavapiés zu Madrids wichtigstem Zentrum für Streetart gemacht.

Eigentlich war Lavapiés von Anfang an ein Einwandererviertel. Wie in einem Dorf wohnten hier die vom Land zugewanderten Industriearbeiter zusammen,

O

ORIENTIERUNG

Cityplan: S. 117
Ankommen: Metro L 3, Lavapiés. Von dort lässt sich das Viertel sternförmig erkunden. Hügelan führen die Gassen nach Norden zur Calle de Atocha, abwärts geht es Richtung Ringstraße, zu den Rondas. Mit Pausen sollte man einen knappen halben Tag veranschlagen und ihn eventuell am Abend in der Calle Argumosa (s. Lieblingsort S. 114) ausklingen lassen.
Sicherheit: Ein bisschen auf Handtaschen bzw. Wertsachen achten.

Dazu war es Domizil vieler *gitanos,* der spanischen Sinti und Roma. Und das war noch im letzten Jahrhundert so. Lavapiés war im doppelten Sinn, nämlich geografisch und sozial, eines der *barrios bajos.* Diese ›unteren Viertel‹ breiteten sich vom Zentrum hügelabwärts Richtung Manzanares aus und beherbergten die armen Neuankömmlinge. Doch gerade sie galten als *castizo,* als das ›echte‹ Madrid, das sich bis heute im Fest der Altstadtviertel mit eigenen Trachten feiert. Manches Haus geht auf das 17./18. Jh. zurück; es wird fleißig saniert, der Standard des 21. Jh. zieht ein, und die Gentrifizierung hat längst begonnen.

Plaza de Lavapiés

J 15

Neuralgisches Zentrum

Der Fußwäscherplatz. Woher dieser Name wohl kommen mag? Vielleicht von einem früheren Gemeinschaftsbrunnen? Oder weil man hier nasse Füße bekam, als noch Wasser vom Schlachthofviertel in der heutigen Rastro-Gegend (s. S. 119) bzw. Haushaltsabwässer in Rinnsalen die Gassen hinunterflossen? Lange hieß es, Lavapiés sei ursprünglich Madrids jüdisches Viertel gewesen. Aber die Juden waren bereits aus Spanien vertrieben worden, bevor hier überhaupt eine Siedlung nachgewiesen werden konnte.

Inzwischen prägt ein buntes Völkergemisch den *barrio*: Lateinamerikaner, Schwarzafrikaner, Marokkaner, Araber, Asiaten und junge Madrilenen treffen aufeinander. Besonders während der *siesta* und abends spiegelt der dreieckige Platz die kosmopolitische Einwohnersituation.

Der untere Abschnitt der nach oben führenden Calle de Lavapiés gehört den indischen Lokalen, die Tische auf dem Bürgersteig ausgebreitet haben. Alteingesessen ist das **Nuevo Café Barbieri** 1 (s. S. 124) an der Ecke zur Calle de Ave María, das anders als der Name vermuten lässt, über 100 Jahre auf dem Buckel hat. Das Interieur wirkt angenehm-dekadent.

Im modernen Betonblock des **Teatro Valle-Inclán** 1 kommen hochkarätige Avantgardestücke auf die Bühne. Der 2006 errichtete Bau, der 2007 den spanischen Architekturpreis gewann, ist Sitz und Spielstätte des Centro Dramático Nacional (CDN, Nationales Dramatisches Zentrum; https://dramatico.mcu.es).

Überall Wandgemälde und Straßenkunst. Sie machen das Viertel schöner und das Leben bunter – sparen Sie sich die Museumsbesuche!

Lieblingsort

Das ›Wohnzimmer‹ von Lavapiés

Sie ist die pulsierende Schlagader des Viertels, die **Calle Argumosa** (J/K 15/16) mit ihren ausladenden Bürgersteigen, vollgestellt mit den Tischen und Stühlen der Kneipen, Cocktailbars, Eisdielen und kleinen Restaurants, die zu Madrids aktuellen Szenetreffs zählen. Sie sind das Wohnzimmer der jungen Leute von Lavapiés, gelebtes Multikulti-Ambiente. An den Tischen auf dem Trottoir sitzt man entspannt unter freiem Himmel, im Schatten der Baumkronen – und zwar fast das ganze Jahr hindurch. Und so spricht man auch von der Costa Argumosa, der Argumosa-Küste, die im Sommer tatsächlich einer stark frequentierten Meerespromenade mit Terrassenlokalen gleicht. Man zieht von den frisch gepressten Säften und Cocktails im El Eucalipto zum El Económico oder La Playa de Lavapiés, von La Buga del Lobo, El Automático und Achuri zu Tostas & Bacalao, wo man sich mit reich belegtem getoastetem Brot stärkt. Nur der Strand fehlt. Aber vielleicht liegt er ja unter dem Pflaster …

Unteres Lavapies

H–J 15–16

Junge Kunst und wilde Gärten

Die **Calle Argumosa** (s. Lieblingsort S. 114) führt hinunter zum Centro de Arte Reina Sofía (s. S. 40). Vielleicht war es die Nähe zu diesem modernen Kunstzentrum, die in der Calle de Doctor Fourquet junge **Galerien** ❷ aus dem Boden sprießen ließ. In Nr. 12 betreibt Helga de Alvear eine Galerie. Sie hat sich international als Kennerin und Förderin moderner Kunst durch ihr Museum in Cáceres einen Namen gemacht. In einem anderen Abschnitt der Straße (Nr. 24) haben die *vecinos*, die Nachbarn, ein unbebautes Grundstück in Besitz genommen und in einen grünen öffentlichen Raum verwandelt. **Esto es una plaza!** ❸ – dies ist ein Platz, so lautet die Devise, und das Terrain wird gegen alle Ambitionen verteidigt, den wertvollen Grund und Boden wieder zu bebauen. Guerilla Gardening nennt man das wohl – entstanden ist eine grüne Oase mit Platz für Groß und Klein, mit Blumen, Kräutern und Gemüsebeeten. Hier wird gewerkelt, gespielt, Musik gemacht, gibt es Kurse im Gärtnern oder Freiluftkino. Solche grünen Flecken in dicht bebauten Städten sind essenziell für Lebensqualität und Gemeinschaftsgefühl.

www.estaesunaplaza.blogspot.com

Das brennende Haus

La Casa Encendida ❹, so benannt nach einem Poem von Luis Rosales, ist ein vierstöckiger Ziegelbau vom Beginn des 20. Jh. Ein engagiertes Sozial- und Kulturzentrum der Stiftung Montemadrid hat darin Platz gefunden. Ausstellungen, Kurse, Konzerte, Freiwilligendienste werden organisiert, es gibt eine Bibliothek, eine Mediathek, einen Fair-Trade-Laden und das Café Pum Pum. Im Fokus stehen Kultur, Umwelt und solidarisches Handeln. Die Dachterrasse wird im Sommer als Freilichtkino samt Bar genutzt.

Ronda de Valencia 2, www.lacasaencendida.es, Di–So 10–22, Laden Di–So 12–20, *cafetería* Di–So 10–19.30 Uhr

Alternativkultur in der Tabakfabrik

1809 war die Tabakfabrik in Lavapiés in Betrieb gegangen, und sie heißt noch immer so: **La Tabacalera** ❺. Als riesiger neoklassizistischer Komplex mit Höfen nimmt sie einen ganzen Häuserblock ein. Hier drehten die als streikfreudig bekannten *cigarreras* fast 200 Jahre lang Zigarren, dann schloss die Fabrik. Ein ideales Objekt, um von einer jungen Alternativszene in Besitz genommen zu werden. Zwar ist ein Trakt (Embajadores 51, www.promociondelarte.com/tabacalera) dem Kulturministerium unterstellt, und das möchte sanieren und nach dem Vorbild der Rijksakademie in Amsterdam Wohn- und Arbeitsräume für Künstler schaffen. Aber der größere Teil der Industrieanlage ist in ein selbstverwaltetes Kultur- und Gemeinschaftszentrum umgewidmet worden. Wallpaintings, Graffiti, Ölbilder, unterschiedlichste Kunstobjekte füllen Gänge und Fabriksäle quasi Zentimeter für Zentimeter. Es gibt Raum für Jamsessions, Poetry Slam, Filme, Tanz, Theater, Workshops und Fiesta, dazu Werkstätten, in denen gemalt, geschneidert oder repariert wird, von Fahrrädern bis zu Computern. Gelebte Nachhaltigkeit.

Im Außenhof quillt Grün aus Beeten, Hochbeeten und Töpfen, und die Umfassungsmauer entlang der Calle Mesón de Paredes ist eine einzige lange Street-Art-Wand. So viel nicht kommerzielle Kunst, die einfach nur ein Lebensgefühl mitteilt, ist faszinierend. Im kleinen **Parque Casino de la Reina** gegenüber der Kunstfabrik können Sie das Gesehene verdauen.

Embajadores 53, www.latabacalera.net, meist Mo–Fr 18–23, Sa, So 12–23 Uhr

Hofhäuser und Kriegsruinen

Jahrhundertelang wohnten die Familien von Lavapiés dicht an dicht in **Corralas** ❻. Die Massen zuwandernder Industriearbeiter, die sich in Lavapiés etwa in der Tabakfabrik oder in den Schlachthöfen verdingten, fanden in diesem historischen Haustyp Unterschlupf. Winzig waren die Mietwohnungen, schlecht belüftet und dunkel. Sie gruppierten sich um einen *corral* oder Patio, in dem es einen Gemeinschaftsbrunnen gab, und waren aus diesem Innenhof über umlaufende hölzerne Galerien zugänglich. In der Calle Miguel Servet befindet sich eine restaurierte *corrala* aus dem 18. Jh., eine weitere liegt ein Stück die Calle Mesón de Paredes hinauf. Die Struktur einer *corrala* wird dort wie in einem aufgeschnittenen Modell sichtbar, denn die zweite Hälfte des Mietkomplexes wurde abgerissen und die alte Innenhoffassade zur Außenwand. Seit 1872 flattert dort Wäsche von den Galerien.

Der Platz gegenüber wurde dem aus Lavapiés stammenden Dichter Arturo Barea gewidmet. Er interessierte sich für das Leben der kleinen Leute im Viertel, in »La Forja de un Rebelde« (auf Deutsch 2004 unter dem Titel »Die Rebellenschmiede« neu aufgelegt) schildert er es eindrücklich. Während der Diktatur ging er ins Exil und starb 1957 in London.

Barea war gegenüber der Corrala in den **Escuelas Pías de San Fernando** ❼ zur Schule gegangen. Die zur Konfessionsschule gehörige Kirche steckten die Republiktreuen 1936 in Brand – ihr Zorn gegen die Franco-treue Kirchenhierarchie war groß. Wie ein Mahnmal des Bürgerkriegs blieben Uhrturm und Kirchenchor aus dem 18. Jh. stehen. Geschickt wurden diese Ruinen in den heutigen Sitz der Fernuniversität UNED integriert. Schön sind die Räumlichkeiten der Bibliothek mit ihren hohen, kühlen Gewölben. Der Eingang zur Fernuniversität befindet sich in der Calle de Tribulete 14.

Auf dem Platz vor der Kirche steht ein Denkmal für den mexikanischen Dichter Agustín Lara. Die Madrilenen lieben ihn, denn er widmete ihnen sein Lied »Madrid, Madrid, Madrid«. Der Platz ist oft belebt, auch weil sich der alte **Mercado de San Fernando** 1 (s. S. 123) zu einem Hotspot im Viertel entwickelt hat.

Bibliothek: Mo–Fr 9.15–10 Uhr, im Aug. drei Wochen geschl.

Oberes Lavapiés

H–J 14–15

Nur zwei Blocks hügelauf hat sich die **Plaza de Nelson Mandela** zu einem Treffpunkt der Lavapiés-Bewohner mit afrikanischem Migrationshintergrund entwickelt. Gegenüber steht die **Fuente de los Cabestreros** ❽ auf der gleichnamigen Plaza. Der Brunnen stammt aus der Zeit der Zweiten Republik, aber es gab hier schon vorher eine öffentliche Wasserquelle. »Fuente de los Machos« wurde er auch genannt, weil sein Wasser die männliche Potenz gestärkt haben soll. So mancher Madrilene musste sich beschimpfen lassen: »Der hat wohl aus dem Cabestreros-Brunnen getrunken«!

Heiliger Cajetan von Lavapiés

Die Cabestreros-Straße, in der im Mittelalter die Sattler der Stadt arbeiteten, führt zur **Iglesia de San Cayetano** ❾ aus dem 17. Jh. Sie stammt vom Barockarchitekten José Benito de Churriguera und dessen Schüler Pedro de Ribera. Nur die monumentale Granitfassade überstand die Bürgerkriegszerstörung. San Cayetano ist dem Schutzheiligen des *barrio* gewidmet, und zu seinem Fest am 7. August wird seine Statue, die ihren Platz links vor dem Altar hat,

Lavapiés

Ansehen

1. Teatro Valle-Inclán
2. Galerien
3. Esto es una plaza!
4. La Casa Encendida
5. La Tabacalera
6. Corralas
7. Escuelas Pías de San Fernando
8. Fuente de los Cabestreros
9. Iglesia de San Cayetano
10. Taberna de Antonio Sánchez
11. Palacio del Marqués de Perales
12. Cine Doré
13. El Rastro (Flohmarkt)
14. Museo de Artes y Tradiciones Populares

Essen

1. La Caníbal
2. Melo's
3. El Boquerón
4. Los Chuchis
5. Juan Raro
6. Bar Peyma
7. El Cafelito
8. Café Pavón
9. La Bobia

Einkaufen

1. Mercado de San Fernando
2. Mercado de Antón Martín
3. La Tienda de las Hamacas
4. Pantera
5. Los Placeres de Lola

6 – 21 Rastro-Läden, s. S. 120

Ausgehen

1. Nuevo Café Barbieri
2. La Fisna Vinos
3. El Juglar
4. Medias Puri–The Secret
5. Savas Bar

Hunde gehören auch in Lavapiés zum Straßenbild und zum Leben dazu. Gibt es hübschere Accessoires?

feierlich durch die Straßen getragen. Auch für die in Madrid lebenden Andalusier hat San Cayetano besondere Bedeutung: An jedem letzten Samstag im Monat um 20 Uhr feiert eine andalusische Bruderschaft eine *misa rociera* zu Ehren der Jungfrau von Rocío, zu der jährlich über 1 Mio. Pilger ziehen. Auffallendstes Ausstattungsstück in San Cayetano ist denn auch die Kutsche der Virgen del Rocío aus getriebenem Silber. Die Kirche birgt das bedeutendste Archiv spanischer Adelstitel und das Grab ihres Erbauers.

Embajadores 15, Mo–Sa 9–12, 18–20, So 9–14, 18–20 Uhr

Richtung Literatenviertel

Aufgehübschte Fassaden, hinter denen sich viel Bausubstanz des 17.–19. Jh. verbirgt, säumen alle von der Plaza de Lavapiés nach oben führenden Gassen. ›Oben‹ markieren die Plaza de Tirso de Molina und Plaza de Antón Martín die Grenze zwischen Lavapiés und dem Literatenviertel Huertas.

Die **Plaza de Tirso de Molina** ist nach dem Mönch benannt, der als Urheber der literarischen Figur des Don Juan berühmt wurde. Immer wieder enden Demonstrationen just hier an der Statue des Dichters. Vor einigen Jahren wurde der Platz betoniert, Blumenkioske eröffneten, und die Tische der Bars breiten sich ins Freie aus. Ein Muss für viele Touristen ist in der Calle Mesón de Paredes Madrids älteste Taverne, die 1830 eröffnete **Taberna de Antonio Sánchez** ⓾.

Am spitzen Platzende steht der **Palacio del Marqués de Perales** ⓫ aus dem 18. Jh. Er besitzt eines der schwülstig-üppigen Barockportale, die Pedro de Ribera in Madrid schuf. Da haben die Augen was zum Gucken, ein ganzer Film läuft vor Ihnen ab. Der Adelspalast ist jetzt der Sitz der Spanischen Filmothek

Magdalena 10, gelegentlich Ausstellungen, Bibliothek Mo–Fr 9.30–14 Uhr

Für Augen und Gaumen gut

Vom Adelspalast der Perales ist es nicht weit zum ›Palast der Sonnenblumenkerne‹. So jedenfalls nannte der Volksmund früher das **Cine Doré ⓬,** weil alle Welt beim Filmegucken die Kerne aus ihren Schalen herausknackte und kaute. *Pipas* waren ein typisches Kinofutter, wie es heute das Popcorn ist. Das Doré ist eines der schönsten Madrider Kinos, ein Jugendstilbau von 1922/23, mit einem Saal der Spanischen Filmothek. Man zeigt Filme in Originalversion.

Gleich daneben kann man sich in buntes Marktleben stürzen: Der **Mercado de Antón Martín** 2 (s. auch S. 123) ist eine der typischen Madrider Markthallen, in denen sich die Nachbarn mit Lebensmitteln eindecken oder in den Markt-Bars etwas essen gehen. Auch draußen drumherum herrscht Marktatmosphäre, weil kleine Lokale mit Wurstwaren, Obst und Fisch zur Straße hin geöffnet sind und im Gässchen **Pasaje Doré** Hausrat und Messer in alten Lädchen verkauft werden. Im 3. Stock wird getanzt: nämlich im renommierten **Centro de Arte Flamenco y Danza Española Amor de Dios.**

Café im Cine Doré: Santa Isabel 3, Di–So 16–23 Uhr

Rastro

G–H 15–16

Hinein in Sonntagsgedrängel und -geschiebe! Seit dem 18. Jh. findet **El Rastro ⓭,** der berühmte Madrider Flohmarkt, rund um die Plaza de Cascorro und die Ribera de Curtidores statt. Diesem Ort verdankt er auch seinen Namen, denn es handelte sich um das Viertel der Schlachthöfe *(rastro)*. Zur Verwertung der Abfallprodukte siedelten sich nach und nach Gerber, Leder- oder Kerzenfabrikanten an. Straßennamen erinnern bis heute an diese Gewerbe. Allmählich entwickelte sich daraus ein lebhafter Umschlagplatz für Möbel, Kleider, Hausrat oder Werkzeug. Trödel und Gebrauchtes gibt es auch heute noch, aber fabrikneue (und Hehler-) Ware bestimmen das Bild – natürlich überwiegend in Asien Produziertes.

Im Wirrwarr der Stände existiert eine innere Ordnung, einzelne Warengruppen werden straßenweise angeboten. Eisenwaren, Kunsthandwerk, Trödel und Kleidung findet man auf der **Ribera de Curtidores.** Die **Plaza del Campillo del Mundo Nuevo** ist das Revier der Buch- und Zeitschriftenhändler; während der

A

AFTER-RASTRO-RITUALE

Man kennt sich, man sieht sich. An Sonntagen verabreden sich Madrilenen gern auf dem Flohmarkt oder drumherum. Das ist herrlich verbindlich unverbindlich. Dass man irgendwo in der Gegend ab mittags oder dem frühen Nachmittag mit einer *caña* und ein paar Tapas auf die Hand mit Freunden oder Bekannten zusammensteht, ist jedenfalls wichtiger als der Flohmarktbesuch selbst. Viele Flohmarktgänger zieht es nach **La Latina** zu den In-Lokalen rund um das Ensemble der Plätze Humilladero, Carros, San Andrés und Cebada bzw. in der Cava Baja (s. S. 88). Auch in den Tavernen der Plaza General Vara del Rey, Plaza de Tirso de Molina, Plaza de Cascorro und in den Straßen Embajadores, Argumosa, Miguel Servet sowie den Markthallen Mercado de la Cebada, Mercado de San Fernando und rund um den Mercado de Antón Martín lässt man gern den Streifzug ausklingen. Während Madrids Müllmänner beginnen, Berge von Hinterlassenschaften einzusammeln.

TOUR
Im Trödelrevier

Und zwar wochentags!

Infos

G–H 15–16

Planung: mind. 2–3 Std., https://rastromadrid.com
Start: Plaza de Cascorro, Metro: La Latina (L 5)
Öffnungszeiten: Mo–Fr ca. 10–14, 16.30/17–20, Sa, So 10–14 Uhr. Einige Läden öffnen nur sonntags.

Madrids Sonntagsflohmarkt ist eine Attraktion für alle. Unter der Woche ist das Ambiente im Trödelrevier wie ausgewechselt. Sein Zentrum ist die Plaza de Cascorro, wo der Soldat Eloy Gonzalo mit einem Denkmal verewigt wurde. Er hatte ›heldenhaft‹ an der Belagerung des cubanischen Dorfes Cascorro teilgenommen, und genau diesem Dorf verdankt der Platz seinen Namen. Hügelab, im Gassengeflecht zwischen Lavapiés und La Latina, zwischen Ribera de Curtidores und Calle Carlos Arniches tauchen Sie in den Antiquitäten- und Kramläden in einen beschaulichen Arbeitsalltag ein und sind vielleicht der einzige Kunde, der sich umsehen möchte.

Beim Bummel hügelab durch die Ribera de Curtidores, die Hauptschlagader des Rastro, werden Sie Geschäfte mit Outdoor- und Sportbekeidung sehen, bevor Sie die *galerías* (Ladengalerien) ansteuern. Die **Galerías Piquer** 6 (Nr. 29) bestehen aus zig Geschäften rund um einen großzügigen zweistöckigen Innenhof. Ihre Inhaber zählen zu Madrids besten Antiquitätenhändlern, vor allem Berenis und Circa 1900 lohnen einen Blick. Antiquitäten, rustikale Dekorationsgegenstände, Lampen, Skulpturen, Brunnen, Art-déco-Sammlerstücke: Das Stöbern in dieser Mitte des 20. Jh. errichteten Anlage wird zur Entdeckungsreise durch die spanische Wohnkultur der Jahrhunderte. Genau gegenüber können Sie unverwüstliches Schuhwerk bei **Hípica El Valenciano Curtidos Román** 7 (Nr. 16) erstehen. Hinter dem Torbogen von Nr. 12 beherbergt ein kleinerer Patio die Lädchen der **Nuevas Galerías** 8. Sie handeln mit Antiquitäten und Kunst, Devotionalien, Porzellan- und Tonwaren, Blechspielzeug, alten Musikinstrumenten oder Kameras. Im

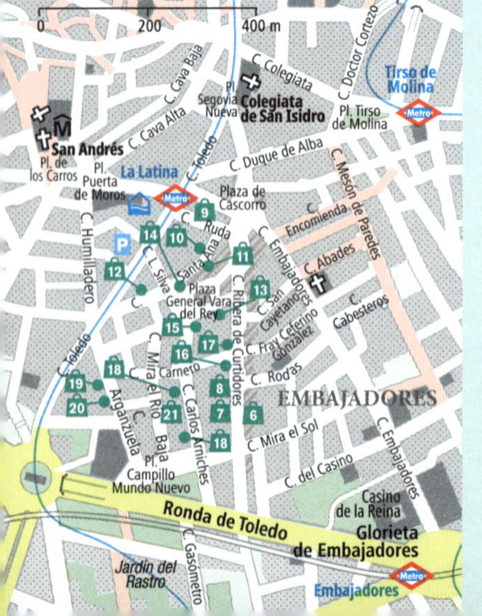

Herrlich inspirierend ist es, durch die Sammelsurien des Madrider Rastro-Viertels zu spazieren.

Gassengeflecht zwischen Ribera de Curtidores und Calle de Toledo haben sich zwischen die Trödelläden junge Leute mit individuellen Ladenkonzepten eingenistet, eine Szene, die auf Design, Vintage und pfiffige Ideen setzt. Beginnen wir ›oben‹: In der Calle Ruda Nr. 8 hat sich **Eturel** 9 auf Naturstoffe spezialisiert. In der Calle Santa Ana, wo viel Vintage zu finden ist, verkaufen **La Oficial** 10 (Nr. 6) Keramikwaren nach Gewicht und **La Tapicería** 11 (Nr. 9) bedruckte T-Shirts mit Motiven spanischer Jungdesigner. **Guitarras Manzanero** 12 (Nr. 12) ist ein alteingesessener Gitarrenbauer. Am Karrée der Plaza del Rey Vara hat **Palacios** 13, der älteste Rastro-Antiquar, noch immer sein Domizil (Nr. 3), und bei **Tailak** 14 finden Sie Teppiche, Kelims, Kissen oder Suzanis aus Afghanistan und Zentralasien (Nr. 11).

Dann schlendern Sie hügelab durch die parallell verlaufenden Gassen Carlos Arniches, Mira el Río Alta / Mira el Río Baja und Arganzuela. **Cerámicas Morueco** 15 (Carlos Arniches 1) verkauft Getöpfertes und Keramikobjekte von mehr als 20 Kunsthandwerkern. In der Querstraße Calle Carnero hat sich **Fenizia** 16 (Nr. 1) auf Dekoratives spezialisert, und **HL2** 17 (Nr. 2) repariert und wiederverwertet Möbel aus Holz. In der Carlos Arniches 28 und 14 finden Sie bei **Arte Etnia** 18 indigene Kunst vor allem aus Afrika.

Junge Künstler eröffneten den **Espacio Punto Nemo** 19 (Arganzuela 16), Laden, Werkstatt, Galerie in einem. Mögen Sie Vintage? Dann ist **Vintalogy** 20 (Arganzuela 18) eine gute Adresse für Überraschendes und Kleidungsstücke aus anderen Zeiten. Werfen Sie zuletzt einen kurzen Blick in **El Laberinto** 21 (Mira el Río Baja 9), so ahnen Sie, dass in all dem Krempel das gesuchte Etwas auftauchen wird: ein echtes ›Labyrinth‹ voller Lampen, Kandelaber, Spiegel, historischem Spielzeug, Möbel, Drucke, Fotos und was weiß ich …

Feria del Desembalaje, so nennt sich der kleine Markt mit Kunst und Kunsthandwerk, Antiquitäten, Sammlerobjekten und Vintage-Kleidung, der an jedem ersten Samstag im Monat auf der Plaza General Vara del Rey stattfindet (9–16 Uhr).

Franco-Diktatur wurden hier auch verbotene Pamphlete und subversive Literatur weitergereicht. In der **Calle de San Cayetano** haben Maler ihren Platz.

Flohmarkt: So 8–15 Uhr

Museum

Alltag in Spanien anno dazumal

⓮ Museo de Artes y Tradiciones Populares: Das Museum ist in der Rastro-Gegend in einem historischen Hofbau aus dem 19. Jh. untergebracht. Es ist der Madrider Uni angegliedert und präsentiert Objekte der Volkskunst und des Brauchtums aus ganz Spanien.

Carlos Arniches 3–5, Metro: L 5 La Latina, www.uam.es/lacorrala, Mo–Fr 10–20, Sa 10–14 Uhr

Essen

Im Multikulti-Viertel gibt es viele marokkanische und indische Lokale. Letztere konzentrieren sich in der Calle de Lavapiés, viele stellen bei gutem Wetter Außentische auf die Bürgersteige. In der Calle Argumosa hat man die Wahl zwischen einem Dutzend Lokalen, und in den beiden Markthallen von Lavapiés können Sie sich mit Häppchen und mehr satt essen.

Käse, Wein, Bier

1 La Caníbal: Das Caníbal ist die Neuerfindung von *raciones* und Tapas nach galicischer Art. Besonders das Käseangebot ist groß, die Auswahl an Weinen und Bieren ebenfalls. Aus der Küche kommen Gerichte, wie es sie im galicischen Mutter- und Vorgängerrestaurant O Pazo de Lugo gab. Und auch draußen sitzen geht, mit Blick auf die Rückseite des Centro de Arte Reina Sofía samt rotem Nouvel-Bau.

Argumosa 28, Metro: L 3 Lavapiés, T 915 39 60 57, www.lacanibal.com, tgl. 12–24 Uhr, **€–€€**

Meeresfrüchte im Stehen

3 El Boquerón: Die Sardelle, so lautet der Name des hübsch gekachelten winzigen Lokals unweit der Plaza de Lavapiés, und marinierte Sardellenfilets oder Oliven gehören zu den Basics, die man den Gästen zu Bier oder einem Glas Wein hinstellt. Das Boquerón kann aber mehr, es steht im Ruf, besten *marisco* (Meeresfrüchte) zu moderaten Preisen aufzutischen: Austern, Krabben, Riesengarnelen, Entenmuscheln, Seespinnen und: frische *gambas a la plancha,* also auf einer heißen Metallplatte gegrillt und mit grobem Meersalz bestreut. Ein Stehlokal mit wenigen Minitischen.

Valencia 14, T 915 27 63 80, Metro: L 3 Lavapiés, Mo, Di, Do–Sa 12–16, Do–Sa 19–23/24, So 12–16 Uhr, Aug. geschl.

S

SCHUHSOHLEN, DIE SATT MACHEN

Das **Melo's** 2 (Ave María 44, Metro: L 3 Lavapiés, tgl. 13–16, 19.30–23.15 Uhr, Aug. geschl., *zapatilla* 15 €) gehört einfach zum *barrio.* Selbstbedienung, Schlangestehen, flinken Händen bei der Arbeit zusehen: Das Melo's ist immer voll, die Stimmung gut. Was alle Leute am liebsten essen, heißt *zapatilla* (Hausschuh), eine große geröstete Brotscheibe, dick mit Kochschinken und Käse belegt und überbacken. Oder *empanadillas* (gefüllte Teigtaschen), *croquetas* (Kroketten), *pimientos del Padrón* (scharfe grüne Paprika aus Galicien). In rasender Geschwindigkeit werden alle Bestellungen erledigt, dafür ist nicht immer die Zeit, die paar Tische zu reinigen. Das machen die Gäste schon mal selbst. Oder sie essen im Stehen.

Einfach überzeugend

4 **Los Chuchis:** Ein Brite mitten in Lavapiés. Einer, der kocht. Aber so, dass er damit überzeugt hat. Nach Rezepten aus dem Nirgendwo oder von überallher bereitet er alles frisch mit saisonalen Produkten zu. Eines der kleinen Viertellokale mit nur wenigen Tischen, die überzeugen, die einfach herzlich und angenehm sind.

Amparo 82, Metro: L 3 Lavapiés, T 911 27 66 06, Mi–Sa 13–16, 20–23, So 13–18 Uhr, €

Einer für alles

5 **Juan Raro:** Café, Taverne, Restaurant, Tagesmenüs, *raciones*, Tapas – von morgens bis Mitternacht gibt es was zu essen, eine Mischung aus Spanisch und Weltküche. Der Rahmen drumherum sind kulturelle Aktivitäten und Kunstausstellungen, Fassade und Teile der Innenwände wurden mit Street-Art zu Hinguckern gemacht.

Miguel Servet 7, Metro: L 3 Lavapiés, T 910 85 81 36, www.juanraro.es, Mo–Do 9.30–24, Fr 9.30–1, Sa 10.30–1, So 10.30–24, €

Im Viertel bekannt

6 **Bar Peyma:** Das Haus kennt jeder in Lavapiés, schon wegen des überdimensionalen Wandgemäldes einer Frau, die Wäsche auf ihrem Balkon aufhängt. Von früh bis spät kehren die Leute ins Peyma ein. Weil das Frühstück mit frittierten *porras* und *churros* geschätzt wird. Weil es ordentliche spanische Küche gibt. Weil man auf der Terrasse so schön pausieren kann, wenn man in der Markthalle einkaufen war …

Embajadores 39, Metro: L 3 Lavapiés, T 915 39 01 91, Di–So 8.30–24 Uhr, €

Das Kaffeechen

7 **El Cafelito:** Das Café gegenüber der historischen Corrala in der Calle Mesón de Paredes ist klein und nett. Sie haben die Wahl zwischen Kaffee aus Kolumbien, Tee, Brunchen oder einem Tagesmenü, und man legt Wert auf Bioprodukte.

Sombrerete 20, Metro: L 3 Lavapiés, T 910 84 30 96, www.cafelito.es, Mi–Mo 9–23 Uhr, €

Art decó und moderne Tapas

8 **Café Pavón:** Durch die großen Fenster das Treiben auf der Straße beobachten oder die Kassettendecke im Art-déco-Stil bewundern, dazu etwas essen oder trinken wie die jungen Leute und Familien aus der Nachbarschaft. Übrigens hat der Betreiber Jorge das benachbarte frühere Teatro El Pavón als kleines Improvisationstheater wieder zum Leben erweckt.

Embajadores 9, Metro: L 5 La Latina, tgl. 10–1 Uhr, €

Asturisch genießen

9 **La Bobia:** Früher kam sonntags die Szene der Movida Madrileña samt Regisseur Almodóvar. Heute ist die Küche des spanischen Nordens so sehr nachgefragt, dass sich zumindest sonntags weder innen vor den großen Fenstern noch draußen auf der Terrasse ein Platz findet.

San Millán 3, Metro: L 5 La Latina, T 917 37 60 30, https://grupolafabrica.es, tgl. 13–24 Uhr, €

Einkaufen

Markthalle und Viertel-Hotspot

1 **Mercado de San Fernando:** Das Angebot an frischen Lebensmitteln, auch in Bioqualität, ist in dem alten Viertelmarkt überschaubar geworden. Dominant sind inzwischen die Gastro-Lokale.

Embajadores 41, Metro: L 3 Lavapiés, www.mercadodesanfernando.es, Di–Sa 9–22, So 11–18 Uhr

Die Welt guter Lebensmittel

2 **Mercado de Antón Martín:** In dem Traditionsmarkt gibt es die ganze Palette an frischen Lebensmitteln, auch Delikatessen und Bioprodukte. Und dazu einige liebevoll geführte Esslokale für den Verzehr vor Ort. Marktstände und eine vielfältige Gastronomie breiten sich bis auf die Staße aus.

Santa Isabel 5, Metro: L 1 Antón Martín, www.mercadoantonmartin.com, Mo–Sa 9–21 Uhr

Ab in die Hängematte

3 La Tienda de las Hamacas: Der Mexikaner Carlos verkauft in diesem kleinen Laden seine Hängematten, die von einer Frauenkooperative in Yucatán gefertigt werden, teils auch aus Nicaragua und Venezuela stammen. Handgemacht, jedes Stück ein Unikat, aus festem buntem Baumwollstoff oder leichteren Geweben.

Ave María 18, https://hamacas.org, Metro: L 3 Lavapiés, L 1 Antón Martín, Di–Fr 18–22, Sa, So 12–17 Uhr

Hilfe für Bedürftige

4 Pantera: Der Sindicato de Manteros setzt sich für Migranten ohne Arbeitserlaubnis ein, überwiegend Senegalesen. Um zu überleben, betätigen sie sich oft als fliegende Händler, die Kleidung, Accessoires etc. auf Tüchern oder Decken ausbreiten. Nähern sich Ordnungshüter, klauben sie mit einem Handgriff alles zusammen und hauen ab. Daher der Name *manteros.* Pantera ermöglicht es ihnen, ihre selbst hergestellten Waren legal zu verkaufen!

Mesón de Paredes 54, Metro: L 3 Lavapiés, Di–Sa 10.30–14.30, 17.30–21.30 Uhr

Was Lola gefällt

5 Los Placeres de Lola: Sexläden sind nicht unbedingt unsere Spezialität. Aber dieser von Frauen für Frauen geführte Laden bietet mehr als die ›einschlägigen‹ erotischen Artikel: einen Café in entspannter Atmosphäre, Kunstausstellungen, Workshops. Und vieles, das ein Liebesleben reicher machen kann.

Doctor Fourquet 34, Metro: L 3 Lavapiés, www.losplaceresdelola.com, Mo–Sa 12–22 Uhr

6 – 21 Rastroviertel: s. Tour S. 120.

Ausgehen

Café im Wiener Stil

1 Nuevo Café Barbieri: Viel Geschichte und viel alter Charme – im Barbieri verkehrten Madrider Dichter seit Anfang des 20. Jh. gern. Das Publikum an den Marmortischchen ist überwiegend jung. Mittags gibt es kleine italienische Gerichte, nachmittags Kuchen, *café,* Tee, am Abend Cocktails und gelegentlich Livemusik.

Ave María 45, Metro: L 3 Lavapiés, T 915 27 36 58, www.cafebarbieri.com, Mo–Do 8–1, Fr 8–2, Sa 9–2, So 9–1 Uhr

Auf einen ...

2 La Fisna Vinos: Was man hier trinkt? Wein, Sie haben die Wahl zwischen 50 ausgesuchten Sorten, glas- oder gleich flaschenweise. Die großen Holzportale und die Interieurs erinnern noch an die alte Vierteltaverne, die hier mal war. Zum Wein können Sie auch Tapas bestellen.

Amparo 91, Metro: L 3 Lavapiés, T 915 39 56 15, Mi–Do 18–24, Fr, Sa 13.30–24 Uhr, €

Weltmusik

3 El Juglar: Macher Javier Guerra hat aus dem Juglar einen der Kultorte in puncto Livemusik in Lavapiés gemacht. Das Programm – Flamenco, Jazz, Rock, Indie, sogar Theater – ist abwechslungsreich.

Lavapiés 37, Metro: L 3 Lavapiés, T 915 28 43 81, www.salajuglar.com, Mi 19.30–3, Do 21–3, Fr, Sa 21–3.30 Uhr, Konzerte 6–15 €

4 Medias Puri – The Secret: In einem ehemaligen Kurzwaren- und Strumpfgeschäft unten im Theater Apolo entfaltet jetzt einer der umtriebigsten Clubs der Stadt seine Aktivitäten. Cocktails, Liveauftritte, Disco und mehrere Tanzflächen.

Tirso de Molina 1, Metro: L 1 Tirso de Molina, mediaspuri.com, Fr, Sa 22–3/6 Uhr

Beste Cocktails

5 Savas Bar: Sie wissen, was sie tun. Sie haben ein Händchen für überraschende und überraschend gute Cocktails. Gastgeber in dem einfachen Lokal sind die beiden Litauer Gintautas und Dovile.

Sombrerería 3, Metro: L 3 Lavapiés, Mo 18–0.30, Di–Sa 18–2.30, So 13–17 Uhr

Zugabe
Der Clown von Lavapiés

Leo Bassi und seine Iglesia Patólica

Leo Bassis »Entenkirche« ist sein ganz persönliches Theater und Satire pur.

Seine Urgroßeltern waren Clowns, seine Eltern auch. Leo Bassi wurde in New York geboren, seine Vorfahren waren Immigranten italienischer und britischer Herkunft. Er fühlt sich, als sei er von überall und nirgendwo, jetzt lebt er schon lange in Madrid. Er ist immer nur er selbst, ein Clown, ein Spaßmacher, ein Narr. Subversiv, respektlos, auch sensibel. Er nimmt die Korruption in der Politik und das Unrecht in der Stadt aufs Korn und hat sich deshalb Feinde gemacht, die ihn schon mal einschüchtern wollten.

Vor zehn Jahren eröffnete er in Lavapiés in der Travesía de la Primavera 3 sein Heiligtum, seine Iglesia Patólica (http://nuevaweb.leobassi.com). Nur ein winziger Raum, aber er erfüllt seinen Zweck. Es ist, wie er sagt, eine ›Low-cost Kirche‹, sie kommt mit wiederverwendetem und aufbereitetem Schrott und Müll aus Lavapiés aus, die Nachbarn halfen bei der Einrichtung. Alles im Innern ist Gefühl, Sentimentalität, pure Satire, zum Totlachen. Gebetet wird zu einem Entlein *(pato)*, quietschgelb, wie die Badewannenenten aus Kindertagen. Daher rührt der Name Iglesia Patólica. Verehrt als die wahrhaftigen Heiligen und Jungfrauen werden HumanistInnen, ihre Bilder schmücken die Wände.

Gesegnet sei alles, was menschlich ist.

Leo Bassi ist eine Ausgeburt an Humor, Heiterkeit, Lebensfreude. Und die teilt er gern mit anderen. Wie jeder gute Priester hält er eine Sonntagsmesse ab und zelebriert sogar mal eine Entenhochzeit. Es sind kleine, sehr persönliche Theaterinszenierungen, in denen er die Leute dazu bringt, über sich selbst und das Leben und das Tragische darin zu lachen. Spenden werden für den Unterhalt der ›Kirche‹ genutzt, wenn was übrig bleibt, auch für den Künstler.

Der Ursprung der Iglesia Patólica, so weiß es Leo Bassi, liegt weit zurück, sie ist älter als die jüdische, christliche oder muslimische Religion. Zurückverfolgen lässt sie sich bis zu einer prähistorischen Zeichnung, die ein erstes menschliches Wesen in einer namibischen Höhle hinterließ. Das war vor mehr als 74 000 Jahren. Ob es eine Ente war? ■

Huertas

Madrids Literatenviertel — In den charmanten Gassen wohnten Schriftsteller, Schauspieler, Philosophen und Fabulierer schon immer gern. Zumal die Wege zu den Theatern ebenso kurz waren wie zu den Kneipen und Cafés.

Seite 129

Plaza de Santa Ana ✪

Der Platz erstreckt sich zwischen der hellen Fassade eines prunkvollen Theaters und der modernistischen Glasfassade eines Hotels samt seinem wahrzeichenhaften Leuchtturm. Wenn sich die Nacht über die Stadt legt, ist es auf diesem Platz mit seinen Terrassen-Bars sehr stimmungsvoll.

Seite 129

Teatro Español

Schon um das prunkvolle Gebäude an der Plaza de Santa Ana von innen zu erleben, lohnt ein Theaterabend in Madrid.

Kultur oder Kult? Theater, Livemusik, Gastronomie, Kneipen …

Eintauchen

Seite 131, 141

Tablao Flamenco 1911

Dieser Tempel des Flamenco in Madrid ist zugleich ein Kunstwerk spanischer *azulejos*-Arbeit – mit einer Fassade, die Geschichte(n) erzählt.

Seite 132

In Dichters Stuben

Die Dichterzitate im Pflaster der Calle de las Huertas erinnern daran, dass in diesem Viertel Weltliteratur geschaffen wurde. Spuren des Don-Quijote-Autors Miguel de Cervantes und des Dramatikers Lope de Vega finden sich in den nach diesen Männern benannten Parallelstraßen.

Seite 135

Ateneo de Madrid

Auch wenn Sie nicht zum erlauchten Kreis der Madrider Dichter und Denker gehören, gehen Sie einfach mal rein, um die prachtvolle Cacharrería zu sehen.

Seite 135

Basílica de Jesús de Medinaceli

Der Jesus in dieser Basilika hat einen herrlichen Haarschopf – und einen verdammt guten Friseur.

Seite 139

100-jährige Läden

Zu den alteingesessenen Geschäften im Literatenviertel gehören das für seine feinen Capes und Schultertücher bekannte Capas Seseña, La Violeta mit den tatsächlich violetten Veilchenbonbons sowie der Süßwarenhändler Casa Mira.

Seite 142

Kult-Ur-Ort

Seit 40 Jahren ist das Café Central eine Jazz-Institution. Auf der kleinen Bühne des ›Spiegel‹-Cafés treten auch große Namen auf.

Vagabundieren und In-den-Tag-hinein-Leben wie die Schriftsteller und Bohemiens des 19. Jh.? Laissez-faire gepaart mit Kultiviertheit, das funktioniert in Huertas auch heute noch.

Über Pflaster zu laufen, auf dem vor Ihnen schon alle Schriftsteller Madrids unterwegs waren, das ist ein erhebendes Gefühl. In alten Tavernen wie La Venencia oder Casa Alberto lässt es sich noch vertiefen.

Das Literatenviertel

I

In diesem gemütlichen *barrio* finden sich auf Schritt und Tritt Erinnerungen an die berühmten Dichter des Goldenen Zeitalters. In den alten Tavernen, Bars und Literaturcafés spüren Sie noch ein wenig dem Flair vergangener Tage nach.

Die Ursprünge von Huertas, dem sogenannten Literaten- oder ›Genieviertel‹ im Dreieck zwischen Carrera de San Jerónimo, Calle de Atocha und Paseo del Prado, gehen bis in die Zeit der Katholischen Könige zurück. Im *Siglo de Oro*, dem Goldenen Zeitalter der spanischen Kunst und Kultur, lebten hier so berühmte Dichter wie Miguel de Cervantes, der in der nahen Universitätsstadt Alcalá de Henares geboren wurde, Lope de Vega, Tirso de Molina und Francisco de Quevedo. Es war die Zeit Shakespeares, das 17. und 18 Jh., in dem die Stadt geradezu vom Theaterfieber erfasst war. In Huertas gab es die einschlägigen Treffpunkte, in denen Theaterleute, Stückeschreiber, Agenten und Schauspieler ein- und ausgingen, Beifall erheischten und Schmähungen über sich ergehen ließen oder schlicht hofften, für eine der vielen Komödien, die täglich in den *corrales* aufgeführt wurden, eine Rolle zu ergattern. Gleich mehrere dieser offenen Theaterhöfe existierten im Viertel, das heutige Teatro Español an der Plaza de Santa Ana ist aus einem solchen *corral* hervorgegangen. Ein Treffpunkt der Madrider Künstlerboheme ist Huertas auch nach dem Goldenen Zeitalter geblieben, im 19. und 20. Jh. zählten natürlich auch Stierkämpfer dazu.

In den hübschen Gassen knubbeln sich die Restaurants, Bars und Musikkneipen so dicht an dicht, dass Huertas nachts wie ein einziges riesiges Ausgehareal wirkt. Wo immer möglich, ist auf den Plätzen und Bürgersteigen *terraceo* angesagt, draußen sitzen. Nicht nur auf der Plaza de Santa Ana, sondern auch in den Gassen Cádiz, Barcelona oder Álvarez Gato. Tagsüber zeigt Huertas ein anderes Gesicht, dann ist genussvoll-gemütliches Bummeln möglich.

O

ORIENTIERUNG

Cityplan: S. 130
Infos: www.barrioletras.com
Ankommen: Via Metrostationen Sol, Sevilla, Antón Martín oder Tirso de Molina. Die Plaza de Santa Ana als Zentrum des Viertels liegt quasi im Fadenkreuz dieser vier Metrostationen. Von jeder der Stationen ist der Platz schnell erreicht. Er ist ein guter Ausgangspunkt zur Erkundung von Huertas.

Plaza de Santa Ana

Karte 3, J 14

Wohin am Abend in Madrid? Direkteste und häufigste Antwort auf diese Frage: Plaza de Santa Ana. Der Platz ist voll mit den Tischen von Bierkneipen und Restaurants und auch für viele Madrilenen der Startpunkt für einen nächtlichen ›Zug durch die Gemeinde‹. Ab spätnachmittags füllen sich die Lokale, dann werden Tapas, gezapftes Bier und Wein bestellt.

Tapas und Theater

Auf dem Platz stand das Kloster der hl. Anna, bevor es Napoleons Bruder Joseph Bonaparte während seiner kurzen Regentschaft in Madrid niederreißen ließ. An seiner Stelle entstand der offene Raum, der heute das Herz des Madrider Künstler- und Genieviertels ist. Fassaden des 19. und beginnenden 20. Jh. mit schmiedeeisernen Balkongeländern fassen die Längsseiten des Platzes ein, die den Bierlokalen und Tapas-Bars gehören. Am ältesten ist die **Cervecería Alemana** 1, die ›Deutsche Bierkneipe‹, in der seit 1904 Dichter und Künstler, Stierkämpfer und Politiker verkehrten.

Wie es sich für ein Literatenviertel gehört, steht am Platz ein prunkvolles Theater, das **Teatro Español** 1. In dem 1802 von Juan de Villanueva im neoklassizistischen Stil erbauten und Ende des 20. Jh. erweiterten Spanischen Theater werden bis heute klassische Theaterstücke aufgeführt. Widmungen und Porträts der bedeutendsten spanischen Dichter schmücken die Fassade. Genau an dieser Stelle erbauen sich die Madri-

Ehre, wem Ehre gebührt. In diesem Haus dreht sich alles um spanische Dramatiker, die ebenso Weltklasseliteratur verfassten wie Shakespeare oder Goethe. Das Teatro Español ist das eigentliche Herz des Viertels.

Huertas

Ansehen

1 Teatro Español
2 Teatro de la Comedia
3 Hotel ME Madrid Reina Victoria
4 Ganzkörperspiegel
5 Real Academia de la Historia
6 Calle de Cervantes Nr. 2
7 Iglesia de las Trinitarias Descalzas
8 Iglesia de San Sebastián
9 Palacio del Príncipe Negro
10 Ateneo de Madrid
11 Plus Ultra
12 Basílica de Jesús de Medinaceli
13 Congreso de los Diputados
14 Dependancen des Abgeordnetenhauses
15 Palacio de Miraflores
16 Galería Canalejas
17 Teatro Reina Victoria
18 Casa Museo Lope de Vega

Essen

1 Vinoteca Moratín
2 La Elisa
3 Triciclo
4 La Ferretería
5 La Biotika
6 Casa González
7 Zerain
8 Taberna Mariano
9 La Dolores
10 El Inti de Oro
11 Artemisa
12 Vi Cool
13 Casa Alberto

Einkaufen

1 Capas Seseña
2 Antigua Pastelería del Pozo
3 Lhardy
4 La Violeta
5 Alimentación Quiroga
6 El Flamenco Vive
7 Casa Mira
8 Calzados Franjul
9 Real Fábrica Española
10 Peseta
11 La Fábrica

Ausgehen

1 Cervecería Alemana
2 Radio ME Madrid Rooftop Bar
3 Tablao Flamenco 1911
4 Café Central
5 La Negra Tomasa
6 Viva Madrid
7 La Venencia
8 Cardamomo
9 Salmon Guru
10 Black Bird
11 Jazz Bar

---

lenen schon seit 1583 an Aufführungen. Am Ort eines der alten Theaterhöfe, des Corral de Comedias del Príncipe, wurde das Teatro Español als einziges Theater der Stadt in einem solchen Corral untergebracht und ist dessen Nachfolger. Di–So ab 17 Uhr öffnet das Café im Haus.

Übrigens sind es nur ein paar Schritte bis zum nächsten Theater, dem **Teatro de la Comedia** 2 von 1874 (Calle Príncipe 14). Auf seiner Bühne spielt die Compañía Nacional de Teatro Clásico.

Vor dem Spanischen Theater steht auf dem Platz ein Denkmal für **Federico García Lorca.** Natürlich gehören die Dramen des andalusischen Poeten zum Repertoire.

Der ›Leuchtturm‹ von Madrid

Das gilt auch für die Stücke des Dramatikers **Pedro Calderón de la Barca,** der von der anderen Platzseite herüberschaut. Sein Denkmal steht seit 1880 an dieser Stelle. Und dahinter erhebt sich wie ein Markenzeichen des Platzes das 1916–23 errichtete **Hotel ME Madrid Reina Victoria** 3. Einst war es die bevorzugte Herberge von Stierkämpfern und Künstlern, für den ›Promifaktor‹ sorgen inzwischen eher Fußballer und Schauspieler. Das Haus ist mit seiner ›gläsernen‹ Fassade und dem eigenwilligen Eckturm, der gern als *faro,* Leuchtturm, bezeichnet wird, ein architekto-

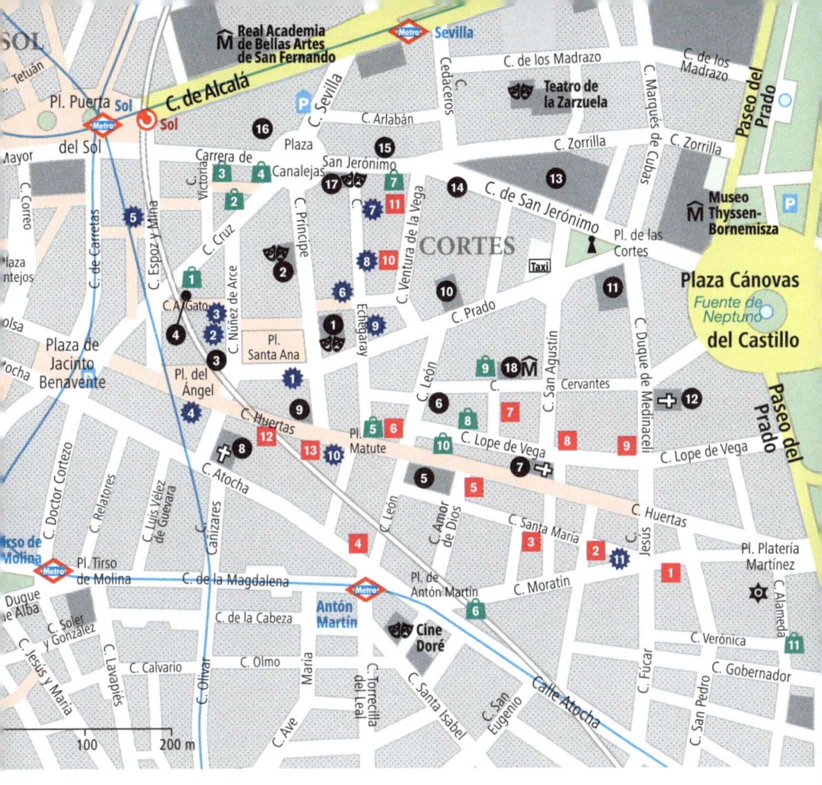

nisches Schmuckstück des *modernisme*, des spanischen Jugendstils. Von der **Radio ME Madrid Rooftop Bar** 2 auf der Dachterrasse, zu der es vom Platz einen Zugang per Aufzug gibt, bietet sich ein toller Blick auf Madrid.

Abstecher rund um den Platz

Karte 3, J 14

Kacheln und Spiegel

An das Hotel schließt sich die mit historischen Kachelbildern geschmückte Fassade des **Tablao Flamenco 1911** 3 an (s. S. 141). Früher hieß das stadtbekannte Lokal Villa Rosa. Im Innenraum, der im arabisch-andalusischen Stil gehalten ist, hatte Pedro Almodóvar Szenen seines Filmes »Tacones Lejanos« (»High Heels«) gedreht. Die aufwendige Fassade erstreckt sich auch entlang der **Calle de Álvarez Gato,** von den Madrilenen meist kurz Katergässchen (Callejón del Gato; *gato* = Kater) genannt. Im dortigen konvexen und konkaven **Ganzkörperspiegel** 4 sehen Sie sich stark verzerrt. So wollen die Spiegel an die literarische Gattung des Esperpento erinnern, die einen grotesken, sarkastischen Blick auf das Leben und die Menschen warf, so wie in den Stücken von Ramón María del Valle Inclán. Jedenfalls sollten Sie nicht am Ende eines Kneipentrips durch Huertas in diese Spiegel schauen.

TOUR
In Dichters Stuben

Auf den Spuren der großen Nationaldichter

Infos

Karte 3, J 14

Start:
Metrostation Antón Martín (L 1)

Öffnungszeiten:
Casa Museo Lope de Vega ⑱: Cervantes 11, https://casamuseolopedevega.org, Führung Di–So 10–18, letzter Einlass 17 Uhr, Eintritt frei, Anmeldung: T 914 29 92 16, casamuseolopedevega@madrid.org
Iglesia de las Trinitarias Descalzas ❼: Calle Lope de Vega, Messen meist Mo–Fr 8.30, Sa 19.30, So, Fei 12 Uhr

Von der Metrostation Antón Martín bringt Sie die **Calle del León** mitten hinein ins Madrider Literatenviertel. Den zweiten Häuserblock auf der rechten Seite nimmt die **Real Academia de la Historia** ❺ ein. Hinter ihren Ziegelsteinfassaden des späten 18. Jh. hat diese Königliche Historische Akademie 40 000 Biografien spanischer Persönlichkeiten und eine 50-bändige Geschichte herausgegeben. Dichterbiografien gehören natürlich auch dazu. Zuvor hatte das Haus den Mönchen des Klosters von San Lorenzo de El Escorial gehört. Sie hatten hier die Bibeln gelagert, für die sie das exklusive Verkaufsrecht in Madrid besaßen. An die Mönche erinnert noch das Wappen oberhalb des Fensters im 1. Stock, denn es zeigt einen Rost, auf dem der heilige Laurentius zu Tode gemartert und verbrannt wurde. Der Heilige ist übrigens auch der Patron der Bibliothekare, und die hiesige Bibliothek ist für Forscher eine der bedeutendsten Spaniens.

Über die Calle Huertas hinweg geht es zur **Calle de Cervantes.** Dort wohnte der berühmte »Don Quijote«-Autor in **Haus Nr. 2** ❻. Ein Medaillon mit seinem Porträt erinnert daran. Nicht weit hatte er es damals zu einem Literatentreff in der Calle del León und zu einem von ihm erwähnten Freudenhaus. Der Dramatiker Lope de Vega, der berühmteste Schriftsteller des Goldenen Zeitalters, bewohnte mit seinen sieben Kindern von 1610 bis zu seinem Tod Haus Nr. 11 in der Calle de Cervantes: die **Casa Museo Lope de Vega** ⑱. Das zweistöckige Gebäude mit Minigarten wurde im Stil des beginnenden 17. Jh. wieder hergerichtet. Einige Stücke stammen sogar aus dem persönlichen Besitz des Dichters. Er war ein Held seiner Zeit – und schrieb mit derselben Gewandtheit, mit der er Frauenherzen eroberte. Rund 1500 Komödien soll er verfasst haben, dazu Hunderte von *autos*

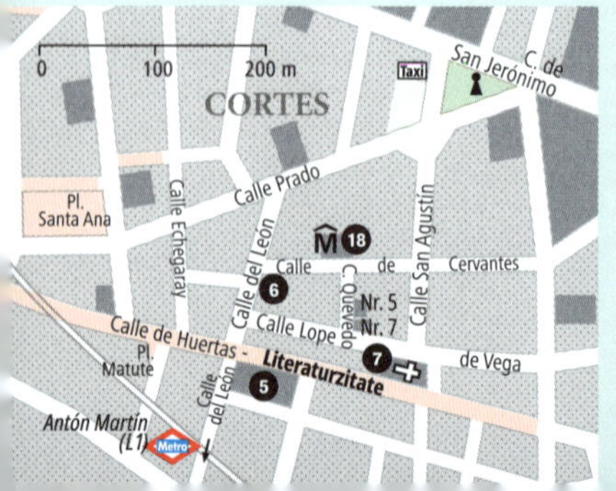

Calle de las Huertas: Kluges von DichterInnen wird hier im Pflaster gelesen statt in Büchern.

sacramentales, weltlichen ›Messen‹, denen die Könige so gern beiwohnten. Sei es wegen seiner Vielschreiberei, sei es wegen seiner amourösen Abenteuer: Cervantes bezeichnete de Vega als »*Monstruo de la naturaleza*« (Ungeheuer von Natur aus).

Erinnerungen an Literaten auf Schritt und Tritt. In der **Calle de Quevedo** wurde in **Haus Nr. 5** der Literaturnobelpreisträger José Echegaray geboren, und in **Nr. 7** lebte mit Francisco de Quevedo y Villegas ein weiterer Schriftsteller des *Siglo de Oro.* Die Straße mündet in die **Calle Lope de Vega,** in der sich das **Grab von Miguel de Cervantes** befindet, nämlich in der **Iglesia de las Trinitarias Descalzas ❼.**

Mit hoher Wahrscheinlichkeit wurde es 2015 tatsächlich identifiziert. Es war die Tochter eines Generals Philipps II., die das Kloster der Barfüßigen Trinitarierinnen gegründet hatte. Cervantes fühlte sich den Nonnen besonders verbunden, denn ihnen verdankte er seine Befreiung aus algerischer Gefangenschaft, in die er während der Schlacht von Lepanto geraten war. Die kleine, normalerweise nur zu Messezeiten oder Konzerten geöffnete Kirche ist mit Barockretabeln des 18. Jh. und flämischen Gemälden auf Holz und Bronze aus dem 16. Jh. geschmückt.

Schlendern Sie nun auf Dichters Spuren die **Calle de las Huertas** hinauf. Ihr Name erinnert noch an die mittelalterlichen Gärten *(huertas),* die zum Kloster der Hieronymiten gehörten. Seit 2003 ist sie den Fußgängern vorbehalten, im Pflaster wurden Zitate der DramatikerInnen verewigt, die im Viertel lebten. Tatsächlich waren es nicht nur Männer, sondern auch Frauen wie María de Zayas, Ana Caro, Sor Juana Inés de la Cruz oder Catalina de Erauso. Sie wurden einfach vergessen, aber heute gelten sie als Vorkämpferinnen des Feminismus.

Cervantes starb am 23. April 1616, und aus diesem Anlass hält die Königliche Spanische Sprachakademie, die Real Academia Española, jedes Jahr am Todestag am Grab des Schriftstellers eine Gedenkfeier ab.

Zum Abschluss der kleinen Tour findet sich an der winzigen Plaza de Matute oder auf der Plaza de Santa Ana gewiss ein nettes Lokal für eine Verschnaufpause.

Wenn Schriftsteller und Schauspieler beten, wenn, ja wenn, dann tun sie es in Madrid hier, in San Sebastián, der Kirche der Kulturschaffenden.

Die Kirche der Literaten

Nahtlos geht die Plaza de Santa Ana in die dreiecksförmige **Plaza del Ángel** (Engelsplatz) über. Eine Platzecke stößt an den hübschen Blumenladen ›El Jardín del Ángel‹, den Elsa und Mercedes betreiben. Früher war hier der Friedhof der **Iglesia de San Sebastián** ❽. Sie steht seit 1969 unter Denkmalschutz, obwohl der ursprüngliche Bau im Bürgerkrieg abgebrannt war. Der Dichter Lope de Vega hatte darin sein Grab erhalten, später untersagte Karl III. die Bestattung in Gotteshäusern. In einer Kapelle im rechten Seitenschiff sind auf Tafeln die Namen der Künstler gelistet, die in diesem Haus getauft, verheiratet oder beigesetzt wurden. San Sebastián ist die Kirche der Kulturschaffenden: Die Bruderschaft der Theaterleute zieht es seit 1631 zu Unserer lieben Frau der Novene, die noch ältere Bruderschaft der Architekten versammelt sich im rechten Seitenschiff vor der Jungfrau von Bethlehem und der Flucht nach Ägypten. In der Krypta sind die Madrid-Architekten Juan de Villanueva und Ventura Rodríguez beigesetzt.

Eingänge Calle de San Sebastián, Calle de Atocha, tgl. 9.30/10–13 (Fr bis 15.30), 18/19–20.30 Uhr

Palast des Schwarzen Prinzen

Haus Nr. 18 in der Calle de las Huertas ist die **Casa Alberto** 13 (s. S. 139), eine der schönsten alten Tavernen Madrids. Eine Zeit lang wohnte hier Cervantes, der auch den gegenüber liegenden **Palacio del Príncipe Negro** ❾ (Palacio de Santoña, Huertas 13) erwähnte. Der Name erinnert an den Aufenthalt eines marokkanischen Königssohns, der von seinem Vetter verstoßen worden war. Das Gebäude ist Sitz der Madrider Industrie- und Handelskammer und besitzt zwei schöne Portale, darunter eines an der Calle del Príncipe, das Pedro de Ribera 1730 im Madrider Barockstil schuf. Das an der Calle de las Huertas, aus schwerem Mahagoniholz, imitiert Riberas barocke Gestaltung.

Madrids Gelehrtentreff

Als eine der Hauptstraßen des Viertels führt die Calle del Prado von der Plaza de Santa Ana zum Paseo del Prado hinunter. Der Kulturverein **Ateneo de Madrid** ⓾ bezog 1884 das modernistische Gebäude in Nr. 21. Porträts von Velázquez, Alfons dem Weisen und Cervantes über dem Portal deuten an, worum sich im Athenäum alles dreht: Kunst, Wissenschaft, Literatur. Hier traf und trifft sich die intellektuelle Elite der Stadt zu ihren *tertulias,* um engagiert über Sozialpolitik und Kultur, über Gott und die Welt zu debattieren. Tatsächlich soll einmal demokratisch über die Frage abgestimmt worden sein, ob es Gott gebe oder nicht: Sie wurde mit knapper Mehrheit positiv entschieden. Was die redegewandten Ateneo-Männer und -Frauen zu sagen hatten, galt manchmal mehr als das Wort von Abgeordneten. Sogar unter Franco fielen hier Äußerungen, die andernorts in die Kerker des Regimes geführt hätten. Zu den Perlen des Hauses zählen die Cacharrería und die Bibliothek. Die Cantina ist frei zugänglich, ebenso die Ausstellungen und kleinen Konzerte.

Prado 21, www.ateneodemadrid.com, Führungen Mo–Sa 9–22.45, So 9–21.45 Uhr, Fei geschl., Gastronomie tgl. 9–22 Uhr

Regierungsviertel

Karte 3, J–K 13–14

Wo die Calle del Prado auf die Plaza de las Cortes trifft, erklingt am Eckgebäude **Plus Ultra** ⓫ um 12, 15, 18 und 20 Uhr ein Glockenspiel. Augen auf! Denn jetzt drehen u. a. Karl III. und die Herzogin von Alba mit ihrem Hündchen ihre Runde über den Balkon. In der kleinen Grünanlage auf dem Platz hat man Miguel de Cervantes ein **Denkmal** gesetzt, den Sockel schmücken allegorische Darstellungen aus seinem »Don Quijote«. Hier stößt das Literatenviertel an den Paseo del Prado samt einem seiner berühmten Brunnen und dem Luxushotel Palace.

Hohes Haus der Politik

Die Präsenz der Politik im Literatenviertel dokumentiert der **Congreso de los Diputados** ⓭. Ein Frontispiz mit Marmorrelief betont die repräsentative

HEILIGE PERÜCKEN

Nach einem berühmten Adelsgeschlecht sind im Literatenviertel eine Straße und die dortige Kirche benannt: die **Basílica de Jesús de Medinaceli** ⓬ (Plaza de Jesús 2, tgl. geöffnet, meist 13.30–17 Uhr geschl.). Sie stand immer unter der Protektion der Herzöge von Medinaceli. Ihre Attraktion ist eine Jesusskulptur mit langem Haar, eine Bildhauerarbeit der Sevillaner Schule. Um die Statue ranken sich viele Legenden, auch um ihren wunderschönen Haarschopf, der immer gepflegt aussieht, weil Jesus einen Friseur hat. Der wechselt schon mal die Perücken, wäscht das Haar, bringt es wieder auf Hochglanz. An jedem Freitag kommen Gläubige zum Besapié (Fußküssen) in die Kirche, und während der Karwochenprozessionen tragen die Erben des Herzogs von Medinaceli die Figur durch die Straßen. Sie ist eben der ›reiche‹ Jesus, der Jesus des Adels.

Funktion des neoklassizistischen Baus aus der Mitte des 19. Jh. Die beiden Löwen, die den Eingang bewachen, wurden aus eingeschmolzenen Kanonen gegossen, die Spanien 1860 im Marokkokrieg erbeutet hatte. Hinter den Mauern dieses Abgeordnetenhauses wurde und wird über die Geschicke des Landes beraten. Dass Demokratie kein Selbstläufer ist, zeigte sich im Congreso beim Putschversuch am 23. Februar 1981: Der Guardia Civil Tejero bedrohte die Abgeordneten mit einer Pistole und versuchte mit dem Befehl »*Se sienten, coño!*« (Setzen Sie sich, verflucht noch mal! – wörtlich bezeichnet *coño* das weibliche Geschlechtsorgan) Ruhe im Saal herzustellen. »*Se sienten coño*« wurde damals zum geflügelten Wort.

Mit den Erweiterungsbauten nimmt das spanische Parlament inzwischen einen ganzen Strang der zur Puerta del Sol hinaufführenden Carrera de San Jerónimo ein. Das Haus Nr. 36 auf der anderen Straßenseite, das um die Mitte des 20. Jh. für die Spanische Außenhandelsbank entstand, wie auch das 1846 errichtete und 1932 erweiterte Gebäude zu seiner Linken, das wegen seiner kuriosen Fassadendekoration mit Karyatiden im Volksmund auch als ›Haus der Unzucht‹ bekannt war, beherbergen **Dependancen des Abgeordnetenhauses** ⓮. In Nr. 36 befindet sich ein Shop mit ›politischen‹ Souvenirs.

Parlament: Carrera de San Jerónimo s/n, www.congreso.es, Besichtigung Mo, Fr 12, Sa 10.30, 11.15, 12.30 Uhr, Voranmeldung unter visitasguiadas@congreso.es
Shop: Mo–Fr ca. 9.30–14.30 Uhr

Vom Meister der Barockportale

Der **Palacio de Miraflores** ⓯ gegenüber dem stadtbekannten Süßwarenladen Casa Mira stammt von Madrids Barockbaumeister Pedro de Ribera (1731/32). Allerdings ist vom ursprünglichen Gebäude nur die Fassade erhalten, die unter Denkmalschutz steht.

Plaza Canalejas

Karte 3, J 13/14

Ein attraktives Gebäuderund, das bei abendlicher Beleuchtung wirkungsvoll in Szene gesetzt wird. Im Belle-Époque-Komplex an der Nordseite wurde Ende 2021 die Ladengalerie **Galería Canalejas** ⓰ eröffnet. Auch die weiteren Häuser sind wunderschön, eine Mischung spanischer Regionalstile. Das **Teatro Reina Victoria** ⓱ (1916) hat eine modernistische Fassade mit vielfarbig glasierten Kacheln aus Talavera und Glasfenstern der Brüder Maumejean. Im **La Violeta** 4 werden die berühmten Veilchenbonbons verkauft, und ein paar Schritte weiter Richtung Puerta del Sol hat der Delikatessenhändler **Lhardy** 3 seinen Laden.

Museum

⓲ **Casa Museo Lope de Vega:** Die Wohnung des wohl berühmtesten spanischen Dichters aus dem Goldenen Zeitalter. Er war ein Zeitgenosse Shakespeares; s. Tour S. 132.

Essen

Es mundet einfach

1 **Vinoteca Moratín:** Die Menükarte in dem familiär geführten kleinen Restaurant ist kurz, das Weinangebot ausgewählt gut. Jeden Tag wird ein traditionelles Löffelgericht gekocht, daneben richtet sich die Küche nach dem Marktangebot: kandierter Lauch, Stockfisch auf Gemüsebett, Krake aus Santoña, Hacksteak, Käseplatte.

Moratín 36, Metro: L 1 Antón Martín, T 911 27 60 85, www.vinotecamoratin.com, Di–Sa 13.30–15.30, 20–23.30 Uhr, im Aug. zwei Wochen geschl., €€

Es ist ein Schatzkästchen, schon von außen und innen ebenso. Schön, dass etliche solcher alten Tavernen heute weitergeführt werden. Die Menükarte ist natürlich State of the Art, das gilt sogar für Kutteln.

So schöne Räumlichkeiten!

2 **La Elisa:** Das war mal eine Taverne mit einem Festsaal, und zu irischem Bier gab keltische Musik den Ton an. Geblieben ist davon bis heute ein wahres Schatzkästchen mit hübschen *azulejos* und der Holztheke. Jetzt reicht das Elisa modern angehauchte Madrider Kost als Tapas und *raciones* in angenehmer Umgebung. Da fehlen weder Kutteln noch Gambas noch *salmorejo* (kaltes Gemüsepüree).

Santa María 42, Metro: L 1 Antón Martín, T 914 21 64 09, www.tabernalaelisa.com, tgl. 13–23 Uhr, €–€€

Kulinarischer Volltreffer

3 **Triciclo:** Das ›Dreirad‹ überzeugt durch liebevoll gestaltete Räumlichkeiten und Interieurs – übrigens werden dabei Minidreiräder dekorativ in Szene gesetzt –, und durch eine mediterrane Küche mit neuen Geschmacksnoten und exzellente spanische Weine. Wer keinen Platz bekommt (reservieren!), kann in den Thekenbereich ausweichen und Tapas probieren.

Santa María 28, Metro: L 1 Antón Martín, T 910 24 47 98, www.eltriciclo.es, Mo–Sa 13–16, 20–23.30 Uhr, €–€€

Gibt's hier noch Schrauben?

4 **La Ferretería:** Das war mal eine Eisenwarenhandlung, im Barraum sieht es noch so aus, dass man sich fragt: Krieg ich gleich 'ne Käseplatte oder Schrauben serviert? Das Restaurant, zu dem auch Kellergewölbe gehören, ist nicht nur in puncto Design, sondern auch kulinaeisch eine einzige wunderbare Überraschung: Tapas und *raciones*, Frisches aus dem Garten, dem Meer und von der Weide werden geschmackvoll zubereitet.

Atocha 57, Metro: L 1 Antón Martín, T 914 29 73 61, www.ferreteriarestaurante.com, Di–Sa 12–1, So 12–17 Uhr, €€

Vegetarisch und vegan

5 **La Biotika:** Ein Klassiker der vegetarischen, veganen und makrobiotischen Küche in Madrid. Und im Laden direkt neben dem kleinen Lokal werden Biolebensmittel verkauft.

Amor de Dios 3, Metro: L 1 Antón Martín, T 914 29 07 80, www.labiotika.es, Di–Sa 13–16.30, 20–22.30, So, Mo 13–16.30 Uhr, €

Imbiss mit Flair

6 **Casa González:** Ist das nun ein Laden oder ein Imbiss? Jedenfalls blieben vom ehemaligen Tante-Emma-Laden der 1930er-Jahre die Kacheln und die großen Schaufenster. In der Café-Bar wird heute eher gegessen als eingekauft. Da schauen auch schon mal die Nachbarn vorbei, um einen Happen zu sich zu nehmen: Käse, Wurstwaren, Patés, Wein …

León 12, Metro: L 1 Antón Martín, www.casagonzalez.es, Mo–Sa 10–24, So 11–24 Uhr, €–€€

Das Baskenland schmecken

7 **Zerain:** Eine baskische *sidrería* mit rustikalen Souterrainräumen, in denen man den Apfelwein *(sidra)* aus großen Fässern abzapft. Es gibt deftig-köstliche Speisen wie *chuletón de buey* (Rinderkotelett), *bacalao* (Stockfisch), *merluza* (Seehecht), *pimientos del piquillo* (würzige rote Paprika), *alubias de Tolosa* (Bohnen aus Tolosa).

Quevedo 3, Metro: L 1 Antón Martín, T 914 29 79 09, www.restaurante-vasco-zerain-sidreria.es, Mo–Sa 13–16.30, 19.30–24, So 13–18 Uhr, im Aug. geschl., €€

Kutteln nach Madrider Art

8 **Taberna Mariano:** Deftige Hausmannskost wie in früheren Zeiten gibt es in dieser kleinen Taverne mit alten *azulejos* an den Wänden und einfacher Bistro-Einrichtung. Einmal im Leben muss man ja sowieso Madrider Kutteln probieren! Oder doch lieber hausgemachte Kroketten oder Bohneneintopf oder geschmortes Lamm?

Lope de Vega 25, Metro: L 1 Antón Martín, T 914 29 29 93, www.tabernamariano.com, Mo–Sa 13–16, 20.30–23.30 Uhr, €–€€

Appetizer im Stehen

9 **La Dolores:** Ganz der traditionelle Madrid-Stil, das Lokal existiert seit 1908. Über den langen Tresen werden zu Bier und Wein lecker belegte *canapés* (kleine Brote) und marinierte Sardellen geschoben. Gut für ein Zwischendrin, bei dem die Augen satt werden: Das Lokal ist hübsch.

Plaza de Jesús 4, Metro: L 2 Banco de España, So–Do 11–24, Fr, Sa 11–1 Uhr, €–€€

Die Küche der Anden

10 **El Inti de Oro:** Hinein ins Inkareich, die Küche ist kompromisslos peruanisch. So der *ceviche de corvina,* in Zitronensaft marinierter roher Seebarsch, oder Kaninchen in Erdnusssauce. Peruanische Cocktails gibt es auch.

Ventura de la Vega 12, Metro: L 1, 2, 3 Sol, T 914 29 67 03, https://intideoro.com, Mo–Do 13–16, 20–24, Fr, Sa 13–24, So 13–23 Uhr, €–€€

Vegetarisch und bio

11 **Artemisa:** Beliebt sind die gefüllten Auberginen und die Pastete Farah Diba. Man wählt zwischen Suppen, Salaten und Pizza oder lässt sich ein Degustationsmenü für zwei mit den Spezialitäten des Hauses zusammenstellen.

Ventura de la Vega 4, Metro: L 1, 2, 3 Sol, T 914 29 50 92, Filiale in Tres Cruces 4, Metro: L 1, 5 Gran Vía, https://restaurantesvegetarianosartemisa.com, tgl. 13.30–16, 20.30–23.30 Uhr, €

Coole Tapas

12 **Vi Cool:** Tapas-Lokal, Restaurant, Bar. Zum dezent avantgardistischen Design passen die Avantgarde-Tapas und *racio-*

nes (warm und kalt). Salate, Ofengemüse, spanische Pizza, Hamburger oder Riesengarnelen mit Curry und Minze überzeugen. Es gibt auch ein Mittagsmenü.

Huertas 12, Metro: L 1 Antón Martín, T 914 29 49 13, www.vi-cool.com, tgl. 13–16, 20–24 Uhr, €–€€

Fast museumsreif

13 **Casa Alberto:** Stilvolles, 1827 gegründetes Lokal, das klassische Beispiel einer Madrider Taverne mit Wein vom Fass und großer Tapas-Auswahl. Hier wird aber auch im Restaurant gegessen. Die Casa Alberto war schon immer so populär, dass in ihr ein buntes Publikum aufeinandertraf, von einfachen Leuten bis zu wichtigen Menschen, von Stierkämpfern bis zu Literaten.

Huertas 18, Metro: L 1 Antón Martín, T 914 29 93 56, www.casaalberto.es, Di–Sa 12–23, So 12–16 Uhr, im Aug. drei Wochen geschl., €€

Einkaufen

Was Wärmendes

1 **Capas Seseña:** Der Laden samt Schneiderei ist seit 1901 bekannt für Capes aus bestem Wollstoff. Bis in die 1950er-Jahre gehörten sie zur Madrider Wintergarderobe. Heute sind sie wieder in, sogar Michael Jackson kaufte hier ein. Auch die guten alten spanischen Schultertücher, *mantones de Manila,* machen zu entsprechenden Anlässen was her.

Cruz 23, Metro: L 1, 2, 3 Sol, www.sesena.com, Mo–Fr 10.30–20.30, Sa 10.30–14.30 Uhr

Die Bäckerei von 1830

2 **Antigua Pastelería del Pozo:** Die Bäckerei hinter der braunen Holzfassade mit originalen Interieurs wie dem Holz-Marmor-Ladentisch ist immer noch ein Familienbetrieb. Wer so lange besteht, muss exzellent sein. Das Gebäck, die Kuchen, Empanadas und Blätterteigpasteten sind es.

Pozo 8, Metro: L 1, 2, 3 Sol, https://antiguapasteleriadelpozo.com, Di–Sa 9.30–14, 17–20, So 9.30–14 Uhr

Feine Delikatessen

3 **Lhardy:** Großes Delikatessenangebot des stadtbekannten Gastronomiebetriebs, ein bisschen im Stil eines alten Kolonialwarenhändlers. Recht formell ist das Restaurant im 1. Stock direkt über dem Laden.

Carrera de San Jerónimo 8, Metro: L 1, 2, 3 Sol, https://lhardy.com, Mo–Sa 9–23, So, Fei 9–16 Uhr

Blumen zum Lutschen

4 **La Violeta:** Ein nettes, alteingesessenes Lädchen, dessen Spezialität Veilchenbonbons sind – in Form einer Veilchenblüte. Das klassische Souvenir gibt es auch hübsch in Schachteln, Dosen und Bonbonnieren verpackt.

Plaza Canalejas 6, Metro: L 1, 2, 3 Sol, Mo–Sa 10–20 Uhr

Käse, Schinken, Wein

5 **Alimentación Quiroga:** Alles was man hier kaufen kann, kann ebenso direkt

FROSCHMARKT

Am ersten und dritten Samstag jedes Monats findet in Huertas der **Mercado de las Ranas** statt. Dann bleiben viele Geschäfte im Literatenviertel den ganzen Tag offen oder sie packen ihre Waren nach draußen für den Straßenverkauf. Es geht zu wie bei einem Straßenfest, Bars und Restaurants machen mit, Musik spielt auch, die Stimmung stimmt. Das ist der rechte Moment, um genau das zu finden, was Sie eigentlich gar nicht suchen.

verzehrt werden. Es ist eine interessante Mischung aus einem Lebensmittelgeschäft wie aus alten Zeiten und Imbissstube. Käse, Wurst, Schinken, Gepökeltes etc. verzehren Sie als Tapas oder *raciones* an einem der Tische. So passt der alte Viertelladen von 1959 wieder in unsere Zeit.

Huertas 19, Metro: L 1 Antón Martín, www.alimentacionquiroga.com, tgl. 9–24 Uhr

Der Flamenco lebt

6 **El Flamenco Vive:** Das Herz der Ladeninhaber schlägt für den Flamenco und für alles, was damit zu tun hat: Partituren, Bücher, CDs, Schallplatten, Instrumente. Die Gitarren stammen von bekannten Instrumentenbauern. In der nahen Calle Duque de Fernán Núñez 5 gibt es auch noch Flamenco-Kleidung und Tanzschuhe.

Moratín 6, Metro: L 1 Antón Martín, www.elflamencovive.com, Mo–Fr 10–14, nachmittags und Sa nach Voranmeldung, in der Duque de Fernán Núñez 5 nachmittags 16.30–20.30, Sa 10–14 Uhr

Urspanische Süßigkeit

7 **Casa Mira:** 1855 gründete Luis Mira aus Alicante diesen Laden, der u. a. *turrón* aus eigener Herstellung anbietet. Das ist eine traditionelle Süßigkeit aus Mandeln, Eiweiß und Zucker, die es in verschiedenen Konsistenzen gibt, als Zahnauszieher ebenso wie wunderbar weich.

Carrera de San Jerónimo 30, Metro: L 1, 2, 3 Sol, L 2 Sevilla, https://casamira.es, Mo–Sa 10–14, 17–20, So (außer Juni, Sept.) 10.30–14.30, 17.30–20.30 Uhr, Juli, Aug. geschl.

Wo gibt es denn so was noch?

8 **Calzados Franjul:** Vielleicht finden Sie in Madrid doch noch Ihre Schuhe fürs Leben. Calzados Franjul fertigt individuelle Frauenschuhe nach Maß. Muster

Die schönsten Tage sind die Nächte. Dieser Spruch könnte aus dem Literatenviertel stammen. Auf einem Gartenstuhl in einer der charmanten Gassen sitzen, das entspannt und stimmt einfach milde.

und Stil wählen Sie nach Beratung und eigenen Wünschen. Pure Handwerksarbeit.

Lope de Vega 11, L 1 Antón Martín, https://franjul.es, Mo–Fr 10–14, 17–20 Uhr, Fr nachm. u. Sa vorm. nach Voranmeldung

Spanisch pur und schön

9 **Real Fábrica Española:** Die Firmengründerin hat im ganzen Land aufgelesen, was es Gutes und Unvergängliches aus dem traditionellen Handwerk oder der Lebensmittelproduktion gibt. Gewebte Decken, Getöpfertes, Geflochtenes wie Körbe oder Taschen, Glasobjekte, Tücher, warme Pantoffeln, Seifen, Parfums oder Olivenöl, Wein, Wurstwaren, Patés, klassische Konserven. Falls Sie einen Madrider Eintopf mit nach Hause nehmen möchten, finden Sie ihn ebenfalls in diesem Laden.

Cervantes 9, Metro: L 1 Antón Martín, www.realfabrica.com, Mo–Sa 12–16, 17–21 Uhr

Accessoires, liebevoll gemacht

10 **Peseta:** Ausgefallene, individuell designte Taschen, Brieftaschen, Portemonnaies, Rucksäcke, Etuis etc. aus farbenprächtigen Stoffen bekommen Sie im Peseta. Alles ist handgemacht, aus eigener Produktion oder von anderen Kunsthandwerkern.

Huertas 37, www.peseta.org, Metro: L 1 Antón Martín, L 2 Sevilla, L 1, 2, 3 Sol, Mo–Sa 11–21, So 12–20 Uhr

Hier geht's ums Foto

11 **La Fábrica:** Der Buchladen und die Galerie haben sich auf Fotografie spezialisiert. Die spannendsten Fotografen der Welt sind hier in gedruckter Form versammelt. In der PhotoEspaña Gallery werden Werke ausgestellt, die auf dieser internationalen Fotografiemesse zu sehen waren.

Verónica 13, Metro: L 1 Estación del Arte, www.lafabrica.com, Mo–Do 9–18, Fr 9–21, Sa 19–14.30 Uhr

Ausgehen

100-jähriges Bierlokal

1 **Cervecería Alemana:** Seit 1904 kehrten in der Deutschen Bierkneipe Poeten, Maler, Politiker und Stierkämpfer ein, heute trifft sich hier ein polyglottes, junges Publikum zu Bier vom Fass und Fisch-Tapas. Begehrt sind die Außenplätze mit Blick auf das Theater und das Hotel ME Madrid. Die Cervecería Alemana wurde ursprünglich von deutschen Industriellen gegründet, sie war für den exklusiven Verkauf von Bier gedacht, was zur damaligen Zeit in Madrid ein Novum war.

Plaza de Santa Ana 6, Metro: L 1, 2, 3 Sol, L 1 Antón Martín, www.cerveceriaalemana.com, tgl. 12–24 Uhr

Am ›Leuchtturm‹ der Hauptstadt

2 **Radio ME Madrid Rooftop Bar:** Eine Glamournacht auf einer der schönsten Dachterrassen Madrids, oben auf dem Hotel ME Madrid. Mit Blick auf den eigenwilligen Hotel-›Leuchtturm‹ und die Plaza de Santa Ana. Zu Cocktails und Aperitifs gibt es Musik und Liveacts, ein junges Ambiente mit Stil.

Plaza de Santa Ana 14, Metro: L 1, 2, 3 Sol, L 1 Antón Martín, www.radiomemadrid.com, Mi–So 20–2 Uhr

Ein Tempel des Flamenco

3 **Tablao Flamenco 1911:** Villa Rosa steht noch an der Bildkachelfassade, so hieß das Lokal, in dem seit den 1920er-Jahren Flamencoaufführungen stattfanden. Die neuen Eigentümer setzen die alte Tradition fort. Das Ambiente stimmt, in puncto Innendesign ist das Lokal eine kleine Schatzkiste des arabisierenden andalusischen Stiles.

Plaza de Santa Ana 15, Metro: L 1, 2, 3 Sol, L 1, 2, 3 Sol, L 1 Antón Martín, https://tablaoflamenco1911.com (Programminfo und Ticketverkauf), tgl. Events um 18, 19.30, 21 u.

Lieblingsort

Kult-Ur-Ort

Seit 1982 wurden auf der kleinen Bretterbühne des **Café Central** 4 rund 14 000 Livekonzerte gegeben. Lässt man die Zeiten des Lockdowns während der Corona-Pandemie außen vor, dann kommt man quasi auf einen Liveauftritt täglich. Und das seit vier Dekaden. Vielleicht verdankt das Central diesen Erfolg dem intimen Rahmen, dem Gefühl des Publikums, den Musikern ganz nah zu sein, den charmanten, schon etwas älter wirkenden Interieurs mit den vielen Spiegeln an den Wänden. Aber zuallererst natürlich der Qualität der Musik, genauer des Jazz. Nicht nur spanische Interpreten waren und sind zu hören und zu sehen, auch international bekannte Künstler wie George Adams traten auf. Vor einiger Zeit wurde das Repertoire erweitert, Fado oder Flamenco stehen auch schon mal auf dem Programm. Apropos Spiegel: Sie stammen noch aus dem Geschäft für Spiegel und Bilderrahmen und der Glaserei, die in dem 1908 erbauten Haus untergebracht waren, bis eine Crew junger Leute die Räume samt Spiegeln übernahm, um das Herzensprojekt eines Jazzcafés umzusetzen. Während der *Movida madrileña,* in den Jahren des Kulturhungers nach der Franco-Ära, erwarb es sich schnell den Ruf einer Institution. Nächtliche Sets meist um 20 und 22 Uhr. Café, Tee, Cocktails, Tapas oder auch ganze Menüs werden täglich außer Mo ab 10 Uhr serviert, auch im Außenbereich.
Plaza del Ángel 10, Metro: L 1, 2, 3 Sol, L 1 Antón Martín, www.cafecentralmadrid.com, Eintritt bei Konzerten ab ca. 25 €

22.30 Uhr, 39–49 €, zusätzliches Tapas-Menü für zwei Pers. 30 €

Kult-Ur-Ort

4 Café Central: s. Lieblingsort S. 142.

Havanna lässt grüßen

5 La Negra Tomasa: Madrid liebt den Rhythmus von Son, Salsa und Merengue, die kulturelle Nähe zu Südamerika ist da. In diesem cubanischen Café treffen sich die Liebhaber cubanischer Musik zu Cocktails und Tanz. Auf der Website finden Sie Infos zu Livekonzerten.

Cádiz 9, Metro: L 1, 2, 3 Sol, www.lanegratomasa.com, tgl. 13–3/4 Uhr, Essen €€

Kosmopolitisch

6 Viva Madrid: Eine der schönsten Kneipen der Stadt, nahe der Plaza de Santa Ana. Die kachelgeschmückte Fassade und die Interieurs mit alten *azulejos* und Bildern von Brassai mit Motiven der 1930er-Jahre ziehen Jung und Alt aus Madrid und aller Welt an. ›Es lebe Madrid‹ – so der Name – ist eine Institution des Nachtlebens, eine beliebte (Cocktail-)Bar mit guter Musik.

Manuel Fernández González 7, Metro: L 1, 2, 3 Sol, L 2 Sevilla, https://vivamadrid1856.com, Di 18–2, Mi, Do, Fr 13–2, Sa 12–2.30, So 12–1 Uhr

Jede Menge Patina

7 La Venencia: Mit uralten Holzinterieurs, verstaubten Weinfässern und vergilbten Werbeplakaten für Stierkämpfe an den Wänden mutet die alte Bilderbuchtaverne im Literatenviertel wie ein Museum der Madrider Tavernenkultur an. Sherry vom Fass *(fino, manzanilla)* und Oliven sind hier ein unzertrennliches Duo. Sehr authentisch! Ach, noch was. Auf der Website gibt man zu verstehen, dass man auf Gäste, die nur zum Fotografieren kommen, gern verzichtet …

Echegaray 7, Metro: L 2 Sevilla, L 1, 2, 3 Sol, www.la-venencia.com, tgl. 12.30–15.30, 19.30–24 Uhr

Junge Flamencoszene

8 Cardamomo: Ein langer Schlauch mit langer Theke und Bretterboden. Die kleine Bühne im hinteren Bereich ist ein Treffpunkt der jungen Flamencoszene, die tolle Konzerte mit Herz und Seele genießt. Neben jungen Talenten treten immer wieder auch bekannte Größen wie der Tänzer Farruquito oder die Sängerin Remedios Amaya auf.

Echegaray 15, Metro: L 1, 2, 3 Sol, L 2 Sevilla, www.cardamomo.es (Programmübersicht), tgl. 18–3/3.30, Eintritt bei Konzerten ca. 40 €

Auf einen Cocktail oder zwei

9 Salmon Guru: Sergio Cabrera mixt das ganze Wunschkonzert möglicher Cocktails: was Erfrischendes, was ohne Alkohol, was mit fruchtiger Note oder was richtig Starkes. Überraschendes und Geschmacksexplosionen sind dabei.

Echegaray 21, Metro: L 2 Sevilla, L 1, 2, 3 Sol, https://salmonguru.es, tgl. 16–2 Uhr

Rocknostalgie

10 Black Bird: Nostalgiker und Liebhaber von Rockmusik werden sich im Schwarzen Vogel wohlfühlen. Hier werden die Größen des spanischen und internationalen Rock hochgehalten. Quasi täglich steht im Black Bird Livemusik auf dem Programm, meist ab 21.30 Uhr.

Huertas 22, Metro: L 1 Antón Martín, https://blackbird-rock-bar.webnode.es, Di–So 20–3/3.30 Uhr

Für wahre Jazz- und Swingfans

11 Jazz Bar: Ein gemütlicher Ort und bei gutem Wetter sitzen die Leute gern draußen auf der Terrasse. Wer sich zu Jazzmusik hingezogen fühlt, findet in dem Lokal ein Stück Heimat, das ganze Ambiente passt und die Musikauswahl ist vom Besten. Die Jazz Bar ist seit Langem eine zuverlässige Adresse im Madrider Nachtleben.

Moratín 35, Metro: L 1 Antón Martín, Mi–So 15–2.30 Uhr

Chueca und Malasaña

Madrids LGTBI- und Hipster-Viertel — Die beiden *barrios* stehen für Freiheit und Toleranz, individuelle Kreativität und Leben mit stimmiger Work-Life-Balance. Straßenzüge mit durchsanierten Gebäuden sind der attraktive Hintergrund.

Seite 147

Calle de la Libertad

Nach dem Tod von Diktator Franco machte die Freiheitsstraße ihrem Namen alle Ehre, die radikaldemokratische Szene traf sich in der Café-Bar Libertad 8. Inzwischen geben nicht mehr Politik und Kultur, sondern die Gastronomie den Ton an.

Seite 150

Taberna Ángel Sierra

Schon die Urgroßväter nippten unter den Deckenfresken am Wein oder Sherry vom Fass. Die angestaubt wirkende Bilderbuchtaverne ist einfach hinreißend.

Jede Frau und jeder Mann ist frei und gleich – und anders.

Seite 152

Casa-Palacio Longoria

Modernisme vom Feinsten! Wie eine reich verzierte Torte sieht das Stadtpalais aus.

Seite 153

Iglesia de San Antón

Was ist gelebte Barmherzigkeit? Sie ist, was Padre Ángel in diesem Gotteshaus vorlebt.

Seite 154

Mercado Barceló

So sehen Stadt- und Lebensräume für die Zukunft aus: ein architektonisches Highlight in einem alten Viertel.

Seite 155

Iglesia de San Antonio de los Alemanes

Ein Feuerwerk barocker Malkunst füllt den Innenraum der Kirche und lädt zu Andacht und Meditation ein.

Seite 156

Plaza del Dos de Mayo

Tagsüber geht es auf dem Platz entspannt-alternativ zu. Abends entwickelt sich dort wie in den umliegenden Gassen ein lebhaftes Nachtleben.

Seite 156

Ins Conde-Duque-Viertel

Rund um die schöne alte Kaserne, inzwischen eines der lebendigen städtischen Kulturzentren, haben die Gassen des *barrio* ihr ganz eigenes Flair entwickelt. Kleine Lädchen, Cafés, Open-Air-Terrassen laden ein.

Seite 165

Madrid Orgullo

Ende Juni feiern die Regenbogen-Community von Chueca und die ganze Stadt samt Hunderttausenden Besuchern die wohl größte Pride Party der Welt.

Hier spielt die Musik, entstanden unvergessene Songs und wurden Bands in Cafés und auf kleinen Bühnen entdeckt und bekannt.

Die Movida Madrileña der 1980er-Jahre prägte das Selbstbewusstsein der *barrios.* Eine neue Soziokultur, ein neues Szenebewusstsein wurde und wird bis heute auf Plätzen, in Bars, Cafés und Clubs gelebt.

Entspanntes Leben jenseits des Mainstreams

Viel hat sich getan in den zurückliegenden Jahren. Die Alt-Madrider Bausubstanz mit Fassaden aus der zweiten Hälfte des 19. Jh. samt kunstvoll geschmiedeten Balkongeländern ist weitgehend saniert. Durch etliche der schmalen Gassen schieben sich jetzt keine Pkw mehr, sondern nur noch Fußgänger. Das sind neue, verbesserte Bedingungen für entspanntes Wohnen, Wirtschaften und Leben – und für einen Lebensstil jenseits des Mainstreams und konservativer Haltungen.

In Chueca und Malasaña hat sich eine Kreativszene etabliert, die beiden Vierteln binnen weniger Jahre einen dynamischen Schub verpasste. Den Boden dafür bereitete bereits die erste Generation junger Madrilenen, die sich nach Francos Tod für individuelle Freiheitsrechte, Demokratie, Gerechtigkeit und ein selbstbestimmtes Leben in Würde stark machte. Und die in puncto Kultur und ungezwungenem Nachtleben viel nachzuholen hatte.

Gelebte Toleranz, dafür steht Chueca heute. Es ist das Terrain der LGBTI-Bewegung (Lesbian, Gay, Bisexual, Transgender, Intersexual). In Malasaña, dem Viertel der Hipster, Rebellen und Kreativen geben sich die Lädchen, Cafés und Musikclubs szenebewusst. Sie setzen Trends.

O

ORIENTIERUNG

Cityplan: S. 148
Infos: www.somosmalasana.com
Ankommen: Die Metrostation Chueca liegt mitten im Viertel, aber auch Banco de España, Alonso Martínez und Tribunal sind mögliche Anlaufpunkte. Beginnen Sie den Besuch von Malasaña im Süden, steigen Sie an den Stationen Gran Vía oder Callao aus, im Norden sind die Stationen Tribunal und Bilbao die Alternative.

Beide Viertel bieten einen wohltuenden Kontrast zur nahen Protzarchitektur der Gran Vía und den bürgerliche Wohlhabenheit ausstrahlenden Vierteln, die sich im Norden und Osten an Malasaña und Chueca anschließen.

Einen festen Platz in der Vergnügungskultur der Stadt haben Chueca und Malasaña bis hinüber zu den Gassen rund um das Kulturzentrum Condeduque bereits seit dem Ende der Franco-Diktatur. Insbesondere an Wochenenden herrscht Hochbetrieb, wenn gegen 23 Uhr die *marcha nocturna*, das nächtliche Schieben und Drängen, beginnt, wenn es alle in die Cafés und alten Tavernen zieht, zu Kleinkunstbühnen, Liveauftritten und in Szenediscos.

Chueca

J–K 11–13

Mittendrin

Raus aus der Metrostation, rein ins Leben: Die kleine, dicht umbaute **Plaza de Chueca** ist das Herz des Viertels. Hippe, flippige Modeläden gibt es sowie Cafés und Bars, die ihre Tische und Stühle auf dem Pflaster verteilen. An Wochenenden scheint es für all die Nachtschwärmer zu eng zu werden. Viele zieht es zu einem Drink in die 1908 eröffnete **Taberna Ángel Sierra** 1 (s. Lieblingsort S. 150). Wie man sich in Chueca fühlt, lebt, wirtschaftet, das ist in den Gassen rund um den Platz und in den teils ungewöhnlichen Lädchen und Lokalen gut zu spüren.

Wo Freiheit gelebt wird

Quasi um die Ecke des Platzes befinden sich der zu einem Gastromarkt durchgestylte **Mercado San Antón** 1 (s. S. 159) und die alte Taverne **Tienda de Vinos** 2 (s. S. 158). Dann ist man in der **Calle de la Libertad,** der Freiheitsstraße. In Ihr traf sich nach Francos Tod die alternative und radikaldemokratische Szene, die den Schatten der Diktatur endgültig verscheuchen wollte. Man kam in der Café-Bar **Libertad 8** 2 zusammen. Inzwischen wird Freiheit hier eher als Freiheit des Alkoholkonsums und des Genusses gelebt. Die Straße ist eine der attraktivsten Gastromeilen im Stadtzentrum.

Ein Haus, in dem es spukt …

An der Plaza del Rey (Königsplatz) liegt einer der ältesten Adelspaläste Madrids. Er wird **Casa de las Siete Chimeneas** 1 genannt und verdankt diesen Namen den sieben zierlichen Schornsteinen auf dem Dach. Die Fassaden zeigen den für die Habsburgerzeit typischen Wechsel

Das Haus steht leer und wartet auf Weiteres. Das kommt in Chueca und Malasaña vor. Es sind perfekte Objekte für Straßenkunst.

Chueca und Malasaña

Ansehen

1. Casa de las Siete Chimeneas
2. Denkmal für Leutnant Jacinto Ruiz
3. Teatro Infanta Isabel
4. Iglesia de las Salesas Reales
5. Palacio de Justicia
6. Casa-Palacio Longoria
7. Escuelas Pías de San Antón
8. Iglesia de San Antón
9. Mercado Barceló
10. Teatro Lara
11. Iglesia de San Antonio de los Alemanes
12. Monumento a Daoiz y Velarde
13. Laboratorios Juanse / Antigua Huevería
14. Convento de las Comendadoras de Santiago
15. Centro de Cultura Contemporánea Condeduque
16. Museo de Historia
17. Museo del Romanticismo
18. Palacio de Liria / Fundación Casa de Alba

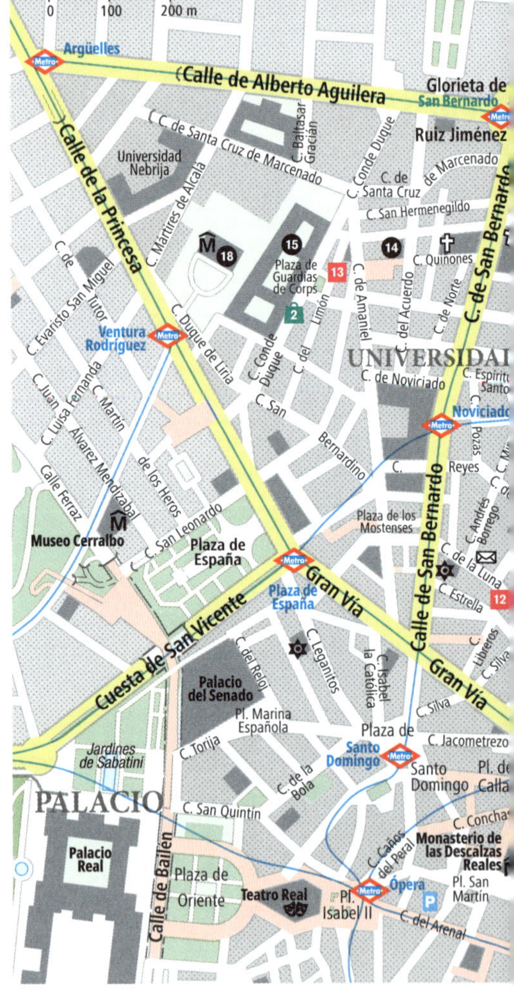

Essen

1. Mercado San Antón
2. Tienda de Vinos
3. La Carmencita
4. El Cisne Azul
5. Barrutia y el 9
6. DSTAgE
7. Mercado de San Ildefonso
8. Cervecería Santa Bárbara
9. Casa Macareno
10. Casa Camacho
11. Casa Julio
12. VEGA
13. MICA
14. Café Comercial

Einkaufen

1. Calle de Augusto Figueroa
2. Calle del Conde Duque
3. Lurdes Bergada / Syngman Cucala
4. Malababa
5. La Comunal
6. La Duquesita

7 Antigua Casa Crespo
8 Javier S. Medina
9 López Pascual

Ausgehen

1 Taberna Ángel Sierra
2 Libertad 8
3 Centro Cultural Flamenco de Madrid
4 Sala Clamores
5 Honky Tonk
6 Santamaría la Coctelería de al Lado
7 Microteatro por Dinero
8 Sala BarCo
9 Bodega La Ardosa
10 El Penta
11 Café de Ruiz
12 Café Manuela
13 Café Pepe Botella

Lieblingsort

Wo schon die Großväter einkehrten

Seit 1908 gehen die Madrilenen zu Ángel Sierra einen trinken. Die Urgroßväter kamen, dann die Großväter und die Väter – und jetzt kommen deren Nachkommen, die sich hier nicht minder wohlfühlen. Die **Taberna Ángel Sierra** 1**,** eine der schönsten Madrider Tavernen, ist für alle eine Attraktion. Die holzverkleidete Fassade, in die Medaillons mit romantischen Motiven eingelassen sind, eine Innenausstattung wie aus den 1920er-Jahren, mit Holztheke, Wandkacheln, Deckenfresko und romantischen Bildern, mit alten Weinfässern und Regalen voller angestaubter Flaschen (sehen irgendwie nach edlen Jahrgängen aus!) repräsentieren ein Stück historischer Madrider Barkultur. An Ángel Sierra führt auf der Plaza de Chueca kein Weg vorbei! Man bestellt Wermut und Wein vom Fass oder gezapfte Biere. Am Wochenende bilden sich Schlangen bis auf die Bürgersteige vor dem Haus.
Gravina 11, Metro: L 5 Chueca, www.tabernadeangelsierra.es, tgl. 10–2 Uhr

von Feldsteinen und Ziegeln. Es heißt, eine uneheliche Tochter Philipps II. sei in dem Haus weggeschlossen worden, und seither spuke es darin. Das hat den feministischen Kulturverein Lyceum Club Femenino nicht davon abgehalten, sich hier ab 1926 einzurichten. Rund 100 Frauen hatten den Club gegründet, der sich für die Gleichberechtigung der Geschlechter ins Zeug legte. Mit Beginn der Franco-Diktatur war es damit 1939 vorbei. Jetzt nutzt das Ministerium für Kultur die Räumlichkeiten

Vom spanischen Bildhauer Benlliure steht auf dem Platz ein **Denkmal für Leutnant Jacinto Ruiz ❷**, in dynamischer Pose, mit geschwungenem Degen. Er war im Mai 1808 einer der Anführer des Widerstands gegen Napoleons Truppen gewesen.

Durch die Straße der Klänge …

An der Ostseite führt die **Calle del Barquillo** am Platz vorbei. Filmleute und Musiker schätzen die hiesigen auf Elektronik und Equipment für Musikbands spezialisierten Geschäfte, weswegen die Straße früher auch Calle del Sonido (Klangstraße) genannt wurde. Nur wenige dieser Geschäfte sind geblieben. Dafür fanden kleine Modelabels, junge Kunst und angesagte Lokale einen Platz rund um die Kreuzungen mit der Augusto Figueroa, Prim, Almirante und Piamonte. Ein Hingucker ist das **Teatro Infanta Isabel ❸** (Barquillo 24), das 1908 als Kino eröffnete. Seine Fassade kombiniert die Farben Grau, Weinrot und Gold mit einem Jugendstileingang. Die Calle del Barquillo ist die direkte Verbindung von der Calle de Alcalá in den nördlichen Bereich von Chueca.

… zum Kloster der Heimsuchung

Dort steht die **Iglesia de las Salesas Reales ❹** (Kirche der ›Königlichen‹ Salesas), auch Iglesia de Santa Bárbara genannt. Sie erinnert mit ihren niedrigen Seitentürmen und dem üppigen Medaillon- und Reliefschmuck eher an einen Palast als an ein Gotteshaus. Bárbara de Bragança, die aus Portugal stammende Gattin Ferdinands VI., ließ es 1749–58 samt Kloster erbauen, das Nonnen des französischen Salesas-Ordens (Orden der Heimsuchung Mariens) aufnehmen sollte. Und es war wohl auch als provisorischer Alterssitz für die Königin geplant, falls ihr Gatte vor ihr sterben würde. Es kam anders, sie starb zuerst und fand in der Kirche ihre letzte Ruhestätte, und ihr Mann wollte nach dem Tod wieder bei ihr sein und gesellte sich dazu – während sich alle übrigen Bourbonenherrscher im Pantheon des Monasterio de El Escorial (s. S. 217) begraben ließen.

Die verschwenderische, in Madrid wenig beliebte Portugiesin ließ für den spätbarocken Bau nur kostbarste Materialien verwenden. Die üppige Innendekoration – darunter Fresken der Brüder González Velázquez – bildet einen würdigen Rahmen für die königlichen Mausoleen. Im rechten Vierungsarm befindet sich das **Grabmal Ferdinands VI.** aus Porphyr und Marmor, nach einem Entwurf von Sabatini. Die Ausführung des Skulpturenschmucks übernahm Francisco Gutiérrez, der auch den Madrider Cibeles-Brunnen schuf. Das **Rokokograb von Bárbara de Bragança** ist durch eine Wand von dem ihres Gemahls getrennt (Kapelle seitlich des Altarraums).

Direkt hinter der Kirche lag das Heimsuchungskloster, aber es wurde 1870 aufgelöst und zum Gericht umfunktioniert. Zwei große Brände, der letzte 1915, zerstörten den historischen Bau stark, bis 1930 wurde er rekonstruiert. Der **Palacio de Justicia ❺**, dessen elegante Hauptfassade zur Plaza de la Villa de París zeigt, ist Sitz des Obersten Gerichtshofs (Tribunal Suprema).

Kirche: Bárbara de Braganza 1, Mo–Fr 9–13, 18–21, Sa, So, Fei 10–14, 18–21 Uhr

Anarchie? Architektur!

Es ist das ungewöhnlichste Gebäude in Chueca. Wie eine reich verzierte Torte sieht die 1902/03 von José Grases Riera errichtete **Casa-Palacio Longoria** ❻ aus, der Sitz des Spanischen Autoren- und Verlegerverbands. Erbaut wurde diese architektonische Kapriole allerdings vom Bankier Javier González Longoria, als Wohnhaus und Bankgebäude in einem. Mit ihren schwungvollen Formen und dem üppigen vegetabilen Fassadenschmuck ist die Casa-Palacio Longoria dem modernistischen Stil *(Modernisme)* verpflichtet, einer spanischen Variante des Jugendstils. So viel pure Fantasie und Verspieltheit würde in Barcelona, zwischen den Werken Gaudís und seiner Zeitgenossen, nicht weiter auffallen. Aber Madrid ist nicht Barcelona. Die Einzigartigkeit im Äußeren setzt sich im Innern fort, von der spiralförmigen Treppe bis zur Glas-Stahl-Kuppel.

Fernando VI 4, geöffnet bei Veranstaltungen

Gambas pulen

Das hat in Spanien fast rituellen Charakter, immerhin ist das Land quasi von Meeren umgeben. An einem Bier nippen und dazu Gambas aus ihrer Schale pulen, dazu geht man in Madrid gern in die **Cervecería Santa Bárbara** 8 (s. S. 160) am gleichnamigen baumüberschatteten Platz. Die hauseigene Brauerei gibt es seit 1815. Von diesem Platz am Nordrand des Chueca-Viertels führt die Calle Hortaleza geradewegs hinunter zur Gran Vía.

Wo Architekten lernen …

In der oberen Calle Hortaleza stehen ein paar Bürgerhäuser, die in der Zeit des Modernisme entstanden. Etwas weiter nehmen rechts die **Escuelas Pías de San Antón** ❼ (1794–1832) einen ganzen Straßenblock ein. Ursprünglich waren sie ein Hospital für Leprakranke und danach bis zum großen Brand von 1989 eine Konfessionsschule. Die Renovierung hat gedauert, aber jetzt ist

Sogar Schuhe finden Sie in den Farben des Regenbogens in Chueca. Es sind diese kleinen Lädchen mit überraschenden Sachen, die Chueca und Malasaña ein eigenwilliges Flair geben.

im Gebäude die Madrider Architektenschule inklusive ihres Museums untergekommen. Das Café-Restaurant **Bosco de Lobos** öffnet sich samt Terrasse zum Patio. Die Ecke zur Calle de Santa Brígida schmückt die 1770–72 von Ventura Rodríguez geschaffene **Fuente de los Galápagos** (Galapagosbrunnen), deren namengebende Wasserschildkröten im Jahr 1900 durch Delfine ersetzt wurden.

Bosco de Lobos: www.encompaniadelobos.com, tgl. 13–1, Küche 13.30–16, 20–23 Uhr

… und Priester wahre Engel sind

Zum Krankenhaus bzw. der ehemaligen Konfessionsschule gehörte auch die 1735 von Pedro de Ribera errichtete **Iglesia de San Antón** ❽, die später dem neoklassizistischen Zeitgeschmack angepasst wurde. Sie ist dem hl. Antonius, dem Schutzheiligen der Tiere, gewidmet. In der Kirche steht er auf einem Drachen – mit schützender Geste gegenüber Wildschwein und Frischling zu seiner Seite. Am 17. Januar bringen die Madrilenen ihre Katzen, Hunde oder Kanarienvögel hierher, damit sie den priesterlichen Segen erhalten.

Aber vor allem bedürftige Menschen finden in San Antón Schutz und Zuflucht. Ángel García Rodríguez, den hier alle Padre Ángel nennen (Ángel ist der Vorname des Priesters, bedeutet aber auch Engel), lässt das Gotteshaus 24 Std. am Tag geöffnet, sorgt für Armenspeisung, ein offenes Ohr für Verzweifelte, Rat für alle, die ihn brauchen. Das ist gelebter Glaube, wie es der Papst gefordert hat: »Ein bisschen Barmherzigkeit verändert die Welt, macht sie freundlicher und gerechter.« Die Not von Flüchtlingen, aber auch vieler Madrilenen hat sich durch die Corona-Pandemie weiter verschärft. Da können nur noch Engel helfen.

Das Gemälde in der letzten Kapelle rechts soll von Francisco de Goya stammen (Kopie): »Letzte Kommunion des San José de Calasanz« (1819). Tiefe Religiosität spricht aus diesem Bild eines Malers, der so oft aufklärerisch-antiklerikale Motive in Szene setzte. Es passt in diese Kirche.

Hortaleza 63, www.iglesiasanantonmensajerosdelapaz.com, Kirche meist geöffnet

KLOSTER ZUM HEILIGEN WAHNSINN

So lautet der Titel einer Filmkomödie, die Pedro Almodóvar 1983 gegenüber der San-Antón-Kirche drehte, in Räumlichkeiten, die jetzt von der Gewerkschaft UGT genutzt werden. Almodóvar hätte keine passendere Location finden können: Das Haus war nämlich mal ein Kloster, in dem aufgelesene Huren in Gewahrsam genommen wurden, um auf den Pfad der Tugend zurückzufinden. Kloster der Büßerinnen nannte man das Haus in Madrid …

Calle de Fuencarral ⚲ J 11–13

Die Straße, die sich in einem leichten Bogen von der Gran Vía bis hinauf zur Glorieta de Bilbao zieht, ist eine Quasi-Grenze zwischen den Vierteln Chueca (östlich) und Malasaña (westlich). Seit die Calle de Fuencarral 2009 zur Fußgängerzone umgewandelt wurde und ein kleiner Modeladen neben dem nächsten eröffnete, kommen vor allem junge Shopper zuhauf hierher. Sie ist als kommerzielle Schlagader eine Art Carnaby Street Madrids geworden. Zwischen eigenwilligen **Szeneläden** haben sich längst die **Filialen bekannter Marken** etabliert wie

Desigual, Mango, Pikolinos, Levis, Diesel und sogar die großen Designer wie Adolfo Domínguez (Nr. 5).

Das war mal die Schuhstraße …

Schaufenster an Schaufenster prall mit Schuhen gefüllt. So sah die von der Fuencarral abzweigende **Calle de Augusto Figueroa** 1 in den ersten zwei Jahrzehnten dieses Jahrhunderts aus. Zum Schuheinkauf ging man in Madrid in die Augusto Figueroa, in die Geschäfte mit günstigen Muster- und Restpaaren spanischer Fabrikanten. Inzwischen mischen andere Läden das Bild auf.

Neue und alte Architekturikonen

Unweit der Metrostation Tribunal eröffnete im Herbst 2014 der **Mercado Barceló** 9, der eine ältere Markthalle ersetzte. Das spanische Architektenduo Nieto/Sobejano war hier am Werk und schuf etwas, das aussieht wie aus Betoncontainern zusammengesetzt. Der gesamte Komplex, Isla Barceló genannt, ist ein Areal für Shopping, Sport, Freizeit und Kultur – die Insel einer neuen Urbanität mitten in einem Altstadtviertel. Der Markt im Innern beherbergt um die 100 Stände, im 2. Stock befindet sich der Food Market mit Tavernen und Restaurants. Draußen frühstücken, etwas essen oder trinken können Sie auf der Terrasse des **Azotea Forus Barceló** ganz oben. Für eine entspannte Atmosphäre sorgen dort Pflanzen und Liegestühle.

Der Kontrast zum benachbarten **Museo de Historia** 16 (s. S. 158) könnte nicht größer sein. Wie anders muss das Lebensgefühl eines Pedro de Ribera gewesen sein, der als Madrids Barockbaumeister Karriere machte! Sein haushohes Portal im Gebäude des Stadtgeschichtlichen Museums ist pure Bildhauerarbeit. Dieses Beispiel barocker Sinnlichkeit galt den späteren Neoklassizisten als Ausgeburt an Geschmacklosigkeit. Und heute? Auf dem angrenzenden Platz steht ein weiteres Ribera-Werk: der Barockbrunnen **Fuente de la Fama** (Ruhmesbrunnen).

Barceló 6, **Mercado Barcelo:** https://mercadobarcelo.es, Mo–Fr 9–14.30, 17.30–20.30, Sa 9–15 Uhr, **Azotea Forus Barceló:** www.azoteaforus.com, Mo–Fr 10–24, Do 10–1, Fr, Sa 10–2, So 10–23 Uhr

Malasaña

H–J 11–12

Alt-Madrider Charme

Im Dreieck zwischen Calle de Fuencarral, Gran Vía und Corredera Baja de San Pablo – nur wenige Schritte abseits der schicken Gran Vía – bestimmten bis vor nicht allzu langer Zeit blätternder Putz, ärmliche Ecken, Prostitution, eben ein Hauch von Morbidität, das Bild. Dann setzten sich in den fußgängerfreundlich hergerichteten Gassen junge Modeläden und Bars in Szene, die zum Teil wieder schließen mussten, weil die Gegend im Schatten der Top-Shoppingmeile Fuencarral liegt. Dennoch hat die Calle de

ALLES MIKRO

A

Theater, Bühne, Stücke, Eintritt: im **Microteatro por Dinero** 7 (Loreto y Chicote 9, www.microteatro.es, Tickets: www.taquilla.microteatro.es) ist alles mikro. In dieser Bar, die früher mal ein Bordell mit 15 Separées war, sieht man in winzigen Theaterräumen ab 5 € jeweils 15- bis 20-minütigen schauspielerischen Einlagen zu. Es ist irgendwie zum Piepen, ein junges Gegenstück zum alteingesessenen Kulturbetrieb. Aber solche kreativen, dynamischen Ideen haben im Viertel eine neue Ära eingeläutet. Die Bar öffnet Di–Fr 19.30–1/2, Sa, So ab 18.30 Uhr.

Etliche Gebäude in Malasaña sind Denkmäler der Azulejos-Kunst vom Beginn des 20. Jh., wie diese ehemaligen Geschäfte an der Ecke der Straßen Palma und San Andrés.

la Ballesta, früher eine Rotlichtzone, an Attraktivität gewonnen. Das Gleiche gilt für die umliegenden Gassen, in denen manche historische Hausfassade aufgehübscht wurde. Es blieb aber viel Alt-Madrider Charme erhalten.

Hip, hipster …

Malasaña gilt als Viertel der Hipster. Die junge Szene setzt ihre Akzente gegen den Mainstream. Das ist bereits in der **Corredera Baja de San Pablo** zu spüren, auch wenn sich hier ein paar alteingesessene Bars und Lebensmittelläden halten. Oder das von Don Cándido Lara finanzierte, 1879 erbaute **Teatro Lara** ⑩. Seine Jugendstilfassade ist ein Blickfang. Wegen der üppig-liebevollen Innendekoration wird das Theater auch *La Bombonera de Don Cándido* (Don Cándidos Bonbonniere) genannt.

In die alte Infrastruktur mischen sich modern aufgemachte Lokale und Shops mit alternativer Mode, Interieurdesign oder Radfahrerbedarf. Immer wieder schaffen es Tische und Stühle, noch ein Fleckchen Bürgersteig für sich einzunehmen, bis sich die leicht ansteigende Corredera Baja de San Pablo bei der weißen **Iglesia de San Ildefonso** zu einem belebten Platz ausbuchtet. Dort hält sich immer noch ein Urgestein unter den Szenelokalen von Malasaña, die **Bodega La Ardosa** 9 (s. S. 164).

Barock und Barmherzigkeit

Die **Iglesia de San Antonio de los Alemanes** ⑪ (Kirche des hl. Antonius der Deutschen) ist Sitz der Santa Hermandad del Refugio (Bruderschaft der Zuflucht), die seit dem 17. Jh. zunächst portugiesischen Landsleuten und seit der Loslösung Portugals von der spanischen Krone 1668 kranken und hilfsbedürftigen Deutschen Schutz und Hilfe gewährte. Heute finden hier – durchaus anknüpfend an diese

S

STADTHELDIN?

In Madrid weiß jedes Kind, wer Manuela Malasaña war. Eine Heldin! Sie war eine von 409 Toten, die am Ende des 2. Mai 1808, dem Tag des Aufruhrs gegen die französischen Besatzer, gezählt wurden. Das 17-jährige Mädchen war wohl nicht aktiv in die Kämpfe um die Kaserne auf der Plaza del Dos de Mayo verwickelt, die Umstände ihres Todes sind nicht eindeutig belegt. Aber Schlachten brauchen Helden, und der Name Manuela Malasaña hat sich in das historische Gedächtnis der Stadt eingeschrieben. Ein Viertel, eine Straße, eine Metrostation, Cafés, ein Gymnasium tragen ihren Namen. In der Stadt und besonders in ihrem *barrio* ist der 2. Mai ein großer Feiertag.

Tradition – regelmäßig Armenspeisungen statt. Dann bilden sich lange Warteschlangen auf dem Bürgersteig.

Hinter der schlichten Fassade, die Juan Gómez de Mora, der Architekt der Plaza Mayor, errichtete, steht eine wundervolle Barockkirche auf elliptischem Grundriss. Sie wurde 1624 bis 1633 nach Plänen des Jesuiten Pedro Sánchez erbaut. Wände und Kuppel des Innenraums sind ganz mit Fresken geschmückt – von Carreño, Ricci (Decke) und Luca Giordano (Wände). Es ist ein Raum zum Andächtigwerden.

De La Puebla 22, Mo–Sa 10–14, 17–19 Uhr, Besichtigung mit Audioguide 5 €, Führungen (Kirche, Sakristei, Krypta, Museum, auf Span.) um 10.30, 11.30, 12.30, 17 u. 19 Uhr, 10 €

Platz des 2. Mai

Plaza del Dos de Mayo: Wo an diesem Tag im Jahr 1808 der Aufstand der Madrilenen gegen die napoleonische Besatzung ihren Höhepunkt erlebte, schlägt bis heute das Herz von Malasaña. Die Widerstandskämpfer hatten sich in einer Kaserne verschanzt, von der nur das in der Platzmitte stehende Tor übrig blieb. Davor erinnert das **Monumento a Daoiz y Velarde** ⓬ an jene beiden Artillerieoffiziere, die Anführer des Aufstands waren. Zu ihren Füßen spielen Kinder, und rundherum quatschen die Erwachsenen.

Neuralgisches Zentrum des *barrio:* Tagsüber, vor allem aber nachts füllt sich der Platz mit Menschen. Das **Café Pepe Botella** 13 gibt es seit einer halben Ewigkeit: »Josef, die Flasche«, so nannte man in Madrid den (abstinenten) Bruder Napoleons, der in der Stadt kurze Zeit Regent war. Durch die Fenster schaut man bei einem *café* oder *mojito* dem Treiben auf dem Platz zu.

In den Altstadtgassen rundherum lässt sich ebenfalls ein Konzentrat Madrider Nachtlebens erfahren, tagsüber ist es eher ruhig. Uralte Geschäfte mit kunstvollem Kachelschmuck findet man an der nahen Kreuzung der Straßen San Andrés und San Vicente Ferrer. Die *azulejos* der **Laboratorios Juanse,** heute eine Apotheke, und der **Antigua Huevería** ⓭, eines ehemaligen Eierladens, stammen vom Anfang des 20. Jh.

Pepe Botella: San Andrés 12, Metro: L1, 10 Tribunal, auf Facebook, tgl. 10–2 Uhr

Ins Conde-Duque-Viertel G 11

Herzogliche Gefilde

Conde Duque ist der Name eines kleinen Stadtquartiers jenseits der Calle de San Bernardo, die Malasaña an der Westseite begrenzt. Die Gassen Palma und San Vicente Ferrer setzen sich aber im

Conde-Duque-Viertel fort, und auch das Ambiente ist ähnlich.

An warmen Tagen füllen sich die Terrassen der Lokale an der angenehmen **Plaza de las Comendadoras.** Eine Seite begrenzt der **Convento de las Comendadoras de Santiago** ⓮, das 1650 gegründete Kloster des Santiagoordens. Das jetzige Gebäude wurde erst gut 120 Jahre später von Sabatini geschaffen. Daher erinnern die schlichten, strengen Mauern an das Kunstzentrum Reina Sofía, das vom selben Architekten Karls III. stammt. Die Kirche von 1697 steht auf dem Grundriss eines griechischen Kreuzes, eine beeindruckende Kuppel bedeckt die weite Vierung. Die Sacristía de los Caballeros ist im Rokokostil gehalten, das Altargemälde stammt von Luca Giordano, und die Standarten am Kranzgesims erinnern an siegreiche Feldzüge des Santiago-Ordens während der *reconquista.* Nach Abschluss der Renovierungsarbeiten sollen die Gebäude für eine multifunktionale Nutzung geöffnet werden.

Plaza de las Comendadoras 10, T 915 48 18 42, aktuell keine Besichtigung

Kultur statt Kaserne

Ein imposantes rosa Ziegelsteingebäude, über 200 m lang, beherrscht die **Calle del Conde Duque.** In der Fassade steht eines der typischen Barockportale von Pedro de Ribera, der diese ehemalige Kaserne bis Mitte des 18. Jh. errichtete. In ihr war die königliche Leibwache Philipps V. einquartiert, 600 Mann und 400 Pferde. Heute beherbergen die um drei Innenhöfe angelegten historischen Mauern den **Centro de Cultura Contemporánea Condeduque** ⓯. Er ist neben Matadero Madrid und CentroCentro eines der drei großen kommunalen Kulturzentren – und ein wunderbarer Ort für Konzerte, Theater,

Hübsch sind die Gassen des Conde-Duque-Viertels. Ein paar gewichtige kulturhistorische Denkmäler besitzt es auch, wie die Iglesia de las Comendadoras de Santiago links im Bild.

Ausstellungen. Dazu beherbergt die alte Kaserne zeitgenössische Malerei, Skulptur und Fotografie sowie das Stadtarchiv und mehrere Bibliotheken.

Kulturzentrum, Straße und Quartier heißen übrigens so, weil das gesamte Terrain bis 1943 den Herzögen von Alba gehörte (*duque* = Herzog). Deren Palacio de Liria (s. u., Museen) liegt direkt hinter dem Cuartel del Conde Duque.

Conde Duque 11, http://condeduquemadrid.es, Mo–Sa 9–21, So, Fei 10.30–14, Ausstellungen Di–Sa 10–14, 17.30–21, So, Fei 10.30–14 Uhr

Museen

Geschichte einer Metropole

⓰ Museo de Historia: Das Gebäude des Stadthistorischen Museums war im 18. Jh. ein Hospiz. Kunstvoll wie ein überladenes Retabel steht in der Fassade das haushohe Portal aus Granit und Kalkstein von Pedro de Ribera (1720–26). Anhand von Stichen, alten Stadtplänen, Modellen, Gemälden, Zeichnungen, Münzen, Silber- und Porzellanarbeiten oder Wandteppichkartons geht es um einen Überblick über die Geschichte Madrids seit dem Mittelalter. Highlights sind Francisco de Goyas Gemälde »Allegorie von Madrid« und ein Stadtmodell aus dem Jahr 1830 (vorübergehend nicht zu besichtigen).

Fuencarral 78, Metro: L 1, 10 Tribunal, www.madrid.es/museomunicipal, Di–So 10–20, im Sommer 10–19 Uhr, Eintritt frei

Hier wird's romantisch

⓱ Museo del Romanticismo: Das 1924 in einem Adelspalast aus dem 18. Jh. eröffnete Museum der Romantik basiert auf der Schenkung des Marqués de la Vega-Inclán. Mobiliar, Gemälde, Porzellan, eben das typische Inventar einer bürgerlichen Wohnung des 19. Jh., vermitteln Einblicke in Lebensgefühl und Wohnkultur jener Zeit. In Spanien war die Romantik vor allem eine literarische Strömung. Daher bewahrt das Museum auch die Pistole auf, mit der sich der Schriftsteller Mariano José de Larra, Fígaro genannt, aus Liebeskummer erschoss, und den Stuhl, von dem er tot zu Boden fiel. Auf den Mahagonistühlen im ehemaligen Tanzsaal saßen die Romantiker Bécquer, Campoamor und Martínez de la Rosa, wenn sie sich zu ihren Debattierrunden *(tertulias)* trafen. Zahlreiche Porträts und andere Gemälde von – wie könnte es hier anders sein – Malern der Romantik wie Madrazo oder López zieren die Wände.

San Mateo 13, Metro: L 1, 10 Tribunal, www.culturaydeporte.gob.es/mromanticismo, Di–Sa 9.30–18.30/20.30, So, Fei 10–15 Uhr, 3/1,50 €, Sa ab 14 Uhr, So Eintritt frei

Zu Besuch beim Herzog

⓲ Palacio de Liria / Fundación Casa de Alba: Der von weitläufigen Gärten umgebene Palast ist Besitz der Herzöge von Alba, einem der bedeutendsten Adelsgeschlechter Spaniens. Als Vorbilder für den Bau, der nach Plänen von Ventura Rodríguez 1762–83 entstand, dienten die Königsschlösser von Madrid und La Granja de San Ildefonso. Nach einem Bombenfeuer im Bürgerkrieg musste ein Teil des Gebäudes restauriert werden. Die reiche Gemäldesammlung der Albas und den Palast können Sie besichtigen.

Princesa 20, Metro: L 3 Ventura Rodríguez, www.palaciodeliria.com, Mo 10.15–12.30, Di–So 10.15–12.30, 16.15–19.15 Uhr, 15/13 € mit Audioguide, Führungen 35 €; Anmeldung: T 915 90 84 54 oder über die Website, Tickets an der Kasse 1 € teurer

Essen

›Linke‹ Hausmannskost

2 Tienda de Vinos: Im ›Weinladen‹ hinter der auffällig rot gestrichenen Fassade verkehrten einst Gewerkschafter, Dichter, Künstler, und deswegen hatte er den Beinamen ›El Comunista‹ erhalten. Man ist dem Stil einer *casa de comidas,* einer einfachen Gaststätte mit einfacher, solider Kost, treu geblieben.

Augusto Figueroa 35, Metro: L 5 Chueca, T 915 21 70 12, Mo 13.30–16, Di–Sa 13.30–16, 20.30–23.30 Uhr, €

Die Zutaten stimmen rundherum

3 **La Carmencita:** Hübsche alte Wandkacheln, eine alte Holztheke, alte Portale – seit die Taverne 1854 aufmachte, setzte sich die Madrider Boheme gern darin zu Tisch. Auf gutes Essen wird Wert gelegt: Die Zutaten kommen von kleinen spanischen Produzenten, der Fisch aus dem Kantabrischen Meer, vieles ist biozertifiziert. Mittags sind die *raciones* und Schmortöpfe beliebt. La Carmencita hat die Behaglichkeit eines historischen Bistros, das Essen ist gut, das Personal zuvorkommend. Das ist viel Wohlfühlambiente.

Libertad 16, Metro: L 5 Chueca, T 915 31 09 11, www.tabernalacarmencita.es, Mo–Do 13–17, 20–24, Fr, Sa, So 13–24 Uhr, €€

Pilze und mehr

4 **El Cisne Azul:** Nur wenige Tische hat dieses unprätentiöse Lokal in Chueca; an denen sitzen auch schon mal stadtbekannte (Medien-) Menschen. Inhaber Julián ist leidenschaftlicher Pilzsammler, er und sein Sohn Miguel tischen Gerichte aus Wildpilzen auf, aber auch Rinderfilet, Ziegenkoteletts, Stierschwanz sowie Salate. Weine aus La Rioja und Ribera del Duero.

Gravina 19 (Filiale: Gravina 27), Metro: L 5 Chueca, T 915 21 37 99 (911 12 90 80), www.elcisneazul.com, Mo–Sa 12.30–17, 20–24, So 12.30–17 Uhr, Karwoche und Aug. geschl., €–€€

Unprätentiös baskisch

5 **Barrutia y el 9:** Nicht fein, eher rustikal, das Mobiliar bunt zusammengewürfelt – es sieht irgendwie provisorisch aus und hat doch Stil. Koch und Inhaber Barrutia ist Baske, und quasi aus genetischen Gründen versteht er etwas von Essen und Wein. Die getrüffelte Tortilla ist großartig, die *croquetas* mit Cabrales-Käse sind es ebenso wie der Reis mit Herzmuscheln und Sepia. Vegetarische Speisen sind auf der Karte grün gekennzeichnet.

Santa Teresa 9, Metro: L 4, 5,10 Alonso Martínez, T 913 19 29 46, So, Mo 13–16, Di–Sa 13–16, 20–24 Uhr, im Aug. geschl., €

GASTRONOMIE TOTAL

Die alte Markthalle von Chueca, der **Mercado San Antón** 1, war einst der Ort, an dem sich die Leute günstig mit frischen Lebensmitteln versorgten. Vor ein paar Jahren wurde er mehretagig neu hochgezogen und gibt sich nun schick als Treffpunkt der Gourmets. Unten befindet sich ein Supermarkt, darüber staffeln sich Ebenen mit Marktständen und Erlebnisgastronomie, und ganz oben ist ein Restaurant eingezogen, mit einer Terrasse, auf der man ungezwungen sitzt und loungt (Augusto Figueroa 24, www.mercadosananton.com, Marktstände Mo–Sa 10–22, Gastrobars, Restaurant und Terrasse tgl. 13–24 Uhr oder länger).

Exklusivität im Fabrikambiente

6 **DSTAgE:** Der Baske Diego Guerrero, der bereits zwei Michelin-Sterne erkocht hatte, eröffnete 2014 sein Restaurant DSTAgE, so etwas wie Diegos Bühne (engl.: *stage*) für gastronomische Experimente der höheren Art. Die Räumlichkeiten sind informell, haben mit Ziegelwänden und Metalllampen etwas von Fabrik, Kochfabrik eben. Avantgardistische Fusionküche.

Regueros 8, Metro: L 5 Chueca, www.dstageconcept.com, Reservierungen online oder per Mail an reservas@dstageconcept.com, Di 20.30–22, Mi–Sa 13.30–15.30, 20.30–22 Uhr, im Aug. 15 Tage geschl., €€€

An der Tür ist aufgemalt, was es dahinter gibt. Es gibt zu essen und zu trinken. In einem für Malasaña typischen Tavernenambiente. In die Casa Julio gehen alle gern.

Bunter Streetfood-Markt

7 **Mercado de San Ildefonso:** Das Streetfood-Konzept wurde hier in eine alte, farbenfroh und modern dekorierte Markthalle übertragen. 18 Stände auf drei Etagen bieten Burger, Pizzen, Kroketten, Tacos oder einfach Kaffee an.

Fuencarral 57, Metro: L 5 Chueca, https://mercadodesanildefonso.com, tgl. 13–24 Uhr, €

Gambas zum Bier

8 **Cervecería Santa Bárbara:** Das Lokal ist auf Bierausschank spezialisiert, und zwar aus der hauseigenen Brauerei von 1815. Eine Institution in Madrid. Zum Bier gibt's Kartoffelchips, Gambas und Meeresfrüchte-Tapas. Den Service machen wie eh und je weiß befrackte Kellner. Mit angenehmen Außenplätzen.

Plaza Santa Bárbara 8, Metro: L 4, 5, 10 Alonso Martínez, T 913 19 04 49, www.cerveceriasantabarbara.com, tgl. 8–23.45 Uhr, €–€€

Irgendwie urspanisch

9 **Casa Macareno:** Spanisches Essen in einem urspanischen Lokal. An der Fassade wie im Innern der 100-jährigen Taverne sind die originalen Kacheln der früheren Bodega erhalten, in der Wein vom Fass abgefüllt und verkauft wurde. Schinkenkroketten, panierte Stockfischhäppchen, kaltes Gemüsepürée *(salmorejo)*, *patatas bravas*, Rührei mit Gambas – das sind typische Tapas und *raciones* zum Teilen, wochentags gibt es ein Tagesmenü, der Nachtisch ist ebenfalls hausgemacht.

San Vicente Ferrer 44, Metro: L 1, 4 Bilbao, T 658 59 65 72, http://casamacareno.com, Mo 12.30–17, Di–So 12.30–1.30 Uhr, €

Ein Häppchen zum Wermut

10 **Casa Camacho:** 1929 öffnete das Lokal, es ist mit seinen gekachelten Wänden und Weinfässern noch ganz dem damaligen Stil verpflichtet. Man schenkt Bier, Wein und Wermut vom Fass aus, dazu gibt

es Tapas und Kleinigkeiten. Gern wird hier *yayo,* Wermut mit Gin und Soda bestellt.
San Andrés 4, Metro: L 1, 10 Tribunal, L 1, 4 Bilbao, Mo–Sa 12–1/2 Uhr, €

Oh, diese Croquetas!

11 **Casa Julio:** Kleine, historische Taverne in Malasaña. Hier schmecken die Kroketten (*ración* 14 €) besonders gut. Auch gibt es *albóndigas* (Fleischbällchen), pikante *patatas bravas* etc. Das Lokal wurde im Jahr 2000 bekannt, als U2 hier eine Fotosession veranstaltete und sich dabei an Omelettes und viel Kaffee gütlich tat.
Madera 37, Metro: L 1, 10 Tribunal, T 915 22 72 74, Mo–Sa 13–16, 18–23.45 Uhr, €

Ist vegan die Zukunft?

12 **VEGA:** Ein veganes Restaurant im Ambiente einer modernen Taverne. Man setzt auf kreative Fusionküche, zubereitet aus ökologischen Produkten und saisonalen Lebensmitteln. Lasagne, Burrata, schwarzer Reis, Gemüsespieße, hausgemachte vegetarische Hamburger.
Luna 9, Metro: L 3, Callao, T 910 70 49 69, https://luna.govega.es, Mo–Do 13.30–17, Fr–So 13.30–24 Uhr, €

Italienisch gut

13 **MICA:** *Mica* sei für Italiener ein Allerweltswort, das sie dauernd benutzen, meint der Inhaber. Deswegen nannte er sein Lokal so. Es soll ein normaler Ort für alle sein, einfach, aber authentisch wie das Leben. Wunderbar ist die Terrasse gegenüber dem Condeduque-Kulturzentrum. Die Küche ist authentisch italienisch, von Burrata und Bresaola bis zu Pizza und Gemüselasagne. Und die Weine enthalten keine Sulfite!
Limón 30, Metro: L 3 Ventura Rodríguez, T 914 47 32 58, www.micarestobar.com, Di–So 13.30–17, 20–24/1 Uhr, €–€€

Café-Klassiker seit 100 Jahren

14 **Café Comercial:** Das Comercial ist eines der wenigen klassischen Cafés in Madrid. Hier traf sich schon vor 130 Jahren die künstlerisch-literarische Boheme der Stadt. Bis heute erinnert der von großen Spiegeln und Fenstern geprägte Raum an die große Zeit der Literatencafés. Daran knüpfen die vielen Kulturevents wie etwa die kleinen Konzerte an. Im Comercial genießt man *chocolate con churros* (Kakao mit Fettgebäck), Kuchen, Tapas oder ein ›richtiges‹ Mittag- und Abendessen. Beliebt und oft brechend voll, mit Außenplätzen.
Glorieta de Bilbao 7, Metro: L 1, 4 Bilbao, T 910 88 25 25, http://cafecomercialmadrid.com, Mo–Fr 7.30–1/2, Sa 9–2, So 9–24 Uhr

Einkaufen

Für einen Shoppingbummel sind die Gegend um die Plaza de Chueca mit ihren vielen kleinen Läden und die **Calle Fuencarral** (s. S. 153), in der sich Geschäft an Geschäft reiht, gut. In der **Calle de Augusto Figueroa** 1, einst Madrids Schuhstraße, gibt es immer noch etliche Schuhläden. Und die **Calle del Conde Duque** 2, teils auch die parallele **Limón,** ist ein bunter Mix kleiner Läden mit Mode und Accessoires eher für ein jüngeres Publikum. Nette Boutiquen verkaufen dort eigene oder ausgewählte Markenprodukte, dazwischen findet sich auch mal eine Bäckerei, ein Käseläden, ein Lebensmittelgeschäft oder eine Galerie wie **Blanca Berlín** (Calle Limón 28).

Natürlich lässig

3 **Lurdes Bergada / Syngman Cucala:** Die Katalanin Lurdes Bergada zählt seit Jahren zu den Avantgardedesignerinnen Spaniens, sie macht lässige junge Mode, von sportiv bis elegant für beide Geschlechter und passende Accessoires.
Conde de Xiquena 8, Metro: L 2 Banco de España, Mo–Sa 10.30–14.30, 16/16.30–20.30 Uhr; Augusto Figueroa 1, Metro: L 1, 10 Tribunal, Mo–Sa 10.30–21, So 11–15, 16–20 Uhr, www.lurdesbergada.es

Accessoires zum Hingucken

4 **Malababa:** Der kleine, hübsche Laden punktet mit ungewöhnlichen Handtaschen in ungewöhnlichen (Neon-) Farben, Schuhen mit Pfiff und ausgewählten Schmuckstücken. So etwas trägt nicht jede Frau und nicht jeden Tag, aber es hat was!

Santa Teresa 5, Metro: L 5 Chueca, www.malababa.com, Mo–Sa 10.30–20.30, So 10.30–20 Uhr

Die besten Olivenöle Spaniens

5 **La Comunal:** Feinste spanische Olivenöle *(virgen extra)* in großartiger Auswahl aus allen Regionen Spaniens. Schließlich ist die Bandbreite an Geschmacksnuancen groß. Der Inhaber schwört auf Öle aus Katalonien.

Mejía Lequerica 1, Metro: L 4, 5, 10 Alonso Martínez, L 1, 10 Tribunal, www.pco.es, Mo–Fr 10–14, 17–20, Sa 10–14 Uhr, Juli nur vormittags, Aug. geschl.

Confiserie mit Teesalon

6 **La Duquesita:** Oriol Balaguer hat sich als Konditor einen Namen gemacht.

Ana Ladrón ist stolz auf das uralte Familienunternehmen, sie führt die Antigua Casa Crespo weiter.

Was im Duquesita verkauft wird, sind seine eigenen Kreationen: Pralinés, Gebäck, Süßspeisen, Schokolade, dazu Kaffee, Tee, Kakao gibt es zum Mitnehmen, kann aber auch vor Ort in dem neu eröffneten kleinen Café verzehrt werden. Die Dekoration des Ladenlokals stammt noch vom Anfang des 20. Jh.

Fernando VI 2, Metro: L 4, 5, 10 Alonso Martínez, T 913 08 02 31, www.laduquesita.es, tgl. 9–20.30, Café bis 20 Uhr

Alpargatas

7 **Antigua Casa Crespo:** Der Laden, einer der letzten seiner Art, verkauft seit 1863 spanische *alpargatas* (Hanfschuhe, Bastsandalen) in allen Größen und in einer großen Farbauswahl. Ana Ladrón und Maxi Garbayo bedienen ihre Kunden persönlich. Produziert werden die *alpargatas* im nordspanischen Familienbetrieb.

Divino Pastor 29, Metro: L 1, 4 Bilbao, www.antiguacasacrespo.com, Mo–Fr 10–13.30, 17–20.15, Sa 10–13.30 Uhr

Ökologische Trophäen

8 **Javier S. Medina:** Der kleine Kunsthandwerksladen stellt Wohnaccessoires her, und zwar Spiegel und Tierköpfe. Letztere nennt der aus Extremadura stammende Autodidakt Javier *trofeos ecológicos.* Er verarbeitet nur pflanzliche Materialien wie Rattan, Espartogras oder Bambus.

Escorial 28, Metro: L 3, 5 Callao, L 2 Noviciado, www.javiersmedina.com, Mo–Fr 9–15, Sa 11–14 Uhr

Von Olivenöl bis Schinken

9 **López Pascual:** Seit 1919 ist das Familiengeschäft auf iberischen Schinken spezialisiert. Er stammt aus Jabugo (Huelva) oder Guijuelo (Salamanca). Außerdem gibt es Wurst, Käse, Olivenöl, Vega-Sicilia-Weine (Ribera del Duero) – lauter feine Sachen in einem unprätentiösen Laden.

Corredera Baja de San Pablo 13, Metro: L 3, 5 Callao, www.lopezpascual.com, Mo–Fr 10–14, 17.30–20.30, Sa 10–14 Uhr

Man traut dem strengen Gemäuser zu, dass es mal eine Kaserne war. Aber in den Innenhöfen des Condeduque-Kulturzentrums entfaltet sich reges Leben. Mal ein Flohmarkt, mal ein Konzert, mal Theater …

Ausgehen

Wo schon die Großväter …

1 Taberna Ángel Sierra: s. Lieblingsort S. 150.

Wo die Freiheit begann

2 Libertad 8: Treffpunkt der Demokratie- und Freiheitssüchtigen in der Nach-Franco-Zeit – die Kneipe hat sich etwas von dieser Stimmung bewahrt. Viel Kleinkunst und Livekonzerte.

Libertad 8, Metro: L 5 Chueca, L 2 Banco de España, https://libertad8cafe.es, Mo–Do 18–2.30, Fr, Sa 18–3, So 17–1.30 Uhr

Wo Flamenco gepflegt wird

3 Centro Cultural Flamenco de Madrid: Der Flamenco ist immaterielles Welterbe, und in diesem Kulturzentrum wird er gepflegt. Neben Liveaufführungen, gelegentlich auch außerhalb der festen Uhrzeiten, zeigt eine Ausstellung Sammelobjekte und Flamenco-Kleidung.

Conde de Xiquena 6, Metro: L 5 Chueca, www.flamencocultural.com, tgl. Sessions um 18 u. 19.30 Uhr, ab 25 €

Wo Musik in die Ohren geht

4 Sala Clamores: Im typischen Ambiente eines alten Musikclubs genießen Madrilenen in der Sala Clamores seit über 40 Jahren Liveauftritte, hören Jazz, Swing, Rhythm & Blues …

Alburquerque 14, Metro: L 2, 4 Bilbao, www.salaclamores.com, So–Do 20–1, Fr, Sa 20–6 Uhr, Programm: s. Website

Da gibt's Rock, Blues, Country

5 Honky Tonk: 365 Livekonzerte im Jahr! Das Honky Tonk ist nach einem Rolling-Stones-Song benannt, doch außer Rock gibt es auch Blues und Country.

Covarrubias 24, Metro: L 4, 5, 10 Alonso Martínez, https://clubhonky.com, Di–So 21.30–5/6 Uhr

Wo Cocktails munden

6 Santamaría La Coctelería de al Lado: Wie viele andere Lokale der Gegend um die Calle Ballesta war auch dieses mal ein Puff. Seit 2011 werden hier nun schon die besten Cocktails der Stadt gemixt, Klassiker ebenso wie eigene Kreationen.

Ballesta 6, Metro: L 1, 5 Gran Vía, L 3 Callao, https://santamariacocteleria.com, tgl. 16–2 Uhr

Wo Theater ganz anders ist

7 Microteatro por Dinero: s. Kasten S. 154.

Wo Sie Jazz live erleben

8 Sala BarCo: In der Musikbar auf zwei Ebenen und mit zwei Bühnen wird viel Livemusik geboten, meist Jazz, aber auch Blues, Soul, Latin Jazz, neuer Flamenco oder Rock. Außerdem: Gute DJs, Clubbing, Jamsessions …

Barco 34, Metro: L 1, 10 Tribunal, www.barcobar.com, Mi–So ab 23 Uhr, im Aug. geschl.

Wo es Guinness vom Fass gibt

9 Bodega La Ardosa: Ende des 19. Jh. eröffnete kleine Taverne, die Wermut vom Fass und verschiedene Biere, darunter irisches Guinness, ausschenkt. Die historische Stehkneipe ist ein fester Anlaufpunkt in der nächtlichen *movida.* Zum Bier gibt es eine Tapas-Auswahl.

Colón 13, Metro: L 1, 10 Tribunal, L 1, 4 Bilbao, https://grupoardosa.es, Mo–Fr 9–2, Sa, So 10–2 Uhr

Bester spanischer Pop

10 El Penta: El Penta (El Pentagrama, die Noten) wurde1976 eröffnet, es ist ein Symbol für Malasaña und das Nachtleben in diesem Viertel geworden, zählt zu den Pionieren der *movida madrileña* – und ist noch immer angesagt. Das Penta inspirierte die Gruppe Nacha Pop in den 1980er-Jahren zu ihrem zeittypischen Song »La chica de ayer« (Das Mädchen von gestern).

Palma 4, Metro: L 1, 10 Tribunal, L 1, 4 Bilbao, www.elpenta.com, tgl. 21–3/3.30 Uhr

Wo der Künstlerhimmel ruft

11 Café de Ruiz: Bei der 2021er Renovierung wurde dem Ruiz ein wirklich überraschender Himmel verpasst. In äußerst lebhaften Farben verewigte sich dort der Stadtkünstler Misterpiro. Im Übrigen ist das Lokal inzwischen ein Klassiker und seit vier Dekaden ein Referenzort der literarischen Boheme der Stadt.

Ruiz 11, L 1, 4 Bilbao, Di–So 17–1/2 Uhr

Wo Entspannung geht

12 Café Manuela: Als das Café 1979 aufmachte, kam die Stadt gerade in puncto Nachtkultur in Fahrt. Ein bisschen fühlt man sich in ein Literaturcafé des 19. Jh. zurückversetzt, deswegen werden hier gern Filmszenen gedreht. An Marmortischchen lauscht man literarischen oder musikalischen Livedarbietungen und nippt an einem *café* oder Milchmixgetränk.

San Vicente Ferrer 29, Metro: L 1, 10 Tribunal, https://cafe-manuela.eatbu.com, tgl.13–1/2/3 Uhr

Josef, die Flasche

13 Café Pepe Botella: s. S. 156.

PINTA MALASAÑA

Malasaña malt. So heißt das Festival der Street-Art, das immer an einem Sonntag im September stattfindet und den *barrio* bunter macht. Zig Künstler beteiligen sich daran, jeder nimmt sich einen anderen Winkel vor. Sie verwandeln den *barrio* in einen öffentlichen urbanen Kunstraum.

Zugabe
Madrid Orgullo

Das Leben ist bunt und der Mensch frei

Mit Chueca assoziieren Madrilenen vor allem ein Wort: Freiheit. Freiheit im Denken wie in sexuellen Orientierungen oder der Liebe. Der Name des *barrio,* seines zentralen Platzes und der Metrostation erinnert übrigens an Federico Chueca, einen berühmten Musiktheater-Komponisten. Eine seiner Zarzuelas widmete er dieser Altstadtgegend. Seit mehr als 40 Jahren sind deren Gassen ein Symbol gelebter Freiheit, der Ablehnung von Stereotypen, Klischees, Vorurteilen, der Solidarität mit Geächteten oder Benachteiligten, sei es wegen ihrer Meinung, ihres Glaubens oder ihrer geschlechtlichen Orientierung. In Chueca demonstrieren die Menschen ihre Freiheit mit großer Freude und Ungezwungenheit. Der Respekt gegenüber Mitmenschen, egal, wie sie ›gestrickt‹ sind, steht hoch im Kurs, ist selbstverständlich. In der letzten Juniwoche steht das Viertel ganz im Zeichen des Pride-Festivals Madrid Orgullo. Das ist tagelang Riesenparty, LGTBI-Pride-Demonstration, Konzerte, Feiern. Gerade in einer Zeit wiedererstarkender rechtspopulistischer Strömungen geht es der Regenbogen-Community verstärkt darum, Flagge zu zeigen. Und 1,5 Mio. Gäste machen mit. ■

Argüelles, Moncloa, Univiertel, Madrid Río

Rund um den Río Manzanares — Da gibt es viel Raum zum Durchatmen, Grün zum Entspannen und Radwege …

Seite 172

Templo de Debod

Auf einem Hügel überrascht dieser ägyptische Tempel. Stein für Stein wurde er am Ufer des Nils ab- und in Madrid wieder aufgebaut.

Seite 173

Museo Cerralbo

Der Stadtpalast vom Ende des 19. Jh. gehörte einem Adeligen, dem Marqués de Cerralbo. Er hinterließ ihn mit allem, was darin war, der Stadt. In welchem Reichtum spanischer Adel schwelgte, wird spätestens deutlich, wenn Sie vor Gemälden von Tintoretto, El Greco oder Goya stehen.

Ein so unscheinbarer Fluss und doch so wichtig für die Legendenbildung?

Seite 172, 174

Parque del Oeste

Zu ausgiebigen Spaziergängen lädt der weitläufige Westpark ein. Inklusive einem Abstecher zu Goyas Grabkapelle.

Seite 176

Panteón de Goya

Die Ermita de San Antonio de la Florida gibt es gleich zweimal, als Original und als Nachbau. Das Original, das Goya mit eindrucksvollen Fresken ausschmückte, ist zugleich die letzte Ruhestätte des Künstlers. Das Kirchlein dient heute als intime Begegnungsstätte mit einem der größten Maler aller Zeiten!

Seite 179, 180

Ciudad Universitaria

Die Madrider Universität lässt sich bestens erradeln, durch Baumalleen geht es von Fakultät zu Fakultät.

Seite 183

Madrid Río

Über viele Brücken musst du geh'n … Die Ufer zu beiden Seiten des Manzanares gehörten bis 2010 ganz den Autos. Das zu ändern war ein teures, aber lohnendes Stadtsanierungsprojekt.

Seite 185

Matadero Madrid

Madrid besitzt wirklich viele, sehr engagierte Kulturzentren. Aber schon wegen der Räumlichkeiten ist dieses hier etwas Besonderes. Theater, Kino, Konzerte in neomaurischen Ziegelhallen, dem ehemaligen Schlachthof der Stadt.

Seite 186

Rund um den Stadtfluss

Erradeln Sie sich das ehemalige Jagdrevier der Könige und die neu hergerichteten Ufer auf der Westseite des Stadtflusses Río Manzanares.

Das Beste im Westen sind die Sonnenuntergänge. Abend für Abend findet sich ein noch schönerer Platz zum Gucken.

Dies ist Madrids grüne Seite, der Westen zwischen Universitätsstadt und Matadero Madrid, mit 100-jährigen Parks und einstigen königlichen Jagdrevieren.

Madrids grüner Westen

D

Die Plaza de España mit dem berühmten Cervantes-Denkmal ist eine Nahtstelle zwischen den Shoppingmeilen Gran Vía und Calle de la Princesa sowie zwischen der Altstadt und den jüngeren Ensanche-Vierteln. Zu Letzteren gehören Argüelles und Moncloa zwischen dem Platz und der Universitätsstadt. Beide Viertel sind *barrios* des Mittelstands. Auf dem Campus mit Spaniens größter Universität zeigen die locker verteilten Gebäude den Architekturgeschmack des 20. Jh.

Argüelles strahlt bürgerlichen Wohlstand aus, durchmischt mit viel studentischem Flair. Es liegt fußläufig zum Parque del Oeste, eine der großzügigsten Grünanlagen Madrids. In diesem Teil der Stadt verstecken sich einige Höhepunkte: der Templo de Debod von den Ufern des Nils, die Privatsammlung des Marqués de Cerralbo oder die von Goya ausgemalte Ermita de San Antonio de la Florida.

Manchmal hinterlassen Könige ja auch was Gutes. In Madrid gehört auf jeden Fall ihr altes Jagdrevier dazu. Es gab Zeiten, da konnten die Herrschaften vom Schloss über eine Flussbrücke reiten und waren gleich mittendrin in ihrer Casa de Campo. Mehr als 1500 ha Grün. Es war die Zweite Republik, die das Gelände 1931 an das Volk übertrug. Und dabei blieb es. Königlicher Wald in Volkes Hand. Samt Platz für Zoo, Schwimmbad, Sportanlagen, Vergnügungspark, Messegelände. Und einen See gibt es auch.

Ein großer Gewinn für die Madrilenen war ebenso, dass die Ufer des Manzanares unterhalb der Altstadt wieder freigelegt wurden. Dass Brücken für Fußgänger und Radfahrer entstanden, die den Wechsel von Ufer zu Ufer leicht machen. Dass die Viertel auf beiden Flussseiten näher zusammenrücken konnten und dass es noch mehr grünen Freiraum gibt.

O

ORIENTIERUNG

Cityplan: S. 170 (Argüelles und Moncloa)
Reisekarte: **B–F 6–9** (Ciudad Universitaria), **C–J 13–19** (Madrid Río und Casa de Campo)
Infos: www.ucm.es, Website der Universidad Complutense Madrid, Infos zu Sprachkursen für Ausländer.
Ankommen: Metro L 2, 3, 10 Plaza de España für das Argüelles-Viertel und Parque del Oeste; L 3, 6 Moncloa für Museo de América und Faro de Moncloa, L 6 Ciudad Universitaria für den Campus. Zur Erkundung des Campus ist ein Rad ideal.

Argüelles

E–G 10–12

Zwischen Cuesta de San Vicente, Calle de la Princesa und dem Manzanares breitet sich das Wohnviertel Argüelles aus, das seit Mitte des 19. Jh. entstand. Lange Zeit war es der bevorzugte *barrio* von Militärs und ihren Angehörigen. Jetzt leben viele Studenten in dieser Stadtgegend. Die Nähe zur Universität, zu den weitläufigen Grünanlagen des Parque del Oeste wie zu den Bars, Discos und Clubs des Conde-Duque- und des Malasaña-Viertels gehören zu den Trümpfen von Argüelles.

Lebhafteste Straße ist die von der Plaza de España zur Uni führende **Calle de la Princesa.** Besonders um die Metrostation Argüelles konzentrieren sich Kaufhäuser und Läden.

Parque de la Montaña

F 12

Es ist Gras drüber gewachsen …

An der Westseite der Calle Ferraz, die von der Plaza de España ins Argüelles-Viertel führt, steht ein imposantes neugotisches Gebäude, das man mit seinen Zinnen und mehreckigen Türmen für eine Festung halten könnte. Es ist die dem Karmeliterorden unterstellte **Iglesia de Santa Teresa de Jesús y San José** ❶ aus dem 19. Jh. 35 m hoch ist ihre Kuppel im byzantinischen Stil mit bunt glasierten Kacheln.

Dahinter oder ein Stück weiter die Calle Ferraz hinauf und dann linker Hand über Treppenstufen geht es in den **Parque de la Montaña.** Er ist ein grüner Hügel, quasi der südliche Abschluss des Parque del Oeste. Außer einer schlichten

Wie gut es tut, dem Stadtstress zu entfliehen und im Gras des Parque del Oeste zu ruhen. In lockeren Abständen stehen Bäume, sogar die seltene Igel- oder Pinsapo-Tanne und Mammutbäume gibt es.

Argüelles und Moncloa

Ansehen

- ❶ Iglesia de Santa Teresa de Jesús y San José
- ❷ Monumento a los Caídos en el Cuartel de la Montaña
- ❸ Templo de Debod
- ❹ La Rosaleda
- ❺ Cementerio de la Florida
- ❻ Goya-Denkmal
- ❼ Panteón de Goya
- ❽ Ermita de San Antonio de la Florida
- ❾ Cuartel General del Ejército del Aire
- ❿ Arco de la Victoria
- ⓫ Faro de Moncloa
- ⓬ Museo Cerralbo
- ⓭ Museo de América
- ⓮ Museo del Traje (s. S. 182, 183)

Essen

- 1 Terrassencafés am Paseo del Pintor Rosales
- 2 Casa Mingo
- 3 Madrí Madre
- 4 Entrevinos
- 5 Mercado de Vallehermoso
- 6 Casa Manolo

Einkaufen

- 1 El Corte Inglés
- 2 Zara
- 3 The Circular Project Shop

Bewegen

- 1 Teleférico

Ausgehen

- 1 Gran Teatro Caixabank Príncipe Pío
- 2 Galileo Galilei

Gedenktafel an der Südseite und dem **Monumento a los Caídos en el Cuartel de la Montaña** ❷, der auf einer Mauer angebrachten Bronzeskulptur eines verstümmelten toten Soldaten, erinnert nichts mehr an die ehemalige Montaña-Kaserne und an den Schauplatz blutiger Ereignisse der Stadtgeschichte.

Man müsste sich schon vor die Gemälde von Goya stellen, um sich die Erschießung der Aufständischen Anfang Mai 1808 durch Napoleons Soldaten vorzustellen. Oder in Geschichtsbüchern über den 19. Juli des ersten Bürgerkriegsjahres 1936 lesen, als hier der Putsch der Franco-Getreuen losging und die Republika-

ner den Cuartel de la Montaña stürmten, um die Stadt zu verteidigen und sich mit Waffen zu versorgen. Nach dem Bürgerkrieg war die Kaserne so stark zerstört, dass sie schließlich abgerissen wurde. Das Gelände ging an die Stadt, die hier im wahrsten Sinne des Wortes Gras über die Vergangenheit wachsen ließ.

Es ist ein Hügel voller Geschichte und voller Leben, voller Ruhe und voller Musik. Nur wenig Straßenlärm dringt herauf – der ideale Ort für junge Musiker, um zu proben und ›Gratiskonzerte‹ zu geben. Der Blick schweift über die Casa de Campo, den riesigen Park auf der anderen Manzanares-Seite, und in

Abendland trifft Morgenland. Mitten auf dem Madrider Montaña-Hügel stehen die mächtigen Zyklopen eines ägyptischen Tempels. An diesem Ort darf man sich als kleiner Teil einer großen Welt fühlen.

die Ferne bis zu den Bergen. Richtung Süden sehen Sie den Königspalast und die Kathedrale. Der Montaña-Hügel ist definitiv einer der schönsten Flecken in ganz Madrid, um – teils wirklich spektakuläre – Sonnenuntergänge zu erleben.

Ein Tempel vom Nil-Ufer

Was für ein Ort ist das! Besonders dann, wenn die untergehende Sonne das Heiligtum vom Nil golden einfärbt. Der **Templo de Debod** ❸ steht auf dem weiten, grünen Plateau zwischen zwei Wasserbecken, seit die Stadt 1972 den Park einweihte. Ein kultureller Fremdkörper? Der Debod-Tempel wurde unter der Herrschaft nubischer Fürsten um 200 v. Chr. an den Ufern des Nils in Südägypten errichtet und später von den Ptolemäern erweitert. Unter den römischen Herrschern Augustus und Tiberius entstanden die Reliefs im Vestibül. Dieses archaische, aus mächtigen Steinquadern erbaute Heiligtum, das – wie Hieroglyphen-Inschriften belegen – dem Gott Ammon sowie Isis geweiht war, wäre beim Bau des Assuan-Staudamms den Wassern des Nils zum Opfer gefallen, wenn die UNESCO nicht eingegriffen hätte. 1968 wurde der Tempel den Spaniern geschenkt, als Dank an die spanischen Archäologen, die ägyptische Kulturgüter beim Staudammbau retten halfen.

Ferraz 1, Di–So, Fei 10–20 Uhr, geschl. am 1.1., 6.1., 1.5., 24.12, 25.12., 31.12., Eintritt frei

Parque del Oeste D/E 9–12

Im großflächigen **Parque del Oeste** (❹ – ❽, s. Tour S. 174), der zum Río Manzanares hin abfällt, nutzen Spaziergänger, Jogger und Radfahrer das umfangreiche Wegenetz, um Sauerstoff zu tanken. Cecilio Rodríguez gestaltete 1906 diesen Madrider ›Westpark‹. An der Ostseite wird er vom Paseo del Pintor Rosales und dessen schattigen Terrassencafés begrenzt. Unterhalb dieser ruhigen Wohnmeile liegt die Station des **Teleférico** 1 (s. S. 178), in dessen Kabinen man über den Park und den Río Manzanares hinweg zur Casa de Campo schwebt. Der Parque del Oeste ist locker mit Pappeln, Eiben, Ginkgos, Mammutbäumen, Kiefern, Igeltannen und Atlaszedern bewaldet.

Rund um den Bahnhof von Moncloa E–F 9–10

Klotzig und protzig

Die Plaza de Moncloa ist ein Knotenpunkt des Stadtverkehrs, mit Metrostation, unterirdischem Busbahnhof und der verkehrsreichen, mehrspurigen Avenida de la Memoria, die in die Autobahn AP 6 Richtung Nordwesten übergeht. Quasi neben dem Bahnhof steht der wuchtige **Cuartel General del Ejército del Aire** 9 (Generalhauptquartier der Luftwaffe). Den Stil dieses franquistischen Nachkriegsbaus bezeichnen die Spanier als neoherrerianisch, weil er als klotzig-strenger Koloss mit Ecktürmen an den Klosterpalast von El Escorial erinnert.

In einer Verkehrsinsel zwischen den Spuren der Avenida de la Memoria ragt der wie ein römischer Triumphbogen gestaltete **Arco de la Victoria** 10 40 m in die Höhe. Er wurde 1955 unter Franco fertiggestellt. Die Initiativen, den u. a. mit faschistischen Symbolen behafteten ›Siegesbogen‹ in Arco de la Concordia (Bogen der Eintracht) umzubenennen, scheinen vorerst gescheitert. Gerade in diesem Teil der Stadt und auf dem Uni-Campus hatten im Bürgerkrieg erbitterte Kämpfe zwischen Putschisten und Republikanern stattgefunden. Ein umstrittenes Relikt aus einem bitteren Stück Geschichte …

Der Leuchtturm von Madrid

Faro de Moncloa 11 heißt der rund 110 m hohe Sendeturm, der an der Ausfallstraße nach Nordwesten steht. Faro bedeutet Leuchtturm. Also handelt es sich wohl um den am weitesten vom Meer entfernten Leuchtturm des Landes. 1992, als Madrid Kulturhauptstadt Europas war, wurde der phallische Turm mit einer Aussichtsplattform in gut 90 m Höhe eröffnet. Aufzüge bringen Sie hoch hinauf, und dann sehen Sie über die Stadt. Schautafeln helfen, rund 50 Referenzorte zu identifizieren.

Avda. de la Memoria, Aussichtsterrasse Di–So 9.30–20, letzter Einlass 19.30 Uhr, 4/2 €, Kinder bis 6 Jahre 1 €

Museen

12 **Museo Cerralbo:** Das ist ein Kleinod unter den Madrider Museen! Den 1884 errichteten Palast samt Inventar hinterließ der 17. Marqués de Cerralbo (1845–1922), ein Privatgelehrter und Sammler, seiner Heimatstadt. Mobiliar und Einrichtungsgegenstände blieben an Ort und Stelle: Kristallleuchter aus La Granja und Venedig, Keramik und Porzellan aus Sèvres und der königlichen Fábrica del Buen Retiro, Uhren, Stoffe, Münzen und Orden, Fächer, Waffen, Tapisserien. Das alles lässt erahnen, wie spanischer Adel am Ende des 19. Jh. lebte. Ein wahres Prunkstück ist der ehemalige Ballsaal, beeindruckend sind die Bibliothek und die Kunstsammlung des Marqués. Allein schon die Bilder von Tintoretto, El Greco, Zurbarán, Ribera oder Goya lohnen einen Besuch.

Ventura Rodríguez 17, L 3 Ventura Rodríguez, L 3, 10 Plaza de España, www.culturaydeporte.gob.es/mcerralbo, Di–Sa 9.30–15, Do auch 17–20, So, Fei 10–15 Uhr, 3/1,50 €, Do ab 17 Uhr und So Eintritt frei

TOUR
Durch den Parque del Oeste zum Panteón de Goya

Genüssliche Fußtour zu einem verborgenen Kunstschatz

Infos

D/E 9–12

Start: Parque de la Montaña, Metro: L 2, 3, 10 Plaza de España, L 3 Ventura Rodríguez

Planung: ca. 2 km, mit Besichtigungen 2–3 Std.

Hinter der Rückseite des **Templo de Debod,** dessen ursprüngliche Ausrichtung von Osten nach Westen beim Stein-für-Stein-Wiederaufbau in Madrid übrigens beibehalten wurde, führen Treppen hügelabwärts zu einem Parkplatz. Wenn Sie diesen nach halbrechts überqueren, erreichen Sie einen ausgetretenen Pfad zwischen Bäumen, dem Sie bergab folgen. Unten gelangen Sie auf die Calle de la Rosaleda. Wie unterhalb des Schlosses senkt sich auch hier das Gelände zum Río Manzanares ab. Die Straße führt am 1956 angelegten Rosengarten **La Rosaleda** 4 vorbei. Für Rosenliebhaber ist das 32 000 m² große Oval mit seinen rund 600 verschiedenen Rosensorten in allen nur denkbaren Wuchsformen und Farben samt Spazierwegen und Teichen eine Wucht.

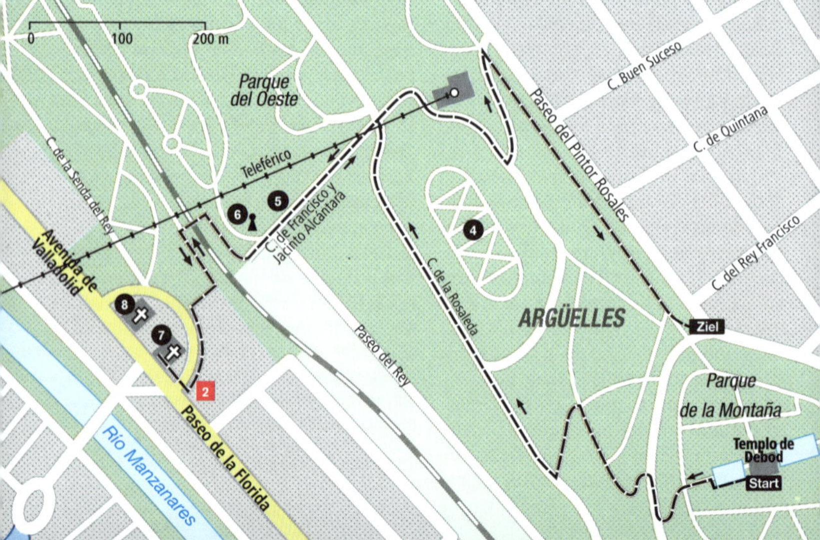

Nach Passieren der Anlage nehmen Sie die schmale Asphaltstraße, die nach links bergab führt. Hier liegt an der rechten Seite neben einer Keramikschule der kleine **Cementerio de la Florida** ❺, jener Friedhof, auf dem man die erschossenen Aufständischen des 3. Mai 1808 begrub, die sich gegen Napoleons Truppen zur Wehr gesetzt hatten.

Begegnungen mit Gassi-Gängern gehören bei Ausflügen ins Grüne dazu …

Goya hat diese düstere Episode in eindringlichen Gemälden festgehalten. Eines ist auf dem Friedhofsdenkmal abgebildet. Gleich dahinter setzten die Madrilenen ihrem großen Maler ein **Denkmal** ❻, jeder der Buchstaben seines Namens wurde in eine Steintafel gemeißelt: G O Y A.

Nun geht es auf einer Fußgängerbrücke über die von der Estación del Príncipe Pío kommenden Schienenstränge hinweg. Schon von oben sind auf der anderen Seite die Zwillingskapellen **Panteón de Goya** ❼ (s. auch Lieblingsort S. 176) und Ermita de San Antonio de la Florida zu sehen. Das ursprünglich zwischen 1792 und 1798 im klassizistischen Stil errichtete Kirchlein ist Goyas letzte Ruhestätte – und für uns eine intime Begegnungsstätte mit dem großen Maler. Die religiöse Funktion der Kapelle übernahm der 1919 errichtete Zwillingsbau neben dem Goya-Pantheon, die **Ermita de San Antonio de la Florida** ❽. Traditionell kamen in der Einsiedelei des hl. Antonius an jedem 13. Juni die Schneider-Lehrmädchen zusammen und baten den Heiligen um einen Bräutigam. Der Brauch wird bis heute gepflegt. Damit der Wunsch in Erfüllung geht, legt man 13 Stecknadeln und einen Palmzweig in das Weihwasserbecken.

Geöffnet ist der **Panteón de Goya** ❼ Di–So 9.30–20, 15.6.–15.9. Di–Fr 9.30–14, 15–19, Sa, So, Fei 9.30–19 Uhr, Eintritt frei. Adresse: Glorieta de San Antonio de la Florida 5, www.madrid.es/ermita.

Zu einer Pause lädt gleich neben dem Panteón die **Casa Mingo** 2 (s. S. 177) ein, bevor es zurück in den Parque del Oeste und hügelauf Richtung **Paseo del Pintor Rosales** geht. Es ist schön, von diesem Boulevard noch einmal über den grünen Westpark zu sehen.

Lieblingsort

Goya und das Antonius-Wunder

Im Sommer 1798 war Goya beauftragt, die Kuppel der frisch errichteten Antonius-Kapelle, des späteren **Panteón de Goya** ❼ (s. Tour S. 175), auszumalen. Er wählte als Thema ein Wunder des hl. Antonius von Padua: Um die Unschuld seines eigenen, des Mordes angeklagten Vaters zu beweisen, erweckt Antonius den Toten wieder zum Leben. Der Mönch in Franziskanerkluft, den man am Heiligenschein erkennt, steht auf einem Felsen und befragt das leibhaftig anwesende Opfer. In Anwesenheit einer erstaunten Menschenmenge – rund 50 Personen lassen sich im Rund der Kuppel zählen – bezeugt der zum Leben Erweckte die Unschuld des Angeklagten. Goya verlegte das überlieferte Antonius-Wunder kurzerhand nach Madrid und gestaltete die Szene als Volksfest. Als Karl IV. das Werk abnahm, soll er gleich mehrere bekannte Gesichter aus dem Volk ausgemacht haben. Selbst die himmlischen Heerscharen, denen Goya eine Nebenrolle in den unteren Gewölben und Zwickeln zugewiesen hat, sind mit Flügeln versehene Damen der feinen Madrider Gesellschaft. Darunter angeblich auch die Herzogin von Alba, die seine Geliebte war.
Vor dem Altar befindet sich Goyas Grab. Er starb 1828 im Alter von 82 Jahren in Bordeaux, wohin er wie viele seiner aufgeklärten Freunde 1824 freiwillig ins Exil gegangen war. 1919 wurde sein Leichnam exhumiert und nach Madrid überführt. Allerdings fehlte der Kopf – er war offenbar dem Forscherdrang eines Franzosen zum Opfer gefallen, der das geniale Gehirn studieren wollte …

⓭ **Museo de América:** Was für ein Fundus an Kulturschätzen aus Peru, Kolumbien oder Mexiko! Ihre Präsentation wirkt allerdings inzwischen ein bisschen antiquiert – und fragwürdig. Man vermisst Erklärungen zu den kulturellen Kontexten bei den Objekten ebenso wie noch genauere Herkunftsangaben oder Hinweise auf eventuelle Restituierungsansprüche. Dekolonisierung statt Präsentation wie in einem kulturhistorischen Kuriositätenkabinett lautet denn wohl die Aufgabe für den 2023 berufenen neuen Museumsdirektor. Er hat eine Mammutaufgabe vor sich, denn es ist Spaniens bedeutendstes Museum mit Kunstschätzen aus den früheren Kolonien (bzw. Vizekönigreichen) in Mittel- und Südamerika. Ein Teil der Exponate stammt aus der Königlichen Naturhistorischen Sammlung, die Karl III. 1771 ins Leben gerufen hatte. Schon Kardinal Cisneros (1456–1517) hatte allerdings die ersten Beutestücke der spanischen Konquistadoren von der Insel Hispaniola (Dominikanische Republik und Haiti) in der Universität von Alcalá de Henares verwahren lassen.

Einer der Höhepunkte der Sammlung ist in Sektion 4, die den religiösen Kulten gewidmet ist, der **Schatz der Quimbaya**. Die 62 Objekte aus purem Gold bzw. einer Gold-Kupfer-Legierung entstanden zwischen 200 und 1000 n. Chr. und demonstrieren die Goldschmiedekunst der kolumbischen Quimbaya. Ein Werk der **Maya** aus dem 8. Jh. ist der mit einem Relief geschmückte Stein, der einst den Thron eines Maya-Herrschers zierte. Der **Maya-Codex** in der letzten Sektion, auch Codex Tro-Cortesianus oder Madrid-Codex genannt, ist eines von weltweit nur vier erhaltenen Exemplaren. Die Bilderhandschrift in Form eines Faltbuchs mit 112 Seiten ist das längste bekannte Dokument dieser Art. Es entstand zwischen dem 13. und 16. Jh. auf der Halbinsel Yucatán. Das Manuskript in Maya-Schrift mit seinen Tabellen und kalendarischen Daten wurde vermutlich für astrologische Weissagungen und die Bestimmung von Zeiten für Aussaat und Ernte oder Opferrituale benutzt.

Avda. Reyes Católicos 6, Metro: L 3, 6 Moncloa, www.culturaydeporte.gob.es/museodeamerica, Di, Mi, Fr, Sa 9.30–15, Do 9.30–19, So, Fei 10–15 Uhr, 3/1,50 €, Do ab 14 Uhr und So gratis, 1.1., 6.1., 1.5., 24.12., 25.12., 31.12 geschl.

⓮ **Museo del Traje:** s. S. 182 , 183

Essen

Vom Frühjahr bis zum Herbst sind die Terrassencafés auf dem ausladenden Bürgersteig des **Paseo del Pintor Rosales** 1 ein ruhiger, naturnaher Platz, wo man genussvoll pausieren und etwas trinken kann.

Asturische Sidra

2 **Casa Mingo:** Im weiten, hohen Raum, einst eine Lagerhalle, machte schon 1888 ein Apfelweinlokal *(sidrería)* auf. Es spendete den zugewanderten Asturern in dieser Stadtgegend Trost und Heimatgefühl. *Sidra* ist eine nordspanische Spezialität. Im rustikalen Speisesaal werden v. a. asturische Speisen serviert: *Fabada* (Eintopf von weißen Bohnen), *Queso de Cabrales,* der dem Roquefort ähnelt, in *sidra* gegarte Paprikawurst. Die *sidra* gießt man aus Schulterhöhe in große, dünnwandige Gläser, damit sie ihr Aroma voll entfaltet.

Paseo de la Florida 34, Metro: L 6, 10, R Príncipe Pío, T 915 47 79 18, www.casamingo.es, tgl.11–24 Uhr, €

Sterneküche für alle

3 **Madrí Madre:** Gleich um die Ecke der Plaza de España eröffnete der baskische Sternekoch Martín Berasategui dieses Lokal in einem modernen, hellen Raum. Statt unerschwinglicher Mehrgänge-Degustationsmenüs verfolgt er hier das klassische Konzept einer spanischen oder baskischen Taverne: das Durchprobieren in kleinen Portionen *(pinchos)*. So macht es Spaß, baskische High-Level-Gastronomie

kennenzulernen. Schon die *Croquetas de Martín* oder die *Albóndigas MB* (Hackbällchen) lohnen den Stopp.

Calle de Ferraz 8, T 914 25 00 88, https://www.madrimadre.com/, Metro: L 2, 3, 10 Plaza de España, L 3 Ventura Rodríguez, Mi–So 13–16, 20–24 Uhr, €€

Wunderbare Weine

4 **Entrevinos:** Das Augenmerk gilt guten Weinen, auch ungewöhnlichen Tropfen – zu dezenter Musik. Dazu bietet das unprätenziöse Lokal eine kurze, ausgewählte Menükarte, die sich von den allgemeinen Tavernenstandards abhebt.

Ferraz 36, Metro: L 3 Ventura Rodríguez, L 2. 3, 10 Plaza de España, T 915 48 31 14, www.entrevinos.net, tgl. 13–17, 20–24 Uhr, Aug. geschl., €–€€

Zum Durchprobieren gut

5 **Mercado de Vallehermoso:** Die Markthalle von 1931 befindet sich im Nachbarviertel Chamberí. Neben Ständen mit Gemüse, Obst, Käse oder Wurst verköstigen traditionelle Tavernen und Restaurants mit Küchen aus aller Herren Länder ihre Gäste. Bei **Washoku** (www.washoku.es) bekommen Sie japanische Speisen, und wenn Sie scharf Gewürztes mögen, stoppen Sie an der **Kitchen 154** (www.kitchen154.com).

Vallehermoso 36, Metro: L 2 Quevedo, https://mercadovallehermoso.es, Mo–Do 9–23, Fr, Sa 9–24, So 12.30–17 Uhr, Esslokale schließen teils am Nachmittag, €–€€

Tapas so wie früher

6 **Casa Manolo:** Bereits in der dritten Generation öffnet dieser Familienbetrieb schon zum Frühstücken, ab dem späten Vormittag stehen Tapas und *raciones* bereit, und mittags gibt es ein Menü, Hausmannskost vom Besten.

Princesa 83, Metro: L 3, 6 Moncloa, T 915 44 12 22, www.manolorestaurante.com, Mo–Fr ab 7, Sa, So ab 9.30 geöffnet, Küche 13.30–16.30, 20–20.30 Uhr, €–€€

Einkaufen

Haupteinkaufsstraße ist die **Calle de la Princesa** mit vielfältigen Geschäften und Filialen der Kaufhauskette **El Corte Inglés** 1 (Princesa 41, 47, 56) oder von **Zara** 2 (Princesa 58).

Ethisch-ökologisch

3 **The Circular Project Shop:** Kreislaufwirtschaft statt Wegwerfgesellschaft, dieser Idee fühlen sich der kleine Laden und die Lieferanten verpflichtet. Kleidung, Accessoires, Schmuck und Geschenke stammen aus ökologischer und nachhaltiger Produktion. Auch den Designern und Kunsthandwerkern ist der Natur- und Umweltgedanke wichtig.

Ventura Rodríguez 22, Metro: L 2, 3, 10 Plaza de España, www.thecircularproject.com, Di–Sa 10.30–14, 17–19.30 Uhr

Bewegen

Im Flug über Madrid

1 **Teleférico:** Die Kabinenlifte starten an der Talstation unterhalb des Paseo del Pintor Rosales und schweben 2,5 km weit auf die andere Seite des Río Manzanares. Großartig ist der Blick über die Stadt, den Fluss und die flussnahen Parkareale aus luftiger Höhe. Auf der anderen Seite steigt man in der Casa de Campo aus: Das einstige Jagdgebiet der Könige ist ein beliebtes Ziel an Wochenenden (s. Tour S. 186 und S. 189).

https://teleferico.emtmadrid.es, März–Okt. tgl. ca. 12 bis Sonnenuntergang, sonst Sa, So, Fei 11–18 Uhr, 4–6 €

Ausgehen

Ein unterhaltsamer Ort

1 **Gran Teatro Caixabank Príncipe Pío:** Die frühere Eingangshalle des

Monumental und strikt funktional wurde die Pharmazeutische Fakultät gebaut. Nordamerikanische Campus dienten wohl als Vorbild. 1936 stand sie, musste aber nach dem Bürgerkrieg wiederaufgebaut werden.

Príncipe-Pío-Bahnhofs ist jetzt die Bühne für ein buntes Unterhaltungsprogramm: Konzerte, Musicals, Theater. Auch auf der großen Terrasse finden Partys und Events statt, und hier trifft man sich, um etwas zu trinken.

Cuesta de San Vicente 44, Metro: L 6, 10, R Príncipe Pío, www.laestacion.com, tgl. 10–24/1 Uhr

Tempel der Livemusik

2 Galileo Galilei: Seit Jahrzehnten bereichert das Galileo Galilei das Nachtleben mit einem ambitionierten Programm. Was hier an Livemusik geboten wird, gehört zum Besten in Madrid. Auch Theater und Kabarett.

Galileo 100, Metro: L 3, 6 Argüelles, L 2 Canal, www.salagalileogalilei.com, tgl. 20–1 Uhr, Eintritt bei Konzerten und Kulturevents ab 12 €, s. Programm auf der Website

Ciudad Universitaria

B–F 6–9

Eine Stadt fürs Studium

Die **Universidad Complutense** ist mit über 70 000 eingeschriebenen Studenten Spaniens größte Universität und eine der größten Europas. Das Gelände ist weitläufig, ein riesiges Areal der Forschung und Lehre. Zwischen den Fakultäten finden sich Studentenwohnheime, Sportanlagen und Grünareale. Vielleicht wird der Campus schon deswegen Stadt *(ciudad)* genannt, Madrids Universitätsstadt (s. Tour S. 180, dort auch Karte).

Schon unter Alfons XIII. plante man diese Uni, doch wurde sie erst in der

TOUR
Durch den Campus der Universität

Radtour von der Plaza de España zur Ciudad Universitaria

Infos

B–F 6–9

Start:
Plaza de España oder Metrostation Moncloa

Länge:
ca. 10 km, ca. 4–5 Std.

Radverleih:
Trixi Bike Rental & Tour, s. S. 77; Bike Spain Tours, Plaza de la Villa 1, (Calle del Codo), https://madrid.bikespain.com.

Real Jardín Botánico Alfonso XIII:
www.ucm.es/jardinbotanico, 8.30–18/19.30, Juni, Juli 8–14 Uhr, im Aug. geschl.

Las Noches del Botánico:
Im Juni und Juli werden gegen Abend Sommerkonzerte in dem botanischen Garten auf dem Campus veranstaltet, Jazz, Funk, Flamenco, Latin, Rock …

Der eigentliche Radweg zum Uni-Campus beginnt nahe der **Metrostation Moncloa.** Dorthin gelangen Sie von der Innenstadt bzw. von der Plaza de España, indem Sie die Calle de Ferraz nehmen. Alternative: die breiten Bürgersteige an der Westseite der Parallelstraße Paseo de Pintor Rosales und des Paseo de Moret. An der Metrostation Moncloa überqueren Sie an der Ampel die von rechts kommende Calle de la Princesa. Auf der anderen Seite beginnt eine kleine Straße, durch die Sie zur Calle Arcipreste de Hita kommen und nach links zur Einmündung der Straßen Isaac Peral und Fernández de los Ríos. Ein weiteres Mal geht es über eine Ampelkreuzung und dann direkt auf den Radweg zur Uni.

Nun radeln Sie stadtauswärts am **Faro de Moncloa** ⓫ (s. S. 173) und dem **Museo de América** ⓭ (s. S. 177) vorbei. Der Weg mündet an einem Kreisverkehr in die **Avenida Complutense,** die Hauptstraße des Campus. Rechter Hand passieren Sie das interessante Gebäude der Medizinischen Fakultät. Hinter dem botanischen Garten **Real Jardín Botánico Alfonso XIII** teilt sich die Avenida Complutense und führt in einem großen Bogen um Sportanlagen herum. Auf dem Rückweg passieren Sie die Juristische sowie die Philosophische und Philologische Fakultät, deren rationalistischer Baustil das Vorbild für spätere Campus-Gebäude war.

Bleiben Sie auf der Avenida Complutense, bis Sie die Fakultät für Medienwissenschaften passiert haben, und nehmen Sie dann den Weg vor der **Casa del Estudiante** nach rechts bergab. Vor dem Haus würdigt übrigens ein Monument den Einsatz der Internationalen Brigaden im Spanischen Bürgerkrieg bei der Verteidigung Madrids gegen die Faschisten. Sie sind nun auf der Calle Arquitecto López Otero, die nach dem Hauptarchitekten des Campus benannt wurde, und steuern auf eine Unterführung unter der A-6 hindurch zu.

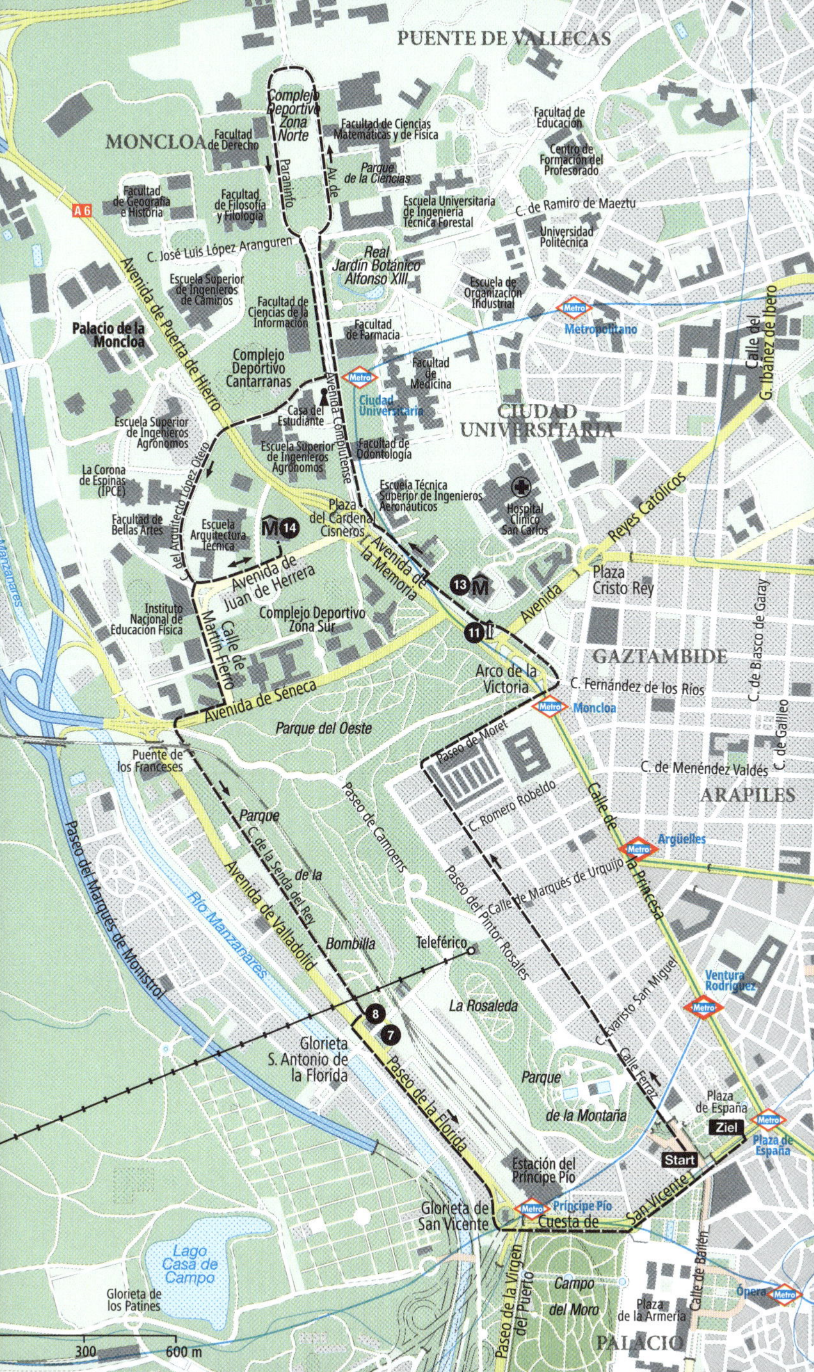

PUENTE DE VALLECAS
MONCLOA
Complejo Deportivo Zona Norte
Facultad de Derecho
Facultad de Ciencias Matemáticas y de Física
Facultad de Educación
Centro de Formación del Profesorado
Paraninfo
Av. de
Parque de la Ciencias
Facultad de Geografía e Historia
Facultad de Filosofía y Filología
Escuela Universitaria de Ingeniería Técnica Forestal
C. de Ramiro de Maeztu
Universidad Politécnica
A 6
C. José Luis López Aranguren
Real Jardín Botánico Alfonso XIII
Escuela Superior de Ingenieros de Caminos
Facultad de Ciencias de la Información
Escuela de Organización Industrial
Metropolitano
Palacio de la Moncloa
Facultad de Farmacia
Avenida de Puerta de Hierro
Complejo Deportivo Cantarranas
Facultad de Medicina
Calle del G. Ibáñez de Ibero
Ciudad Universitaria
CIUDAD UNIVERSITARIA
Casa del Estudiante
Avenida Complutense
Escuela Superior de Ingenieros Agrónomos
Facultad de Odontología
La Corona de Espinas (IPCE)
C. del Arquitecto López Otero
Escuela Técnica Superior de Ingenieros Aeronáuticos
Hospital Clínico San Carlos
Reyes Católicos
Facultad de Bellas Artes
Escuela Arquitectura Técnica
Plaza del Cardenal Cisneros
Avenida de la Memoria
Plaza Cristo Rey
Avenida de Juan de Herrera
Avenida
Calle de Martín Fierro
Instituto Nacional de Educación Física
Complejo Deportivo Zona Sur
GAZTAMBIDE
C. de Blasco de Garay
Arco de la Victoria
C. Fernández de los Ríos
Moncloa
Avenida de Séneca
Parque del Oeste
C. de Galileo
Paseo de Moret
Puente de los Franceses
C. de Menéndez Valdés
ARAPILES
C. Romero Robeldo
Parque
Paseo de Camoens
Argüelles
C. de la Senda del Rey
de la
Calle de Marqués de Urquijo
Calle de la Princesa
Paseo del Pintor Rosales
Avenida de Valladolid
Río Manzanares
Bombilla
Teleférico
Paseo del Marqués de Monistrol
Ventura Rodríguez
La Rosaleda
C. Evaristo San Miguel
Glorieta S. Antonio de la Florida
Paseo de la Florida
Parque
Calle Ferraz
Plaza de España
de la Montaña
Ziel
Plaza de España
Start
Estación del Príncipe Pío
Glorieta de San Vicente
Príncipe Pío
Cuesta de
San Vicente
Lago Casa de Campo
Paseo de la Virgen del Puerto
Campo del Moro
Plaza de la Armería
Calle de Bailén
Ópera
Glorieta de los Patines
PALACIO
300
600 m
Metro

Lesetipp: »Nacht der Erinnerungen« von Antonio Múñoz Molina. In dem Roman spielt einer der Architekten der Universitätsstadt in der Zeit des beginnenden Bürgerkriegs die Hauptrolle. Manuel Sánchez Arcas, im Roman Ignacio Abel, ging später ins Exil und starb in der DDR. Ein toller Gesellschafts- und Zeitroman.

Dahinter sehen Sie bald die ›Dornenkrone‹. Diese **Corona des Espinas** ist ein uriger Beton-Rundbau aus den 1970er-Jahren, in dem Pedro Almodóvar Teile seines Filmes »La Piel que habito« (»Die Haut, in der ich wohne«) drehte. Das Gebäude ist Sitz des Instituts für Spanische Kultur (IPCE). Anschließend passieren Sie die **Fakultät der Schönen Künste.**

Bevor Sie sich an der Ampel geradeaus halten, empfehlen wir einen Abstecher nach links zum **Museo del Traje** ⓮ (s. S. 183), zumal das dortige Café zu einer Pause einlädt. Dann setzen Sie Ihren Weg in der Calle Martín Fierro fort, die auf die Avenida de Séneca stößt. Hier geht es nach rechts bis zur Fußgängerampel, an der Sie die Straße queren. Auf der anderen Seite beginnt bei den Bögen des 1862 von Franzosen gebauten **Puente de los Franceses,** auf dem die Züge den Río Manzanares queren, ein Radweg. Er heißt **Calle de la Senda del Rey** und erinnert daran, dass dies einst der Verbindungsweg vom Schloss zur königlichen Residenz in El Pardo war. Die gut mit dem Rad zu befahrende Piste durchquert den gesamten **Parque de la Bombilla.** Es heißt, der Hofmaler Francisco de Goya habe hier gelegentlich unter einem alten Baum gesessen und gemalt. Am Ende erreichen Sie die Zwillingskapellen **Ermita de San Antonio de la Florida** ❽ und **Panteón de Goya** ❼ (s. Lieblingsort S. 176), wo dieser Künstler sein Grab hat.

Der Puente de los Franceses entstand für die Eisenbahn.

Nun folgen Sie dem Paseo de la Florida bis zur Glorieta de San Vicente. Alternativ können Sie den Río Manzanares gegenüber den Kapellen queren und dann den Uferweg bis zum Puente del Rey nehmen. So erreichen Sie ebenfalls die Glorieta de San Vicente. Dann folgen Sie dem Radweg an der rechten Seite der Cuesta de San Vicente hügelauf und durch die Straßenunterführung, bis Sie auf der Plaza de España ankommen.

Zeit der Zweiten Spanischen Republik realisiert – ganz dem republikanischen Geist verpflichtet. Gerade hier tobte dann in den 1930er-Jahren der Bürgerkrieg, viele Gebäude wurden zerschossen oder zerbombt; es dauerte Jahrzehnte, bis sie wieder hergerichtet waren, sodass sich die Universitätsstadt heute als buntes, interessantes architektonisches Stilgemisch zeigt.

Museum

Die Welt der Mode

⓮ **Museo del Traje:** Ein anregender Ausflug in die Welt der Mode und schon wegen des markanten Gebäudes aus den 1970er-Jahren, umgeben von schönen Gartenanlagen, lohnt er. Der Rundgang durch die Geschichte der Kleidungssitten bis zur heutigen Haute Couture ist didaktisch ansprechend aufbereitet und macht Spaß. Zu einer Pause nach dem Besuch lädt das Museumscafé mit einer Außenterrasse ein, ein Ableger des **Café de Oriente** (s. S. 106).

Avda. Juan de Herrera 2, Metro: L 3, 6 Moncloa, L 6 Ciudad Universitaria, www.culturaydeporte.gob.es/mtraje, Di–Sa 9.30–19, So, Fei 10–15 Uhr, 3/1,50 €, Sa ab 14 Uhr und So gratis

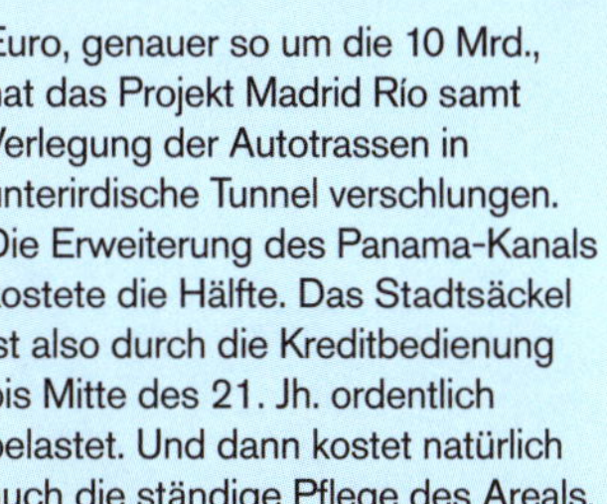

E

EIN PAAR MILLIARDEN ...

Euro, genauer so um die 10 Mrd., hat das Projekt Madrid Río samt Verlegung der Autotrassen in unterirdische Tunnel verschlungen. Die Erweiterung des Panama-Kanals kostete die Hälfte. Das Stadtsäckel ist also durch die Kreditbedienung bis Mitte des 21. Jh. ordentlich belastet. Und dann kostet natürlich auch die ständige Pflege des Areals, nämlich pro Monat rund 1 Mio. €. Wir wünschen der Stadt Madrid ordentliche Steuereinnahmen!

Madrid Río und Casa de Campo

C–J 13–19, Tourenkarte S. 187

Im Rahmen des Stadtentwicklungsprojekts **Madrid Río** wurde das Areal rund um den Manzanares bis zum Jahr 2012 neu gestaltet. Die Stadtautobahn M-30, auf der dicht an beiden Ufern entlang der Verkehr brauste und die eine Barriere zwischen dem Zentrum und den Wohnvierteln auf der anderen Flussseite bildete, hat man in kilometerlange unterirdische Tunnel verlegt. Seither hat sich die Stadtlandschaft wohltuend verändert.

Denn auch die **Casa de Campo,** mit 1700 ha nach dem königlichen Areal von El Pardo das zweitgrößte Waldgebiet der Metropole, scheint durch die Beseitigung der mehrspurigen Asphalttrassen näher an die Stadt gerückt. Die inzwischen begrünten Uferzonen bieten den Madrilenen mit Spazier- und Radwegen, Spiel- und Sportplätzen sowie zahlreichen Café-Kiosken großzügige Freizeitareale.

Eines hat sich nicht geändert: Der Manzanares ist ein harmloses Gewässer geblieben. Aber es hat sich wohltuend erholt. Auf kleinen Sandinseln wachsen inzwischen wieder Büsche, die das Revier von Wasservögeln sind. Interessant ist das Dutzend neuer Fußgänger- und Fahrrad-Übergänge, teils Ikonen von Madrid Río. Casa de Campo und Madrid Río lassen sich gut mit dem Rad erkunden (s. Tour S. 186). Das sehr inspirierende Kulturzentrum Matadero Madrid (s. S. 185), das sich in Flussnähe befindet, lässt sich darin perfekt einbinden.

Der Puente del Matadero quert den Fluss bei den neomaurischen Schlachthofhallen von Matadero Madrid. Deren Umnutzung als Kulturzentrum ist gelungen. Der Hauch eines entspannten, alternativen Flairs umweht die Konzerte, Theater- und Filmaufführungen …

Unsere Jungfrau vom Hafen

Das vielgliedrige Kirchlein **Ermita de la Virgen del Puerto** ❶ baute Madrids Barockarchitekt Pedro de Ribera 1718. Der Auftrag lautete damals: die Gegend unterhalb des Schlosses Richtung Manzanares schöner machen, samt der nach der Jungfrau benannten Straße. Sie war jahrhundertelang Anfang September Ziel einer Wallfahrt und eines Volksfestes, der Fiesta de la Melonera (*melón* = Melone). Es war die Zeit, in der frisch geerntete Melonen an den Ständen anlässlich der *fiesta* verkauft wurden. Das Fest gibt es noch, aber es wurde nach Arganzuela verlegt. Bis heute nutzen die Madrilenen die Kirche gern als Hochzeitskapelle.

Paseo de la Virgen del Puerto s/n, Messen Do 18, im Sommer 19, Fr, Sa 19 bzw. 20, So 11, 12 Uhr

Alte und neue Brücken

Puente del Rey ❷ heißt die 1816 auf Geheiß von Fernando VII errichtete ›Königsbrücke‹ über den Manzanares. Ein Stück weiter südlich quert die älteste Steinbrücke Madrids den Fluss: Den **Puente de Segovia** ❺ schuf der von Philipp II. beauftragte Renaissancearchitekt Juan de Herrera bis 1588. Einen hübschen Kontrast dazu bieten die nächsten Brücken, die im Zusammenhang mit dem Projekt Madrid Río geschaffen wurden, darunter eine sich gabelnde Flussquerung. Jenseits der kleinen Flussschleife folgt die dritte historische Steinbrücke, der **Puente de Toledo** ❽. Madrids Barockarchitekt Pedro de Ribera gab ihr 1715 ihr Gesicht. Seit 1735 bergen zwei bogenförmige Nischen in der Mitte die

Steinskulpturen der Stadtpatrone San Isidro Labrador und seiner Frau Santa María de la Cabeza. Und wieder folgen Richtung Süden interessante Neukonstruktionen. Schon wegen des Zusammenspiels von alten und neuen Brücken lohnt eine Radtour entlang des Stadtflusses Manzanares (s. Tour S. 186).

Matadero Madrid ✪

Im alten Madrider Schlachthof *(matadero)* von Legazpi wurden Viehhandel und Schlachtbetrieb Ende der 1980er-Jahre aufgegeben. Sehr authentisch wirken die weiträumigen Hallen des 1921 im neomaurischen Stil errichteten Ziegelsteinkomplexes. Sie wurden zum wohl ambitioniertesten Kulturzentrum der Stadt umfunktioniert: **Matadero Madrid – Centro de Creación Contemporánea** ⓫ (s. auch S. 260). Kultur- und Mußeräume am Fluss: Raum für Theater, Kino und Konzerte, Werkstätten und Proben, Lesungen und Ausstellungen. Die Hallen *(naves)* wurden für das neue Laboratorium der Kultur und Kreativität adaptiert, doch der Charakter der Industriearchitektur blieb erhalten. Einige der beteiligten Architekten gewannen zu Recht Preise.

An allen Seiten befinden sich Zugänge zum Gelände, die meisten Besucher kommen von der Südseite, die am nächsten zur Plaza de Legazpi und der gleichnamigen Metrostation liegt. Gleich hinter dem Eingang steht dort ein alter Wasserspeicher mit dem Namenszug des Kulturzentrums. Eine Pflasterstraße führt über das Gelände und wird an der Ostseite auf ganzer Länge von einer Halle flankiert. In deren Südteil hat hinter der **Cantina** (Kantine) mit einem angenehmen Außenbereich die auf Dokumentarfilme spezialisierte **Cineteca** mit zwei Kinosälen ihren Platz.

Es folgen Werkstätten für Design und visuelle Kunst sowie die für Ausstellungen genutzte **Nave 0**, die sich zusammen mit einer Informationsstelle und Schaltern für den Eintrittskartenverkauf etwa in der Mitte des lang gestreckten Gebäudes befindet. In Nave 0 wurde kaum etwas geändert, es waren mal die dunklen Kühlhäuser des Schlachthofs. Die Schwärze der Wände geht auf einen Brand in den 1990er-Jahren zurück. Der **Intermediae** genannte Bereich nimmt das Zusammenspiel, den Austausch, die wechselseitige Bereicherung von Kultur und Gesellschaft in den Fokus.

Vom Tor bei der **Casa del Reloj** mit dem namengebenden Uhrturm kommend, ist das nördlichste Gebäude rechter Hand die **Casa del Lector** – mit Auditorium, Aula, Lesesaal und Ausstellungsflächen. Sie stößt an die leere, geräumige **Plaza del Matadero,** die für Freiluftevents, Konzerte und Märkte genutzt wird. Der Platz ist so etwas wie das Forum von Matadero Madrid. Zur Flussseite hin liegt **Nave 16** mit 4000 m^2 Ausstellungsfläche und kleinen Räumen für die Unterbringung und freie Entfaltung von Künstlern.

Die **Naves 10, 11, 12** wurden für Theater und Bühnenkunst umgerüstet. In Halle 12 zog das **Café Naves** ein, das wie die Cantina für die Verpflegung auf dem Gelände sorgt und seine Tische und Stühle auch auf dem Matadero-Platz ausgebreitet hat. Die beiden anderen Hallen erhielten den Namen **Naves del Español**, denn ihr avantgardistisches Bühnenprogramm untersteht dem Teatro Español. Die größere **Sala Fernando Arrabal** (Nave 10) fasst 600 Zuschauer, die **Sala Max Aub** (Nave 11) ist für 300 Zuschauer ausgelegt.

Das kreative Ambiente, die Ausstellungen und die Architektur können sehr begeistern und inspirieren. Und wenn Sie schon einmal hier sind, dann könnten Sie auch gleich noch die tropischen Pflanzen und Kakteen im Wintergarten

TOUR
Vom Jagdrevier der Könige zum Schlachthof von Legazpi

Radtour rund um den Stadtfluss Manzanares

Infos

C–J 13–19

Start:
Calle Mayor,
G–H 14

Länge:
gesamt ca.15 km, ohne Abstecher in die Casa de Campo ca. 12 km

Besonderheiten:
Bei der Rückkehr vom Flusstal ins Zentrum geht es ein Stück recht steil hügelan.

Radverleih:
Trixi Bike Rental & Tour, s. S. 77.

Aus der Innenstadt kommend, bietet sich die Calle Mayor als Startpunkt an. Sie ist ab der Puerta del Sol mit einem Radweg ausgestattet. Über die Calle Bailén hinweg fahren Sie an der Krypta der Kathedrale vorbei und dann in Serpentinen recht steil bergab bis zum Paseo de la Virgen del Puerto, wo die **Ermita de la Virgen del Puerto** ❶ steht. An der Fußgängerampel an der Kreuzung mit der Calle Segovia überqueren Sie die Straße, um sich dann Richtung Flussufer zu halten. Nach rechts geht es zur ›Königsbrücke‹, **Puente del Rey** ❷.

Durch die Casa de Campo

Jenseits der Brücke markieren im Halbrund aufgestellte Säulen, die **Puerta del Rey** ❸, den Eingang in die Casa de Campo. Dieses ›Königstor‹ wurde unter Joseph Bonaparte von Juan de Villanueva errichtet. Dann sind Sie im früheren Jagdrevier der Könige und erreichen nach rund 200 m links einen Aussichtspunkt: den **Mirador de la Huerta de la Partida** ❹. Nun radeln Sie auf dem Paseo del Embarcadero geradeaus in die Casa de Campo hinein, folgen dann an einer kleinen Wegkreuzung dem Paseo Azul nach rechts und biegen gleich wieder links ab zum See (Lago). Bei seiner Umrundung, vorbei an all den Lokalen und bei den Madrilenen so beliebten Grillrestaurants, bieten sich wunderbare Blicke auf die Stadt: auf die Hochhäuser der Plaza de España, das Schloss, die Kathedrale und auf die Kuppel von San Francisco El Grande.

Am Manzanares entlang

Zurück am Fluss, geht es auf den neuen Radwegen Richtung Süden. Schnell ist die älteste Steinbrücke Madrids erreicht, der **Puente de Segovia** ❺ von 1588. Die beiden

nächsten Brücken sind neu: Der **Puente Oblicuo** ❻ überspannt auf 150 m Länge den Manzanares, und der **Puente Verde en Y** ❼ gabelt sich in zwei Arme und hat daher die namengebende Y-Form. Jenseits der kleinen Flussschleife stoßen Sie bald auf die zweite alte Steinbrücke, den **Puente de Toledo** ❽. Sie ist ein historisches Urgestein, sodass man ihre Steine berühren möchte. Einen hypermodernen Kontrast dazu bietet die nächste Brücke, der 274 m lange, spiralförmige **Puente de Arganzuela** ❾. Folgen Sie dem Radweg bis zu den Zwillingsbrücken **Puente del Invernadero** und **Puente del Matadero** ❿. Diese Flussquerungen für Fußgänger

Dass sie einen Fluss haben, hatten die Madrilenen schon fast vergessen. Aber das Projekt Madrid Río hat den Manzanares zu neuem Leben erweckt.

Matadero Madrid ⓫: Konzerte und Theater, wo früher Vieh geschlachtet wurde! Ein Ort, an dem man Stunden und Tage und Nächte verbringen möchte.

und Radler haben Bedachungen, die an umgestülpte Boote erinnern. Innen wurden sie vom Madrider Künstler Daniel Canogar mit Mosaikbildern geschmückt, die Menschen aus dem Viertel zeigen. Dann wird **Matadero Madrid ⓫**, der alte Schlachthof von Legazpi, erreicht. Er ist gut für eine Pause.

Zurück zum Puente del Rey

Von **Matadero Madrid** geht es am **Palacio de Cristal de la Arganzuela ⓬** (Wintergarten mit tropischen Pflanzen) vorbei in den **Parque de la Arganzuela ⓭**. Flussnah radeln Sie durch die Grünanlagen, unter den Brücken Puente de Praga sowie Puente de Toledo und der folgenden Straßenbrücke hindurch, um dann den nächsten Übergang auf die andere Flussseite zu nehmen. Am einfachsten – und schönsten – ist es, auf dieser Seite bis zum Puente del Rey zurückzukehren. An dem 1775 von Sabatini errichteten Triumphbogen **Puerta de San Vicente ⓮** beginnt ein Radweg entlang der Cuesta de San Vicente, der hinauf zur Plaza de España und ins Zentrum führt.

Die Metallspirale des Puente de la Arganzuela ist eine der vielen neuen Flussbrücken.

Invernadero del Palacio de Cristal de Arganzuela (tgl. 9/10–14/15 Uhr) direkt hinter der Casa de Reloj an der Nordseite besuch,en, durch den dortigen Parque de la Arganzuela spazieren oder einen Abstecher zum Fluss machen.

www.mataderomadrid.org, Metro: L 3, 6 Legazpi, tgl. 9–22 Uhr. **Ausstellungen, Theater, Kino etc.:** Di–Do 17–21, Fr–So 12–21 Uhr; **Cantina:** Di–So 10–24, im Aug. Di–Fr erst ab 17 Uhr; **Café Naves:** tgl. 10–24 Uhr, im Aug. teils geschl.; **Radverleih Mobeo:** gegenüber der Cantina, www.mobeo.es, Di–So 10–14.30, 16.30–21 Uhr, ab 6 €/Std.

Königliches Jagdrevier **A–D 7–15**

Auf rund 1535 ha Fläche breitet sich die **Casa de Campo** aus, in Blickweite vom Schloss jenseits des Flusses gelegen. Seit der Zeit Philipps II. gingen die spanischen Könige und die noble Gesellschaft in diesem Areal jagen oder suchten Zerstreuung im Grünen. Einige königliche Pavillons und historische Wasserleitungen sind heute nur noch stille Zeugen dieser Zeit. Seit 1931 gehört der größte Park der Stadt mit seinen mediterranen Wäldern und großflächigen Wiesen den Madrilenen, den Frischluftfanatikern, Spaziergängern, Radlern und Sportlern. Für Familien mit Kindern sind der Vergnügungspark **Parque de Atracciones** und der **Zoo** beliebte Sonntagsausflugsziele. Das neuralgische Zentrum der Casa de Campo ist aber **El Lago,** der See.

Nächste Metrostation: L 10 Lago, L 6 Puerta del Ángel

Essen

Am Wasser gibt es Fisch

El Urogallo 1: Das Restaurant liegt an der Westseite des Sees in der Casa de Campo, quasi gegenüber der Stadt. Auf der Terrasse sitzen die Madrilenen gern rund ums Jahr, die Fischgerichte und Meeresfrüchte haben einen guten Ruf. Die bekannten Klassiker der spanischen Küche finden sich ebenso auf der Karte und sind auch als Tapas und *raciones* erhältlich. Ein Ableger des Urogallo liegt am Paseo de la Florida 16.

Paseo de la Puerta del Ángel s/n, Metro: L 10 Lago, T 915 26 23 69, www.elurogallo.es, Mo–Fr 10–23.30, Sa, So 9–23.30 Uhr, €–€€

Entspannung mit Seeblick

La Parrilla del Embarcadero 2: Direkt am See der Casa de Campo, und zwar an der Südseite beim Bootsverleih, isst man Gegrilltes oder Fisch. Mit entspannender Aussicht aufs Wasser. Ein beliebtes Ausflugslokal der Madrider Bevölkerung.

Paseo del Embarcadero s/n, Metro: L 10 Lago, T 914 63 10 24, https://parrillaelembarcadero.com, tgl. 11–1 Uhr, €–€€

Abseits der Trampelpfade

Mercado Tirso de Molina 3: Nur einen Katzensprung vom Fluss entfernt befindet sich diese traditionelle Markthalle, deren Ziegelsteinarchitektur von 1932 nicht zufällig an den Schlachthof erinnert. Marktstände, Tavernen und interessante Restaurants, teils mit Terrasse auf dem Platz, teilen sich das Gebäude. Zu essen gibt es von Tapas bis zu Menüs.

Doña Urraca 15, Metro: L 6 Puerta del Ángel, https://mercadotirsodemolina.es, Mo–Mi 9–20.30, Do–Sa 9–23, So 11–17 Uhr, €

Ausgehen

Eine Nacht am Fluss

La Riviera 1: Fast schon ein Klassiker der Madrider Nächte, unweit des Río Manzanares gelegen. In der Disco gibt es Musik und Tanz aller aktuellen Stilrichtungen, viele Livekonzerte, mehrere Barbereiche und unterschiedliche Ambientes.

Paseo de la Virgen del Puerto s/n, Metro: L 6 Puerta del Ángel, Bus 31 ab Plaza Puerta Cerrada, www.salariviera.com, Fr, Sa und vor Fei 20/23–5/6 Uhr

Salamanca und die Castellana

Das neue Madrid — eine Reise durch mehr als 100 Jahre Stadtgeschichte bis zur urbanen Zukunft im Norden

Seite 193

Paseo de Recoletos

Schick und zum Flanieren schön ist der Boulevard, der Salamanca begrenzt. Im dortigen Café Gijón trafen sich schon vor über 100 Jahren die Schriftsteller der Stadt. Heute sitzt man auch draußen auf der Terrasse angenehm.

Seite 196

Jardines del Descubrimiento

Drei riesige Steinblöcke, von Joaquín Vaquero Turcios bearbeitet, erinnern in den Entdeckungsgärten an jene drei Schiffe, mit denen Kolumbus 1492 nach Westen segelte.

Alles fein und elegant, Läden, Restaurants, Hotels, Wohnungen.

Eintauchen

Seite 197

Milla de Oro

Goldmeile, so wird die untere Calle de Serrano genannt. Es ist die Meile der Haute Couturiers.

Seite 197, 206

Mercado de la Paz

Ein wirklich schöner Markt. In Salamanca sind selbst Obst und Gemüse noch hübscher als in anderen Markthallen.

Seite 200

Castellana-Hopping

Von der Plaza de Cibeles per Bus oder Bike bis zu den futuristischen Wolkenkratzern im Norden.

Seite 201

Madrid Nuevo Norte, CTBA

Am Ende der Castellana und rund um den Bahnhof Chamartín baut Madrid an einer neuen urbanen Zukunft.

Seite 203

Fundación Lázaro Galdiano

Parque Florido nannte der adlige Verleger José Lázaro Galdiano sein Madrider Domizil, das eine der kostbarsten Privatsammlungen ganz Spaniens birgt.

Seite 204

Museo Sorolla

In den Bildern des Malers Joaquín Sorolla taucht man in mediterranes Licht und romantische Szenen am Meer ein. Ein Kleinod ist der Garten seines Madrider Hauses, der liebevoll gestaltet und bepflanzt ist und an andalusische Patios erinnert.

Seite 210

Ausflug nach Chamberí

Chamberí liegt jenseits der bekannten Madrider Szeneviertel, aber es ist ein hochattraktiver *barrio*. Schon wegen der Restaurantmeile Calle Ponzano lohnt der Abstecher per Rad.

Sollen sich doch die Altstadtviertel mit Straßenkunst begnügen, das ist besser als nichts, oder? Aber in Salamanca ist die Kunst echt …

Dies ist das andere Madrid. Das Madrid der Ordnung, Sauberkeit, gepflegten Urbanität. Hier wohnt, wer es sich leisten kann, es ist das Revier des wohlhabenden Bürgertums.

Die neue Metropole

Fein, gediegen, aristokratisch: Der Paseo de Recoletos und das Salamanca-Viertel dokumentieren den Wohn- und Lebensstil von Bourgeoisie, Noblesse und Adel an der Wende zum 20. Jh. Salamanca, das Viertel nördlich der Stadtachse Calle de Alcalá, ist auf dem Stadtplan am gitterförmigen Straßennetz und den rechteckigen Wohnblocks einfach zu identifizieren. Die Gebäude mit schmucken Fassaden, schmiedeeisernen Balkongittern und wuchtigen Holzportalen wurden rund um grüne Innenhöfe errichtet: ein bürgerliches Gegenkonzept zur engen, stickigen Altstadt. In vielen von Gärten umgebenen Villen reicher Industrieller, Bankiers oder Adeliger fanden inzwischen Botschaften ihr repräsentatives Domizil, andere sind als Museen zugänglich, teils mit ausgefallenen Nachlässen von Malern und Privatsammlern wie des Adligen Lázaro Galdiano. Salamanca ist Madrids nobelste Einkaufsgegend, die Läden der renommiertesten spanischen und internationalen Modedesigner finden sich an der *Milla de Oro* (Goldmeile), wie die Calle de Serrano auch genannt wird.

Der Paseo de la Castellana, kurz Castellana, ist die Verlängerung von Paseo del Prado und Paseo de Recoletos. Zwölfspurig, bis zu 110 m breit, durchschneidet er Madrid von Süd nach Nord. An der oberen Castellana baut die Stadt mit hypermodernen Bürotürmen an ihrer Zukunft. Das AZCA-Zentrum prägen moderne Bürotürme und noch weiter im Norden streben die 250-Meter-Türme des CTBA-Areals himmelwärts. Das neueste Stadterweiterungsprojekt heißt Madrid Nuevo Norte: Ein neues nachhaltiges Viertel über den Schienensträngen des Chamartín-Bahnhofs ist geplant.

ORIENTIERUNG **O**

Cityplan: S. 195
Reisekarte: **K–L 6–11,** **Karte 2, K–L 1–6** (Nordabschnitt des Paseo de la Castellana)
Ankommen: Metro L 2 Banco de España oder L 4 Colón für den Paseo de Recoletos mit Entdeckungsgärten und Archäologischem Nationalmuseum, L 4 Serrano für einen Schaufenster- und Shoppingbummel in der Calle de Serrano, L 5 Rubén Darío für das Museengebiet rund um die Glorieta de Emilio Castelar, Bus 27 für die obere Castellana mit AZCA-Komplex und Fußballstadion, L 2 Retiro, L 2, 4 Goya für Calle de Alcalá und L 2, 5 Ventas für die Stierkampfarena

Paseo de Recoletos

K 12–13

Kulturmeile

Wird der Paseo del Prado als Kunstmeile bezeichnet, dann verdient der Paseo de Recoletos den Namen: Kulturmeile. Schon das erste Gebäude an der Ecke zur Plaza de la Cibeles mit ihrem rauschenden Göttinnenbrunnen steht im Zeichen der Kultur. 1992 eröffnete dort im eleganten Palacio de Linares die **Casa de América** ❶ aus Anlass des 500. Jahrestags der Entdeckung dieses Kontinents durch Christoph Kolumbus. Das Amerikahaus dient dem Dialog, dem Verständnis und dem Kulturaustausch zwischen Spanien und Iberoamerika. Vorträge, Ausstellungen, Konzerte, Lesungen finden in dem alten Adelspalast vom Ende des 19. Jh. in attraktiven Räumlichkeiten statt – und sind offen für Publikum, also auch für Sie! Das gilt ebenso für das hauseigene Restaurant Raimunda samt schöner Gartenterrasse und die *cafetería.*

Im luxuriösen Domizil zwei Häuserblocks weiter (Nr. 10), 1846–55 von Narciso Pascual y Colomer im Neorenaissancestil erbaut, ließ es sich der Markgraf von Salamanca gutgehen. Aber nur für kurze Zeit. Er hatte die Federführung beim Bau des nach ihm benannten Nobelviertels Salamanca gehabt und galt seinerzeit als reichster Mann Spaniens. Immobilienspekulation kann auch mal schiefgehen, den Herrn Marqués José de Salamanca y Mayol trieb sie in den Ruin. Das Anwesen ist heute Sitz der **Banco BBVA** ❷ samt ihrer Stiftung, die im Haus gelegentlich Konzerte und Konferenzen organisiert.

Casa de América: Plaza de la Cibeles 2, www.casaamerica.es, Ausstellungen Mo–Fr 11–20, Sa 11–14 Uhr, gratis, Führungen Fr 18, 19.30, Sa, So 11, 12, 13 Uhr, 8/5 € **Restaurant Raimunda:** T 910 88 72 47, tgl. 12.30–1/2 Uhr, €€. **Cafetería D'Mercado:** Mo–Fr 9–17 Uhr, mit Terrasse

Salamanca ist das feine, wohlhabende Madrid. Hier leben die Kunden, die auch bei spanischen Luxusdesignern wie Loewe einkaufen gehen.

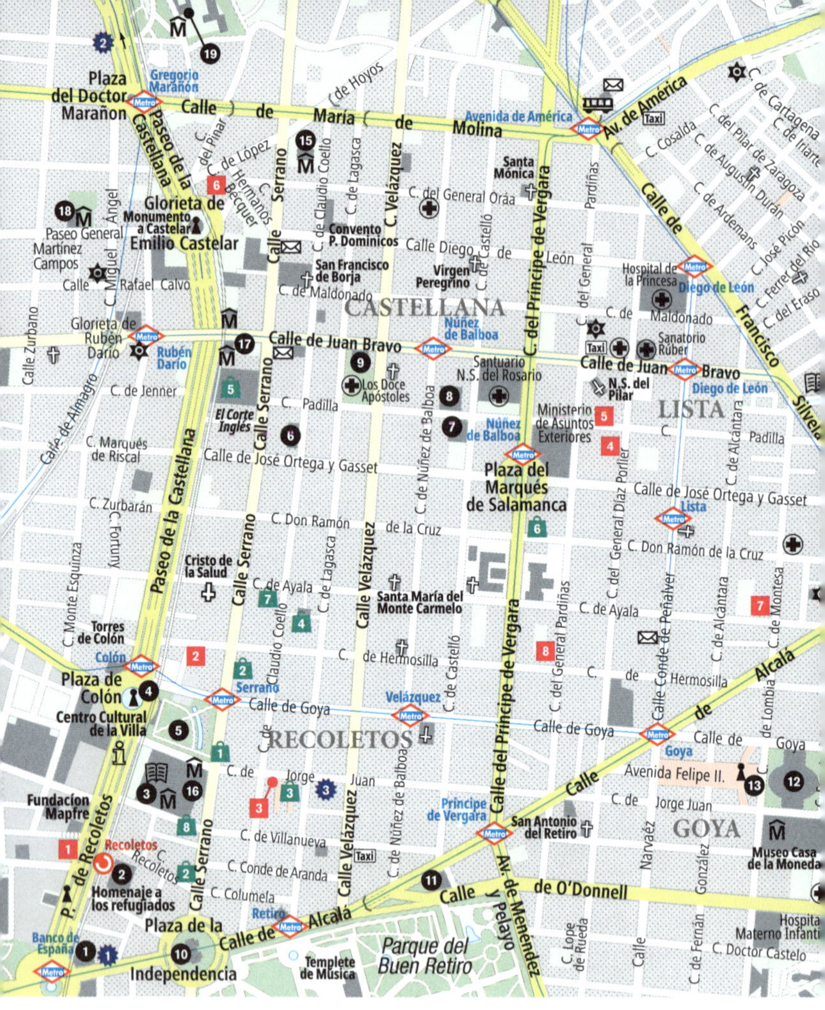

20 Millionen Bücher

Um viel Kultur geht es auch in dem mächtigen Bau am Ende des Paseo de Recoletos. Das zeigen schon die Skulpturen kluger Köpfe, wie Alfons' des Weisen, Lope de Vegas oder Miguel de Cervantes', die den Eingang zur **Biblioteca Nacional** ❸, der Nationalbibliothek, flankieren. Ihre 2 m dicken Mauern hüten einen Schatz von über 20 Mio. Büchern und Schriftzeugnissen, darunter Handschriften mit romanischen Miniaturen, arabische Kalligrafien oder Erstausgaben der Werke von Cervantes. Den Grundstock bildete die 1711 von Philipp V. gegründete Königliche Bibliothek. Das 1866–92 errichtete neoklassizistische Gebäude, das – an der Rückseite – auch das Archäologische Nationalmuseum (s. S. 203) beherbergt, nimmt einen ganzen Häuserblock zwischen Paseo de Recoletos und Calle de Serrano ein. Der gesamte Grund und Boden war 1837 samt

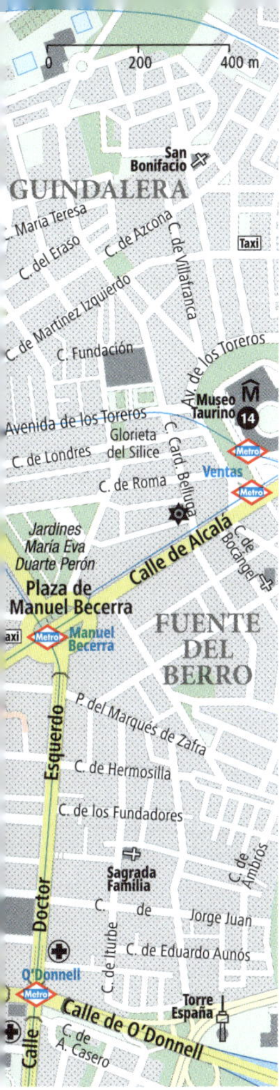

Salamanca und die Castellana

Ansehen

1. Casa de América
2. Banco BBVA
3. Biblioteca Nacional
4. Kolumbusdenkmal
5. Jardines del Descubrimiento
6. Fundación Carlos de Amberes
7. Fundación Juan March
8. Palacio Rafal
9. Palacio de Amboage
10. Puerta de Alcalá
11. Casa Árabe
12. Palacio de los Deportes
13. Dolmen de Dalí
14. Plaza de Toros Monumental de las Ventas
15. Fundación Lázaro Galdiano
16. Museo Arqueológico Nacional
17. Museo de Escultura al Aire Libre de la Castellana
18. Museo Sorolla
19. Museo Nacional de Ciencias Naturales

Essen

1. Café Gijón
2. 99 Sushi Bar
3. Lobito de Mar
4. Taberna Verdejo
5. El Cantábrico
6. BiBo
7. Tres por cuatro
8. La Daniela

Einkaufen

1. Milla de Oro
2. Adolfo Domínguez
3. Callejón de Jorge Juan
4. Mercado de la Paz
5. ABC Serrano
6. Amarcord Store
7. Mantequerías Bravo
8. La Pajarita

Ausgehen

1. The James Joyce Irish Pub
2. Moby Dick
3. Amazónico

einem Augustinerkloster versteigert worden. An die in Klausur *(recoleto)* lebenden Mönche erinnert noch der Name des Paseo de Recoletos.

Paseo de Recoletos 20–22, www.bne.es, Di–Sa 10–20, So 10–14 Uhr, Eintritt frei

Zum Flanieren schön

In der großzügigen Flanierzone an der Westseite des Boulevards steht ein Kunstwerk gegen das Vergessen: die 5 m hohe »Hommage an die Flüchtlinge« des Brasilianers Bel Borda. Einen Häuserblock weiter bedienen Sie im **Café Gijón** 1 und auf seiner Außenterrasse livrierte Ober. 1888 wurde es von einem asturischen Immigranten gegründet. Daneben erinnert ein Denkmal für Ramón del Valle-Inclán an diesen großen Erneuerer des spanischen Theaters und daran, wie gern sich die Madrider Dichter in den Cafés zum Debattieren trafen. An diesen *tertulias* nahm Valle-Inclán selbst bis Ende der 1930er-Jahre gern teil.

Der Kolumbusplatz

Mitten auf der Plaza de Colón steht **Christoph Kolumbus** ❹ als Drei-Meter-Mann hoch oben auf einer Säule, die aus einem neogotischen Sockel herauswächst (1885). Um ihn herum braust der Verkehr. Vielleicht kann ihm das nichts anhaben, er hat schließlich auch so manchen Atlantiksturm überstanden.

Zwei weitere Kunstwerke am Platz strahlen stoische Ruhe aus: Da liegt vom kolumbianischen Maler und Bildhauer Fernando Botero die Frau mit Spiegel. Auf der anderen Straßenseite ist die Stelle, wo bis zu ihrer Versetzung in die Platzmitte die Kolumbussäule stand, für wechselnde Kunstobjekte reserviert. Das drei Mann hohe weiße Frauengesicht »Julia« von Jaume Plensa, aus Marmorstaub und Poliester, machte den Anfang. Das schmale Gesicht mit geschlossenen Augen wirkt wie ein Ruhepol. Und wird von den Madrilenen gemocht. Möge es noch eine Zeitlang hier verweilen dürfen.

Entdeckungsgärten

Der Name der Grünfläche an der Ostseite der Plaza de Colón lautet **Jardines del Descubrimiento** ❺. Damit sind wir wieder bei Kolumbus. 1492 war er mit drei Karavellen und im Dienst spanischer Könige nach Westen gesegelt. Er glaubte, und das war damals revolutionär, die Erde sei rund, also erreiche er Indien auf dem Westweg statt um Afrika herum. Den Kontinent, auf den er traf, hielt er zeitlebens für »Las Indias«. Auf jeden Fall begann in diesem Moment Spaniens Aufstieg zur Kolonialmacht. An die historischen Ereignisse erinnern die riesigen Steinblöcke, die vom Künstler Joaquín Vaquero Turcios bearbeitet wurden: Sie weisen auf jene drei Schiffe hin, mit denen Kolumbus auf seine Reisen gegangen war, und sie stehen deshalb an einem Wasserbecken. Reliefs und Inschriften greifen Ereignisse im Zusammenhang mit der Entdeckung und Eroberung Amerikas auf.

D

DER STECKER IST WEG

An der Plaza de Colón steht ein Hochhausduo von 1969/1979, das vielleicht gar nicht perfekt in diese Umgebung passt. Egal, es war die Zeit, in der Städte Hochhäuser bauten. Die Zwillingstürme mit 23 Stockwerken sind 117 m hoch und heißen **Torres de Colón,** Kolumbustürme, nach dem Platz, an dem sie stehen. Die Madrilenen kannten sie aber nur als *enchufe*. Weil sie 1993 einen gemeinsamen Aufbau bekamen, eine Art Haube, und zwar in Form eines überdimensionalen Steckers mit zwei oben heraustretenden Stiften, wie man sie zur Herstellung einer elektrischen Verbindung nutzt. Das Ding war einzigartig hässlich, zudem grün, aber eine Architekturikone. Jetzt ist der Stecker weg. Dafür gibt es neue Büroetagen, und das auch noch CO_2-neutral.

Salamanca ⚲ L–M 9–11

Salamanca ist das bessere Madrid. Manche Straßenzüge erinnern an vergleichbare Gründerzeit- oder Jugendstilviertel anderer europäischer Metropolen. Wer hier wohnt, gehört zu den betuchteren Bürgern der Stadt. Die Mieten liegen am oberen Ende und pro erworbenem Quadratmeter Wohnraum sind bis zu 12 000 € hinzublättern. Dafür ist Salamanca geordnet, sauber, hübsch, und es finden sich Läden mit den etwas feineren

Typisch Fernando Botero: Die Frau ist, sagen wir mal, üppig. Ihr Spiegel ist winzig. Also kann sie vermutlich nicht selbst sehen, wie hinreißend schön sie ist! Aber alle, die über den Kolumbusplatz kommen, sehen es.

Produkten, ob Lebensmittel, Schmuck, Kleidung oder Interieurs …

Goldmeile der Haute Couture

Gegenüber dem Archäologischen Nationalmuseum präsentiert sich die **Milla de Oro** 1 mit den Nobelläden der Modebranche. Die **Calle de Serrano** ist die Adresse namhafter Designer aus aller Welt sowie der Crème de la Crème der spanischen Modemacher. Hier befinden sich die teuersten Boutiquen der Stadt.

Im zweiten Häuserblock nördlich der Plaza de la Independencia geht es links los mit einem Stadtpalais, in dem **Adolfo Domínguez** 2 stockwerkweise seine Kreationen präsentiert. Gegenüber reihen sich die nobelsten Modegeschäfte aneinander, dazwischen die mallorquinische Schuhmarke **Camper** (Nr. 24) oder der spanische Designer **Loewe** (Nr. 34). Zwei Häuserblocks nordwärts, vorbei an einer Filiale von **Zara** (Nr. 23) und einem weiteren Flagship-Store (Nr. 40) von Adolfo Domínguez, erreicht man **Roberto Verino** (Nr. 33).

Wenn Sie hier einen ausgedehnten Mode- oder Shoppingbummel unternehmen möchten, dann lohnen auch die gehobenen Geschäfte in der Calle Jorge Juan und dem (Sack-)Gässchen **Callejón de Jorge Juan** 3.

Der Markt von Salamanca

Seit 1882 gibt es diesen fast versteckt gelegenen feinen Markt im Herzen des feinen Salamanca, den **Mercado de la Paz** 4 (Markt des Friedens). Auf 3000 m² Fläche werden in der Markthalle frisches Fleisch, Fisch, Gemüse, Obst, Gewürze, Kräuter, Brot und Blumen angeboten – der Bauch von Salamanca. Dazu kommen vielerlei kleine Dienstleister, nicht zu vergessen die Bars und *bodegas*, die für den Hunger zwischendurch die passenden Häppchen bereithalten (s. Lieblingsort S. 206).

Ayala 28, weiterer Eingang an der Calle de Lagasca, Metro: L 4 Serrano, www.mercadodelapaz.com, Mo–Fr 9–20, Sa 9–14.30 Uhr

Konzerte, Kultur, Kunst – Rubens!

Salamanca ist die Adresse etlicher Stiftungen, die sich der Kulturförderung verschrieben haben. Der Schwerpunkt der **Fundación Carlos de Amberes** ❻ liegt auf der niederländischen Kultur. Das Gebäude stammt aus dem Jahr 1876, samt der ehemaligen kleinen Kirche. In ihr hängt eine Preziose von Peter Paul Rubens: »Das Martyrium des hl. Andreas«. Als Kulturzentrum, das intime Ausstellungen und Konzerte organisiert, hat sich die Stiftung einen Namen gemacht.

Die private Stiftung **Fundación Juan March** ❼ hat in ganz Spanien wegen ihrer Ausstellungen und Konzerte einen guten Namen. Juan March war gebürtiger Mallorquiner aus einfachen Verhältnissen, der als Bankier Karriere machte und Reichtümer anhäufte. Den Vorgarten des Hauses schmücken Skulpturen von Eduardo Chillida, Eusebio Sempere, Gustavo Torner und Miguel Berrocal.

Fundación Carlos de Amberes: Claudio Cuello 99, L 5, 9 Núñez de Balboa, www.fcamberes.org, Mo–Fr 10–20, Ausstellungen auch Sa 11–14, 17–20, So 11–14 Uhr
Fundación Juan March: Castelló 77, Metro: L 5, 9 Núñez de Balboa, www.march.es, Mo–Sa, Fei 11–20, So 10–14 Uhr, Eintritt frei

Botschafter im Adelsambiente

Zu den eindrucksvollsten Palästen, die sich spanischer Adel in Salamanca gönnte, zählt der 1914 bis 1919 erbaute **Palacio Rafal** ❽ (Padilla 23). Inzwischen residiert in ihm die belgische Botschaft. Zwei Häuserblocks weiter ist der ebenfalls Anfang des 20. Jh. errichtete **Palacio de Amboage** ❾ (Lagasca 98) die Adresse der italienischen Botschaft. Die neobarocke Riesenvilla (1350 m²) gehörte früher einem Aristokraten, der als ›Indienspediteur‹ *(indiano)* mit dem Kolonialhandel zu großem Reichtum gelangt war.

Paseo de la Castellana

K–L 6–11, Karte 2, L 1–6

Zwölfspurig und bis zu 110 m breit führt die Castellana strikt nach Norden. Der Weg durch diese kilometerlange Stadtachse wird zur Reise durch die Architektur des 20. Jh. Dominieren am unteren Abschnitt noch Gebäude aus der ersten Hälfte des 20. Jh., so wird es immer moderner und höher, je weiter man nach Norden kommt.

Ein Verlagshaus für Shopper

Auf Höhe von Nr. 38 der Castellana ist die Fassade des alten Verlagshauses von ABC/Blanco y Negro (1926) ein Beispiel des sevillanischen Regionalstils in der Hauptstadt. Sehr dekorativ gibt sich der kachelverzierte Ziegelbau, der nun das Einkaufszentrum **ABC Serrano** 5 (Eingang Serrano 61) mit Läden, Bars und Restaurants beherbergt. Als Adresse für einen nächtlichen Cocktail ist die Terrasse oben auf dem Haus beliebt.

Orte der Bildung und Ausbildung

Eine Unterführung und zwei Verkehrsinseln weiter fällt der Blick rechts auf einen Hügel mit dem Komplex von **Naturkundemuseum** (s. S. 205) und Hochschule für Industrieingenieure. Die Kuppel von 1881 ist eine der größten Madrids.

Dahinter liegt die legendäre **Residencia de Estudiantes** (Studentenwohnheim). Sie erlebte in den 1920er- und 1930er-Jahren – bis zur Franco-Diktatur – mit so illustren Studiosi wie García Lorca, Salvador Dalí und Luis Buñuel eine Glanzzeit literarischer und künstlerischer Diskussion. Die ab 1913 errichteten Ziegelsteinpavillons im Neomudéjarstil sind heute ein Kulturzentrum und werden als Gästehaus für Kulturschaffende und Forscher genutzt.

Den **Oleandergarten** pflanzte einst der andalusische Dichter und Nobelpreisträger Juan Ramón Jiménez.
L 8–9, Pinar 21, Bus: 14, 27 Gregorio Marañón, Metro: L 7, 10 Gregorio Marañón, www.residencia.csic.es, Mo–Fr 10–14 Uhr

Wo Minister arbeiten

Auf der anderen Seite der Castellana schließt ein langer Säulengang den massiven Gebäudeblock der **Nuevos Ministerios** zur Straße hin ab. Diese Neuen Ministerien wurden noch unter der Zweiten Republik geplant, jedoch erst in der Franco-Zeit, sprich nach dem Bürgerkrieg, beendet. Tausende Angestellte und Beamte sind dort in den Ministerien für Verkehr und Stadtentwicklung, Arbeit und Soziales, Inklusion, Ökologische Transformation und weiteren Behörden beschäftigt. Die schönen Gartenanlagen können tagsüber frei genutzt werden.
Karte 2, K 7–8, Paseo de la Castellana 63, Metro: L 6, 8, 10 Nuevos Ministerios

Madrids Rockefeller Center

Hinter Politik und Verwaltung – was hier geografisch gemeint ist – folgt ein Wirtschafts-, Finanz- und Geschäftszentrum rund um den **AZCA-Komplex**. Ein bisschen erinnert er an das New Yorker Rockefeller Center, aber er stammt aus den 1990er-Jahren. Die 1988 errichtete **Torre Picasso** mit 43 Etagen und 156 m Höhe ist der auffallendste Wolkenkratzer. Architekt des vertikal gegliederten Avantgardebaus aus Aluminium und Glas – mit einem 16 m hohen Portalbogen – ist der US-Amerikaner mit japanischen Wurzeln Minoru Yamasaki, der auch das zerstörte World Trade Center in New York geschaffen hatte. In dem Büroturm arbeiten rund 4500 Angestellte, die Bevölkerung eines ganzen Dorfes.

Das AZCA-Areal rund die Plaza de Azca, Torre Picasso und den 120 m hohen Büroturm **Torre Europa** zieht mit gastronomischen Angeboten, Bars und Discos viel Publikum an.

Hinter der Puerta de Europa mit ihren beiden schiefen Türmen beginnt das neue Madrid der Wolkenkratzer.

TOUR
Auf dem Rückgrat der Stadt

Castellana-Hopping mit dem 27er oder per Rad

Infos

K 6–13;
Karte 2, K 6–L 1
Start: Plaza de la Cibeles

Die **Castellana** ist wie die Achse des Stadtskeletts, sie zieht sich über 8 km Richtung Norden und ist ein Bilderbuch der Stadtgeschichte des 20. und auch des 21. Jh., denn hoch im Norden baut Madrid an. Der Stadtbus 27 befährt zwischen Paseo del Prado und Plaza de Castilla den gesamten Boulevard. Binnen einer guten halben Stunde pro Weg lernen Sie ihn samt futuristischen Glaspalästen an der oberen Castellana zumindest flüchtig kennen. Mit einem Tagesticket haben Sie die Option, alle paar Hundert Meter aus- und zuzusteigen. Um die Strecke gemütlich per Rad zu machen (Radverleih, s. S. 77), eignen sich die grünen Mittelstreifen, wo allerdings auch Fußgänger unterwegs sind. Ob Abstecher zu etwas abseits gelegenen Museen oder Stopps bei Kunstwerken am Weg – auf praktisch allen Verkehrsinseln an den großen Kreuzungen stehen Denkmäler –, per Rad wird der Radius für eigene Entdeckungen größer.

Versicherungen, Banken, Botschaften, aristokratische Anwesen prägen die untere Castellana. Einen ersten Stopp verdienen die Bildhauerarbeiten des **Museo de Escultura al Aire Libre de la Castellana** **17** (s. S. 204) unter der Straßenbrücke, die Sie passieren, bevor Sie die Glorieta de Emilio Castelar erreichen. Das **Denkmal** in der Verkehrsinsel zeigt den Schriftsteller und Politiker, der ganze vier Monate Präsident der Ersten Republik war. Die überlebte selbst aber auch nur 23 Monate. Nah beieinander liegen unweit des Naturkundemuseums die **Denkmäler für Isabel die Katholische** und die **Spanische Verfassung von 1978.** Dazu gesellt sich auf der Verkehrsinsel »**Die Hand**« von Fernando Botero. 500 kg Bronze stecken in dem properen fleischigen Körperteil.

Weiter geht es entlang von Ministerien, Wirtschafts- und Finanzzentren bis zu den höchsten Wolkenkratzern Madrids jenseits der Plaza de Castilla. Für den Rückweg können Sie auch den Radweg der parallelen Calle Serrano wählen.

Karte 2, K 6, Plaza Carlos Trías Beltrán s/n, Metro: L 10 Santiago Bernabéu, L 6, 8, 10 Nuevos Ministerios

Fußballfans aufgepasst!

An der Castellana rollt der Ball im **Estadio Santiago Bernabéu**, im Stadion des ›Königlichen‹ Fußballclubs Real Madrid. Zwei Jahre lang wurde es erneuert und wirkt jetzt fast futuristisch. Fußballfans wird eine Tour durch das Madrider Stadion Spaß machen. Es fasst gut 80 000 Zuschauer – und wird gelegentlich auch für Konzerte genutzt. Nach Erwerb der Eintrittskarten geht es zur Puerta 28 an der Avenida de Concha Espina und dann zur Besichtigung von Ehrentribüne, Umkleidekabinen, Reservebänken und technischen Anlagen ebenso wie des Spielfelds, des Museums und der Trophäensammlung. Am Ende landet man im Shop von Real Madrid. Von der Terrasse des **Real Café Bernabéu,** Restaurant, Café und Cocktailbar, bietet sich ein Panoramablick über das Stadion.

Karte 2, L 5/6, Paseo de la Castellana s/n, Metro: L 10 Santiago Bernabéu, www.realmadrid.com/tour-bernabeu, Mo–Sa 9.30–19, So, Fei 10–18.30, an Spiel- und Folgetagen kürzer, 25.12. und 1.1. geschl., Besichtigung 28/25 €, Kinder von 4–14 Jahren 18 €, Tickets gibt es an Schalter 10 (*taquilla* 10) oder online (günstiger)

Ein Tor nach Europa

Das Markenzeichen der Plaza de Castilla ist die **Puerta de Europa** (Torres KIO), zwei Glastürme, die sich über der Ausfallstraße nach Norden – als sei ihr einziger Zweck, der Statik ein Schnippchen zu schlagen – einander zuneigen und so das ›Tor nach Europa‹ symbolisieren.

Karte 2, L 2, Metro: L 1, 9,10 Plaza de Castilla

Madrid Nuevo Norte

Noch weiter nordwärts hat Madrid an der Castellana weitere Symbole der Architektur des 21. Jh. und eine futuristische Skyline erhalten. Wo sich einst das Trainingsgelände des Fußballclubs Real Madrid befand, streben die ersten richtigen Skyscraper Madrids himmelwärts. Bekannt sind sie als **CTBA** (Cuatro Torres Business Area), doch haben die ursprünglich vier *(cuatro)* namengebenden Türme Zuwachs bekommen. Es sind fünf *(cinco)*. Knapp unter 250 m erreichen die Torre Cepsa von Norman Foster und die tatsächlich wie ein geschliffener Kristall aussehendeTorre de Cristal, auf der hoch oben ein Garten angelegt wurde. Es sind die beiden höchsten Gebäude Madrids und Spaniens. Die anderen Wolkenkratzer sind die Torre Espacio und die Torre PwC, in der sich das Hotel **Eurostars Madrid Tower** eingerichtet hat. Der Jüngste im Bunde heißt Torre Caleido.

K

KULTUR IM WASSERSPEICHER

Wasser ist die Quelle des Lebens und ein Kulturgut, der nachhaltige Umgang damit eine Überlebensfrage der Menschheit. Welcher Ort könnte besser für Aufklärung rund um das Thema geeignet sein als ein alter Trinkwasserspeicher? Aus einer unterirdischen Zisterne mit Ziegelsteinbögen, 2500 m² groß, kam einst das Wasser für die Stadt. Sie war als Speicher Nummer vier Teil des Canal de Isabel II. Jetzt gehört der Speicher zur **Fundación Canal.** Die Räume werden für Vorträge, Ausstellungen und Konzerte genutzt, und die Grünanlagen laden zu Spaziergängen ein.

Karte 2, L 3, Calle Mateo Inurria 2 / Paseo de la Castellana 214, Metro: L 1, 9, 10 Plaza de Castilla, www.fundacioncanal.com, Mo–Sa, Fei 10/11–20/21 Uhr, Di, Mi nachmittags sind einzelne Ausstellungsbereiche geschl.

Das nächste große Bauprojekt in dieser Gegend hat ganz andere Dimensionen: Madrid Nuevo Norte entsteht quasi über den jetzigen Schienensträngen, die vom Hauptbahnhof Chamartín nach Norden streben. Geschäfts- und Büroviertel, mehr als 10 000 Wohnungen und ebenso Freizeitanlagen sollen entstehen – ein Stadtentwicklungsprojekt mit Nachhaltigkeitsanspruch und Beschäftigung für die Baubranche bis zur Jahrhundertmitte. Der **Hauptbahnhof Madrid Chamartín-Clara Campoamor** östlich des CTBA wird in diesem Zusammenhang komplett umgebaut und als Schaltstelle des öffentlichen Verkehrs samt Anbindung an Schnellzugstrecken neu gestaltet.

Karte 2, M 1/2, Metro: L 1, 10 Chamartín

Calle de Alcalá

L–P 10–13

Von der Plaza de la Cibeles führt die Calle de Alcalá über die Plaza de la Independencia mit dem Triumphbogen **Puerta de Alcalá** ⑩ (s. S. 47) hinweg nach

Der Triumphbogen in der Calle de Alcalá ist eine Lobpreisung Karls III.

Osten. Der Name zeigt den Weg zu der Stadt an, in der Schriftsteller Miguel de Cervantes geboren wurde (s. S. 224). Es ist auch der Weg zur Stierkampfarena.

Brücke zwischen den Welten

In der Spitzkehre von Calle de Alcalá und Calle de O'Donnell steht ein Ziegelbau mit auffälligem Turm im Neomudéjarstil. Seit 2008 befindet sich hier die **Casa Árabe** ⑪, ein Institut, das sich dem Studium der arabisch-islamischen Welt widmet und sich als Brücke zwischen Spanien und Arabien versteht. Es gibt Ausstellungen von Künstlern und Künstlerinnen aus den mehr als 20 arabischen Ländern zwischen Maghreb und Persischem Golf.

Alcalá 62, Metro: L 2 Retiro, www.casaarabe.es, Ausstellungen tgl. 10–20 Uhr, Gastronomie/Außenterrasse Mo–Do 20–0.30, Fr 17–0.30, Sa, So 13–0.30 Uhr

Dalís Dolmen

Der **Palacio de los Deportes** ⑫ (Sportpalast) ist eine Arena, die nicht zuletzt für große Livekonzerte genutzt wird. Davor steht seit 1986 der **Dolmen de Dalí** ⑬. Die Skulptur Salvador Dalís, drei Jahre vor seinem Tod entstanden, ist eine Hommage an Isaac Newton sowie an Dalís Frau Gala. Sie besteht aus einem Dolmen aus 13 m hohen Granitsteinen, die Newton als stilisierte Bronzestatue beschirmen und rahmen.

Avda. Felipe II, Metro: L 2, 4 Goya, L 6 O'Donnell

Sie wollen zum Stierkampf?

Es ist Stierkampf und niemand geht hin? Ganz so weit ist es noch nicht, die Madrider Stierkampfszene, die *aficionados,* treffen sich noch in der 1931 eingeweihten **Plaza de Toros Monumental de Las Ventas** ⑭. Die Ränge dieses runden Ziegelsteinbaus mit Verzierungen im Neomudéjarstil fassen 23 000 Zuschauer. Der Stierkampf ist natürlich auch in Spanien ein Streitthema. Aber eine *Tauro Tour* durch die Anlage ist interessant (Führungen auf Spanisch und Englisch). Das angeschlossene **Museo Taurino** bietet eine Fülle an Trophäen und Erinnerungen an berühmte *corridas* und *toreros*.

Alcalá 237, Metro: L 2, 5 Ventas, www.lasventastour.com, tgl. 10–17.30/18.30, an Stierkampftagen bis 3 Std. vor der Corrida, Museum bis 15 Uhr, 16/13/7 € inkl. Audioguide

Museen

Verleger und Kunstsammler

⑮ Fundación Lázaro Galdiano: Es ist ein stattliches Anwesen, eingefasst von einem hübschen Landschaftsgarten, das sich der Verleger José Lázaro Galdiano in Madrid erbauen ließ und 1908 bezog. Galdianos Liebe galt der Kunst, er wurde zum leidenschaftlichen Sammler. Als er 1947 starb, vermachte er dem Staat seinen Nachlass samt Privatmuseum.

Es sind die Intimität des Rahmens und das Gefühl der Privatheit, die im Museum überraschen. Luxuriös ist das Innere des Palastes. Unter den Schritten knarren Holzfußböden, Intarsienarbeiten und Kassettendecken, Stuck und Fresken schmücken die rund um eine Innengalerie angelegten Salons. Zur Fülle des auf drei Stockwerken Zusammengetragenen gehört eine erlesene Gemäldekollektion. Die spanische Malerei im 1. Stock ist durch so hochrangige Künstler wie Juan Carreño de Miranda, Claudio Coello, Zurbarán, Murillo, Ribera, El Greco, Velázquez und Goya vertreten. Von Letzterem besaß der Kunstliebhaber Galdiano rund 20 Werke. Sein Faible galt nämlich neben den Werken des Goldenen Zeitalters just diesem ungewöhnlichen Hofmaler. Die Stiftung gibt bis heute die Kunstzeitschrift Goya heraus. Der 2. Stock präsentiert europäische Malerei, darunter von Adrian Isenbrandt, Lucas Cranach und Hieronymus Bosch (»Heiliger Johannes auf Patmos«). Emaillearbeiten und Elfenbeinplastiken, antike und mittelalterliche Goldschmiedekunst, Stoffe, Waffen, Fächer und Münzen beschließen die Sammlung oben im Haus.

Serrano 122, Metro: L 5 Rubén Darío, L 7, 10 Gregorio Marañón, Bus: 14, 27, www.flg.es, Di–So 9.30–15, 1.1., Karfreitag, Karsamstag, 1. u. 2.5., 15.8., 8.12., 24.12 geschl., 7/4 €, jede letzte Stunde am Tag ist der Eintritt frei

Besuch bei der Dama de Elche

⑯ Museo Arqueológico Nacional: Das Archäologische Nationalmuseum, kurz MAN genannt, wurde ursprünglich 1893 eröffnet. Heute hütet es einen

PARQUE FLORIDO

Parque Florido nannte der adlige Verleger und Schriftsteller José Lázaro Galdiano sein Madrider Domizil – eine Liebeserklärung an seine Frau Paula Florido. Der Palast im vornehmen Salamanca-Viertel, heute ein Museum, birgt eine der reichhaltigsten und kostbarsten Privatsammlungen ganz Spaniens. An den intellektuellen Verlegergeist erinnert das Nebengebäude, in dem Galdiano seinen 1888 in Madrid gegründeten Verlag La España Moderna (Das Moderne Spanien) betrieb. Er gab die gleichnamige Zeitschrift heraus, die Impulse zu einer grundlegenden Erneuerung und Modernisierung des Landes geben wollte. Zugleich verlegte Galdiano die Werke der damals besten spanischen Schriftsteller, etwa Campoamor, Cánovas oder Galdós, er lancierte Übersetzungen von Tolstoi, Dostojewski, Flaubert, Balzac, Ibsen und Zola ebenso wie Aufsätze von Darwin, Schopenhauer oder Nietzsche. Ein Verleger am Puls der Zeit …

Schatz von rund 13 000 Exponaten. Innerhalb der musealen Inszenierung der spanischen Kulturgeschichte von der Steinzeit bis zum 19. Jh. werden einzelne Epochen durch 3-D-Filme und Touchscreens für Besucher zu spannenden Erzählräumen.

Auf der unteren Ebene, wo sich der Eingang und ein Shop befinden, geht es in den Sälen 1–9 um die Vor- und Frühgeschichte seit der Steinzeit. Im 1. Stock folgt die Rekonstruktion der iberischen Kulturentwicklung seit dem 1. Jt. v. Chr. (Säle 10–17), in dem sich Iberien in zwei Einflusssphären teilte: Den Süden und Südosten prägten die mittelmeerischen Handelskontakte mit Phöniziern, Karthagern und Griechen, während in den Nordwesten Keltenstämme eindrangen. Aus dieser Zeit stammen großartige Zeugnisse der iberischen Bildhauerkunst, darunter das weibliche Dreigestirn iberischer Großplastiken, die jeweils nach ihrem südspanischen Fundort benannt sind: Dama de Elche, Dama de Baza und Dama del Cerro de los Santos. Die Dama de Baza (4. Jh. v. Chr.) zeigt noch Reste der ursprünglichen Bemalung. Die Hohlräume in den Figuren deuten auf ihre Verwendung als Urnen hin. Ein Prachtstück ist die Büste der Dama de Elche mit ihren ebenmäßigen Gesichtszügen, dem orientalisch anmutenden Kopfschmuck und einem schwergliedrigen Diadem. Hinzu kommen Stierskulpturen.

Mosaike, Sarkophage, Skulpturen und Haushaltsgegenstände dokumentieren die römische Herrschaft in Iberien (Säle 18–22). Die bedeutendsten Exponate aus der westgotischen Ära sind der Schatz von Guarrázar und derjenige von Torredonjimeno sowie die Votivkrone von König Rekkeswind (7. Jh.).

Das spanische Mittelalter war im Süden durch die Mauren (Araber) und im Norden durch christliche Königreiche geprägt. Aus dieser Zeit versammelt das MAN zahlreiche Beispiele maurischer Bau- und Zierkunst des südspanischen al-Andalus, die sich später im Mudéjarstil fortsetzte. Parallel dazu entstanden in Nordspanien frühromanische Kunstwerke (Obergeschoss). Eine Preziose ist das handgeschnitzte Elfenbeinkruzifix »Crucifijo de don Fernando y doña Sancha« aus dem 11. Jh. Es folgen Exponate aus der Habsburgerzeit, aus der Renaissance und Aufklärung. Ein Trakt ist Ägypten und dem Nubierreich sowie dem antiken Griechenland gewidmet. Ein Zwischengeschoss beherbergt die Abteilung für Numismatik.

Im Vorgarten ist in einem unterirdischen Museumsannex die 1875 entdeckte Höhle von Altamira (Nordspanien) nachgebildet. Ihre Decke zieren rund 150 Tierfiguren. Sie sind die bedeutendsten steinzeitlichen Felsmalereien der Iberischen Halbinsel (2024 geschlossen)..

Serrano 13, Metro: L 2 Banco de España, Retiro, L 4 Serrano, www.man.es, Di–Sa 9.30–20, So, Fei 9.30–15 Uhr, 1.1., 6.1., 1.5., 9.11., 24., 25.12., 31.12. geschl., 3, 1,50 €, Sa ab 14 Uhr, So und für Senioren Eintritt frei

Kunst unter der Straßenbrücke

⓱ **Museo de Escultura al Aire Libre de la Castellana:** Einfach hindurchspazieren zwischen den Werken einiger der besten spanischen Skulpturenkünstler des 20. Jh. Der Ort ist unscheinbar, die Umgebung besteht aus Beton. Kunst unter einer Straßenbrücke über der Castellana, auf der oben die Calle de Juan Bravo und der Paseo de Eduardo Dato ineinander übergehen. Ein Freilichtmuseum moderner Skulptur mit Werken von Eduardo Chillida, Joan Miró, Alberto Sánchez, Pablo Serrano und Julio González zwischen Straßenbeton und Pflastersteinen – das passt.

Paseo de la Castellana 40, Metro: L 5 Rubén Darío, Bus: 27 (hält an Ort und Stelle), immer zugänglich, kein Eintritt

Mediterrane Romantik

⓲ **Museo Sorolla:** Das Anwesen des impressionistischen Malers des Lichtes

Eine weibliche, geflügelte Sphinx bewacht das Archäologische Nationalmuseum. Steht sie für das Rätselhafte und die Unsterblichkeit einer Kultur, die mit so vielen Einflüssen aus dem Vorderen Orient und dem Mittelmeerraum angereichert ist?

wurde 1910 vom Bildhauer und Architekten José María Repullés errichtet. Heute ist es ein Museum. Stimmungsvoll ist der kleine Patio im andalusischen Stil, den Joaquín Sorolla (1863–1923) mehrfach malte. Der Ort ist zum Verweilen schön, Sorolla hatte ein Faible für andalusische Keramik. Im Haus gibt es zwei Stockwerke Sorolla inklusive Atelier mit türkischem Bett und ein paar Skulpturen, die seine Tochter fertigte. Neben den bekannten lichtdurchfluteten mediterranen Strand- und Fischerszenen bereichern Porträts seiner Frau Clotilde, der Schauspielerin Raquel Méller und Selbstbildnisse die umfangreiche Sammlung von Gemälden, Zeichnungen und Skizzen.

Paseo General Martínez Campos 37, Metro: L 5 Rubén Darío, L 7, 10 Gregorio Marañón, http://museosorolla.mcu.es, Di–Sa 9.30–20, So, Fei 10–15 Uhr, 3/1,50 €, Sa ab 14 Uhr, So Eintritt frei, Audioguide 2,75 € (span., engl., frz.)

Achtung: Dinosaurier!

⑲ Museo Nacional de Ciencias Naturales: Auf einer Anhöhe rechts der Castellana liegt das an den verzierten Kuppeln erkennbare Naturkundemuseum (1881–87 errichtet). Der Grundstock der Sammlungen geht auf Philipp IV. und sein Königliches Naturhistorisches Kabinett zurück. Karl III. ließ es zum Museum ausbauen. Die Sammlung umfasst unzählige Fossilien, Mineralien, Wirbeltiere und Wirbellose. Eine Attraktion sind die Wal-, vor allem aber die riesigen Dinosaurierskelette, die gerade auch für Kinder spannend sind. Dank der Zusammenarbeit mit Google Arts & Culture sind auch virtuelle Rundgänge möglich (s. Website).

L 8, José Gutiérrez Abascal 2, Metro: L 7, 10 Gregorio Marañón, Bus: 14, 27 Museo Ciencias Naturales, www.mncn.csic.es, Di–Fr 10–17, Sa, So, Fei 10–20 (Aug. bis 15) Uhr, 1.1., 6.1., 1.5., 25.12. geschl., 7/3,50 €, So 17–20 Uhr, Eintritt frei

Lieblingsort

Die feinste Markthalle Madrids

Luxus wird auch gegessen und getrunken. Das beweist der **Mercado de la Paz** 4 (s. S. 197), der Markt der Reichen im Viertel der Reichen, mittendrin in einem Häuserblock, den die Straßen Claudio Coello, Lagasca, Hermosilla und Ayala einfassen. Vom modernistischen Ursprungsbau ist seit der Renovierung in den 1940er-Jahren nicht viel geblieben. Aber innen punkten rund 50 Stände mit den feinsten Delikatessen und schönsten Auslagen. Alles ist ein bisschen teurer als in anderen Viertelmärkten, dafür ist die Qualität so, wie man es in Salamanca erwartet. Gepflegte Kundennähe, perfekte Warenkenntnis, regionale Bezugsquellen machen den Markt so anhaltend erfolgreich. Auch Madrider Restaurants und zahlungskräftige Touristen aus aller Welt gehen hier shoppen – ein Neuseeländer soll mal 62 000 € auf den Kopf gehauen haben. Die alteingesessenen Titanen unter den Geschäften sind Familienbetriebe. Wie La Boulette, mit 300 Käsesorten, hochwertigsten Schinken und anderen Delikatessen, oder Frutas Mari Carmen, die Fleischerei Las Viandas de Julián, der Fischhändler Pescadería José Ramón oder Dehesa el Milagro mit Bioware vom eigenen Gehöft bei Toledo. Angenehm einfach wirken die kleinen Bars, die an Ort und Stelle satt machen. Zu den Favourites der Marktgastronomie gehören die Casa Dani oder der Italiener Artigiano de la Pasta. Einen fantastischen Ruf haben die Austern von Oh Delice Bistrot Ostrería, da wird es dann wieder luxuriös.
www.mercadodelapaz.com, Mo–Fr 9–20, Sa 9–14.30 Uhr

Essen

Der Treff der Literaten

1 **Café Gijón:** Eine über 100-jährige Institution der Madrider Kaffeehauskultur. Generationen spanischer Intellektueller saßen hier die Stühle blank: Salvador Dalí, Luis Buñuel, García Lorca oder Literaturnobelpreisträger Camilo José Cela kamen hier zu ihren Künstler- und Literatenstammtischen zusammen. Schöne Terrasse auf dem Paseo de Recoletos.

Paseo de Recoletos 21, Metro: L 4 Colón, L 2 Banco de España, T 915 21 54 25, www.cafegijon.com, tgl. 7–1 Uhr, €–€€

Edel japanisch

2 **99 Sushi Bar:** Hier gibt es hochkarätige japanisch-spanische Fusionküche. So bekommen Sie z. B. Gunkan-(Schiffchen-) Sushi mit Alaska-Königskrabbe, Thunfisch-Maki, Sardellen-Nigiri oder Gyoza (Teigtäschchen) mit Wildschweinfüllung, Thunfischtatar mit Kimchi oder Tempura von der Tigergarnele.

Hermosilla 4, Metro: L 4 Serrano, T 914 31 27 15, www.99sushibar.com, Mo–Sa 13.30–16, 21–23.30, So 13.30–16 Uhr, Fei geschl., €€€

Von Marbella nach Madrid

3 **Lobito de Mar:** Ein bisschen Mittelmeer in Spaniens Hauptstadt, so wirbt Dani García für sein Lokal, das ein Ableger seines renommierten Restaurants in Marbella ist. Das passt zu dieser noblen Ecke von Salamanca, wo exklusive Menüs durchaus nachgefragt werden. Aber es gibt ebenso die Möglichkeit, mit Tapas satt zu werden. Natürlich stehen die für Andalusiens Mittelmeerküste typischen *espetos* (über offenem Holzfeuer gebratene Sardinenspieße) auf der Karte. Zur Straße gibt es eine kleine Außenterrasse.

Jorge Juan 10, Metro: L 4 Serrano, L 2 Retiro, T 910 88 94 40, https://grupodanigarcia.com, tgl. 13–1 Uhr, €€–€€€

Bei Marian essen

4 **Taberna Verdejo:** Marian Reguera Verdejo ist die Seele dieses angenehmen Lokals, sie kocht mit Enthusiasmus. Bei jedem Gericht auf der Karte ist aufgeführt, welche Allergene enthalten sind: Laktose, Gluten ... Es schmeckt spanisch, es schmeckt nach der Jahreszeit, und es schmeckt nach Meer und nach mehr.

General Díaz Porlier 59, Metro: L 4 Lista, T 910 11 22 48, www.tabernaverdejo.com, Mo–Sa 13.30–16, 20.30–23 Uhr, €–€€

Hummer im Stehen

5 **El Cantábrico:** Fisch und Meeresfrüchte wie am Meer: Hummer, Kaisergranat, Langostinos, Gambas, Krebse, Sardellen, Entenmuscheln, Austern. In der kleinen Taverne steht man am Tresen und bezahlt nach Gewicht bzw. Menge. Es gibt nur wenige Tische. Die Qualität ist exzellent.

Padilla 39, Metro: L 5, 9 Núñez de Balboa, Ausgang Plaza Marqués de Salamanca, L 4 Lista, www.marisqueriaelcantabrico.es, Mo–Sa 12–16, 20–24, So 12–16 Uhr, im Juli, Aug. Mo geschl., €€–€€€

Avantgarde aus Málaga

6 **BiBo:** Der aus Malaga stammende Küchenchef Dani García (drei Michelin-Sterne) hat 2016 mit dem BiBo ein lässiges Lokal in Madrid eröffnet. Neue und neu interpretierte *raciones* und Tapas, oft mit andalusischen Einflüssen, werden hier auf den Tisch gebracht. Das attraktiv gestaltete BiBo samt seiner ›Festbeleuchtung‹ mit rund 7000 Glühbirnen erfreut sich großer Beliebtheit.

Paseo de la Castellana 52, Bus 27, Metro: L 7, 10 Gregorio Marañón, T 918 05 25 56, https://grupodanigarcia.com/bibo/madrid/, tgl. 13–1 Uhr, €€

Drei mal vier

7 **Tres por cuatro:** Der junge Álex Marugán hat seine Marktküche gegen die-

ses kleine, hübsche Lokal eingetauscht. Es heißt ›Drei mal Vier‹, weil er in jeder der vier Jahreszeiten dreimal die Karte wechselt. Er hat seine madrilenische Küche teils durch südamerikanische, teils durch französische Noten angereichert. Ob Gemüse, Fisch oder Fleisch – alles wird in situ und mit marktfrischen Zutaten zubereitet, industriell verarbeitete Lebensmittel sind tabu.

Montesa 9, Metro: L 2, 4 Goya, L 2, 6 Manuel Becerra, T 915 65 45 57, www.tresporcuatromadrid.com, Mo–Fr 13.30–17.30, 20.30–0.30, €–€€

Eintopf in drei Gängen

8 **La Daniela:** Die wunderschönen *azulejos* an der Fassade gehören unabdingbar in diese Straße. Drinnen wird im Restaurant u. a. einer der besten Madrider Eintöpfe gekocht. Er kommt in drei Gängen auf den Tisch: zuerst die Suppe, dann Kichererbsen und Gemüse, zuletzt das Fleisch. So war es traditionell üblich. Auf der Karte stehen viele weitere lokale Spezialitäten sowie Tapas.

General Pardiñas 21, Metro: L 2, 9 Príncipe de Vergara, T 913 89 62 38, www.tabernadeladaniela.com, Di–Sa 13–17, 20–24, So 12.30–17 Uhr, €–€€

Einkaufen

In Salamanca, speziell in der Calle de Serrano, finden sich die nobelsten Modeläden Madrids. Deswegen heißt die untere Calle de Serrano **Milla de Oro** 1 (Goldmeile; s. auch S. 197). Dort hat z. B. **Adolfo Domínguez** 2 (Nr. 5, www.adolfodominguez.com, Mo–Sa 10–21, So 12–20 Uhr, weiterer Flagship Store in Nr. 40) ein Stadthaus mit seinen Kreationen gefüllt. In den Straßen rundherum, so in der **Calle Jorge Juan** und im Gässchen **Callejón de Jorge Juan** 3, finden sich zwischen den Filialen bekannter Ketten oder Kaufhäuser ebenfalls Designerläden und individuelle Shops.

Im BiBo legt man viel Wert auf Ambiente, Design und gutes Essen, wie es die Gourmets von Salamanca erwarten.

Kleidung, Schuhe, Accessoires und Geschenkideen vereint die Shoppinggalerie **ABC Serrano** 5 (Serrano 61, www.abcserrano.com) unter einem Dach.

Der Markt von Salamanca

4 **Mercado de la Paz:** s. S. 197.

Vintage und retro

6 **Amarcord Store:** Der hübsche Laden zum Stöbern und Entdecken wird Ihnen Spaß machen, wenn Sie ein Faible für Retrodesign haben. Ein Sammelsurium an Schmuck, Modeschmuck, Kleidungsstücken, Fächern, Rucksäcken und Taschen, Uhren, Brillen, Notizbüchern, Schreibutensilien und vielerlei Kleinantiquitäten.

Don Ramón de la Cruz 47, Metro: L 4 Lista, www.amarcord-store.com, Mo–Sa 10–20.30 Uhr

Feinkost seit 1931

7 **Mantequerías Bravo:** Die Fassade aus Mahagoniholz ist typisch für die alten Madrider Läden. Elena Bravo führt das Familienunternehmen in der dritten Generation. Die Delikatessen, ob Aufschnitt, feine Saucen, Gewürze oder Thunfischkonserven, gibt es auch als Präsentkörbe.

Ayala 24, Metro: L 4 Serrano, https://mantequeriasbravo.com, Mo–Fr 10–14, 17.30–20.30, Sa 10–14.30 Uhr

Für Naschkatzen

8 **La Pajarita:** Madrids älteste Konfiserie gibt es seit 1852, ursprünglich befand sie sich jedoch im Zentrum an der Puerta del Sol. Der Name ›Vögelchen‹ geht auf den Schriftsteller Miguel de Unamuno zurück, der ständig Blätter so faltete, dass sie Vögel darstellten. Ganz Madrid liebt die Pralinen, Schoko-Vögelchen, Bonbons von La Pájarita. Ein hübscher kleiner Laden mit beeindruckendem Kronleuchter und originalem Mobiliar.

Villanueva 14, Metro: L 2 Banco de España, Retiro, L 4 Colón, Serrano, www.bombonerialapajarita.es, tgl. 10.30–20.30 Uhr

Ausgehen

Fußball und irisches Bier

1 **The James Joyce Irish Pub:** Einst war dies eines der schönsten alten Cafés der Stadt, das Lión. Die Holztheke und andere Interieurs blieben, aber jetzt geht es ganz und gar irisch zu – Kneipenatmosphäre mit TV-Übertragungen von Fußball- und Cricketspielen, dazu trinkt man Whiskey oder Ale. Die Speisekarte ist abwechslungsreich und gelegentlich gibt es Livemusik.

Alcalá 59, Metro: L 2 Banco de España, www.jamesjoycemadrid.com, tgl. 12–24 Uhr, an Wochenenden länger

Rock im 21. Jh.

2 **Moby Dick:** Fun, Clubbing, Musik, dafür steht der ›Walfisch‹ im Norden der Stadt, nicht weit vom Fußballstadion entfernt, schon seit 1992. Die Einrichtung passt zum Namen, ein weißer Wal und viele maritime Motive gehören zur Dekoration. Gute Livemusik bringen junge spanische Bands auf die Bühne: Indie-Rock, Metal, Folk, Soul …

Karte 2, K 5, Avda. de Brasil 5, Metro: L 10 Santiago Bernabéu, www.mobydickclub.com, Mi –So ab 21 bis 1, 2, 3 Uhr oder länger, Terrasse tgl. 13–24 Uhr, bei Konzerten Eintritt

Ein Abend im Dschungel?

3 **Amazónico:** Hinein in den wilden Dschungel, das Amazónico sucht in Madrid seinesgleichen! Ein so üppiges, farbenfrohes Ambiente lässt schnell vergessen, dass man sich in einer Stadt befindet. In unterschiedlichen, großzügigen Räumen besteht die Wahl zwischen einem Abendimbiss, Loungen und Cocktails schlürfen oder im Jungle Jazz Club Musik hören.

Jorge Juan 20, Metro: L 2 Retiro, L 4 Serrano, www.restauranteamazonico.com, Restaurant tgl. 13–2 Uhr, €€, Jungle Jazz Club 20–4 Uhr (Reservierung über die Website)

TOUR
Ausflug nach Chamberí

Ein Stadtviertel wird ›in‹

Infos

H–K 7–11

Planung: als Radtour ca. 2–3 Std.

Leihräder: Städtische Räder von BiciMad (s. S. 242) können an den Plätzen Colón und Alonso Martínez sowie in der Calle Santa Engracia entliehen werden.

Chamberí, das Stadtgebiet zwischen Paseo de la Castellana und Argüelles, ist ein ›normales‹ Wohnviertel, es besteht aus einer gewachsenen Struktur von Quartieren, die mal gutbürgerlich, mal einfach, mal studentisch wirken. Viele Mittelstandsfamilien leben hier. Chamberí stammt aus der Zeit der ersten großen Stadterweiterung im 19. Jh. und wirkt im Unterschied zum anarchischen Gassengeflecht der Altstadt geplant, geordnet und grüner. Es ist ein guter Platz zum Leben, lockt mit kleinen Läden, charmanten Ecken, bietet Teilnahme am Alltag auf den Straßen und Plätzen.

Für eine Kennenlern-Stippvisite per Rad oder zu Fuß ist die **Plaza de Colón** ein möglicher Ausgangspunkt. Zunächst steuern Sie die **Plaza de Alonso Martínez** an und folgen dann der **Calle de Santa Engracia** Richtung Norden. Sie ist eine Art Magistrale durch Chamberí, von der man bequem in die kleinen Seitenstraßen gelangt, und hat einen Radweg mit zwei gegenläufigen Spuren.

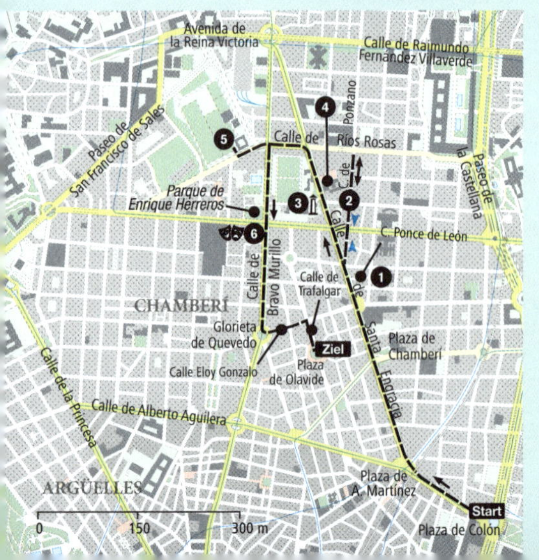

Flugs ist die mit Bäumen bestandene **Plaza de Chamberí** erreicht. Ihre Bars mit Außenterrassen und die lebhafte Nutzung des Platzes durch Familien und Kinder machen ihn lebendig. Einen Häuserblock östlich der Santa Engracia befindet sich der **Mercado de Chamberí** ❶ (Alonso Cano 10), zu erreichen durch die schmale Ponce de León. Nur einen Katzensprung wei-

ter zweigt von der Santa Engracia die **Calle de Ponzano** ❷ ab. Sie ist als Gastromeile stadtbekannt, auf einem knappen Kilometer können Sie um die 70 Restaurants, Bars und Tavernen zählen. Einige, wie El Doble (Ponzano 58), sind mit 100-jährigen *azulejos* dekoriert. Die Gasse ist so populär, dass sie einen eigenen Hashtag unter dem Schlagwort »ponzaning« führt.

Der ehemalige Wasserturm Sala Canal de Isabel II: Mit Chamberí verbinden die Stadtbewohner Wasser. Denn einige Wasserdepots des Canal de Isabel II, kurz El Canal genannt, existieren immer noch. Deshalb heißen auch eine Metrostation oder einige Theater im Viertel Canal. Das Wasser für die Stadt wird seit 1858 nach Chamberí geleitet, es kommt aus der Sierra de Guadarrama.

An der Santa Engracia 125 liegt die **Sala Canal de Isabel II** ❸ (s. Abb.), Madrids erster überirdischer Wasserspeicher. Er wird jetzt für Ausstellungen von Fotografie und audiovisuellen Medien genutzt. Der Ziegelturm von 1911 ist ebenso ein Symbol der Industriearchitektur dieser Zeit wie das **Feuerwehrhaus Nummer 1** ❹ auf der anderen Straßenseite. Es ist das älteste der Stadt und bis heute in Betrieb. Folgen Sie dann der Calle de Ríos Rosas nach links, streifen Sie Parks und Grünanlagen mit Fitnesseinrichtungen wie den **Parque del Tercer Depósito** ❺ (Speicher-Drei-Park), auch Parque de Santander genannt, der Sporttreibende und Spaziergänger anzieht.

Am oberen Abschnitt der Calle Bravo Murillo liegen zu beiden Seiten ebenfalls Parks rund um alte Wasserdepots. Ein Teil der Verwaltung und Überwachungsdienste für die städtische Wasserversorgung arbeitet dort noch. Am Ende des Parque Enrique Herreros sehen Sie an der Kreuzung die **Teatros del Canal** ❻ (www.teatroscanal.com), eine Ikone moderner Architektur. Ein paar Häuserblocks weiter südlich stoßen Sie auf die **Glorieta de Quevedo.** Der Platz ist typisch für das Viertel. Links durch die Eloy Gonzalo und nach rechts durch die Calle de Trafalgar kommen Sie zum schönsten aller Plätze des *barrio,* die **Plaza de Olavide.** Sie hat durch die Bäume rundherum und die kleinen Läden, Bars und Tavernen etwas Gemütliches und Beruhigendes. Ein guter Ort, um zum Abschluss des Streifzugs die Madrider Gastronomie zu genießen.

Ausflüge in die Umgebung

Natur und Kultur — im Gebirge Sauerstoff tanken und in Kastiliens Städten eine Rolle rückwärts in der Zeit machen.

Seite 215

San Lorenzo de El Escorial ✪

Vom Klosterpalast am Fuß der Sierra de Guadarrama regierte Philipp II. sein Weltreich. Der Besuch dieser Residenz samt der Gruft der spanischen Könige vermittelt einen tiefen Einblick in die spanische Monarchiegeschichte.

Seite 218

Segovia

Neben einem Aquädukt aus der Römerzeit, einer prächtigen Kathedrale und einer Palastfestung der kastilischen Herrscher hat Segovia rund 20 romanische Kirchen und viele Adelspaläste.

So viel Welterbe der Menschheit, so hochdosiert, rund um Madrid?

Seite 222

Sierra de Guadarrama

Eine Autotour durchs Gebirge bietet ein ländliches Kontrastprogramm zur Stadt.

Seite 224

La Granja de San Ildefonso

Die Gärten der königlichen Sommerfrische sind berühmt. Auch das Dorf lohnt einen Stopp.

Seite 224

Alcalá de Henares

Im Geburtsort von Miguel de Cervantes stehen mehr als 450 Gebäude unter Denkmalschutz.

Seite 227

Chinchón

Ein Dorf wie aus einem Bilderbuch kastilischer Geschichte. Die Madrilenen schätzen die rustikale Küche der *mesones* und schwärmen am Wochenende zuhauf nach Chinchón.

Seite 228

Aranjuez

In der auf dem Reißbrett geplanten Barockstadt lassen sich Spaziergänge durch königliche Gärten mit einer Bootstour auf dem Tajo verbinden.

Seite 229

Toledo

Im labyrinthischen Gassengeflecht der Altstadt mit Zeugnissen der muslimischen, jüdischen und christlichen Kultur scheint die Zeit stehen geblieben zu sein. Für den kretischen Maler El Greco war Toledo seine Wahlheimat. Es ist Welterbe der Menschheit.

Seite 236

Am Tajo

Auf der *Senda ecológica* geht es zu Fuß am Río Tajo entlang um Toledos Stadthügel. Flora und Fauna sind ebenso interessant wie die historischen Steinbrücken über den Fluss.

Wikipedia macht schlau: Die Sierra de Guadarrama ist wesentlich älter als die Pyrenäen, Alpen, Anden oder der Himalaja.

Schwer zu sagen, ob die gepflegten Parks und Gärten der königlichen Schlösser oder die wilde Natur im Nationalpark Sierra de Guadarrama mehr beeindrucken.

Mittelalterliche Städte, Schlösser, Gebirgsdörfer

S

Spanien belegt in der Rangliste der Länder mit den meisten UNESCO-Welterbestätten hinter China und Italien Platz drei. Mittelalterliche Perlen des Weltkulturerbes sind etwa die Städte Alcalá de Henares, Segovia und Toledo, die binnen einer Stunde von Madrid aus zu erreichen sind. Jedes dieser Ziele lässt Sie in eine andere Welt eintauchen, in Geschichte, die in Stein geschrieben wurde und doch zum Anfassen echt ist. Selbst unter kulinarischen Gesichtspunkten haben solche Ausflüge etwas Museales, zumindest für diejenigen, die Spanferkel, Lammbraten oder Zicklein aus ökologischen Gründen noch nicht endgültig vom individuellen Speiseplan verbannt haben.

Wer Kunst und Landschaftsgärten liebt, findet sie in den Schlössern und Parks, in denen spanische Könige residierten und sich amüsierten. Vom strengen El Escorial bis zum verspielteren Aranjuez oder den Jagdgründen des Real Sitio de El Pardo liegen sie ebenfalls in Ausflugsentfernung von der Hauptstadt.

Zum Skifahren oder Wandern in die Berge? Die sanfte Gebirgssilhouette, die sich nördlich von Madrid zeigt, ist die Sierra de Guadarrama, die zum großen Teil unter Naturschutz steht. Höchster Berg ist der Peñalara mit knapp 2340 m. Kiefernwälder, Eichen, Steineichen sowie niedrige Buschlandschaften sind das Revier von Hirschen, Rehen, Wildschweinen, Dachsen oder Greifvögeln. Jahrhundertelang trennte das Iberische Scheidegebirge, das sich mitten in der zentralspanischen Hochebene auftürmt, die christlichen Königreiche im Norden von den muslimischen im Süden. Auf diese Zeit gehen mittelalterliche Orte wie Buitrago de Lozoya oder Burgen wie die von Manzanares el Real zurück. Beliebt zum Skilaufen im Winter und zum Wandern und Frischlufttanken im Sommer sind das Tal des Lozoya und die Gegend um Navacerrada.

O

ORIENTIERUNG

Reisekarte: **Karte 5**
Infos: Die Website www.patrimonionacional.es bietet viele Infos zu den Kulturgütern und Schlössern rund um Madrid.
Verkehr: In praktisch alle beschriebenen Orte gelangt man gut und zügig mit öffentlichen Verkehrsmitteln, seien es Busse oder Züge (Renfe-Auskunft: T 912 32 03 20, www.renfe.es). Für eine Fahrt in das Gebirge nördlich von Madrid braucht man einen Leihwagen.

Real Sitio de El Pardo

B 2

So heißen die Jagdgründe der kastilischen Könige nordwestlich von Madrid. In diesem Gebiet befinden sich ein Kloster, der ursprünglich im 17. Jh. als Jagdschlösschen erbaute Palacio de la Zarzuela, in dem heute die Königsfamilie wohnt, sowie der **Palacio de El Pardo,** der besichtigt werden kann. Er geht auf das 16. Jh. zurück, doch in seiner heutigen Form gestaltete ihn Sabatini, der Architekt Karls III., im 18. Jh. Bis 1975 war dieser um drei Innenhöfe angelegte Palast mit seiner historischen Ausstattung und den rund 200 prachtvollen Gobelins die offizielle Residenz von Franco. Heute werden hier Staatsgäste beherbergt.

April–Sept. Di–So 10–19, sonst 10–18 Uhr, 9/4 €, Mi, So 15–19/18 Uhr Eintritt frei

Infos

- **Information:** Manuel Alonso s/n, T 913 76 15 00, www.patrimonionacional.es.
- **Anreise:** Bus 601 Madrid–El Pardo–Mingorrubio ab Moncloa (Metro: L 3, 6 Moncloa).

San Lorenzo de El Escorial

Karte 5, A 2

Der Ort an den Hängen des Monte Abantos in der Sierra de Guadarrama,

Kloster? Festung? Palast? Der Ort, von dem Philipp II. sein Weltreich regierte, liegt in San Lorenzo de El Escorial. Und er hat etwas Strenges, Klösterliches. Schließlich war Philipp II. ein strenger Katholik.

knapp 60 km nordwestlich von Madrid, entstand seit dem Bau des San-Lorenzo-Klosters und etablierte sich im 18. Jh. als Dorf, in dem viele Bedienstete des Hofes sowie Handwerker und Kaufleute lebten und arbeiteten. Das historische Zentrum mit seinen ansehnlichen Gebäuden liegt um die Plaza de la Constitución und die Straßen Floridablanca und Rey. Restaurants und Tavernen empfangen hier die Besucher des mächtigen Klosterpalastes.

Palast und Kloster

Der Königspalast zählt neben Aranjuez und La Granja de San Ildefonso zu den drei königlichen Residenzen rund um Madrid. Hierhin zog sich der Hof zurück, um das angenehmere Klima zu genießen und auf die Jagd zu gehen. 1984 erklärte die UNESCO den Klosterpalast von El Escorial zum Welterbe der Menschheit.

Als Philipp II. am 10. August 1557 den französischen Erzfeind in der Schlacht von Saint-Quentin besiegt hatte, wobei ein dem hl. Laurentius gewidmeter Konvent zerstört wurde, gelobte er, zu Ehren des Heiligen ein neues Kloster zu errichten. Philipps Klosterpalast sollte die Machtzentrale seines Riesenimperiums und zugleich königliches Pantheon werden. Als Standort für das **Real Monasterio de San Lorenzo de El Escorial** wählte der König das hiesige Gelände in 1000 m Höhe an den Hängen der Sierra de Guadarrama. Unter den Architekten Juan Bautista de Toledo und Juan de Herrera schufen ab 1563 ca. 1500 Arbeiter binnen 21 Jahren den Kubus aus eisgrauem Granit, einen Renaissancebau, bei dem die strengen Linien der Mathematik vorherrschen. In gigantischen Dimensionen, auf einer Fläche von 207 x 161 m, thront Philipps Mönchspalast wuchtig auf seiner Bergstufe – kantig und kahl, blutleer-streng, atmet er die Kälte höfischen Prunks. Der massige Baukörper, auf dem nur

Ein Raum, der umhaut. Die Bibliothek Philipps II. ist eine Schatztruhe, gefüllt mit bibliophilen Preziosen.

die spitzen Helme der Ecktürme einen leichteren Akzent setzen, umschließt 16 Innenhöfe und 15 Kreuzgänge. Denn der Grundriss des Escorial bildet einen Eisenrost nach, das Werkzeug, mit dem die Römer Laurentius zu Tode gemartert hatten. Ein Pflaster aus schweren Granitplatten umgibt den Komplex.

Vom Eingang an der Nordseite begibt man sich zum **Patio de Reyes** (Platz der Könige), benannt nach Königen des Alten Testaments, deren 5 m hohe Skulpturen die doppeltürmige Kirchenfassade zieren. Die Kuppel der **Basilika** ist 92 m hoch. Zu beiden Seiten des **Hauptaltars** von Juan de Herrera, unter dem das königliche Pantheon liegt, knien in vergoldeter Bronze die Familien Karls V. und Philipps II.

Weiter geht der Rundgang durch die **Kapitelsäle** mit Gemälden von El Greco, Ribera, Tintoretto, Tizian, Velázquez sowie Hieronymus Bosch, für den Philipp II. eine Vorliebe hatte.

Eine Marmortreppe führt hinab in das **Panteón de Reyes** unter der Kirche, die düster-prächtige Gruft der spanischen Könige. Die Habsburgerherrscher seit Karl V. und die ihnen zu Beginn des 18. Jh. folgenden Bourbonen – außer Philipp V. und Ferdinand VI. – ruhen hier Seite an Seite in dunklen Marmorsarkophagen mit goldschimmernden Inschriften. Im **Panteón de los Infantes** schlafen Prinzen und Prinzessinnen, die nicht an die Macht gelangten, wie Don Carlos, Sohn Philipps II., und Don Juan de Austria, ein unehelicher Sohn Karls V., der als Held der Seeschlacht von Lepanto Geschichte schrieb.

Nun geht es in den **Habsburgertrakt,** den Palacio de los Austrias oder Palast Philipps II. Hier ragt das **Gemäldemuseum** heraus, das Werke von Tizian, Tintoretto, Rubens, van Dyck, van der Weyden, Velázquez, Zurbarán und El Greco präsentiert. Die lang gestreckte **Sala de las Batallas** (Schlachtensaal) verdankt ihren Namen den martialischen Szenen der Wandgemälde: Sie stellen die Schlacht von Higueruela 1431 gegen die in Granada herrschenden Muslime, die Belagerung von Saint-Quentin durch Philipp sowie die Seeschlacht von Lepanto dar. Von seinem sparsam dekorierten **Arbeitszimmer** im schlichten Habsburgertrakt regierte Philipp II. ein Weltreich, und vom **Schlafgemach,** in dem er 1598 starb, verfolgte der flammende Katholik durch eine zur Kirche geöffnete Glastür jede Messe.

Als Nächstes werden im Nordteil der Anlage die mit Wandteppichen und Möbeln der damaligen Zeit ausgestatteten **Gemächer der Bourbonen** besucht. Die Decken sind mit Fresken ausgemalt.

Zum Abschluss geht es wieder über den Patio de Reyes zu einem der Juwele des Klosters: die von Philipp II. gegründete **Bibliothek**. Allein der Raum, dessen Tonnengewölbe Pellegrino Tibaldi mit allegorischen Darstellungen der Künste und Wissenschaften ausmalte, überwältigt. Er beherbergt rund 40 000 Bücher und Handschriften.

Di–So 10–19, Okt.–März bis 18 Uhr, 1.1., 9. 9., 24.12., 31.12. geschl., 12/6 €, Mi, So 15–18 (15–19 im Sommer) Eintritt frei, generell frei ist der Eintritt in die Basilika; Führung 4 €, Audioguide 5/4 €

Spaziergänge im Grünen

Schöne Gärten mit dem Namen **El Jardín de los Frailes** umgeben den Klosterpalast. In fußläufiger Entfernung befinden sich zwei Lustschlösschen, die Karl III. 1771–75 für seine Söhne errichten ließ: die **Casa del Príncipe**, das Prinzen- oder Untere Schlösschen, im Südosten am Weg zum Bahnhof; die **Casa del Infante** (Di–So 10–18/20 Uhr), das Infanten- oder Obere Schlösschen Richtung Südwesten (beschildert).

Dazwischen erstreckt sich Richtung Süden der unter Naturschutz stehende **Bosque de la Herrería.** In diesem riesigen Wald bietet der **Quiosco Fuente del Seminario** (www.fuentedelseminario.es, Sa, So 11–19 Uhr, im Sommer tgl.) Erfrischungen an. Binnen einer halbstündigen Wanderung nach Süden und über die M 505 nach Ávila hinweg wird die **Silla de Felipe II** (Stuhl Philipps II.) erreicht, ein großer Granitblock, von dem sich ein wunderbarer Blick über die Gegend und auf den Klosterpalast bietet. Ob der König von hier den Baufortschritt beobachtete? Man vermutet hier auch die Überreste einer keltischen Kultstätte.

Essen

Ein wenig Pariser Flair

Croché: Ein wenig erinnert das Café gleich bei der Plaza de la Constitución, dem Rathausplatz etwas oberhalb des Schlosses, an Paris. Es zeigt ganz den Stil der 1920er-Jahre.

D

DAS GRÖSSTE MASSENGRAB IM GANZEN LAND

Valle de los Cuelgamuros, so heißt das Tal in der Felslandschaft nördlich des Escorial, in dem Franco die Gedenkstätte **Valle de los Caídos** (Tal der Gefallenen) herrichten ließ. 1975 wurde er selbst in der Basilika beigesetzt, neben ihm Primo de Rivera, der Gründer der faschistischen Falange Española. Auf Beschluss des Obersten Gerichtshofes wurde der Leichnam des Diktators am 24. Oktober 2019 exhumiert und zu einem Friedhof im Nordwesten von Madrid gebracht. Damit sollte auch der Kult um Franco an diesem Ort mit hoher Symbolkraft für die rechtsnationalistische Szene enden. Die Anlage ist kalte Gigantomanie: Über der aus dem Felsen gehöhlten Kirche erhebt sich weithin sichtbar ein 130 m hohes Kreuz. Den Aufmarschplatz beherrscht eine riesige Pietà. Von 1940 bis 1960 mussten zum Tode verurteilte Regimegegner unter mörderischen Arbeitsbedingungen Granitgestein ausräumen und einen fast 300 m langen Tunnel für die Basilika in den Felsen treiben. In Seitenkapellen und in vermauerten Kellerräumen sollen sich die Überreste von 34 000 Menschen befinden, von im Bürgerkrieg gefallenen Soldaten, aber vor allem von Regimegegnern. Ihre Exhumierung und Identifizierung hat begonnen, damit Familien ihre Angehörigen würdevoll bestatten können. Eine neue, demokratischem Denken verpflichtete Gedenkstätte soll hier entstehen. Man wird sehen …

Karte 5, A 2, Infos zu Öffnungszeiten/Eintritt: www.patrimonionacional.es

San Lorenzo 6, T 918 90 52 82, www.cafetin croche.com, tgl. 12–2 Uhr, €

Wohlschmeckende Tradition

Vesta Taberna: Regionale Produkte und Rezepte zeichnen die *raciones* der beliebten Taverne im historischen Zentrum aus. Typisch Madrid sind *patatas bravas,* Kroketten, gegrilltes Gemüse, besondere Spezialitäten eine Knoblauchsuppe mit Pilzen oder Bohnen mit Garnelen und Muscheln.

Xavier Cabello Lapiedra 2, T 915 466 352. www.vestataberna.com. Mi–So 13–17, 20–1 Uhr, €–€€

Infos

- **Oficina de Turismo:** Grimaldi 4 (beim Kloster), www.sanlorenzoturismo.es, Mo–Sa 10–14, 15–18, So 10–14 Uhr.
- **Anreise:** Bus 661/664 ab Moncloa, Terminal/Isla 1, Tor 11. Nahverkehrszüge der Linie C-3 a ca. stdl. 7–22 Uhr ab Atocha, Sol, Nuevos Ministerios und Chamartín; ca. 10 Min. Fußweg vom Bahnhof El Escorial in den Ort San Lorenzo de El Escorial oder Bus L1 bis zum Busbahnhof.

Segovia

Karte 5, A 1

Segovia, die kleine Provinzstadt 87 km nordwestlich von Madrid und seit 1985 UNESCO-Welterbe, ist in Stein geschriebene Geschichte. Neben einem Aquädukt aus der Römerzeit, einer prächtigen Kathedrale und einer Palastfestung der kastilischen Herrscher besitzt sie ca. 20 romanische Kirchen und zahlreiche Adelspaläste.

Auf der sanft geschwungenen kastilischen Hochebene liegt die Stadt in gut 1000 m Höhe auf einem Plateau, das die Flüsse Eresma und Clamores umspülen. Trotz der Fülle an Sehenswertem sollten sich Nicht-Vegetarier die Zeit nehmen, die Lammbraten und gerösteten Spanferkel der *mesones* zu probieren.

Römischer Aquädukt

Der **römische Aquädukt ❶**, 728 m lang und fast 29 m hoch, ist ein guter Ausgangspunkt für eine Stadterkundung. Teils zweistöckig, auf 120 Pfeilern und mit 163 Bögen, überspannt er die Senke an der **Plaza del Azoguejo.** Die römische Konstruktion aus Granitquadern (1. Jh.) gehörte zu einer 15 km langen, gutteils unterirdischen Wasserleitung, durch die Frischwasser in die Stadt gelangte. Der Name des Platzes erinnert an Zeiten, als Segovia im Grenzland zwischen christlichem Norden und muslimischem Süden lag. Die Muslime, die über 200 Jahre in der Stadt herrschten, hielten unter den Bögen des Aquädukts Markt ab (*zoco* = Marktplatz). Als Segovia 1085 endgültig an Kastilien gefallen war, ließ Alfons VI. einen Teil der Römersteine für die Stadtbefestigung nutzen, doch ordneten die Katholischen Könige 1474 die Wiederherstellung der Wasserleitung an.

Königliche Meile

Die Muslime hatten in Segovia eine florierende Tuchmanufaktur in Gang gesetzt, im Mittelalter waren die hiesigen Produkte in ganz Europa gefragt. Der damalige Reichtum ist mancherorts noch zu spüren, etwa im Straßenzug der Calles Cervantes, Juan Bravo und Isabel la Católica, der wegen seiner zahlreichen Adelspaläste und Baudenkmäler auch als Calle Real (Königliche Meile) bezeichnet wird. An der romanischen **Iglesia de San Martín ❷** vorbei führt diese heutige Flanier- und Geschäftsstraße der Stadt zur schönen **Plaza Mayor** mit kastilischen Laubengängen, wo Bars und Cafés zu einer Pause einladen.

Die Dame unter den Kathedralen

Auf der Plaza Mayor steht Segovias **Kathedrale ❸**. Ihr Baubeginn fällt in die Blütezeit der Renaissance. Doch plante

2000 Jahre alt ist der römische Aquädukt an der Plaza del Azoguejo. Die ganze Stadt ist Geschichte in Stein, ein Welterbe der Menschheit.

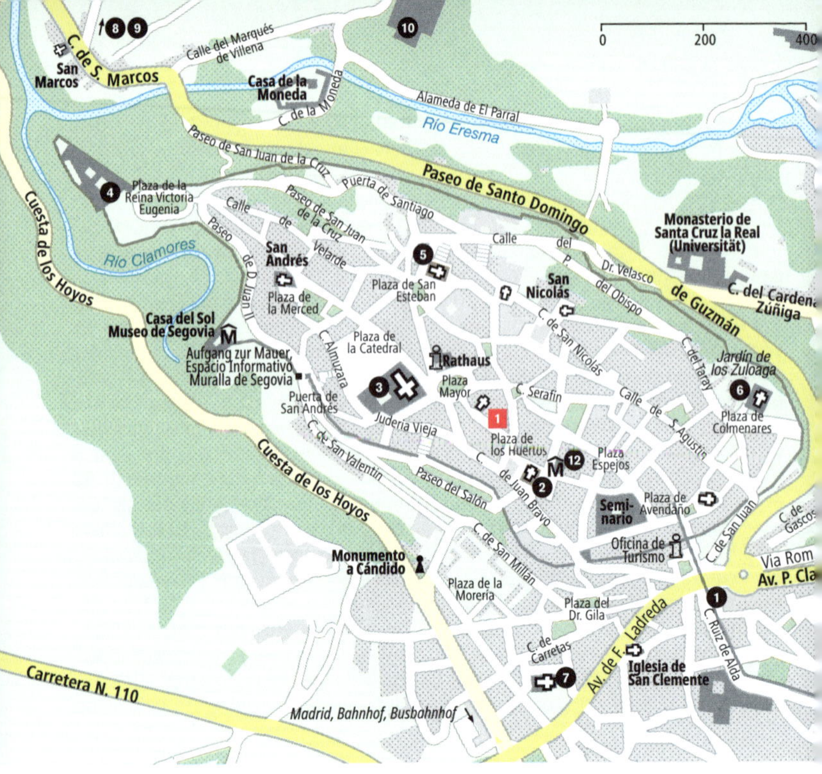

Segovia

Ansehen

1. Römischer Aquädukt
2. Iglesia de San Martín
3. Kathedrale
4. Alcázar
5. Iglesia de San Esteban
6. San Juan de los Caballeros
7. Iglesia de San Millán
8. Iglesia de la Vera Cruz
9. Convento de las Carmelitas Descalzos
10. Monasterio de El Parral
11. Monasterio de San Antonio el Real
12. Museo de Arte Contemporáneo Esteban Vicente

Essen

1 El Sitio

Juan Gil de Hontañón ein Gotteshaus im spätgotischen Stil, das die ›Dame der Kathedralen‹ Spaniens werden sollte. 1577 war sie vollendet. Meditative Ruhe vermittelt der **Innenhof** mit gotischem Kreuzgang und Maßwerkbögen, die im 15. Jh. für die alte Kathedrale geschaffen und Stein für Stein hierher versetzt wurden. Hier befinden sich auch das **Kathedralenmuseum** und der **Kapitelsaal** mit vergoldeter Artesonado-Decke.

www.catedralsegovia.es, April–Okt. Mo–Sa 9–21.30, So 13.30–21.30, im Winter nur bis 18.30 Uhr, 4/3 €, mit Turmbesteigung 7/6 €

Eine markante Burg

Auf einem Felsvorsprung über der Flussgabelung thront der **Alcázar ❹,** der durch Lage und Form an ein Schiff erinnert. Die Lieblingsresidenz der Trastámara-Herrscher ist mit ihrem mächtigen Bergfried, dem Zinnenkranz und den Ziertürmchen das Paradebeispiel eines kastilischen *castillo.* Es geht auf das 12. Jh. zurück, musste jedoch im 19. Jh. nach einem verheerenden Brand erneuert werden. Hier wurde der Ehevertrag zwischen den Katholischen Königen aufgesetzt und feierte der Habsburger Philipp II. seine vierte Hochzeit mit Anna von Österreich. Wer die rund 150 Stufen zur **Torre del Homenaje** (Bergfried) hinaufsteigt, wird mit einem wunderbaren Blick über Segovia belohnt.

Plaza Reina Victoria Eugenia s/n, www.alcazardesegovia.com, tgl. 10–18/20 Uhr, 7/5 €, mit Turm 10/8 €, Di außer an Feiertagen 14–16 Uhr Eintritt frei (ohne Turm)

Romanische Kirchen

Die unbedingt sehenswerte romanische **Iglesia de San Esteban ❺** (Plaza de San Esteban 5) aus dem 13. Jh. wird von der ›Königin der byzantinischen Türme‹ überragt. Ebenso beeindruckend ist **San Juan de los Caballeros ❻** (11./12. Jh., Plaza de Colmenares). 1904 hatte der segovianische Keramiker und Maler Daniel Zuloaga das aufgelassene Gotteshaus erworben und seither als Atelier genutzt (heute ein Museum). Das dritte romanische Kleinod ist die **Iglesia de San Millán ❼** (Avda. Fernández Ladreda 26) aus dem 12. Jh.

Außerhalb der Stadtmauern

Die zwölfeckige **Iglesia de la Vera Cruz ❽** (Ctra. de Zamarramala) errichtete der Ritterorden der Templer im 13. Jh. Der **Convento de las Carmelitas Descalzos ❾** (Paseo de Segundo Rincón 2) aus dem 16. Jh. ist eine Gründung des Mystikers San Juan de la Cruz, der dort eine letzte Ruhestätte gefunden hatte. An der Nordseite des Río Eresma befindet sich auch das Hieronymitenkloster **Monasterio de El Parral ❿** (Del Parral 2) aus dem 15. Jh. Im Südosten der Stadtmauer ist das **Monasterio de San Antonio el Real ⓫** (San Antonio el Real s/n) ein ehemaliger Palast Heinrichs IV. von Trastámara.

Museum

Kunst von Esteban Vicente

⓬ Museo de Arte Contemporáneo Esteban Vicente: Zum Museum gehören Reste des einstigen Palasts der Trastámara-Dynastie von 1455, wie die Renaissancekapelle mit Mudéjardekor. Im Garten sind der Künstler Esteban Vicente und seine Frau begraben. Gezeigt werden seine Werke, die vom abstrakten amerikanischen Expressionismus beeinflusst sind.

Plazuela de las Bellas Artes, www.museoestebanvicente.es, Di–Fr 11–14, 16/17–19/20, Sa 11–20, So, Fei 11–15 Uhr, Eintritt frei

Essen

Tradition

1 El Sitio: Bar-Restaurant mit klassischer segovianischer Küche. Natürlich gibt es auch Spanferkel, daneben Löffelgerichte, Salate und eine große Tapas-Auswahl.

Infanta Isabel 9, T 921 46 09 96, www.elsitiorestaurante.com, Mo–Do 9–2, Fr 9–3, Sa 12–3, So 12–2 Uhr, €

Infos

- **Centro de Recepción de Visitantes:** Azoguejo 1, T 921 46 67 20, www.turismodesegovia.com, Mo–Fr 10–14, 16–19, Sa 10–19, So 9–15 Uhr.
- **Anreise:** AVANT-Schnellzüge ab Madrid Chamartín zum Bahnhof Segovia Guiomar, von dort Bus 11/12 ins Zentrum (7 km). Avanza-Bus ab Moncloa (Metro: L 3, 6 Moncloa), Terminal/Isla 1, Bussteig 8/9.

TOUR
Rundfahrt durch die Sierra de Guadarrama

Tagesausflug ins Gebirge nördlich von Madrid

Infos

Karte 5, A–B 1–2
Planung: ca. 170 km, Pkw-Tagestour
Infos: www.parquenacionalsierraguadarrama.es

Eine geheimnisvolle Gebirgskulisse bestimmt an vielen Stellen in Madrid das Panorama und weckt an heißen Tagen die Sehnsucht nach einem Aufbruch in die Berge. Die Sierra de Guadarrama steigt nördlich der Stadt bis auf 2340 m an, eine wunderbar abwechslungsreiche Landschaft mit grünen Tälern, Wäldern, Stauseen, die Madrid mit Wasser versorgen, und reizvollen Dörfern. 2013 wurde ein 34 000 ha großes Gebiet zum Nationalpark **Parque Nacional de la Sierra de Guadarrama** erklärt.

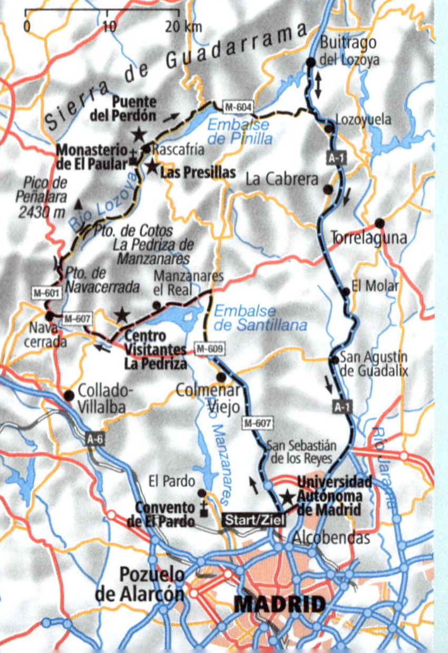

Raus aus der Stadt. Auf dem Paseo de la Castellana geht es Richtung Norden, und dann führt die M-607 nach **Colmenar Viejo.** Hinter dem Ort geht es auf der M-609 weiter nordwärts, bis Sie die M 608 erreichen, die Sie in einem Bogen um den Stausee **Embalse de Santillana** zum Bergdorf **Manzanares el Real** bringt. Hübsch liegt der Ort vor der malerischen Granitfelsenkulisse der **Pedriza del Manzanares,** dem Quellgebiet des Madrider Stadtflusses. Und die örtliche Burg **Castillo de los Mendoza,** 1435 erbaut, zählt zu den schönsten der Region. Die Mendoza sind Erben des Herzogtitels Duque del Infantado, eines der großen spanischen Adelstitel. Beim Besucherzentrum **Centro de Visitantes del Parque Nacional La Pedriza** starten Wanderwege in das Granitgebirge.

Ein paar Kilometer hinter dem Ort stoßen Sie auf die M-607, der Sie nach

Buitrago de Lozoya ist einer der schönsten Ort in der Sierra von Madrid.

rechts zum interessanten Bergort **Navacerrada** folgen. Er ist Luftkurort und Sommerfrische, und oberhalb der Siedlung wird im Winter Ski gefahren. Eine Gebirgsstraße bringt Sie weiter hinauf bis zum 1860 m hohen Pass **Puerto de Navacerrada,** dem Richtung Rascafría alsbald als nächster Pass der 1830 m hohe **Puerto de Cotos** folgt. In **Cotos** startet eine Reihe an Wanderwegen, und das typische Gebirgsrestaurant Venta Marcelino empfiehlt sich für eine Pause.

Im Zickzackkurs windet sich die M-604 Richtung **Rascafría.** Das **Monasterio de El Paular** wurde 1390 als erstes kastilisches Kartäuserkloster gegründet, es wird von Benediktinern bewirtschaftet. Prunkstücke der Kirche sind das Portal im Flamboyant-Stil, ein farbiges Alabasterretabel und der Kreuzgang im Mudéjarstil. Die Mönche verkaufen Honig und Käse. Und sonntags untermalen sie die heiligen Messen mit gregorianischen Gesängen. Gegenüber der Anlage spannt sich der **Puente del Perdón** aus dem 17. Jh. über den Río Lozoya, in dem die Madrilenen im Sommer gern baden gehen. Der Ort **Rascafría** ist mit seiner traditionellen Architektur ein typischer und der bedeutendste Bergort dieser Gegend – eine beliebte Sommerfrische mit zahlreichen Restaurants und Bars.

Die M-604 passiert kleine Dörfer im **Tal des Lozoya** und den Stausee **Embalse de Pinilla.** An diesem See liegt das Dorf Pinilla del Valle, in dem Reste von Neandertalern ergraben wurden. Die M-604 trifft auf die A-1, die nach Madrid zurückführt. Vorher lohnt ein Abstecher nach **Buitrago de Lozoya,** ein paar Kilometer nördlich. Neben der Stadtmauer aus maurischer Zeit, einem Kastell des 14./15. Jh. und der gotischen Kirche Santa María del Castillo aus dem 15. Jh. überrascht hier ein kleines **Museo Picasso.** Es besteht aus rund 70 unterschiedlichsten Werken, die Eugenio Arias, Picassos Friseur und Freund, gehörten. Er schenkte die Sammlung seinem Geburtsort. Der schöne alte Ortskern von Buitrago steht unter Denkmalschutz.

Infos

Castillo de los Mendoza: Di–Fr 10–17.30, Sa, So, Fei 10–18 Uhr, 5/3 €
Centro de Visitantes Valle de El Paular: Ctra. M–604, km 27,6, Rascafría, tgl. 9–19 Uhr, im Winter Sa, So 9–16,30 Uhr
Venta Marcelino: Cotos, Rascafría, www.ventamarcelino.com, tgl. 9.30–17.30 Uhr
Monasterio de El Paular: s. www.monasteriopaular.com
Museo Picasso: Buitrago de Lozoya, Plaza de Picasso 1, Di–Fr 11–13.45, 16–18, Sa 10–14, 16–19, So, Fei 10–14 Uhr, gratis

La Granja de San Ildefonso

Karte 5, A 1

Schloss und Gärten

Südöstlich von Segovia, inmitten waldreicher Jagdgründe, ließen Philipp V., der erste spanische Bourbonenkönig, und seine Gemahlin Isabel Farnese ab 1721 den Königlichen Sommerpalast La Granja de San Ildefonso erbauen. Das Barockschloss zeigt französische und italienische Einflüsse. In der freskengeschmückten Stiftskirche ruhen Philipp V. und seine Gemahlin.

Die von den Franzosen René Carlier und Étienne Boutelou entworfenen Palastgärten, eine Reminiszenz des ersten spanischen Bourbonenkönigs an Versailles, bezeichnete Karl III. als Paradies. Die Gärten von La Granja sind wunderschön und mit 28 Brunnen, 496 Wasserspeiern und zahlreichen Skulpturen geschmückt.

Plaza de España 17, **Schloss:** Di–So April–Sept. 10–19, Okt.–März 10–18 Uhr, 9/4 €, Mi, So 15–18, im Sommer bis 19 Uhr gratis, **Gärten:** tgl. ab 10 Uhr, **Wassershows und Nachtwassershows »Baños de Diana«:** Termine s. unter www.patrimonionacional.es

Das Dorf

Ein Boulevard verbindet die königliche Sommerfrische mit dem hübschen Dorf La Granja de San Ildefonso. Seine Gebäude gehen noch auf das 18. und 19. Jh. zurück. Besucher kehren gern in die örtlichen Bars und Tavernen ein. Hier liegt auch die 1770 gegründete **Real Fábrica de Cristales de la Granja.** Sie ist heute eine Glasfachschule, und im **Museo del Vidrio** ist eine historische Sammlung der Manufaktur ausgestellt.

Real Fábrica: Paseo del Pocillo 1, www.fcnv.es, April – Mitte Okt. Di–Fr 9–18, Sa 9–19, So, Fei 9.30–15, sonst Di–Fr 10–15.30, Sa 9.30–18, So, Fei 10–15 Uhr, 7/6 €

Infos

- **Anreise:** Ab Segovia mehrfach tgl. Bus M 8 von Linecar, Paseo de Ezequiel González 12, T 921 44 26 92, www.linecar.es.

Alcalá de Henares

Karte 5, B 2

Alcalá de Henares, 35 km östlich von Madrid, ist seit 1998 UNESCO-Welterbe. Ihren Namen verdankt die Stadt einer arabischen Festung *(al-Qala'a)*, die auf Initiative der Bischöfe von Toledo im 12. Jh. erobert wurde. Fortan war Alcalá vom Klerus beherrscht, und noch heute fallen die vielen Konvente und Kirchtürme – mit Storchennestern – im Stadtbild auf. 1499 gründete der mächtige Kardinal-Regent Jiménez de Cisneros die angesehene Universitas Complutensis. Neben Salamanca war die Universität von Alcalá damals die bedeutendste Spaniens. Die Liste der Studiosi – zeitweise bis zu 12 000 – zieren berühmte Schriftstellernamen. Miguel de Cervantes wurde vermutlich in Alcalá geboren, sicher jedoch getauft. Weit mehr als 450 historische Gebäude stehen im Ort unter Denkmalschutz.

Universität

Die klaren Linien der Renaissance und platerésker Bauschmuck prägen die von Rodrigo Gil de Hontañón 1537 geschaffene Fassade des Hauptgebäudes der Universität, des **Colegio Mayor de San Ildefonso.** An einem der Innenhöfe, dem Patio Trilingüe (Drei-Sprachen-Hof, 1564–70), in dem Latein, Griechisch und Hebräisch gelehrt wurden, liegt der Paraninfo. In diesem mit kunstvoller

Ein schlauer Ort? In Alcalá wurde 1499 eine Universität gegründet. Später zog die Universidad Complutense nach Madrid um, benannt nach Complutum, denn so hieß Alcalá zur Zeit der Römer.

Artesonado-Decke und stuckverzierter Tribüne ausgestatteten Prüfungs- und Festsaal übergibt am 23. April, dem Todestag von Cervantes, der spanische König den Cervantes-Literaturpreis an einen spanischsprachigen Schriftsteller. Die Universitätskapelle mit Artesonado-Decke und Stuckreliefs birgt das – allerdings leere – Marmorgrabmal von Kardinal Cisneros.

Plaza de San Diego s/n, Di–Fr 11–13, 16–18/19, Sa, So, Fei 11–14, 16–18/19 Uhr, stdl. Führungen, ab 6/4 €, Patios (außer Patio Trilingüe) 1 €

Der Cervantes-Platz

An die Südseite der **Plaza de Cervantes** – auf der ein Denkmal des Dichters steht – grenzt die von schweren Bürgerkriegsnarben gezeichnete Pfarrkirche **Santa María la Mayor** mit der Capilla del Oidor (15. Jh.). Sie birgt das Becken, in dem Miguel de Cervantes am 9. Oktober 1547 getauft wurde. Am Platz liegen auch das **Rathaus** in einem 1870 rekonstruierten Konventsgebäude und das **Teatro Cervantes** im Stil eines alten *corral de comedias* (Theaterhof).

Große Straße: die Calle Mayor

Die historische Hauptstraße von Alcalá ist die schöne Calle Mayor. Sie ist nach kastilischer Art mit Laubengängen ausgestattet, die teils noch aus dem 15. Jh. stammen. Lustig sind die Skulpturen von Don Quijote und Sancho Panza, die auf einer Bank vor Hausnummer 48 sitzen. Sie machen klar: In diesem Haus wurde Miguel de Cervantes geboren. Jedenfalls hat man das **Museo Casa Natal de Cervantes** im Stil jener Zeit hergerichtet und Erinnerungen an den Schöpfer des »Don Quijote« zusammengetragen.

Der Name Calle Mayor sagt es bereits: Dies ist die alte Hauptstraße von Alcalá de Henares. So ähnlich dürfte sie schon ausgesehen haben, als vor mehr als 500 Jahren eine Universität in der Stadt gegründet wurde.

Mayor 48, www.museo-casa-natal-cervantes.org, Di–Fr 10–18, Sa, So, Fei 10–19 Uhr

Kathedrale

Am Ende der Calle Mayor steht die **Catedral Magistral de Alcalá**. 1497–1517 wurde sie auf Anordnung von Kardinal Cisneros errichtet, dessen Wappen im Bogenfeld über dem Portal im Stil des Flamboyant zu finden ist. In der Krypta sollen seine sterblichen Überreste ruhen. Kreuzrippen- und Sterngewölbe bedecken die drei Schiffe, im Museum sind wertvolle Goldschmiedearbeiten ausgestellt. Eine Steintreppe führt hoch in den Turm, von dem Sie über die Altstadt blicken.

Plaza Santos Niños s/n, www.visitacatedraldealcala.com, Mo–Sa 10–13.30, 16–17.30 Uhr, 3 €. Um die Störche nicht zu stören, ist der Turm von April bis Juni nicht zugänglich.

Archäologie im Kloster

Im früheren Dominikanerkloster La Madre de Dios aus dem 17./18. Jh., das zwischenzeitlich als Gefängnis und Gericht diente, zeigt das **Museo Arqueológico Regional** Funde aus Alcalá und der Region Madrid. Darunter befinden sich bedeutende Stücke aus römischer Zeit, insbesondere Mosaiken. Im Übrigen reichen die Exponate von Fossilien der Vorzeit bis zum Industriezeitalter.

Plaza de las Bernardas s/n, www.museoarqueologicoregional.org, Di–Sa 11–19, So, Fei 11–15 Uhr, Eintritt frei

Übernachten

Im Kloster schlafen

Parador de Turismo de Alcalá: Staatlicher Parador mit 128 Zimmern im alten

Dominikanerkloster Santo Tomás aus dem 17. Jh. Die Zimmer verteilen sich auf das historische Klostergebäude und auf einen avantgardistischen Neubau, dessen Räume quasi im Souterrain eines Gartens liegen.

Colegios 8, T 918 88 03 30, www.paradores.es, €€€

Essen

Ein Klassiker

Hostería del Estudiante: Das Restaurant in der Universität tischt in den Räumlichkeiten des ehemaligen Refektoriums typische kastilische Spezialitäten auf.

Colegios 3, T 918 88 03 30, Mi–Sa 13–16, 20.30–23, So 13–16 Uhr, Juli/Aug. geschl., €€

Infos

- **Oficina de Turismo:** Callejón de Santa María 1, in der Capilla del Oidor, T 918 89 26 94, www.turismoalcala.es, tgl. 10–15, 16–19 Uhr.
- **Anreise:** ab Madrid, Avda. de América (Metro: L 4, 6, 7, 9 Avenida de América) Bus 223 alle 15 Min. ins Zentrum von Alcalá de Henares. Nahverkehrszüge C2, C7, C8 ab Madrid-Atocha, Recoletos, Nuevos Ministerios und Chamartín.

Chinchón

Karte 5, B 3

Chinchón heißt das scharfe, an kalten Tagen wohlig wärmende Destillat aus Anis, das im gleichnamigen Dorf südöstlich von Madrid gebrannt wird. Aber das ist für die meisten nicht der eigentliche Grund, warum sie Chinchón besuchen. Es ist der gewachsene, sehr hübsche Ort selbst. Seine **Plaza Mayor** zählt zu den schönsten Kastiliens: ein unregelmäßiges Rund mit Laubengängen und holzgezimmerten Galerien, die als Logen dienten, wenn sich der Platz an Festtagen in eine Stierkampfarena verwandelt(e). Die **Pfarrkirche** oberhalb des Platzes rühmt sich ihres Hauptaltars mit einer »Himmelfahrt Mariä« von Francisco de Goya, dessen Bruder in Chinchón Kaplan war. Die am Ortsrand gelegene **Burg** stammt aus dem 15. Jh.

An Wochenenden ist Chinchón häufig überlaufen, denn die Madrilenen schwärmen gern zum Essen hierher aus und lassen sich in den *mesones* deftige Landkost auftischen.

Übernachten

Ziemlich feines Gemäuer

Parador de Chinchón: Das 4-Sterne-Hotel der staatlichen Paradores-Kette ist in den historischen Gemäuern eines Augustinerklosters aus dem 17. Jh. untergebracht. Auch wenn man hier nicht übernachtet, lohnt der Besuch der *cafetería* an einem schönen Klosterhof. Mit Restaurant und Pool.

Regimiento de León 1, T 918 94 08 36, www.paradores.es, €€€

Essen

Essen mit Ausblick

La Balconada: Es ist ein besonders reizvoller Ort, denn man sitzt auf einem der aus dem 16. Jh. stammenden Holzbalkone am Hauptplatz und genießt das Dorfpanorama – zu bester kastilischer Küche.

Plaza Mayor s/n, T 918 94 13 03, Do–Di 13–16.30, 20–24 Uhr, €€

Kastilische Landküche

Mesón Cuevas del Vino: Deftige, rustikale *mesón*-Küche im rustikalen Ambiente einer umgebauten kastilischen Mühle.

E

DER ERDBEERZUG

Als 1851 der erste Zug vom Atocha-Bahnhof nach Aranjuez fuhr, begann in Madrid das Industriezeitalter. Auch die so beliebten Erdbeeren aus Aranjuez gelangten nun schneller in die Stadt, und deswegen hieß der Zug bald **El Tren de la Fresa,** ›Der Erdbeerzug‹. Heute wird er für Eisenbahn-Nostalgiker an einigen Frühjahrs- und Spätsommerwochenenden wieder auf die Schienen gesetzt, Startpunkt ist das Eisenbahnmuseum (Museo del Ferrocarril, Paseo de las Delicias 61, Metro: L 3 Delicias, www.museodelferrocarril.org) in Madrid. Unterwegs reicht historisch gekleidetes Zugpersonal Erdbeeren. **Info:** T 912 32 03 20, www.ffe.es, Tickets unter https://entradas.trendelafresa.es

Benito Hotelano 13, T 918 94 02 06, www.cuevasdelvino.com, Mi–Mo 12–16.30/17, Fr, Sa auch 20–23/24 Uhr, im Aug. geschl., €€

Infos

- **Anreise:** ab Madrid alle 30/60 Min. (7/8–22 Uhr) Bus 337 von La Veloz, Avda. del Mediterráneo 49, Metro: L 6 Conde de Casal, www.laveloz.es, wwwcrtm.es.

Aranjuez

Karte 5, B 3

Die kleine Stadt Aranjuez, 50 km südlich von Madrid, deren Gärten und Äcker die Hauptstadt schon immer mit Erdbeeren und Spargel versorgten, liegt in den fruchtbaren Tälern von Río Tajo und Río Jarama. Der Tajo ist übrigens der Fluss, der später als Tejo in Portugal in den Atlantik mündet. Bis dorthin hat er allerdings noch ein paar Kilometer vor sich. Diese fruchtbare, von Gewässern durchzogene, waldreiche Gegend entdeckten die spanischen Monarchen früh als Jagd- und Erholungsgebiet für sich.

Die Stadt ist Weltkulturerbe

So wurde Aranjuez 1560 zum *real sitio* erklärt. Das bedeutete vor allem, dass sich hier nicht einfach jedermann niederlassen konnte, denn der Platz war das exklusive Revier der Könige und ihrer Bediensteten. Erst im 18. Jh. wurde er für die Allgemeinheit geöffnet und die Ansiedlung erlaubt, aber das geschah strukturiert und planvoll. Ein eleganter Ort mit regelmäßiger Architektur wurde konzipiert. Aranjuez ist ein Beispiel für eine barocke Stadtplanung.

Königliche Sommerresidenz

Der **Palacio Real** mit seinen prunkvoll ausgestatteten Gemächern geht auf die Bourbonenherrscher zurück – es gab Vorgängerresidenzen, aber sie überdauerten die Zeit nicht. Luxuriöse Spielereien sind die Sala de Porcelanas (Porzellansaal), deren Chinoiserien Mitte des 18. Jh. Stück für Stück in der Fábrica del Buen Retiro in Madrid angefertigt wurden, oder der Rauchsalon im orientalischen Stil.

Plaza de Parejas s/n, www.patrimonionacional.es, Di–So 10–18, Sommer 10–19 Uhr, 9/4 € inkl. Barkenmuseum und Casa del Labrador, Mi, So 15–18, im Sommer bis 19 Uhr gratis

Blumen, Bäume und Museen

Die **Gärten von Aranjuez** in den Auen des Río Tajo erhielten ihre heutige Gestalt vornehmlich unter Karl III. und Karl IV. Mit ihren Spazierwegen, Kanälen, Teichen und den Springbrunnen mit mythologischem Figurenschmuck, den Blumen und Bäumen waren und sind sie eine wohltuende Landschaftsoase. Der **Jardín**

del Parterre direkt am Schloss ist vornehmlich ein Blumengarten. Im Norden ist der **Jardín de la Isla** mit seinen baumüberschatteten Alleen tatsächlich eine Insel. Eingefasst wird sie von einer Schleife des Tajo und einem diesen Flussbogen abkürzenden Kanal, den die Monarchen direkt am Schloss entlangführen ließen.

Die ca. 150 ha großen **Jardines del Príncipe,** die sich östlich des Schlosses und direkt bis an den Fluss ausdehnen, sind ein großes Parkgelände, das zu ausgiebigen Spaziergängen und zum Bewundern alter Bäume einlädt. Am Tajo liegt die **Casa de Marinos** bzw. das **Museo de Falúas Reales** (Barkenmuseum). Dort sind jene königlichen Barken und Gondeln zu sehen, auf denen sich die Herrschaften feierlichen Flussgelagen hingaben. Die **Casa del Labrador** (Haus des Landmanns) wurde um 1800 von Karl IV. für höfische Feste erbaut.

Tgl. 8.30 Uhr bis Sonnenuntergang, Barkenmuseum und Casa del Labrador Mi, Do 17–20/15–18 Uhr

Essen

Tapas und mehr

Casa Delapio: Nahe der Stierkampfarena gibt es regionales Gemüse, Reisgerichte, tagesfrischen Fisch und Fleisch aus nachhaltiger Tierwirtschaft. Und eine gute Auswahl an Tapas.

Avda. Plaza de Toros 7, T 918 92 09 82, www.casadelapio.es, Mo–Sa 8/9–23/24, So 10–17 Uhr, €€

Gehobene Kochkunst

Casa José: In dem alten Stadthaus bei der Markthalle werden frisches Gemüse, saisonal gefangener Fisch oder geschmortes Lamm serviert. Dazu gibt es exzellente Weine.

Abastos 32, T 918 91 14 88, www.casajose.es, Di–Sa 13.30–16, 21–23, So 13.30–16 Uhr, €€–€€€

Bewegen

Per Boot über den Tajo gleiten

El Curiosity: Bei einem Getränk schippern Sie in diesem Ausflugsboot über den Fluss und sehen die Gärten von Aranjuez. Die Alternative: Im Kanuclub ein Paddelboot, Kajak oder Kanu ausleihen.

El Curiosity: bei der Brücke über den Tajo, direkt beim Kanuclub, T 911 61 03 67, www.elcuriosity.com, Sa, So 12.30, 17.30 Uhr, Bootstour 10 €/Pers.
Club de Piragüismo de Aranjuez: Ctra. de Madrid 6, T 918 92 08 27, www.piraguismoaranjuez.com, Kanutouren ab 12 €

Infos

- **Oficina de Turismo:** Plaza de San Antonio 9, T 918 91 04 27, https://visita.aranjuez.es, Mo–Do 10–14, 14.30–18, Fr–So 10–18 Uhr.
- **Anreise:** Züge ab Madrid-Sol, Atocha, Nuevos Ministerios, Chamartín alle 30 Min., www.renfe.es; Bus 423 ab Estación Sur de Autobuses (Metro: L 6 Méndez Álvaro), Zeiten unter www.crtm.es, Rückkehr ab Busbahnhof Aranjuez, Calle Infantas 20.

Toledo

Karte 5, A 3/4

Hat sich Toledo nach dem Mittelalter einen langen Schönheitsschlaf verpasst und den Lauf der Welt an sich vorbeiziehen lassen? Auf einem Felshügel, den der zur Schleife ausgebogene Río Tajo umklammert, liegt die Stadt wie eine Festung – überragt von Kathedrale und Alcázar. Im Geflecht der Gassen scheint die Zeit wahrhaftig stehen geblieben zu sein, und die Chancen stehen gut, sich darin zu verlieren und zu verirren. Toledo ist ein Kompendium der Geschichte, ein Museum, das die UNESCO zum Welter-

Wie eine Festung liegt Toledo auf einem Hügel, in einer Schleife des Río Tajo. Die historischen Flussübergänge waren gut gesichert, wie hier mit der Puerta de Alcántara.

be der Menschheit kürte. Wenn sich die vielen Tagesbesucher gegen Abend auf die Heimreise machen, breitet sich wieder die beschauliche Ruhe einer Landstadt aus.

»Stadt der drei Kulturen« wird Toledo oft genannt – eine Erinnerung an die Jahrhunderte, in denen hier Muslime, Juden und Christen zusammenlebten, nachdem die westgotische Königsresidenz 712 dem muslimischen Reich von al-Andalus eingegliedert worden war. Die kastilischen Könige, die Toledo 1085 zurückeroberten und 1087 zu ihrer Residenz erkoren, übernahmen eine Stätte maurischer Kultur und Gelehrsamkeit und ließen erst einmal Toleranz walten. Sie endete 1492 mit der endgültigen Vertreibung der Juden und der Verbannung des Islams von der Halbinsel. Die mächtigen Erzbischöfe von Toledo rückten schon vorher allem Nichtchristlichen mit ihren Inquisitionstribunalen zu Leibe. Als Philipp II. 1561 seinen Hof nach Madrid verlegte, endete Toledos Glanzzeit.

Toledo ist Sitz des spanischen Primas. Ausgerechnet in diesem Machtzentrum der spanischen Kirche sind die jüdische und die muslimische Kultur besonders präsent. Sie manifestieren sich in Bauten und den maurischen Dekorationsprinzipien des Mudéjarstils, der viele Kirchen prägt, sowie in den von Muslimen begründeten feineren Handwerken und Gewerben. Toledo ist auch die Stadt El Grecos, der hier ab 1577 seine Wahlheimat fand und von Klerus und Adel reichlich mit Aufträgen bedacht wurde. El Grecos Werke sind in der Stadt allgegenwärtig.

Stadtmauer und Stadttore

Egal, ob Sie vom Bahnhof oder Busbahnhof kommen, Sie müssen den Stadthügel hinauf und werden von der Stadtmauer an der Nordseite Toledos begrüßt. Sie ist noch teils westgotischen, teils maurischen Ursprungs. Etliche historische Tore setzen das Begrüßungsritual fort. Den Torbau **Puertas de Bisagra** ❶ gab Karl V. 1550 in Auftrag, das ältere Tor mit Hufeisenbögen geht auf das frühe 10. Jh. zurück. Ein Stück bergauf folgen rechts die **Puerta del Sol** ❷ (Sonnentor), ein mächtiger Torturm im Mudéjarstil aus dem 12.–14. Jh., und die noch ältere **Puerta de Valmardón** ❸, die im Arabischen Bab al-Mardum hieß.

Stippvisite in der Zeit der Kalifen

Gleich hinter diesem Tor liegt die **Mezquita de Cristo de la Luz** ❹. Der Name ist befremdlich, er beschreibt eine Moschee *(mezquita)*, die dem ›Christus des Lichts‹ gewidmet ist. Die ehemalige Moschee ist klein – und ein Kleinod arabischer Baukunst aus dem Jahr 999. Sie besteht aus flachen, erdfarbenen Ziegeln, die dekorativ verbaut wurden. 1187 wurde sie zur Kirche Cristo de la Luz umgewidmet. Eine Apsis im toledanischen Mudéjarstil kam hinzu. In ihr sind romanische Freskenreste erhalten. Noch tiefer in die Geschichte zurück gehen die großen Granitsteine bei der Moschee, die zu einer ehemaligen Römerstraße des 1. Jh. gehören.

Cristo de la Luz 22, tgl. 10–17.45/18.45 Uhr, 4/3 € oder Sammelticket Pulsera Turística (s. Kasten unten)

Kathedrale

Dort wo mitten in der Altstadt einst die Hauptmoschee stand, erhebt sich das religiöse Wahrzeichen Toledos: die **Kathedrale** ❺. Weil ihre Umgebung dicht bebaut ist, erfasst man ihre Ausmaße und architektonischen Besonderheiten erst, wenn man einmal um sie herumgeht. Mit ihrem 90 m hohen Turm, fünf Schiffen, dem doppelten Chorumgang, 88 Säulen und 72 Kuppeln ist sie nach der Kathedrale von Sevilla die zweitgrößte Spaniens. Zwischen 1226 und 1493 wurde sie in einem gotischen Stil spanisch-französischer Prägung errichtet. Ein Höhepunkt im Innern ist der von über 20 Künstlern geschnitzte Hochaltar (1500–04). »El Transparente«, so heißt das architektonisch-künstlerische Wunderwerk hinter dem Altar: Narcisco Tomé durchbrach dort die Kirchendecke, um Licht bis zum Tabernakel zu führen, und kaschierte diesen Durchbruch wiederum, indem er ihn in kunstvolle biblische Szenen einband (1721–32).

Die Gemäldesammlung in der Sakristei umfasst Werke von El Greco – darunter das Bild »Expolio«, Entkleidung Christi, und Aposteldarstellungen – sowie von Caravaggio, Goya, Velázquez, Zurbarán, Rubens, Tizian und van Dyck. Eine schöne Artesonado-Decke überspannt den Kapitelsaal. Zum Kathedralenschatz *(tesoro)* gehören wertvollste Goldschmiedearbeiten wie die von Enrique de Arfe geschaffene, ca. 2,5 m hohe vergoldete Silberkustodie (16. Jh.), die zu Fronleichnam durch die Stadt getragen wird. Oder das Schaugefäß einer kleinen

S

SAMMELTICKET PULSERA TURÍSTICA DE TOLEDO

In der Touristeninformation (Oficina de Turismo, s. S. 239) ist für 12 € ein Armband *(pulsera)* erhältlich, das zum (auch wiederholten) Besuch folgender Sehenswürdigkeiten berechtigt: **Mezquita de Cristo de la Luz ❹, Iglesia de El Salvador ❻, Iglesia de los Jesuitas ❼, Sinagoga Santa Maria la Blanca ❾, San Juan de Los Reyes ❿, Iglesia de Santo Tomé ⓫** (Grecos »Begräbnis des Grafen von Orgaz«) und **Real Colegio de Doncellas Nobles ⓬.**

Toledo

Ansehen

1. Puertas de Bisagra
2. Puerta del Sol
3. Puerta de Valmardón
4. Mezquita de Cristo de la Luz
5. Kathedrale
6. Iglesia de El Salvador
7. Iglesia de los Jesuitas
8. Iglesia de San Vicente
9. Sinagoga Santa María la Blanca
10. San Juan de los Reyes
11. Iglesia de Santo Tomé
12. Real Colegio de Doncellas Nobles
13. Hospital de Tavera
14. Museo-Convento de Santo Domingo el Antiguo
15. Museo de El Greco
16. Museo de los Concilios y la Cultura Visigoda
17. Museo de Santa Cruz
18. Alcázar, Museo del Ejército
19. Museo Sefardí

Übernachten

1. Parador Nacional Conde de Orgaz
2. La Posada de Manolo

Essen

1. Hacienda del Cardenal
2. El Botero

--- schwarze Route: Senda ecológica (s. Tour S. 236)

Monstranz aus reinem Gold, und zwar dem Gold, das Christoph Kolumbus von seiner ersten Amerikareise mitgebracht hatte.

Nicht nur wegen der *Campana gorda*, der angeblich größten Glocke der Welt, sondern auch wegen der Ausblicke lohnt der Besuch des Glockenstuhls.

Cardinal Cisneros 1, www.catedralprimada.es, Mo–Sa 10–18, So 14–18 Uhr, Tickets im Shop gegenüber der Puerta Llana, 10/9 €, Kinder unter 12 Jahren gratis. Der Eintritt durch die Puerta del Reloj zum individuellen Besuch der Kirchenschiffe ist Mo–Fr 8–9.15 Uhr gratis

Gotteshäuser dreier Religionen

Im 11. Jh. wurde die **Iglesia de El Salvador** ❻, ursprünglich eine Moschee aus dem 9. Jh., zur neuen Hauptmoschee von Toledo erweitert, nachdem die Christen 1085 die Stadt erobert hatten und den Platz der alten Hauptmoschee und heutigen Kathedrale für sich reklamierten. Einige der Hufeisenbögen ruhen auf römischen Kapitellen und auf einem Pilaster aus westgotischer Zeit sind sogar Szenen aus dem Leben Jesu bildhauerisch dargestellt. Im späten Mittelalter wurde die Kirche nach einem Brand erneuert und erweitert. Ausgrabungen zeigen, dass alle Kulturen, die Toledo prägten, in diesem Gebäude Spuren hinterließen.

Wie anders tritt doch die 1718 geweihte Barockkirche der Jesuiten mit ihrer imposanten Fassade auf. 130 Stufen führen hinauf zur Aussichtsplattform im Turm der **Iglesia de los Jesuitas** ❼, von der sich ein toller Blick über Toledo bietet.

Oder die seit mindestens 1125 existierende **Iglesia de San Vicente** ❽, deren Apsis ein schönes Beispiel für den maurischen Mudéjarstil ist. Die ehemalige Kirche ist Sitz des Kulturzentrums Círculo de Arte de Toledo, das Kirchenschiff wird für Ausstellungen, Theater und Konzerte genutzt.

Ab 1180 war die Synagoge **Santa María la Blanca** ❾ die Hauptsynagoge der Stadt. Achteckige weiße Säulen mit Hufeisenbögen gliedern den zurückhaltend-harmonischen Raum in fünf Schiffe. Spiralen, Zapfen, Bänder dominieren in den Stuckarbeiten der schönen Kapitelle. Gewiss waren hier auch maurische Arbeiter am Werk. Die geradezu meditative Halle wurde zwischen-

zeitlich – wie der Name schon sagt – in eine Kirche umgewidmet (ab 1405).

El Salvador: Plaza de El Salvador s/n, Mo–Sa 10–18, So 14–18 Uhr, 4/3 € oder Pulsera Turística (s. Kasten S. 231). **Iglesia de los Jesuitas:** Plaza Padre Juan de Mariana 1, tgl. 10–17.45/18.45, 4/3 € oder Pulsera Turística. **San Vicente:** Plaza de San Vicente 2, **Santa María la Blanca:** Reyes Católicos 4, geöffnet und Eintritt wie Iglesia de los Jesuitas

Am Beginn einer Ära des Steins

Den Bau der Klosterkirche **San Juan de los Reyes** **10** gab Isabella die Katholische 1476 in Auftrag. Mit diesem massiven Steingebäude endete in Toledo die Zeit des dekorativen Ziegelmauerwerks oder filigraner Stuckarbeiten der Mudéjarzeit– und damit die Zeit der Toleranz zwischen drei Kulturen und drei Religionen. Juan Guas gestaltete die Kirche im Stil der isabellinischen Spätgotik, den eleganten, reich verzierten Kreuzgang mit zweistöckigen Arkaden und kunstvollen Artesonado-Decken, der einen kleinen Garten umschließt, schuf Enrique Egas. Die schweren Ketten an

Bis heute hat El Greco als Maler viele Bewunderer, er gilt sogar als Vorläufer der Moderne. Mit dem »Begräbnis des Grafen von Orgaz« würdigt er einen Mäzen der Stadt.

der Außenwand sollen an die Christen erinnern, die man aus muslimischer Gefangenschaft befreit hatte.

San Juan de Los Reyes 2, www.sanjuandelosreyes.org, tgl. 10–17.45/18.45 Uhr, 4/3 € oder Pulsera Turística (s. Kasten S. 231)

El Grecos ergreifendes Begräbnis

Einen der schönsten Mudéjartürme der Stadt besitzt die vom 12. bis 14. Jh. erbaute **Iglesia de Santo Tomé** ⓫. Die ästhetische Gliederung der Turmfassaden durch Reihen mit Hufeisenbögen ist typisch für die maurische Architektur. Die wegen ihrer Form auch Schlüssellochbögen genannten Öffnungen sind im Wechsel spitz, rund oder mehrlappig. Zwischen den zwei Stockwerken verläuft ein dekorativer Fries aus gelappten Blendbögen, die auf grün und ockerfarben glasierten Säulen ruhen. In den Ziegelwänden wurden Schmuckelemente aus westgotischer Zeit verbaut. Ein Prachtstück!

Doch pilgert nicht deswegen alle Welt zu dieser Kirche, sondern wegen des berühmten El-Greco-Werkes: »Begräbnis des Grafen von Orgaz« (1586). Auf 3,5 x 5 m zeigt es die Beisetzungsfeierlichkeiten für Don Gonzalo Ruiz de Toledo. Während Christus und die himmlischen Heerscharen oben im Bild seine Seele in Empfang nehmen, wird unten der Leichnam des Grafen beigesetzt, der übrigens tatsächlich zu Füßen des Bildes ruht. Toledaner Klerus und Granden nehmen an der Zeremonie teil, dazu die Heiligen Augustinus und Stephanus sowie – unten links im Bild – El Grecos eigener Sohn. El Greco war Mitglied der Pfarrgemeinde von Santo Tomé, die vom Grafen reichlich Zuwendungen erhalten hatte.

Plaza del Conde 4, www.santotome.org, tgl. 10–17.45/18.45 Uhr, 4/3 € oder Pulsera Turística (s. Kasten S. 231)

Eine Mädchenschule von 1551

1551 gründete Kardinal Silíceo den **Real Colegio de Doncellas Nobles ⓬**, eine Schule für Mädchen aus bescheidenen Verhältnissen. Sie sollten in einem christlich-humanistischen Sinn erzogen werden. Frauenbildung, das war für die damalige Zeit eine geradezu revolutionäre Idee. Die Schule hatte bis 1988 einen guten Ruf, dann wurde beschlossen, sie als Unterkunft für die Universität zu nutzen. Das heutige Gebäude samt Innenhof geht auf die im 18. Jh. von Ventura Rodríguez geleiteten Umbaumaßnahmen zurück, und die Handschrift dieses ›Madrid-Architekten‹ ist durchaus sichtbar. In der Barockkirche wurde Kardinal Silíceo mit einem prächtigen Mausoleum bedacht. Der Rektoratssaal ist opulent dekoriert.

G

EL GRECO, DER GRIECHE

Der gebürtige Kreter Domínikos Theotokópoulos wurde als El Greco, der Grieche, weltberühmt. In seiner Wahlheimat Toledo, dem Sitz des spanischen Erzbischof-Primas, lebte und malte er von 1577 bis zu seinem Tod im Jahr 1614. Dem reichen, streng katholischen Klerus und dem Toledaner Adel gefiel die Spiritualität seiner Werke, die heute teils noch an ihrem ursprünglichen Ort oder aber in großartigen Gemäldesammlungen zu sehen sind: im Museo de El Greco, in der Iglesia de Santo Tomé, im Museo de Santa Cruz, im Hospital de Tavera oder im Museo-Convento de Santo Domingo el Antiguo.

Plaza del Cardenal Silíceo 1, tgl. 10–17.45/18.45 Uhr, 4/3 € oder Pulsera Turística (s. Kasten S. 231)

Wo Herzöge wohnten

Unterhalb des toledanischen Stadthügels liegt das frühere **Hospital de Tavera ⓭** (auch: Hospital de San Juan Bautista). Der prachtvolle Renaissancebau aus der Mitte des 16. Jh. wurde später zur Residenz der Herzöge von Lerma umfunktioniert. In der Kirche befindet sich das Grabmal des Kardinals Tavera. Die Kirche und weitere Räumlichkeiten des alten Krankenhauses beherbergen eine Sammlung an Kunst des 15.–18. Jh., darunter zahlreiche Werke von El Greco, aber auch von Ribera, Berruguete, Tintoretto, Lucas Jordán, Canaletto oder Sánchez Coello. Darüber hinaus gibt es Wandteppiche, Möbel aus dem 17./18. Jh., eine Bibliothek, eine Apotheke mit Keramiktöpfen aus den Manufakturen von Talavera de la Reina und Puente del Arzobispo – das sind in Spanien Namen wie in Deutschland Meißen – sowie vielerlei weitere Kostspieligkeiten, wie sie der Adel Spaniens besaß und besitzt. Der Renaissancepatio besteht aus zwei durch einen Mittelgang getrennten Höfen mit Arkaden.

Duque de Lerma 2, www.fundacionmedinaceli.org, Di–Sa 10–14.30, 15–18.30, So 10–14.30 Uhr, 10 €, nur Gemäldesammlung 5 €

Museen

Kunst und Marzipan

⓮ Museo-Convento de Santo Domingo el Antiguo: Das Zisterzienserkloster im Nordwesten des Stadthügels, eine verwinkelte Anlage mit reizendem Turm im toledanischen Mudéjarstil, stammt aus dem 11. Jh., wurde jedoch im 16. Jh. umgebaut. Retabel und Altargemälde in der Klosterkirche gehören zu El Grecos frühesten Arbeiten in Toledo. Als Originale

TOUR
Flussansichten und -geschichten

Wanderung am Tajo entlang

Infos

Karte 5, A 4
Cityplan S. 232: schwarze Route
Start: Plaza San Juan de los Reyes ⑩
Länge/Dauer: ca. 4 km, ca. 2 Std.

In Schlingen und Schleifen hat sich der Tajo durch die Auen um Toledo gegraben – ein mäandernder Fluss, der den Stadthügel an drei Seiten umschließt. Mit Flussbrücken, Stauwehren oder Resten von Wassermühlen hat er die toledanische Kulturgeschichte mitgeschrieben.

Vom Platz an der Nordseite von **San Juan de los Reyes** ⑩ führt eine Treppengasse steil bergab, Sie queren eine Straße und kommen dann auf einen Schotterweg direkt bei der **Brücke San Martín** aus dem 14. Jh. Fünf Steinbögen tragen sie, und sie wurde beidseitig mit massiven Verteidigungstürmen bewehrt. Der Uferweg, die *Senda ecológica,* hält schöne Aussichten auf Fluss und Felshügel am anderen Ufer bereit. Dann stoßen Sie auf die **Casa del Diamantista.** In ihr soll Don José Navarro, ein stadtbekannter Goldschmied, seine Werkstatt gehabt haben. Aber eine Königinnenkrone für Isabel II wollte und wollte ihm nicht gelingen. Schließlich retteten ihn Toledos ›Heinzelmännchen‹, kleine fleißige Dämönchen, die nach getaner Arbeit wieder im Tajo verschwanden.

Hinter dem Haus geht es flussnah weiter bis zur nächsten Brücke, dem **Puente de la Ronda de Juanelo.** Dort folgen Sie der gleichnamigen Straße bis zum alten **Puente de Alcántara.** Die Steinbogenbrücke ist die älteste von Toledo, sie ruht auf 2000 Jahre alten Fundamenten und wurde im 10. Jh. erneuert. Der stadtseitige Torturm stammt aus der Regierungszeit von Alfons X. Hält man sich nach dem Passieren des Stadttores links bergauf, kommt man zum **Museo de Santa Cruz** ⑰ und dem Zocodover-Platz.

Senda ecológica, so heißt der Umweltpfad, der um die Südseite des toledanischen Felshügels am Tajo entlangführt. Hier der Blick vom Ufer auf den Puente de San Martín.

blieben »Johannes der Täufer« und »Johannes der Evangelist« sowie ein Seitenretabel an Ort und Stelle erhalten. Beim Gitter, das den Chor vom Kirchenraum trennt, markiert eine Glasplatte im Boden das ursprüngliche Grab von El Greco. Sein Sohn ließ die Gebeine des Vaters in eine andere, nicht mehr existente Kirche verlegen – sie sind also verschollen. Die Nonnen von Santo Domingo el Antiguo produzieren und verkaufen Toledaner Marzipanspezialitäten.

Plaza de Santo Domingo Antiguo 2, Mo–Sa, Fei 11–13.30, 16–19, So 16–19 Uhr, 3 €

El Greco näherkommen

⓯ Museo de El Greco: Als El Greco zu Beginn des 20. Jh. als Künstler wiederentdeckt wurde, nicht zuletzt aufgrund seiner Wertschätzung durch die Expressionisten, waren seine Werke international begehrt und wurden weltweit verkauft. Zu dieser Zeit erwarb der Marqués de la Vega Inclán im ehemaligen jüdischen Viertel von Toledo, wo El Greco gelebt hatte, einen heruntergekommenen Gebäudekomplex, um ihn als El-Greco-Museum herzurichten. Heute spaziert man hier durch den beschaulichen Garten und ein typisch toledanisches Wohnhaus des 16. Jh., macht sich mit dem Leben und Wirken des Malers vertraut und bewundert seinen Apostelzyklus oder die historische Stadtansicht von Toledo.

Paseo del Tránsito s/n, www.mecd.gob.es/mgreco, Di–Sa 9.30–19.30, im Winter bis 18, So, Fei 10–15 Uhr, 3/1,50 €, Kombiticket mit Museo Sefardí 5 €, Sa ab 14 Uhr und So Eintritt frei

Die Kronen der Westgotenkönige

⓰ Museo de los Concilios y la Cultura Visigoda: Die 1221 geweihte Mudéjarkirche San Román besitzt einen durch Hufeisenbögen gegliederten und mit spätromanischen Fresken geschmückten dreischiffigen Raum. Er verzaubert in eine andere Zeit, passend zum heutigen **Museum der westgotischen Kultur** und der frühen Geschichte Toledos. Spanien wurde von 567–711 von westgotischen Königen regiert, die in Toledo residierten. Das Museum zeigt u. a. Nachbildungen ihrer Königskronen.

San Román s/n, Di–Sa 10–14, 16–18, So, Fei 9–15 Uhr, Eintritt frei

Große Gemäldesammlungen

⓱ Museo de Santa Cruz: Ein Durchgang seitlich des Zocodover-Platzes führt zum mächtigen, ab 1494 auf Geheiß Kardinal Mendozas errichteten Krankenhaus des Heiligen Kreuzes. Die doppelstöckige elegante Kreuzhalle mit Kassettendecken im Mudéjar- und Renaissancestil beherbergt eine großartige Gemäldesammlung mit zahlreichen Werken von El Greco und aus seiner Werkstatt, darunter Heiligendarstellungen, Porträts und Kirchenretabel. An einer Wand hängt das Banner, das Don Juan de Austria 1571 in der Seeschlacht von Lepanto mit sich führte. Neben der Abteilung der Schönen Künste gibt es als weitere Schwerpunkte die römische, westgotische, arabische und Mudéjarkultur sowie kunsthandwerkliche Traditionen.

Cervantes 3, Mo–Sa 10–18, So, Fei 9–15 Uhr, Eintritt frei

Ein Alcázar als Heeresmuseum

⓲ Museo del Ejército: Eine richtige Festung ist der Alcázar von Toledo, wuchtig, vierkantig, mit Ecktürmen verstärkt. Er steht auf 548 m Höhe, auf dem höchsten Punkt der Altstadt, und diente schon als Gefängnis, Kaserne, Infanterieschule. Ursprünglich wurde der Alcázar unter Karl V. errichtet, jedoch mehrfach zerstört und wiederaufgebaut, zuletzt nach dem Spanischen Bürgerkrieg. Damals beschossen die Republikaner die Palastfestung, während Oberst Moscardó, ein Anhänger Francos, die Stellung hielt und sogar bereit war, seinen Sohn zu opfern. Diese Heldentat wurde unter Franco und auch noch nach seinem Tod im Gebäude beständig gefeiert. Damit ist Schluss. Seit 2010 enthält die Festung samt einem modernen Anbau ein neu geordnetes, umfangreiches Militärmuseum. Waffen aus allen Epochen, Heere von Zinnsoldaten und vieles mehr erwarten Sie dort.

Paz s/n, www.museo.ejercito.es, Di–So 10–17 Uhr, 5 €, unter 18, über 65 Jahre und So Eintritt frei

Jüdisches Toledo

⓳ **Museo Sefardí:** Eine Synagoge als Museum. Einen passenderen Ort könnte es für die Bewahrung des hispano-jüdischen und sephardischen Kulturerbes als fundamentalem Bestandteil der spanischen Geschichte nicht geben. Die im 14. Jh. errichtete Synagoge ist ein Schmuckstück des Mudéjarstils. Samuel ha-Leví, der unter dem kastilischen König Peter dem Grausamen u. a. als Schatzmeister und Diplomat tätig war, hatte sie bauen lassen. Sie wurde unter dem Namen **Sinagoga del Tránsito** bekannt. 1492, nach der Vertreibung der Juden aus Spanien, wurde sie zunächst dem Militärorden der Calatrava übergeben. Das Museum wurde 1971 eröffnet.

Samuel Leví s/n, www.culturaydeporte.gob.es/msefardi, Di–Sa 9.30–18, März–Okt. bis 19.30, So, Fei 10–15 Uhr, 3/1,50 €, Kombiticket mit Museo de El Greco 5 €, Sa ab 14 Uhr u. So Eintritt frei

G

GESCHMIEDET UND GEBACKEN

Überall in der Stadt blüht der Handel mit schönen Souvenirs, die ihren Ursprung in orientalischen Handwerken haben: Messer und Klingen, *damasquinado*-Produkte und Marzipankonfekt. *Damasquinado* bezeichnet die alte Technik, Metallobjekte mit gewebehaften Mustern zu verzieren: Mit einem scharfem Stichel ritzt man Gravuren in das Metall und füllt sie dann mit Gold- und Silberdraht, die flachgeklopft werden.

Übernachten

Stilvoll mit Panoramablick

1 **Parador Nacional Conde de Orgaz:** Toledors Parador, ein Nobelhaus im toledanischen Stil mit Pool und gutem Restaurant, liegt gegenüber der Altstadt auf der anderen Seite des Tajo. Von den geräumigen Zimmern und der Terrasse bietet sich ein wunderbarer Blick auf die Stadt. Der Ausflug hierher lohnt auch, um bei einem *café* auf der Terrasse das fotogene Panorama Toledos zu genießen.

Cerro del Emperador s/n, T 925 22 18 50, www.paradores.es, €€€

Toledanisches Stadthaus

2 **La Posada de Manolo:** Ein nett zurechtgemachtes und recht rustikal anmutendes toledanisches Stadthaus, mitten im alten Ortskern. Jedes Zimmer hat eine individuelle Note. Und es gibt eine schöne Frühstücksterrasse.

Sixto Ramón Parro 8, T 925 25 89 85, www.laposadademanolo.com, €€

Essen

Wo der Kardinal wohnte

1 **Hacienda del Cardenal:** Das 200 Jahre alte Landhaus Kardinal Lorenzanas dient heute als Herberge und als Restaurant mit schönem Garten. Spezialität des Hauses sind Ofengerichte wie Lamm und Spanferkel aus dem Holzofen. Man kann im Hostal del Cardenal aber auch informeller speisen und einfach Tapas bestellen.

Paseo Recaredo 24, T 925 22 08 62, www.haciendadelcardenal.com, Di–Sa 11.30–24, So, Mo 11.30–17 Uhr, €€

Natürlich wird die Stadt der drei Kulturen regelmäßig von ganzen Busladungen mit Schulklassen besucht. Sammelpunkt vor der Rückfahrt ist der Zocodover-Platz, das lebendige Zentrum der Altstadt.

Altstadttaverne und Restaurant

2 **El Botero:** Direkt bei der Kathedrale befindet sich das kleine Lokal, das im Erdgeschoss den Thekenraum und ein paar Tische und oben einen Speisesaal hat. Je nach Hunger besteht die Wahl zwischen Tapas, *raciones* oder Menüs. Regionalküche mit neuen, kreativen Akzenten, gemischt mit asiatischen und lateinamerikanischen Gewürzen und Geschmacksnoten.

De la Ciudad 5, T 925 28 09 67, www.tabernabotero.com, Mi, Do, So 12–1.30, Fr, Sa bis 2.30 Uhr, €–€€

Infos

- **Oficina de Turismo:** Plaza del Ayuntamiento 1 (im Rathaus), T 925 25 40 30; weitere Infostellen an den Puertas de Bisagra, auf der Plaza del Zocodover und im Bahnhof, www.turismo.toledo.es, www.turismocastillalamancha.es, So–Fr 10–15.30, Sa 10–18 Uhr.
- **Anreise:** Schnellzüge (AVANT) starten in Madrid am Atocha-Bahnhof etwa stdl., ca. 14 €. Vom Bahnhof in Toledo, einem schönen Neomudéjarbau am Paseo de la Rosa, geht es mit Bus 61/62 (1,40 €) oder mit dem City-Tour-Bus (2,50 €) zum Zocodover-Platz. Ab Madrid fahren Direktbusse vom Busbahnhof Plaza Elíptica (Metro: L 6, 11 Plaza Elíptica) etwa alle 30 Min. nach Toledo, die Tickets (11,50 € hin/zurück) erhält man im Busbahnhof im 3. Stock an den Schaltern von Nex Continental-Alsa, T 902 42 22 42, www.alsa.es; Abfahrt der Busse im 1. Stock, Tor 7; Busbahnhof in Toledo, Avda. de Castilla-La Mancha, T 925 21 58 50, von dort Linie 5 zum Zocodover-Platz.

Das Kleingedruckte

El Oso y el Madroño: Der Bär (oso) nascht die Früchte des Erdbeerbaums (madroño). Lang ist's her, da gab es beides noch in Madrids Umgebung. Jetzt gibt es sie als Wahrzeichen der Stadt an der Puerta del Sol (S. 67), wo sie ein bärenstarkes Fotomotiv für Selfies sind. Übrigens: Der Bär ist eigentlich eine Bärin! Madrids Wappentier ist weiblich.

Anreise

Flughafen

Aeropuerto Adolfo Suárez Madrid-Barajas: Der Flughafen (T 913 21 10 00, www.aena.es) liegt ca. 13 km nordöstlich des Zentrums.

Die vier Terminals sind verschiedenen Fluggesellschaften und ihren Partnern zugeordnet. Austrian Airlines, Lufthansa, Swiss Air, Air France, KLM, Easy Jet und Ryanair nutzen Terminal 1 (T-1). Air Europa nutzt für Ziele im Schengen-Raum T-2, für alle anderen Ziele T-1. Terminal 4 (T-4) ist für Iberia, British Airways, Vueling und die Partner von One World reserviert.

Per Metro in die Stadt: Im Flughafen gibt es zwei Metrobahnhöfe der rosafarbenen Linie 8 (s. Metroplan auf der Reisekarte). Die Station Aeropuerto T-1, T-2, T-3 liegt zwischen Terminal 2 und 3, die Station Aeropuerto T-4 im Terminal 4. Start- und Endpunkt der Linie 8 ist in der Stadt die Station Nuevos Ministerios (📍 K 7). Von dort geht es weiter mit den Metrolinien 6 und 10 oder den Nahverkehrszügen (*cercanías,* s. u.). Der Flughafenaufschlag für die Metronutzung beträgt 3 € (s. S. 251).

Nahverkehrszüge/Cercanías: Die Linien C-1/C-10 fahren ab Terminal T-4 zum Bahnhof Chamartín (11 Min.), dann via Nuevos Ministerios, Recoletos, Atocha-Bahnhof (25 Min.) weiter bis Méndez Álvaro und Príncipe Pío. 6–23.30 Uhr, alle 30 Min., Einzelfahrt 2,60 €.

Busse ins Zentrum: Stadtbusse der **Linie 200** verkehren ca. 5/5.30–23.30 Uhr im 15- bis 20-Minutentakt zum Normaltarif (2023: 1,50 €) zwischen den Terminals T-1, T-2, T-4 und der Metrostation Avenida de América (Intercambiador de Transportes, Bussteig 11, 📍 N 9). In der umgekehrten Richtung starten die Busse morgens auf der anderen Straßenseite vor dem Haus Avenida de América 4, Haltestelle 5788.

Die gelben ›Exprés aeropuerto‹-Busse (Ticket: 5 €) verkehren 6–23.30 Uhr alle

STECKBRIEF

Lage: Madrid liegt im Zentrum der Iberischen Halbinsel, 667 m ü. d. M. Es ist die höchstgelegene Hauptstadt der EU.
Größe: 605,77 km^2
Einwohner: ca. 3,3 Mio. (Stadt), ca. 6,8 Mio. in der Comunidad Autónoma (Autonome Gemeinschaft). Ausländeranteil ca. 24 % (Stadt), v. a. Europäer, Lateinamerikaner, Nord- und Schwarzafrikaner.
Stadt und Politik: Die 21 Bezirke *(distritos)* umfassen jeweils mehrere Viertel *(barrios)*. Bürgermeister ist José Luis Martínez-Almeida vom konservativen PP (Partido Popular), der seit Mai 2023 die absolute Mehrheit in der Bürgerschaft hat. Zweitstärkste Fraktion ist die links-ökologische Bewegung Más Madrid (12 Sitze), gefolgt vom PSOE (11 Sitze) und der rechtspopulistischen Vox (5 Sitze). Madrid ist Hauptstadt Spaniens, Sitz des Königs sowie Hauptstadt der Comunidad Autónoma de Madrid, die gleichfalls mit absoluter Mehrheit vom PP regiert wird. Regionalpräsidentin ist die Rechtskonservative Isabel Díaz Ayuso.
Landesvorwahl: 00 (oder +) 34
Zeitzone: MEZ, im Sommer MESZ

30 Min. zwischen den Terminals T-1/T-2 (*Salidas,* Abflug) und T-4 (*Llegadas,* Ankunft) sowie dem Atocha-Bahnhof (📍 L 16, ca. 40 Min. Fahrzeit). Stopps sind O'Donnell (📍 O 13, Metrostation) und Plaza de la Cibeles (📍 K 13). Zwischen 23.30 und 6 Uhr fährt der Bus zur/ab Plaza de la Cibeles (Haltestelle für die Abfahrt: vor dem Palacio de Cibeles, Ecke Paseo del Prado). **Taxis:** Fahrten ins Stadtgebiet innerhalb des Straßenrings M-30 haben einen Festtarif von 30 € (Tarif 4), zu Zielen außerhalb des Ringes M-30 kostet die Beförderung ab 20 € (= Minimum) je nach Entfernungskilometern (Tarif 3). Am Flughafen sind auch Piratentaxis unterwegs (s. auch S. 252), und es gibt Unternehmen wie Uber, die zu eigenen Konditionen befördern.

Bahnhöfe und Busbahnhof

Madrid hat zwei Bahnhöfe für Hochgeschwindigkeits- und Fernzüge: den Nordbahnhof **Estación de Madrid Chamartín – Clara Campoamor** (📍 Karte 2, M 1/2), wo vor allem Züge aus dem Norden und Osten starten/enden, und den zentral gelegenen Atocha-Bahnhof. Dessen Fernzugbereich heißt **Estación de Madrid Puerta de Atocha – Almudena Grandes** (📍 L 16), der Trakt für die Nahverkehrszüge ist die **Estación de Atocha Cercanías.** Sie ist ein Knotenpunkt der Nahverkehrszüge der Autonomen Gemeinschaft Madrid. **Europabusse** steuern die **Estación Sur de Autobuses** an (s. S. 252).

A

ADRESSEN

Namen am Klingelschild findet man in Madrid eher nicht. Daher gehören zur Adresse einer Person neben Straße und Hausnummer Angaben zu Stockwerk und Lage der Wohnung. *2° ext. drcha.* heißt 2. Stock zur Straße *(exterior)* rechts *(derecha). 6° int. izqda.* wäre 6. Stock innen *(interior)* links *(izquierda).* Diese Angaben stehen auch auf dem Klingelschild.

Bewegen und Entschleunigen

Räume für Outdoorsport

Die großen Parks wie **Parque del Retiro** (📍 L–M 13–15), **Parque del Oeste** (📍 D–F 9–12), **Madrid Río** zu beiden Ufern des Manzanares (📍 E–J 13–19) oder **Casa de Campo** (📍 A–D 9–13) werden ganzjährig zum Joggen, Spazieren, Radfahren, sportlichen Austoben genutzt.

Radfahren

Madrid macht es Radfahrern (noch) nicht immer leicht, obwohl Dutzende neuer Radwege enstanden. In vielen Altstadtgassen und auch auf mehrspurigen Straßen zeigt ein Symbol im Straßenpflaster die gleichberechtigte Mitbenutzung des Weges durch Biker an, was Pkw zur Reduzierung ihrer Geschwindigkeit auf 30 km/h verpflichtet. **BiciMAD:** Das städtische Radverleihsystem stellt rund 7000 blaue E-Bikes bereit, deren Batterien an den BiciMAD-Stationen stets neu aufgeladen werden. Manchmal liegen nur 300 m zwischen den Stationen, an denen Nutzer ein Rad übernehmen oder wieder abgeben. **Und so geht's:** Dauernutzer erwerben ihre Nutzungsberechtigung zusammen mit dem Abo für den ÖPNV. Gelegenheitsnutzer laden unter www.bicimad.com die App herunter, registrieren sich mit Mailadresse und Telefonnummer und legen die Zahlungsweise fest (Kredit- oder EC-Karte). Die App zeigt in einem Stadtplan, an welcher Station wie viele Räder verfügbar sind. Zum Start muss der QR-Code vom Rad in die App eingelesen oder die Fahrradnummer eingetippt werden. Gelegenheitsnutzer wählen den *modo ocasional.* Die Gebühren werden automatisch für die genutzte Zeit abgebucht, also bis das Rad wieder an einer

beliebigen Station abgegeben und korrekt verankert ist. Probleme und Beschwerden werden auch über die App kommuniziert. **Kosten:** bis zu 1 Std. 2 €, bis zu 2 Std. 4 €, Folgestunden 4 €. Der Radtransport in Nahverkehrszügen und Metro ist kostenlos, außer zu Hochbetriebszeiten (Mo–Fr 7.30–9.30, 14–16, 18–20 Uhr).
Radverleih: Pangea, G 17, Paseo Yeserías 15, www.rutaspangea.com. **Trixi Bike Rental & Tour,** Karte 3, J 13, Jardines 12, www.trixi.com, s. S. 77. **Diverbikes,** M 13, Avda. Menéndez Pelayo 9, www.diverbikes.es, s. S. 60.

Fitness und Wellness

Palacio Santa Ana: Fitness-, Wassergymnastik, Dampfbad, Sauna, verschiedene Therapien.
Karte 3, J 14, Plaza del Ángel 6, Metro: L 1, 2, 3 Sol, T 915 23 92 06, www.wemet.es, Mo–Fr 7–23.30, Sa, So 9–22 Uhr

Gymage Gimnasio: Bei jüngeren Leuten beliebt, Terrasse mit schöner Aussicht.
H 12, De la Luna 2, Metro: L 3 Callao, www.gymage.es, Mo–Fr 7–23, Sa 10–21, So, Fei 10–20 Uhr

Schwimmen

Canal de Isabel II: Städtisches Freibad mit zwei Becken, Liegewiese, Bar und Restaurant.
H 8, Avda. de Filipinas 54a, Metro: L 4 Canal, L 1 Ríos Rosas, T 915 33 96 42, Juni–Aug. tgl. 11–20 Uhr

Centro Deportivo de La Cebada: Neues Sportzentrum mit Fitnessbereichen und zwei Hallenbädern im Zentrum von Madrid.
Karte 3, G 15, Plaza de la Cebada 1, Metro: L 5 La Latina, tgl. 7–24 Uhr, www.cdmlacebada.com

Einreisebestimmungen

Ausweispapiere: EU-Bürger müssen grundsätzlich einen gültigen Personalausweis oder Reisepass dabeihaben, das gilt auch für mitreisende Kinder.

FUSSBALL

Die Fußballfans der Stadt teilen sich in die Anhänger von Real Madrid und von Atlético de Madrid. Die ›Königlichen‹, einer der erfolgreichsten und stolzesten Vereine der Welt, tragen weiße, die Kicker von Atlético rot-weiß gestreifte Hemden. **Tickets** reservieren Sie auf den Websites der Vereine bzw. unter www.servicaixa.com, www.ticketmaster.es.
Estadio Santiago Bernabéu: Karte 2, L 5/6, Paseo de la Castellana s/n, www.realmadrid.es, Führungen durch das Stadion, s. S. 201
Estadio Wanda Metropolitano: Karte 4, D 3, Avda. de Arcentales s/n, www.clubatleticodemadrid.com, Metro: L 7 Estadio Metropolitano

Aufenthaltsdauer: Für EU-Bürger unbegrenzt. Schweizer, die länger als drei Monate bleiben wollen, sollten sich wegen einer Aufenthaltserlaubnis an die spanische Botschaft in der Schweiz wenden.
Ein- und Ausfuhr: EU-Bürger können Waren für den persönlichen Bedarf ohne Begrenzung ein- und ausführen. Für Nicht-EU-Bürger sind die zollfreien Mengen begrenzt. Die Ein- und Ausfuhr von Waffen (auch Verteidigungssprays u. Ä.) und Rauschgift sind strikt verboten.
Haustiere: Für mitreisende Haustiere wird ein EU-Gesundheitspass benötigt. Konsultieren Sie dazu unbedingt Ihren Tierarzt.

Essen und Trinken

In ein **Restaurante** geht man, um richtig zu ›speisen‹. Da geht es oft ein bisschen formeller zu. Der Kellner *(camarero)* oder die Kellnerin *(camarera)* schlägt Ihnen einen Tisch vor, Gäste steuern zumindest nicht ohne Abstimmung einen Platz an.

Eine Gebühr für Brot und Gedeck gehört zum Standard auf der Rechnung.

Das informelle, volkstümliche Gegenstück dazu sind Cafés, Bars, **Tabernas** und **Bodegas.** Sie verköstigen mit Tapas und kleinen Gerichten, mittags bieten sie oft günstig ein Tagesgericht oder -menü an. Ein *menú del día* kostet meist um 13–16 €. Cafés bieten auch *café* und Kuchen an.

Geht man zu zweit oder zu mehreren aus, kommt eine gemeinsame **Rechnung.** Üblicherweise bezahlt eine Person (man kann ja zusammenlegen). Als Zeichen der Zufriedenheit lässt man nach dem Bezahlen dezent ein paar Münzen vom Wechselgeld auf dem Tresen oder Tisch zurück oder bis zu 10 % des Rechnungsbetrags in einem besseren Lokal.

Küchenöffnungszeiten sind ca. 12.30–15.30 und 20/20.30–23 Uhr. Am Sonntagabend und montags bleiben viele Lokale geschlossen, im August legen viele eine 14-tägige Pause ein.

Feiertage

1. Jan.: Neujahr
6. Jan.: Dreikönigstag
Ostern: Gründonnerstag, Karfreitag
1. Mai: Tag der Arbeit
2. Mai: Fiesta del Dos de Mayo
15. Mai: San Isidro
7.–15. Aug.: Mariä Himmelfahrt; Fiestas de San Cayetano, San Lorenzo y La Paloma
12. Okt.: Fest der Virgen del Pilar, Fiesta Nacional
1. Nov.: Allerheiligen
9. Nov.: Fest der Stadtpatronin
6. Dez.: Tag der Verfassung
8. Dez.: Unbefleckte Empfängnis
25. Dez.: Weihnachten

Feste und Events

Das Festjahr beginnt mit dem **Umzug der Hl. Drei Könige** am 5. Januar und endet an **Silvester** auf der Puerta del Sol, wo jeder zu den zwölf Glockenschlägen, die das alte Jahr beenden, zwölf Trauben verzehrt. Jede steht für einen besonderen Wunsch, der in Erfüllung gehen soll.

Große Stadtfeste

Neben einigen Patronatsfesten und der Karwoche sind vor allen die großen Stadtfeste im Sommer interessant. Dazu zählt die **Fiesta del Dos de Mayo** am 2. Mai, eine Art Nationalfeiertag der Comunidad. Die Madrilenen feiern den heldenhaften Einsatz ihrer Ahnen gegen die napoleonischen Okkupanten 1808 mit Livekonzerten und Tanz. Das nächste Fest im Mai dreht sich um den Stadtheiligen: die **Fiesta de San Isidro.** Und im August folgen die **Fiestas de San Cayetano, San Lorenzo y La Paloma** in den Altstadtvierteln (s. S. 277).

Kultur- und Musikevents

Rund ums Jahr bietet Madrid ein Kulturprogramm mit vielen Musikevents und Festivals. So stehen im April/Mai das Musikfest **Festimad** und im Mai/Juni das Tanzfestival **Madrid en Danza** (Tanz, Tanztheater, Bal-

STIERKAMPF

S

Es gibt ihn noch. Obwohl sich seit Langem in ganz Spanien viele kritische Stimmen gegen das blutige Schauspiel melden. An Ostern wird die Stierkampfsaison eröffnet, und Fans verfolgen aufmerksam jede *corrida,* bevorzugt live in der **Plaza de Toros Monumental de Las Ventas** (P 10, Alcalá 233, Metro: L 2, 5 Las Ventas, www.las-ventas.com, s. auch S. 202). Stierkampfsaison ist von März bis Oktober mit ca. 70 *corridas* an Sonntagen und rund um die großen Stadtfeste im Mai/Juni und zu Beginn der Feria de Otoño (Ende Sept. / Anf. Okt.).

lett) auf dem Programm. **Las Noches del Botánico,** so heißen die großen Konzertnächte (Weltmusik, auch Flamencostars) im Juni/Juli, die im Real Jardín Botánico Alfonso XIII der Universität (s. S. 180) stattfinden. Das Pride Festival **Día del Orgullo** bildet Ende Juni, Anfang Juli den Auftakt zu einem vielfältigen Kultur- und Unterhaltungsprogramm während der **Veranos de la Villa** (Madrider Kultursommer) im Juli und August: Theater, Konzerte, Festivals, Musik aller Stilrichtungen. Im Oktober/November finden die Festivals **Suma Flamenca** und **JazzMadrid** statt sowie das **Festival de Otoño** mit Theater, Tanz, Performance.

Gesundheit

Wer eine Europäische Krankenversicherungskarte besitzt, wird kostenlos in Gesundheitszentren und Krankenhäusern versorgt. Suchen Sie einen privat niedergelassenen Arzt auf, dann zahlen Sie zunächst selbst, die Versicherungen erstatten die Kosten normalerweise. Reisekrankenversicherungen bieten die zusätzliche Abfederung eventueller gesundheitlicher Risiken im Ausland. Adressen deutschsprachiger Ärzte können bei der Deutschen Botschaft (T 915 57 90 00) erfragt werden.

Im **Notfall** wenden Sie sich an das nächstgelegene Krankenhaus mit Notaufnahme *(urgencias).* Auf **Kinder** spezialisiert ist das **Hospital Niño Jesús,** Avda. de Menéndez Pelayo 65 (📍 J 6), T 915 03 59 00, Metro: L 9 Ibiza.

Apotheken (24-Std.-Service): 📍 H 14, Calle Mayor 13; 📍 J 14, Plaza del Ángel.

Informationsquellen

Im Internet

www.spain.info/de: Website des Spanischen Fremdenverkehrsamts Turespaña auf Deutsch. Umfangreiche Infos und Online-Bestellung von Broschüren.

www.esmadrid.com: Website der Stadt zu Sightseeing, Museen, Restaurants, Festen, Events etc. Auch auf Deutsch.

www.turismomadrid.es: Seite der Comunidad de Madrid für Touristen, nur auf Spanisch und Englisch.

www.patrimonionacional.es: Website des Patrimonio Nacional. Infos zu den Königsschlössern und Klöstern, virtuelle Besichtigung der Anlagen unter der Rubrik »Visitas virtuales«. Auch auf Englisch.

www.guiadelocio.es/madrid: Online-Version des aktuellen Veranstaltungsmagazins für die Stadt.

www.lanocheenvivo.com: Überblick über aktuelle Events (Konzerte, Livemusik).

Spanische Fremdenverkehrsämter

www.spain.info

– 10707 Berlin
Lietzenburger Str. 99
T 030 882 65 43, berlin@tourspain.es
Zuständigkeit: Nord- und Ostdeutschland

– 60323 Frankfurt a. M.
Reuterweg 51–53
T 069 72 50 33 oder 72 50 38
frankfurt@tourspain.es
Zuständigkeit: Niedersachsen, Bremen, NRW, Hessen, Rheinland-Pfalz, Saarland

– 80051 München
Postfach 15 19 40
T 089 53 07 46 11
munich@tourspain.es.
Zuständigkeit: Bayern, Baden-Württemberg

– 1010 Wien
Walfischgasse 8
T 01 512 95 80
viena@tourspain.es

– 8008 Zürich
Seefeldstr. 19
T 044 253 60 50
zurich@tourspain.es

Tourist-Information in Madrid

Centro de Turismo: 📍 Karte 3. H 14
Plaza Mayor 27, T 915 78 78 10, www.

esmadrid.com, tgl. 9.30–20.30 Uhr. Die zentral gelegene und wichtigste Informationsstelle ist zuständig für die Stadt Madrid.
Weitere Infostellen: im CentroCentro (Palacio de Cibeles), am Kunstzentrum Reina Sofía, am Paseo del Prado, beim Palacio Real, auf der Plaza Callao, in der Cuesta de Moyano sowie an den Bahnhöfen und im Flughafen (Ankunft Terminal 2, zwischen Saal 5 und 6, und T 4, Saal 10).
Centro de Turismo Sol: Karte 3, H/J 13/14, Puerta del Sol 5, T 912 72 34 00, Mo–Sa 9–20, So, Fei 9–14 Uhr. Zuständig für die Comunidad de Madrid, auch deutschsprachig.
Madrid Magazine: Monatsheft der Stadt mit Infos zu Ausstellungen, Veranstaltungen und mit redaktionellen Beiträgen. Kostenlos in den Tourist-Informationen sowie online unter www.esmadrid.com.

Apps

EMT Madrid: Fahrpläne, Buslinien etc.
Metro de Madrid Oficial: Infos zu Metrolinien, Fahrplänen etc.
Renfe Cercanías: Fahrpläne etc. der Nahverkehrszüge.
TxMad: offizielle Madrider Taxi-App. Hier können Sie Streckenoptionen prüfen, geschätzte Fahrtkosten erfahren, finden Infos zu Tarifen, Taxihalteplätzen etc.

Internetzugang

WLAN (WiFi) ist omnipräsent, ob in Unterkünften, Restaurants, Tavernen, den Tourist-Informationen, Kulturzentren, Museen, Schoppingzentren, öffentlichen Verkehrsmitteln oder auf Plätzen und in Parks.
Hotspots: https://www.esmadrid.com/wifi-madrid.

Kinder

Kinder werden in Spanien geliebt, jedermann ist Eltern gegenüber hilfsbereit, jeder Koch wird gern etwas zaubern, was den Kleinen schmeckt. Es lässt sich so manches unternehmen, das Groß und Klein gleichermaßen Spaß macht.
Parque del Retiro (L/M 13–15): Im weitläufigen Park ist immer etwas los. Man trifft Clowns, Akrobaten, Musikgruppen. Der Park eignet sich wunderbar für ein Picknick, und der See lädt zu Bootspartien ein. Regelmäßig gibt es auch unterhaltsames Puppentheater für Kinder und Erwachsene (Programm: www.esmadrid.es).
Casa de Campo (A–C 9–15): Auf dem weiten Areal der Casa de Campo jenseits des Río Manzanares kann man das Madrider **Zoo-Aquarium** (www.zoomadrid.com) mit 3000 Tieren aus fünf Kontinenten und einem Aquarium mit tropischen Fischen sowie den **Parque de Atracciones** (www.parquedeatracciones.es) mit seinem kirmesartigen Vergnügungsangebot sehr gut mit Kindern besuchen. Mit den Kabinenliften einer Seilbahn (*Teleférico*, s. S. 178) kann man vom Parque del Oeste hinüberschweben.

Klima und Reisezeit

Die Zeit zwischen **Anfang März und Juni** ist in Madrid ganz besonders schön. Der Frühling tritt meist recht abrupt und intensiv ein, binnen weniger Tage zaubert er ein grünes Kleid auf Bäume und Büsche. Ab März sind die Tage in der Regel angenehm oder sogar sommerlich warm, in den Nächten wird es noch kühler. Bis in den April hinein muss man mit gelegentlichen Regenschauern rechnen. Danach wird es meist extrem trocken und sehr warm, verbunden mit einem herrlichen kobaltblauen Himmel über Madrid.
Madrids Klima ist kontinental geprägt. Im **Juli und August** kann es extrem heiß werden. Wenn sich die Meseta, die zentralspanische Hochebene, in eine glühende, trockene Platte verwandelt, sind Temperaturen von 40 °C und mehr keine

J F M A M J J A S O N D

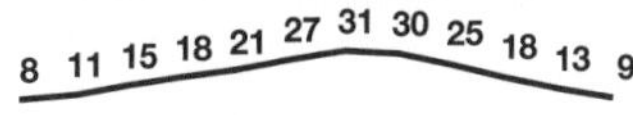

Mittlere Tagestemperaturen in °C

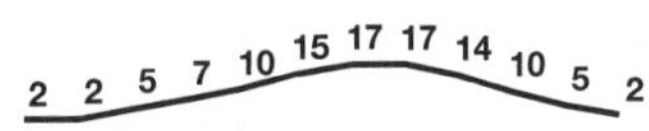

Mittlere Nachttemperaturen in °C

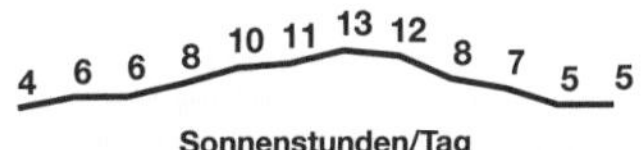

Sonnenstunden/Tag

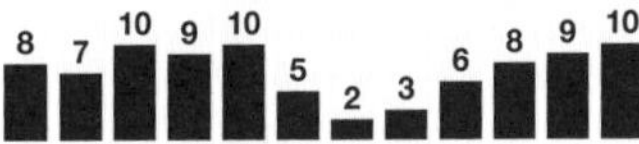

Regentage/Monat

So ist das Wetter in Madrid.

Seltenheit. Meist regnet es über Wochen und Monate keinen Tropfen. Alle Madrilenen, die eine Möglichkeit dazu haben, fliehen in diesen Wochen ans Meer. Die Stadt wirkt schon mal leer, Hotels machen oft Sonderangebote. Im August machen zahlreiche Restaurants Betriebsferien.

Nach den großen Ferien kehrt im **September** das Leben in die Stadt zurück. Das Wetter ist noch angenehm warm. **Ab Oktober** werden die Nächte kühler, obwohl selbst im **November** die Tage sonnig und recht warm sein können.

Durch die Temperaturextreme des Kontinentalklimas kann es zwischen **Dezember** und **Ende Februar** bitterkalt sein. Regen fällt – wenn – ebenfalls in dieser Zeit bis in den April hinein, im Dezember und Januar kann es auch einmal schneien. Meist aber sind die Tage klar und sonnig.

Lesetipps

Die Rebellenschmiede (La Forja de un Rebelde), Arturo Barea: Band 1 der Spanientrilogie. Das Werk von 1951 erzählt vom elenden Leben im Madrider Arbeiterviertel Lavapiés im ersten Drittel des 20. Jh.
Der lange Marsch, Rafael Chirbes: Roman über Spanien und Madrid während der Ära Franco.
Der Fall von Madrid, Rafael Chirbes: Roman, Familienepos und Porträt der Zeit um 1975.
Inés und die Freunde, Almudena Grandes: Roman über Liebe und Leidenschaft in Zeiten von Krieg und Diktatur.
Kleine Helden, Almudena Grandes: Roman über Menschen in Madrid und ihr Zusammenstehen vor dem Hintergrund der aktuellen Krisen.
Mein Herz so weiß, Morgen in der Schlacht denk an mich, So fängt das Schlimme an, Javier Marías: Die Romane des Bestsellerautors spielen u. a. in Madrid, wo Javier Marías lebte († 2022).
Die Nacht der Erinnerungen, Antonio Múñoz Molina: Ein Gesellschaftsroman, der zu Beginn des Spanischen Bürgerkriegs in Madrid spielt.
Madrid. Das Insider-Lexikon, Josef Öhrlein: Amüsantes Madrid-Porträt.
Der Fechtmeister, Arturo Pérez-Reverte: Der Roman spielt in einer Zeit politischer Wirren gegen Ende des 19. Jh. in Madrid.
Harlekin sticht, Oscar Urra: ein spannender Großstadtkrimi.

Preise

Schlafen

€	bis 100 €
€€	100 bis 200 €
€€€	über 200 €

Preise für ein DZ mit Frühstück

Essen

€	bis 25 €
€€	25 bis 50 €
€€€	über 50 €

Mit diesen Beträgen müssen Sie in den empfohlenen Lokalen in etwa rechnen.

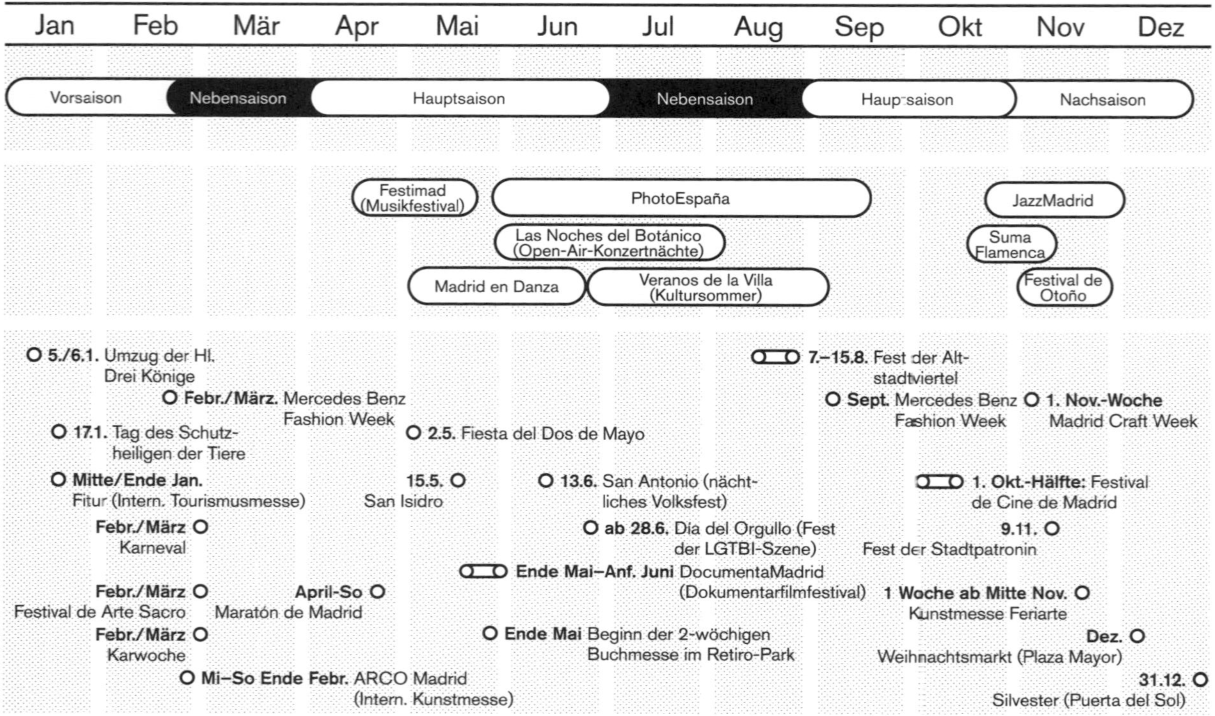

Jan Feb Mär Apr Mai Jun Jul Aug Sep Okt Nov Dez

Vorsaison – Nebensaison – Hauptsaison – Nebensaison – Hauptsaison – Nachsaison

Festimad (Musikfestival)
PhotoEspaña
Las Noches del Botánico (Open-Air-Konzertnächte)
Madrid en Danza
Veranos de la Villa (Kultursommer)
JazzMadrid
Suma Flamenca
Festival de Otoño

5./6.1. Umzug der Hl. Drei Könige

Febr./März. Mercedes Benz Fashion Week

17.1. Tag des Schutzheiligen der Tiere

Mitte/Ende Jan. Fitur (Intern. Tourismusmesse)

Febr./März Karneval

Febr./März Festival de Arte Sacro

Febr./März Karwoche

Mi–So Ende Febr. ARCO Madrid (Intern. Kunstmesse)

April-So Maratón de Madrid

2.5. Fiesta del Dos de Mayo

15.5. San Isidro

Ende Mai–Anf. Juni DocumentaMadrid (Dokumentarfilmfestival)

Ende Mai Beginn der 2-wöchigen Buchmesse im Retiro-Park

13.6. San Antonio (nächtliches Volksfest)

ab 28.6. Día del Orgullo (Fest der LGTBI-Szene)

7.–15.8. Fest der Altstadtviertel

Sept. Mercedes Benz Fashion Week

1. Okt.-Hälfte: Festival de Cine de Madrid

9.11. Fest der Stadtpatronin

1. Nov.-Woche Madrid Craft Week

1 Woche ab Mitte Nov. Kunstmesse Feriarte

Dez. Weihnachtsmarkt (Plaza Mayor)

31.12. Silvester (Puerta del Sol)

Reiseplanung

Stippvisite

Wenn es denn die Metropole im Schnelldurchgang sein soll, dann vielleicht so: Mit der Metro zur Puerta del Sol fahren, dann durch die Calle Mayor zur historischen **Plaza Mayor** gehen. Vorbei am nächsten historischen Platz, der **Plaza de la Villa** mit einem Ensemble aus der Habsburgerzeit, kommen Sie zur **Kathedrale** und zum **Königspalast.** Zum Blick auf dessen harmonisch gestaltete Schaufassade könnten Sie sich einen *café* auf der Terrasse des **Café de Oriente** gönnen. Vom Schloss führt eine neue Flanierzone hinüber zur **Plaza de España** mit dem Denkmal für den Dichter Cervantes. Von dort laufen Sie durch die **Gran Vía** zur **Calle de Alcalá** und lernen so die zwei eleganten Stadtboulevards kennen. Auf sie lohnt auch der Blick von oben, z. B. von der Dachterrasse im **Círculo de Bellas Artes.**

Das Beste: die Altstadtviertel

Im Literatenviertel Huertas, in Chueca, Malasaña, Lavapiés und La Latina, die inzwischen von einer jungen Szene geprägt werden, erleben Sie Madrider Flair als Konzentrat. Diese Altstadtviertel haben zudem eine attraktive Gastronomie und ein quirliges Nachtleben. Einige der ältesten Tavernen der Stadt – mit gekachelten Wänden, Zinktheke und Weinfässern – finden sich unweit der Plaza de Santa Ana in **Huertas**, und an der Plaza de Chueca ist es die Taberna Ángel Sierra, an der kein Weg vorbeiführt. **Chueca** ist ein Zentrum der LGTBI-Szene. In die Bars, Kneipen und Discos des **Malasaña-Viertels** zieht es in den Wochenendnächten auch viele Jugendliche. In **Lavapiés,** Madrids Multikultiviertel, füllen sich vor allem die Bürgersteige der Calle Argumosa, in der sich ein Lokal an das andere reiht. Und in **La Latina** sind es die Plätze rund um die San-Andrés-Kirche. Das ist Madrid!

Große Kunst und Gegenkultur

Der Paseo del Prado ist ein Dorado für Kunstliebhaber. Mit dem **Museo Nacional del Prado,** dem **Museo Nacional Thyssen-Bornemisza** und dem **Museo Nacional Centro de Arte Reina Sofía** finden sich hier die bedeutendsten Gemäldemuseen der Stadt, zumindest im Fall des Prado sogar ganz Spaniens. Keines dieser Museen lässt sich in ein oder zwei Stunden abhaken, die Schätze darin sind – jeder auf seine Weise – viel zu groß und zu beeindruckend.

Beim Bummel durch die Gassen von Lavapiés, Malasaña oder La Latina werden Sie immer wieder auf großartige Street-Art treffen. Sie ist Teil der hier gelebten Gegen- oder Subkultur. Sehr alternativ angehaucht und aus einer Hausbesetzerszene entstanden ist **La Tabacalera,** die alte Tabakfabrik in Lavapiés. Genauso macht das noch recht junge Kulturzentrum **Matadero Madrid** von sich reden, sowohl aufgrund des Ortes, an dem es untergebracht ist – nämlich in den alten Madrider Schlachthöfen –, als auch mit seinem ambitionierten Film-, Theater-, Konzert- und Ausstellungsprogramm.

Reisen mit Handicap

Die spanischen Fremdenverkehrsämter helfen mit Auskünften und einem Hotelführer, der behindertengerechte Häuser listet. Die Website **www.esmadrid.com/de/barrierefreies-madrid** listet ebenfalls Unterkünfte, gibt Infos zu barrierefreiem Transport (mit Link zu EMT), zur Zugänglichkeit der Kunstmeile u. v. m.

FAMMA (Federación de Asociaciones de Personas con Discapitad Física y Orgánica de la Comunidad de Madrid): 📍 G 9, Galileo 69, T 915 93 35 50, www.famma.org.

Centro de Turismo: 📍 H 14, Plaza Mayor 27. Nur an der Plaza Mayor sind, falls im Angebot, barrierefreie Führungen buchbar. Infos: www.esmadrid.com/programa-visitas-guiadas-accesibles (auf Spanisch).

Sicherheit und Notfälle

Wo sich viele Menschen knubbeln, kommt es schon mal zu **Taschendiebstählen.** Das gilt für Metro und Busse (Achtung vor allem auf der Flughafenstrecke und zur Rushhour) sowie an Bahnhöfen, rund um die Prado-Museumsmeile, auf der Plaza Mayor, in den Einkaufsstraßen um die Puerta del Sol, auf dem Flohmarkt El Rastro (!). Achten Sie also auf Handtaschen, Portemonnaies etc.
Diebstahlsmeldung: T 902 10 21 12 (24 Std., auch auf Deutsch und Englisch). Touristen sollten dies zuerst unter dieser eigens dafür eingerichteten Nummer tun. Danach wende man sich für die Schadensmeldung an den **Servicio de Atención al Turista Extranjero** (SATE) der Polizeidienststelle *(comisaría)* in der Calle Huertas 76–78 (Karte 3, K 14, Metro: L 1 Antón Martín, Estación del Arte, sate madrid@esmadrid.com, tgl. 9–24 Uhr).

Notrufnummern

Allgemeine Notrufnummer: T 112
Ambulanz: T 915 22 22 22
Feuerwehr: T 080
Polizei: T 091 oder 092
Vergiftungen: T 915 62 04 20
Erste Hilfe/Notfallaufnahme: in allen Hospitälern sowie in den Centros de Salud (Gesundheitszentren), die es in jedem Stadtviertel gibt.
Sperrung von Handys, Bank- und Kreditkarten: T +49 116 116 für Deutschland. Österreicher und Schweizer wenden sich an ihre jeweiligen Anbieter.
Deutsche Botschaft: www.spanien.diplo.de
Österreichische Botschaft: www.bmeia.gv.at/oeb-madrid
Schweizer Botschaft: www.eda.admin.ch/madrid

Bürgertelefone

Ein kostenloser Service der Stadt: Die Bürgertelefone können auch für Touristen bei verschiedensten Problemstellungen hilfreich sein.
T 010 (in Madrid), **T 915 29 82 10** (von außerhalb): für die Stadt, auch englischsprachig, Mo–Sa 8–22, So, Fei 10–21 Uhr
T 012 (in Madrid), **T 915 80 42 60** (von außerhalb): für die Autonome Gemeinschaft Madrid, Mo–Fr 8–22, Sa, So, Fei 10–22 Uhr

Der Umwelt zuliebe – nachhaltig reisen

In Madrid sprudeln die Brunnen, ist **Wasser** kein Thema? Der Eindruck täuscht. Wasser ist in ganz Spanien ein knappes, kostbares Gut. Viele Hotels machen zu Recht darauf aufmerksam, dass Sie beim Duschen und Handtuchverbrauch umweltbewusst handeln können. Wenn möglich, sparen Sie auch beim Einsatz von **Klimaanlagen**.
Bioprodukte finden Sie nicht nur in Bioläden, sondern auch in Märkten, Supermärkten und anderen Lebensmittelgeschäften. Die Produkte sind als *ecológico, biológico* oder *orgánico* (Kürzel: *eco, bio*) gekennzeichnet. Was die anteilig für ökologische Lebensmittelproduktion aufgewendeten Flächen angeht, belegt Spanien in Europa Platz eins.
Das Netz an **öffentlichen Verkehrsmitteln,** Metro, Busse, Nahverkehrszüge, wie auch das **Radverleihsystem** von BiciMad sind so gut, dass Sie im Normalfall nicht auf Taxen zurückgreifen müssen. Auch die Orte der Umgebung lassen sich gut mit Bus und Bahn erreichen.

Verkehrsmittel

So geht's ...

Der erste Schritt zur Nutzung von Metro und Stadtbussen ist der Erwerb einer

Plastikkarte (2,50 €), auf die Fahrten in den gewünschten Mengen und Formaten aufgebucht werden. Erhältlich sind die Karten, die als **Tarjeta Multi** bezeichnet werden, an den Kassenautomaten in allen Metrostationen (z. B. direkt am Flughafen nach Ankunft) sowie in autorisierten Tabakläden und Zeitungskiosken.

Bei Fahrten mit der Metro oder einem Linienbus nutzen Sie diese Karte zur Abbuchung Ihrer Fahrten. Sind Sie zu mehreren unterwegs, genügt eine Karte für alle, wenn die entsprechende Anzahl an Fahrten aufgeladen wurde. Die Plastikkarte ist wie eine Geldkarte wieder aufladbar.

Einzelfahrten *(sencillo)* im Stadtgebiet kosten für den Bus 1,50 €, für die Metro je nach Ziel 1,50–2 € (Zieleingabe am Automaten), für die Kombination von Metro und Metro Ligero (Stadtrandzonen) 3 €. Der Preis für **10er-Karten** für Metro Zone A und EMT-Busse liegt bei 12,20 €. Darüber hinaus gibt es10er-Tickets für Metro plus Metro Ligero für 18,30 € sowie für ›Bus+Bus‹ (ermöglicht den Umstieg in eine andere Buslinie binnen 1 Std.) ebenfalls für 18,30 €. Die Fahrscheine entwertet man an den Zugangsschranken bzw. bucht man dort von der Karte ab.

Infos: Consorcio Regional de Transportes, T 915 80 19 80, www.ctm-madrid.es, Fahrpläne und Tarifsysteme für Metro und Stadtbusse.

Metro

Das schnellste Fortbewegungsmittel ist die Metro. Nicht nur zur Rushhour, den *horas punta* (7–10, 14–16, 18–21 Uhr), füllen sich die Waggons bis auf den letzten Zentimeter, denn die Metro ist das Madrider Verkehrsmittel schlechthin. Das Netz ist dicht, die Fahrzeiten sind eng getaktet. Betriebszeit ist von 6 Uhr bis 1.30 Uhr (letzte Abfahrt). Das Netz umfasst zwölf Linien plus drei Linien der Metro Ligero (ML) sowie eine mit »R« gekennzeichnete Verbindung zwischen den Stationen Ópera und Príncipe Pío.

ABONO TURÍSTICO

Das **Touristticket** zur Nutzung aller öffentlichen Verkehrsmittel gibt es für 1, 2, 3, 4, 5 oder 7 Tage. Es wird wie andere Fahrkartenformate auf die *Tarjeta Multi* (s. links) gebucht. Für 1 Tag in Zone A (Stadtgebiet) kostet es 8,40 €, für 2 Tage 14,20 €, 3 Tage 18,40 €, in Zone T (Region inkl. Toledo, gültig für die Fahrt nach Toledo per Überlandbus, nicht per Zug) 17, 28,40 bzw. 35,40 €. Kinder unter 11 Jahren zahlen die Hälfte. Erhältlich sind die Tickets in Metrostationen, Nahverkehrsbahnhöfen, Touristeninformationen, Tabakläden und autorisierten Kiosken.

In diesem Buch sind die Metrolinien mit einem L plus Liniennummer oder einem R angegeben (s. Metroplan auf der Rückseite der Reisekarte).

Infos: T 900 44 44 04 (tgl. 7–23 Uhr) oder unter www.metromadrid.es (auch auf Englisch)

Kundenzentrum/Centro de Atención al Cliente: Karte 3, H 13, Estación Sol (Haupthalle), Metro: L 1, 2, 3 Sol, Mo–Fr 7–22, Sa, So, Fei 10–22 Uhr

Stadtbusse

Die blauen EMT-Busse befahren 204 Linien. Damit der Fahrer an der jeweiligen *parada* hält, geben Zusteigewillige ein Handzeichen. Praktisch für Besucher ist die **Linie 27,** die auf der Stadtachse Paseo del Prado–Recoletos–Castellana verkehrt. Die Busse sind tgl. 6–23 Uhr im Einsatz, danach werden Nachtbusse eingesetzt *(buhos),* die bis 2 Uhr alle 30 Min. und Fr, Sa sowie vor Feiertagen von 2 bis 5.30 Uhr alle 15–20 Min. verkehren. Sie starten an der Plaza de Cibeles.

Fahrscheine: Nur Einzelfahrscheine kann man im Bus lösen; *Tarjeta Multi,* s. oben links (bzw. unter: So geht's).

EMT-Information: T 914 06 88 10, tgl. 7–21 Uhr, www.emtmadrid.es

Taxis

Freie Taxis, erkennbar an der grünen Pilotlampe auf dem Dach und dem Schild *libre* (frei) an der Windschutzscheibe, winkt man durch Handzeichen heran. Achten Sie darauf, dass der Fahrer den Taxameter einschaltet und den richtigen Tarif ansetzt; lassen Sie sich eventuell eine Rechnung *(factura, ticket)* mit Taxinummer, Streckenangabe und Autokennzeichen geben. Alle legalen Taxis (auch Uber, Bolt etc.) und Mietwagen haben blaue Nummernschilder. Grundgebühr: Mo–Fr 7–21 Uhr 2,50 €, zu anderen Zeiten 3,15 €.

Zuschläge: Für Nachtfahrten am 24.12. und 31.12. 6,70 €, für telefonische Taxibestellung 2,50–3,10 € (Fahrtantritt) zzgl. 5 €.

Flughafenfahrten: s. S. 242.

Reklamationsstelle: Juntas Arbitrales del Transporte de Madrid, Calle Orense 60, 1. Stock, Metro: L 1 Tetuán, T 915 80 29 58, Mail: juntas.arbitrales@madrid.org, Web: https://www.comunidad.madrid/servicios/transporte/juntas-arbitrales-transporte-madrid. Unbedingt die Rechnung vorlegen!

Telefonische Taxibestellung: T 914 47 51 80, 914 05 12 13, 915 47 82 00, 913 71 21 31, 915 47 85 00 (auch Wagen für Rollstuhlfahrer)

Nahverkehrszüge

Cercanías (durch ein C plus Nummer gekennzeichnet) verkehren alle 10 Min. zwischen den Bahnhöfen Atocha (im Süden, der dortige Bereich für die Nahverkehrszüge an der Ostseite des Bahnhofs heißt Atocha-Cercanías) und Chamartín (im Norden) über die Zwischenstationen Recoletos (nahe Plaza de Cibeles) und Nuevos Ministerios oder über die zentrale Station Sol. Von Chamartín und Atocha sowie von der Estación del Príncipe Pío und der Estación Méndez Álvaro fahren Züge von ca. 6 bis ca. 24/1 Uhr in die Umgebung Madrids (s. *Cercanías*-Plan auf der Rückseite der Reisekarte).

Fernzüge

Estación de Madrid Chamartín – Clara Campoamor: Züge nach Nord- und Ostspanien sowie internationale Verbindungen. Ein Hochgeschwindigkeitszug fährt u. a. nach Segovia.

Estación de Madrid Puerta de Atocha – Almudena Grandes: Fernzüge Richtung Süden, Hochgeschwindigkeitszüge (AVE, AVANT) Richtung Barcelona, Valencia, Málaga, Córdoba–Sevilla sowie nach Toledo. Der Zugang zu den Gleisen des Fernzugbereichs liegt oben im Atocha-Bahnhof.

Bahnhof Chamartín: Karte 2, M 1/2, Agustín de Foxá s/n, Metro: L 1, 10 Chamartín, Cercanías: Chamartín.

Atocha-Bahnhof: L 16, Metro: L 1 Atocha, Cercanías: Atocha.

Information und Reservierung: T 912 32 03 20, www.renfe.com. Oder an den Schaltern der Bahnhöfe.

Regionalbusse

Busse in die Region Madrid erkennt man an ihrer grünen Farbe. Sie starten von kleinen Bahnhöfen, sogenannten *intercambiadores.* Das sind Knotenpunkte oder Verteilstationen, an denen Metro, Stadtbuslinien und Überlandbusse bzw. Busse zu Zielen innerhalb der Comunidad Autónoma de Madrid aufeinandertreffen. Vom **Bahnhof Moncloa** (F 9/10) fahren Busse nach San Lorenzo de El Escorial sowie nach Segovia, von der **Plaza de Castilla** (Karte 2, L 3) Richtung Norden, ab der **Avenida de América** (N 9) nach Alcalá de Henares und von der **Plaza Elíptica** (südlich H 19, Metro: L 6, 11 Plaza Elíptica) nach Toledo.

Zentraler Busbahnhof

Daneben gibt es einen großen zentralen Busbahnhof, die **Estación Sur de Autobuses** im Süden der Stadt. Dort starten

und enden die meisten **Überlandbusse,** die Madrid mit den großen spanischen Städtezielen verbinden, sowie die internationalen Busse. Die Busgesellschaften unterhalten jeweils eigene Schalter für Infos und Fahrkartenverkauf.
N 18, Méndez Álvaro / Ecke Retama, Metro: L 6 Méndez Álvaro, Nahverkehrszug ab Atocha, Auskunft: T 914 68 42 00, www.estacionsurmadrid.avanzagrupo.com

Stadtführungen

Die Stadt bietet ein buntes Programm an **offiziellen Führungen** zu wechselnden Themen, Schwerpunkten oder Lokalitäten an. Es ist nicht leicht, für diese beliebten Touren einen Platz zu ergattern. Reservierungen nimmt die Tourist-Information **Centro de Turismo** an der Plaza Mayor (s. S. 245) entgegen oder werden online vorgenommen.
https://tienda.madrid-destino.com

Wer sich für Madrids **Geschichte** und die Stadtentwicklung von den Anfängen als arabische Siedlung über das Mittelalter bis heute interessiert, wird seine Freude an den Führungen haben, die Professoren, Journalisten oder Historiker machen (auch auf Englisch).
http://madridarabe.es/rutas-visitas-guiadas-madrid-arabe, https://madridislamico.org/visitas-guiadas

Deutschsprachige Stadttouren, thematische Touren und auch Führungen durch Museen (Wünsche können abgesprochen werden) mit lizensierten Guides bieten u. a.:
Bellavista-madrid.com: Thomas Büser, Plaza General Maroto 2, T 610 64 25 79, www.bellavista-madrid.com
Madrid auf Deutsch S.L.: Valderribas 17b, T 914 33 44 90, 648 66 52 88, www.madridaufdeutsch.net

Geführte Bike-Radtouren

Trixi Bike Rental & Tour: s. S. 77. Neben dem Fahrradverleih widmet sich Trixi Madrid geführten Touren per Bike (oder E-Bike). Sie werden in mehreren Sprachen, darunter Deutsch, angeboten und dauern von 3 Std. bis zu einem vollen Tag. Auch eine Verkostungstour ist möglich.

Madrid Bike Tours: Verschiedene Fahrradtouren mit ›normalem‹ Rad oder E-Bike. Auch Radverleih.
Karte 2, G 14, Santiago 18, T 910 75 01 63, www.madridbiketours.com, tgl. 9–18, im Sommer bis 20 Uhr

Stadtrundfahrten

Zwischen Prado-Museum und Hotel Ritz starten alle 10–20 Min. die offenen Doppeldeckerbusse von **Madrid City Tour** zu Rundfahrten. **Route 1** führt durch das historische Zentrum (Madrid Histórico), **Route 2** macht mit dem modernen Madrid bekannt (Madrid Moderno). Auskunft über den Kurs und die Haltestellen, an denen man beliebig aus- und wieder zusteigen kann, gibt ein Infoblatt, das man ebenso wie Audioguides im Bus erhält.
Betriebszeiten: März–Okt. 9–22, Nov.–Febr. 10–18 Uhr, Mitte Juni–Mitte Sept. Nachtfahrten um 22 Uhr.
Preise: Tageskarte 25 €, Zweitageskarte 30 €; Jugendliche (7–15 Jahre) und Senioren ab 65 Jahren 11 € bzw. 15 €, Familienkarte (2 Erw., 2 Kinder) 62 €.
Fahrkarten und Infos: Fahrkarten erhält man direkt im Bus sowie am Infokiosk zwischen Hotel Ritz und Prado, www.madrid.city-tour.com.

Organisierte Ausflüge

Ausflüge in Städte rund um Madrid, nach San Lorenzo de El Escorial oder zu den Bourbonenschlössern organisieren Trapsatur und Julía Travel.
Trapsatur: H 12, San Bernardo 7, Metro: L 2 Santo Domingo, T 915 41 63 21, www.trapsatur.com
Juliá Travel: Karte 2, G 13, San Nicolás 15, Metro: L 2, 5, R Ópera, T 915 59 96 05, www.juliatravel.com

Sprachführer Spanisch

A

AUSSPRACHE

c vor a, o, u wie k: casa
c vor e und i wie engl. th: cien
ch wie tsch: chico
g vor e und i wie deutsches ch: gente
h wird nicht gesprochen
j wie deutsches ch: jefe
ll wie deutsches j: llamo
ñ wie gn bei Champagner: niña
qu wie k: porque
y am Wortende wie i: hay;
sonst wie deutsches j: yo
z wie engl. th: azúcar

Allgemeines

guten Morgen/Tag	buenos días
guten Tag (nachmittags)	buenas tardes
guten Abend / gute Nacht	buenas noches
auf Wiedersehen	adiós
bis bald	hasta luego
Entschuldigung	disculpe, perdón
hallo, grüß dich/Sie	hola, ¿qué tal?
bitte	por favor
danke	gracias
ja/nein	sí/no
Wie bitte?	¿Perdón?

Unterwegs

Bahnhof	la estación
Flughafen	el aeropuerto
Bus/U-Bahn	autobús/metro
Auto	coche
Haltestelle	la parada
Parkplatz	el aparcamiento
Fahrkarte	el billete
Tankstelle	la gasolinera
Eingang	la entrada
Ausgang/-fahrt	la salida
rechts	a la derecha
links	a la izquierda
geradeaus	todo recto
hier/dort	aquí/allí
Auskunft	información
Stadtplan	mapa de la ciudad
Postamt	correos
geöffnet	abierto/-a
geschlossen	cerrado/-a
Kirche/Museum	la iglesia / el museo
Brücke	el puente
Straße/Platz	la calle / la plaza

Übernachten

Doppelzimmer	habitación doble
Einzelzimmer	habitación individual
… mit/ohne Bad	… con/sin baño
Toilette	el servicio
Dusche/Bad	la ducha / el baño
mit Frühstück	con desayuno
Halbpension	media pensión
Gepäck	el equipaje
Rechnung	la cuenta

Einkaufen

kaufen	comprar
Geschäft	la tienda
Markt	el mercado
Geld	el dinero
Geldautomat	el cajero automático
bar	en efectivo
Kreditkarte	la tarjeta de crédito
Lebensmittel	la comida
teuer/billig	caro/barato
wie viel	¿cuánto?
bezahlen	pagar

Notfall

Apotheke	farmacia
Arzt	el médico
Zahnarzt	el dentista
Hilfe!	¡Socorro!

Unfall	el accidente
Krankenhaus	el hospital, la clínica
Polizei	la policía
Schmerzen	dolores
Notfall	emergencia

Zeit

Stunde	la hora
Tag	el día
Woche	la semana
Monat	el mes
Jahr	el año
heute	hoy
gestern	ayer
morgen	mañana
morgens	por la mañana
mittags	al mediodía
abends	por la noche
Montag	lunes
Dienstag	martes
Mittwoch	miércoles
Donnerstag	jueves
Freitag	viernes
Samstag	sábado
Sonntag	domingo

Zahlen

1	uno	18	dieciocho
2	dos	19	diecinueve
3	tres	20	veinte
4	cuatro	21	veintiuno
5	cinco	30	treinta
6	seis	40	cuarenta
7	siete	50	cincuenta
8	ocho	60	sesenta
9	nueve	70	setenta
10	diez	80	ochenta
11	once	90	noventa
12	doce	100	cien
13	trece	101	ciento uno
14	catorce	150	ciento-cincuenta
15	quince	200	doscientos
16	dieciséis	1000	mil
17	diecisiete		

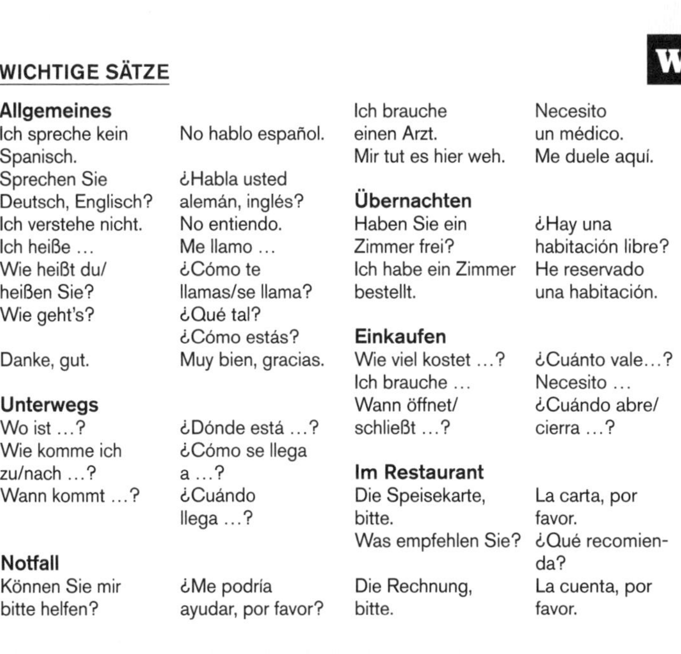

WICHTIGE SÄTZE

Allgemeines

Ich spreche kein Spanisch.	No hablo español.
Sprechen Sie Deutsch, Englisch?	¿Habla usted alemán, inglés?
Ich verstehe nicht.	No entiendo.
Ich heiße …	Me llamo …
Wie heißt du/ heißen Sie?	¿Cómo te llamas/se llama?
Wie geht's?	¿Qué tal? ¿Cómo estás?
Danke, gut.	Muy bien, gracias.

Unterwegs

Wo ist …?	¿Dónde está …?
Wie komme ich zu/nach …?	¿Cómo se llega a …?
Wann kommt …?	¿Cuándo llega …?

Notfall

Können Sie mir bitte helfen?	¿Me podría ayudar, por favor?
Ich brauche einen Arzt.	Necesito un médico.
Mir tut es hier weh.	Me duele aquí.

Übernachten

Haben Sie ein Zimmer frei?	¿Hay una habitación libre?
Ich habe ein Zimmer bestellt.	He reservado una habitación.

Einkaufen

Wie viel kostet …?	¿Cuánto vale…?
Ich brauche …	Necesito …
Wann öffnet/ schließt …?	¿Cuándo abre/ cierra …?

Im Restaurant

Die Speisekarte, bitte.	La carta, por favor.
Was empfehlen Sie?	¿Qué recomienda?
Die Rechnung, bitte.	La cuenta, por favor.

Kulinarisches Lexikon

Allgemeines

azúcar	Zucker
carta de vinos	Weinkarte
comida vegetariana	vegetarische Kost
desayuno	Frühstück
entremeses	Vorspeisen
menú del día	Tagesgericht
pimienta	Pfeffer
plato principal, plato segundo	Hauptgericht
postre	Nachspeise
ración	Portion
sacarina	Süßstoff
sal	Salz
tapa	Häppchen

Zubereitungen

al ajillo	in Knoblauchsoße
a la parilla	auf einer heißen Metallplatte gegrillt
a la plancha	gegrillt
al horno	aus dem Ofen
asado/-a	gebraten/ geschmort
en escabeche	mariniert
en salsa	in Soße
frito/-a	frittiert
guisado	geschmort

Typische Tapas

aceitunas	Oliven
ahumados	geräucherter Fisch
albóndigas	Fleischbällchen
almejas	Venusmuscheln
anchoas	Anchovis
bocadillo/bocata	belegtes Brötchen
boquerones en vinagre	eingelegte Sardellen
calamares	Tintenfische
callos	Kutteln
canapés	belegte Schnittchen
caracoles	Schnecken
champiñones	Chamignons
chipirones	Mini-Tintenfische
chorizo	Paprikawurst
cocido	Eintopf
croquetas	Kroketten
embutidos	Wurstwaren
gambas	Garnelen
jamón Ibérico	Iberischer Schinken (Spezialität)
jamón serrano	Gebirgsschinken
mejillones	Miesmuscheln
montado	kleines belegtes Brötchen
ostras	Austern
patatas bravas	scharf gebratene Kartoffeln
paté	Pastete
pincho moruno	Fleischspieß
pulpo	Oktopus, Krake
queso	Käse
sepia	Tintenfisch
tortilla de patatas	Kartoffelomelett

Fisch und Meeresfrüchte

atún	Thunfisch
bacalao	Stockfisch
besugo	Seebrasse
bogavante	Hummer
bonito	kleine Thunfischart
caballa	Makrele
cangrejo	Krebs
cigala	kleine Languste
dorada	Goldbrasse
langostinos	große Garnelen
lenguado	Seezunge
mariscos	Meeresfrüchte
merluza	Seehecht
mero	Zackenbarsch
pez espada	Schwertfisch
rape	Seeteufel
rodaballo	Steinbutt
salmón	Lachs
trucha	Forelle

Fleisch

asado	Braten/gebraten
aves	Geflügel
bistec	Beefsteak, Steak
buey	Ochse, Rind
cabrito	Zicklein
cerdo	Schwein
chuleta	Kotelett
cochinillo	Spanferkel
conejo	Kaninchen
cordero	Lamm
estofado	Schmorfleisch
filete	Filet
jabalí	Wildschwein
pato	Ente
pollo	Hühnchen
rabo de toro	Stierschwanz
solomillo	Filet
ternera	Kalb, Rind
vaca	Rind, Kuh

Gemüse

aguacate	Avocado
ajo	Knoblauch
alcachofa	Artischocke
berenjena	Aubergine
calabacín	Zucchini
cebolla	Zwiebel
ensalada	Salat
espárragos	Spargel
espinacas	Spinat
garbanzos	Kichererbsen
guisantes	Erbsen
hongos/setas	Pilze
judías verdes	grüne Bohnen
lechuga	grüner Blattsalat
lentejas	Linsen
patatas	Kartoffeln
pepino	Gurke
pimiento	Paprikaschote
puerro	Lauch
tomates	Tomaten
zanahorias	Möhren

Obst

cerezas	Kirschen
frambuesa	Himbeere
fresas	Erdbeeren
higos	Feigen
limón	Zitrone
manzana	Apfel
melocotón	Pfirsich
naranja	Apfelsine
piña	Ananas
plátano	Banane
pomelo	Pampelmuse
uvas	Trauben

Nachspeisen

arroz con leche	Milchreis
crema catalana	Pudding mit karamelisierter Zuckerkruste
flan	Karamelpudding
helado	Eis
pastel	Kuchen, Gebäck
sorbete	Sorbet
tarta (de queso)	Käsekuchen
tocino de cielo	Paradiesspeise (ähnlich dem flan)

Getränke

agua (con/sin gas)	Wasser (mit/ohne Kohlensäure)
batido	Milchshake
café con leche	Milchkaffee
café cortado	Espresso mit Milch
café solo	Espresso
caña	gezapftes Bier
cerveza	Bier
champán	Sekt
chocolate	Kakao
fino	Sherry
granizado	zerstoßenes Eis mit Sirup
horchata	Erdmandelmilch
té	Tee
vino blanco	Weißwein
vino rosado	Roséwein
vino tinto	Rotwein
zumo	Saft
zumo de naranja al natural	frisch gepresster Orangensaft

Das

Magazin

Kunst? Ist in Madrid allgegenwärtig. In Museen und Kulturzentren, an Hauswänden und anderen Orten im öffentlichen Raum. Und einmal im Jahr auf der Kunstmesse ARCO.

Da steckt Kultur drin

Schlachthof, Kaserne, Tabakfabrik? — Die Verbindung von historischen Baudenkmälern mit jeder Menge aktuellem Kulturleben in ihrem Innern ist einfach hinreißend.

Platz für Gegenwartskunst, kooperative Kreativität, offene Bürgerbeteiligung und gemeinsames Feiern, dafür stehen die Kulturzentren der Metropole. Jedes der *centros culturales,* ebenso wie Kulturvereine und private Stiftungen, verfolgt eine eigene Mission. Das bringt Vielfalt und Lebendigkeit in das Madrider Kultur-Ökosystem. Mutige Avantgardisten, die ihre Antennen auf die neuesten Trends gerichtet haben und mit ihren Ideen neue Impulse in die Szene tragen, entwickeln es stetig weiter. Die spannendsten kulturellen Einrichtungen sind nicht nur Orte des Kulturkonsums, sondern gleichzeitig der aktiven Kulturproduktion.

Der Schlachthof

Das gilt besonders für Matadero Madrid – Centro de Creación Contemporánea (s. S. 185). Es ist das wohl ambitionierteste Kultur- und Kreativzentrum der Stadt. Das weitläufige Gelände des ehemaligen Schlachthofs bietet auf 75 000 m² Fläche mit mehreren Hallen Platz für Kino, Theater, Ausstellungen, Installationen, Livekunst-Events, Workshops, Outdooraktivitäten, ein Literaturhaus, Aufnahmestudios, Proberäume und Künstlerresidenzen. Die Außenbereiche werden für Konzerte, Märkte, Festivals und Feste unter freiem Himmel genutzt. Aber da ist noch mehr: Organisationen, die an Designprojekten arbeiten, sich mit sozialen Innovationen und Digitalkultur beschäftigen oder mit Klima- und anderen Zukunftsfragen. Schon die teils in ihrem originalen Zustand belassenen Hallen im Neomudéjarstil sind einen Besuch dieses Kreativlabors wert. In ihnen braucht es nur ein bisschen Fantasie, um in Erinnerungskultur zu versinken und sich die Arbeitsabläufe im alten Schlachthof von Madrid vorzustellen. Hier wurden Kühe und Schweine getötet, zerlegt, gekühlt und verkauft.

Die Kaserne

Schon lange ist im Conde Duque kein Säbelrasseln und kein Schnarchen von Soldaten mehr zu hören. Aber manchmal wird es dennoch laut in der alten Kaserne, wenn im weiten, offenen Innenhof ein Konzert gegeben, Theater gespielt oder ein Flohmarkt veranstaltet wird, behütet von alten Mauern aus unverwüstlichem Stein. Sie bilden auch den ehrwürdigen Rahmen für die Ausstellungen zeitgenössischer Kunst im heutigen Centro de Cultura Contemporánea Condeduque (s. S. 157), gut für überraschende und intensive Kunsterlebnisse. Dafür ist hier viel Platz vorhanden, denn städtische Verwaltungsstellen, Bibliotheken, das Stadtarchiv und das Museum für Zeitgenössische Kunst beanspruchen nur einen Teil der 58 000 m², die in der alten Kaserne zur Verfügung stehen. Das Conde Duque, zwischen dem Szeneviertel Malasaña und dem Studentenviertel Argüelles gelegen, wird wie Matadero Madrid von der Stadt unterhalten. Nummer drei der städti-

Matadero Madrid hat sich als Hotspot der Kultur in das Leben der Bürger eingeschrieben. Das Zentrum arbeitet zugleich kreativ an sozialen und urbanistischen Zukunftsprojekten mit.

schen Kulturzentren ist CentroCentro (s. S. 47) in der früheren Postzentrale an der Plaza de la Cibeles.

Die alternative Szene

Die gibt es in Lavapiés in konzentrierter Form. Schon die Umfassungsmauer um die Tabacalera, eine einzige Open-Air-Galerie der Streetart, lässt das alternative und interkulturelle Lebensgefühl erahnen, das die Hallen der alten Tabakfabrik durchströmt. Die Kunst, neben (Wand-) Gemälden auch Fotografien und Skulpturen, die junge Leute hier schaffen, spricht für sich. Ein lebendiger, dynamischer Ort, der auch als Partylocation eng mit den Menschen im Viertel vernetzt ist.

Ganz anders tickt La Casa Encendida, ein Gebäude von 1913 im Neomudéjarstil, ebenfalls in Lavapiés. Das soziokulturelle Zentrum hat sich den Themen Solidarität, Umwelt, Kultur und Bildung verschrieben. Vom Fair-Trade-Laden über Workshops und Bildungsangebote bis zu Konzerten und Ausstellungen stehen soziale Belange im Mittelpunkt der Aktivitäten.

Weitere Hotspots …

… des Kulturlebens in eindrucksvollen Baudenkmälern sind etwa der Círculo de Bellas Artes (Verein der Schönen Künste, (s. S. 71) in einem Paradebau der Calle de Alcalá, das CaixaForum (s. S. 42) in einem ehemaligen Elektrizitätswerk am Paseo del Prado, der Espacio Fundación Telefónica (s. S. 75) im Turm der Telefongesellschaft an der Gran Vía oder das Centro Cultural de la Villa Fernán Gómez, das ein wenig versteckt an der Plaza de Colón liegt. Sie sind Orte für Ausstellungen, Konzerte und andere Kulturevents – und mehr als das. Sie geben Impulse und laden ein zu Debatten, Reflexion und Kommunikation mit Blick auf aktuelle gesellschaftliche und politische Herausforderungen. ■

Architektur, Stadtplanung und Klimawandel

Interview mit Belén Moneo Feduchi — Sie lehrt an der Madrider Architektenschule und fokussiert sich mit Moneo Brock, ihrem Büro für Architektur, Stadtplanung und Design, auf nachhaltige Stadtentwicklung.

Tochter des spanischen Stararchitekten Rafael Moneo, Enkelin von Luis Martínez Feduchi, dem Baumeister des emblematischen Edificio Capitol an der Gran Vía. Vielleicht war ihr die Karriere als Architektin in die Wiege gelegt? Belén Moneo studierte Kunstgeschichte und Bildende Kunst in Harvard sowie Architektur an der Columbia University in New York. Heute lehrt sie an der Escuela Técnica Superior de Arquitectura de Madrid und arbeitet mit ihrem Ehemann Jeff Brock (www.moneobrock.com) an architektonischen und stadtplanerischen Lösungen, um unsere urbanen Lebensbedingungen zu verbessern.

Glauben Sie an eine nachhaltige Zukunft für Madrid?

Ich bin von Natur aus optimistisch. Aber wenn es um Madrid geht, ein bisschen frustriert. Eigentlich haben wir in den letzten 15 Jahren viele gute Dinge auf den Weg gebracht, um dem Klimawandel etwas entgegenzusetzen. Und das Bewusstsein, etwas tun zu müssen, ist bei den Bürgern groß. Trotzdem sind wirkliche Fortschritte kaum zu sehen. Wir müssen sie bei den Politikern einfordern, denn aktuell widerstrebt es ihnen, ernsthaft zu handeln.

Welches sind die größten Probleme?

Dass es keine Planung gibt. Keine Verkehrsplanung, die Pkw, öffentlichen Nahverkehr, Parkplätze und Radwege vernetzt angeht. Und wenn Geschäfte und sogar Schulen aus dem Zentrum

Das von Moneo Brock gestaltete Treppenhaus des Espacio Fundación Telefónica an der Gran Vía ist eine Design-Ikone.

Belén Moneo Feduchi möchte der Natur in der Stadt mehr Raum geben.

wegziehen, werden wir umso abhängiger vom Auto und entfernen uns von der Idee einer Stadt der 15-Minuten-Wege, in der alles, was man an Infrastruktur benötigt, leicht erreichbar ist. Ich glaube, dass die jetzige Stadtregierung keine Ideen für die weitere Entwicklung der Metropole hat.

Was sollte kurzfristig geschehen?

Das Radfahren fördern. Es ist simpel und vergleichsweise kostengünstig, sichere Räume für diese emissionsfreie Fortbewegung zu schaffen. Die jetzige Stadtverwaltung hat für die nächsten zehn Jahre nur 35 zusätzliche Radwege-Kilometer geplant. Da kann man auch gleich sagen: Wir legen die Hände in den Schoß. Auf der anderen Seite sehe ich immer häufiger sogar ältere Menschen, nicht nur junge, die mit einem Stadtrad unterwegs sind.

Vernetzung ist für Sie ein zentraler Arbeitsbegriff.

Sie ist einer der wichtigsten Faktoren für die Wirtschaft und das gute Funktionieren einer Stadt. Das gilt gerade auch für die Mobilität, zu Fuß, per Rad oder öffentlichem Nahverkehr. Eine gute Verkehrspolitik wäre sehr wichtig, denn trotz aller Maßnahmen nimmt der private Personenverkehr zu.

Die Stadtachse Prado – Recoletos – Castellana hat Abschnitte mit zwölf Pkw-Spuren und ohne Radweg.

Ein Traum ist die Vorstellung, diesen Stadtboulevard zu einem kilometerlangen Park umzubauen. Das würde bedeuten, ein lineares grünes Band unter Einbeziehung der großen Verkehrsinseln an den Kreuzungen zu gestalten, an den Außenseiten Radwege einzurichten und in der Mitte Busspuren. Das Gleiche könnte man mit den Rondas de Atocha, Valencia und Toledo machen und dadurch innerhalb der Stadt eine grüne Schneise bis zur Plaza de España und dem Parque del Oeste schaffen.

Auch in Madrid werden immer höhere Temperaturen gemessen. Wie kann man sich gegen diese Hitzewellen wappnen?

Man müsste die Stadt renaturieren, also wo immer möglich an den Straßen Bäume pflanzen. Auch in den Altstadtvierteln, trotz der dort sehr schmalen Bürgersteige. Wir fühlen ja in begrünten Straßen oder auf Plätzen mit Vegetation physisch die Frische, die davon ausgeht. In jeder Gasse sollte sie spürbar werden, und das ist nur mit Begrünung und wasserdurchlässigem Straßenbelag zu erreichen.

In Lavapiés wurden Pflastersteine durch Asphalt ersetzt …

Solche Versiegelungen heizen die Temperaturen weiter an. Wir brauchen

Straßenuntergründe, die Wasser versickern lassen können. Regen sollte zu den Bäumen oder auf Grünflächen geleitet oder in nachhaltige Stadtentwässerungssysteme eingespeist werden. Die Idee ist, dass Regenwasser von Vegetation aufgenommen wird und zur Bodenkühlung beiträgt. Daher sollten die Fugen in den Pflasterungen so breit sein, dass Gräser in ihnen wachsen können.

Machen es andere Städte besser?

Ich denke schon. In Barcelona ist z. B. in der Stadtlandschaft mehr passiert als bei uns. Schon seit 30 Jahren verfolgt man dort das Ziel, angenehme und nachhaltige Stadträume zu schaffen. Das wäre auch in Madrid möglich. Bäume pflanzen, und zwar richtig pflanzen. Sie dürfen nicht zu nah an den Fassaden stehen, wie das teils in Madrid der Fall ist. Wenn sich Fachleute und Politiker zusammentäten, könnte die falsche Stadtpolitik der Vergangenheit korrigiert werden.

Gibt es in Madrid einen Platz, der Schule machen könnte?

Über viele Jahre hinweg haben wir einen gravierenden städtebaulichen Fehler begangen, wir haben Parkhäuser unter den Plätzen angelegt. Dadurch fehlt dort jetzt die Erde für Baumpflanzungen. Das betrifft die meisten Madrider Plätze. Eine Ausnahme ist die Plaza de la Paja, die uns allen deshalb so gut gefällt. Da sind keine Parkhauszufahrten, sondern Bäume, da ist kein Pflaster, sondern Erdboden. Wie früher auf den Plätzen Madrids.

Energie sparen, auf erneuerbare Energien setzen: Wie geht das in Madrid?

In den Altstadtvierteln ist es komplizierter, weil die Dächer überwiegend mit Ton-Hohlziegeln gedeckt sind *(teja árabe)*. Trotzdem, man könnte besondere Solarpanele für diese Dächer und Gebäude entwickeln. Bei Moneo Brock haben wir bereits Photovoltaikmodule so in Häuser integriert, dass sie wie Vordächer oder Markisen die Fassade beschatten. Zugleich müsste man die Dämmung der Häuser verbessern, um die Energieeffizienz zu erhöhen und ohne Klimaanlagen auszukommen.

Was gefällt Ihnen an der Madrider Urbanistik?

Am meisten gefällt mir die typische Architektur der Balkonhäuser. Egal ob in reichen Wohngegenden oder ärmeren, ein Balkon ermöglicht den Kontakt mit der Straße und bringt Licht und Heiterkeit in die Wohnung. Für mich prägen die Madrider Balkone den Charakter der Stadt und die Homogenität von historischen Vierteln wie Chueca, Malasaña, Lavapiés, La Latina, Austrias.

Ihr Wunsch für die Zukunft?

Wir sollten es leicht haben, wenn wir die Metropole mal hinter uns lassen wollen. Vom Zentrum zu Fuß oder per Rad aufs Land rauszukommen, das ist in Madrid zur Zeit schwierig. Es wäre wunderbar, einfach am Paseo de la Castellana losgehen zu können.

Ist das Projekt Bosque Metropolitano (Stadtwald) mit Millionen neuer Bäume in heruntergekommenen Peripheriegebieten eine Utopie?

Das ist ein großartiges, vielversprechendes Projekt. Würde es umgesetzt, bekämen wir ein komplett verändertes Stadtbild. Lang gestreckte, lineare Grünzonen, etwa entlang der Castellana, würden bis zum Stadtwald rund um Madrid führen, und sie würden Madrid eine neue Struktur geben. Hoffentlich stirbt diese Idee nicht, sie könnte uns in die Avantgarde der Agenda 2030 katapultieren (Anm.: Die Agenda 2030 definiert die Ziele der Weltgemeinschaft für nachhaltige Entwicklung). ■

Dicke Luft

Damit hat Madrid ein Problem — und zwar ein doppeltes. Zur hohen Luftverschmutzung kommt eine Stimmung zwischen den Parteien, die gute Fortschritte in der Umweltpolitik nicht leicht macht. Ein ökologisch-politischer Ausblick.

Das Magazin Monocle bewertet regelmäßig die Lebensqualität in Metropolen weltweit. In der Ausgabe Juli/August 2023 stufte es Madrid auf Platz 8 ein. Die Begründung: Eine Stadt mit toller Gastronomie, brillanter Kultur, einem Klima der Toleranz, aber für Bürokratie und Verkehrspolitik gibt es Minuspunkte. Die Belastung durch Stickoxyde ist auch laut einer aktuellen Studie des ISGlobal zu hoch. Hauptursache: der Verkehr.

Ein Anfang ist gemacht

Madrid Central (Madrid Zentrum) war ein Vorzeigeprojekt der linksalternativen Bürgermeisterin Manuela Carmena, die Madrid bis 2019 regierte. Sie machte aus den Altstadtvierteln eine 472 ha große ›emissionsarme‹ Umweltzone *(zona de bajas emisiones)*. Nur die Anwohner sowie emissionsarme Fahrzeuge von Besuchern und Lieferanten

Vorfahrt für Räder bedeuten die Symbole auf dem Pflaster. Ein Anfang.

Kontrastprogramm zu verstopften Straßen. Das gibt es auch. Beim Bummel durch die Altstadt-Barrios finden Sie sich plötzlich auf einem wundervoll stillen Platz wieder wie hier im Conde-Duque-Viertel. Mehr davon und mehr Fußgängerzonen, das wünschen sich die Einwohner.

durften dort hineinfahren. Das Areal von Madrid Central wurde durch weiße Markierungen im Asphalt gekennzeichnet. Das Ergebnis: eine deutliche Verkehrsberuhigung und viel mehr Lebensqualität. Mehr Ruhe, weniger Stress, mehr Raum für Fußgänger, mehr Möglichkeiten für Radfahrer. Die Stickoxidbelastung in der Umweltzone ging um knapp 40 % zurück.

Doch der folgende konservative Bürgermeister José Luis Martínez-Almeida vom Partido Popular, selbst begeisterter Motorradfahrer, hatte und hat besonders auch die Autofahrer und die Lobby der Geschäftsleute als seine Wähler im Blick. Deswegen hatte er angekündigt, das Umweltprojekt Madrid Central rückabzuwickeln und 2019 sogar eine entsprechende Klage eingereicht, der – allerdings nur wegen eines Formfehlers – von den Gerichten stattgegeben wurde. Doch dann kam es anders.

Geht doch!

Wegen des Widerstandes der Umweltorganisation Ecologistas en Acción, der aus Brüssel winkenden Bußgelder im Fall des Überschreitens von Schadstoffgrenzwerten und des Gesetzes der Sánchez-Regierung, das spanische Großstädte mit mehr als 50 000 Einwohnern zur Einrichtung von Umweltzonen bis Ende 2023 verpflichtete, konnte Almeida Madrid Central nicht wirklich aushebeln. Das vor seiner Amtszeit initiierte Projekt funktioniert heute fast so, wie von Manuela Carmena eingeführt, aber es heißt anders: Madrid 360.

Und so hat es den Anschein, als gehe es um Almeidas eigenen Entwurf. Knapp 200 000 € verschlang der Ersatz des Logos Madrid Central durch das neue von Madrid 360. Wen wundert es, wenn Menschen solcher Politik überdrüssig werden.

Immerhin: Inzwischen wurde das gesamte Madrider Stadtgebiet innerhalb des Autobahnrings M-30 zur Niedrigemissionszone *(zona de bajas emisiones)* erklärt. Täglich rollen weiterhin zig Kilometer Autokolonnen aus dem Umland in die Metropole hinein – und abends wieder hinaus. Aber die Fahrzeuge müssen jetzt mit Umweltplaketten gekennzeichnet sein, und Überwachungskameras fischen Umweltsünder heraus. Besonders streng geschützt ist das Stadtzentrum (Distrito Centro).

Zum Umweltprojekt Madrid 360 gehören auch zwei neue, elektrisch betriebene Gratis-Buslinien, die Linien 001 und 002. Die doppelte Null in der Liniennummer könnte genau dafür stehen: null Emissionen zum Nulltarif. Die 001 verkehrt zwischen den beiden öffentlichen Verkehrsknotenpunkten Atocha-Bahnhof und Moncloa (Metrostation und Busbahnhof für Regionalverbindungen), und zwar via Paseo del Prado, Plaza de Cibeles, Calle Alcalá, Gran Vía und Calle Princesa. Und die 002 pendelt zwischen Puerta de Toledo und Argüelles durch die Innenstadt und wird ergänzt durch die Außenlinie C-03 mit denselben Endhaltestellen.

Es bleibt noch viel zu tun

Es wäre wünschenswert, aus dem Paseo del Prado, der ja mal als ›gute Stube Madrids‹ begonnen hatte und 2021 samt Prado-Museum und Stadtpark El Retiro UNESCO-Welterbe geworden ist, irgendwann wieder eine angenehme Flaniermeile zu machen. Noch sind es 2 km Welterbe voller Krach und Schmutz, Autos und Telepizza-Mopeds und zu bestimmten Tageszeiten ein Graus. Auf der für Radfahrer zur Mitnutzung markierten Spur entsteht nicht das notwendige Sicherheitsgefühl. Der Boulevard Gran Vía ist übrigens auch nicht viel besser dran.

Auf zwei Beinen, auf zwei Rädern

Eigentlich ist das Stadtzentrum ideal zum Herumspazieren. Hübsche Gassen aus einer Zeit, in der es noch gar keine Autos gab. Sie sind nicht für den Verkehr 2.0 gemacht, und deswegen bringt Madrid 360 noch viel mehr als bessere Luft. Es ist die Zurückgabe öffentlicher Räume, Straßen und Plätze an die Menschen. Auch die Gastronomie kann sich noch mehr nach draußen ausbreiten, und das finden seit der Pandemie alle wichtig.

Die Einrichtung von Radwegen im Zentrum hat begonnen. Aber während Paris es auf rund 1000 km bringt, kommt Madrid auf etwa ein Drittel so viele, und der ganz überwiegende Teil der Bikerstrecken liegt in der Peripherie. Fahrradsymbole im Asphalt der Zentrumsstraßen bedeuten, dass Räder Priorität haben und Autos – zumindest dann, wenn auch Radfahrer unterwegs sind – nicht schneller als mit 30 km/h verkehren dürfen. Die Planung für eine neue Radspur entlang der Stadtachse Castellana steht, sie soll nach kompletter Fertigstellung vom Atocha-Bahnhof im Süden bis zur Plaza de Castilla im Norden reichen.

Gewiss bleibt das Problem der Umerziehung konservativer AutonutzerInnen. Das Lästigfinden und Beschimpfen von RadfahrerInnen muss aufhören! Dass das gehen kann, zeigen bereits andere europäische Städte, in denen sich das Pendel gedreht hat: RadfahrerInnen schimpfen über Autos …

Es gibt ein städtisches Radverleihsystem, die E-Bikes von BiciMAD. Nach vielen Klagen und Querelen wurde es 2023 vollständig erneuert, jetzt sind die Stadträder blau statt weiß. Resumée: Es gibt noch viel zu tun, um aus Madrid eine umweltfreundliche, grüne Stadt zu machen. Die Hoffnung stirbt zuletzt. ■

Die schönsten Tage sind die Nächte

Terraceo, Draußensitzen, das ist nicht erst seit der Pandemie in Madrid angesagt. Es ist ja auch einfach schön.

Trasnochar — heißt Durchmachen, sich die Nacht um die Ohren schlagen. Mit Feiern, Tanzen, Reden oder anderen Aktivitäten. Vor allem an Wochenenden macht sich die Stadt in einen nächtlichen Vergnügungsmarathon auf.

Die Movida Madrileña der 1980er-Jahre machte das Madrider Nachtleben schnell über die Grenzen des Landes hinaus berühmt. Madrid eilte bald der Ruf voraus, rund um die Uhr geöffnet zu haben und eine Überdosis an Kultur und Amusement samt den dazugehörigen Drogen bereitzuhalten. Einmal voll ins Leben eintauchen, sich die Ohren mit Musik volldröhnen lassen, über die Stränge schlagen: Party und Fiesta bis zum Morgengrauen. Das brauchte die Stadt einfach nach dem Tod von Franco: Freiheit total. Man hatte ja auch viel nachzuholen.

Wie froh waren die Madrilenen, nach dem knallharten Lockdown im Pandemiejahr zu ihren Lebensgewohnheiten der Umarmungen, der Gruppenerlebnisse, des dichten Zusammenseins auf der Straße und in den Kneipen zurückkehren zu können. Und so fasziniert viele MadridbesucherInnen mehr als alles andere: dass zumindest in den warmen Jahreszeiten – also immer bis auf den kurzen Winter – die Straßen und Plätze geradezu von nächtlicher Energie vibrieren, sich füllen mit dem Plappern, Schnattern, Lachen, Rufen der Menschengruppen.

Terraceo

Im Freien zu sein ist seit der Pandemie noch wichtiger geworden. Überall breiten sich Terrassen-Bars aus, okkupieren Plätze, Bürgersteige, Parklücken mit Tischen und Stühlen. Im Stadtjargon ist von *terraceo* die Rede. Die Ausbaumöglichkeiten sind in den Altstadt-*barrios* inzwischen ziemlich erschöpft. Eine Reihe neuer Terrassenlokale entsteht entlang des Stadtboulevards Castellana, der sich kilometerweit nach Norden zieht. Im Sommer sprechen die Medien schon mal von der Costa Castellana oder der Costa Argumosa (Lavapiés). Denn wenn von Juni bis August die Hitze in Madrid fast unerträglich wird und sich alle nach einem luftigen Plätzchen am weit entfernten Meer sehnen, an einer der spanischen *costas*, füllen die Daheimgebliebenen nachts umso intensiver die Bürgersteige ganzer Straßenzüge. Vielleicht nach dem Motto: »Unter dem Pflaster liegt der Strand.«

Im Trend liegen auch Dachterrassen, die es vornehmlich hoch oben auf Hoteldächern gibt, z. B. mehr als ein Dutzend an der Gran Vía. Dort wird das passende Ambiente für gepflegte Cocktails gleich mitgeliefert.

Der Hunger nach Kultur

Eine simple Tour durch Bars und Kneipen mit *copas* (Gläschen) und Tapas (Häppchen) kann ein nachtfüllendes Programm werden. Zur Nachtschwärmerei gehört, in Bewegung zu bleiben, die Lokale zu wechseln, in verschiedene Ambiente einzutauchen. Dabei spielt auch der Kulturbetrieb eine große Rolle,

Die hundertjährigen Tavernen im Literatenviertel Huertas gehören bis heute zu den Klassikern der Madrider Nächte.

der allnächtlich eine Leistungsschau der kulturschöpferischen Kräfte Madrids aufbietet. Das Angebot ist breit und brillant: Theater oder Oper, Literaturveranstaltungen, Vernissagen, Filme, Konzerte oder Livemusik.

Die Aufwärmphase

Der Abend beginnt meist gemächlich nach dem Feierabend mit einem Aperitif in einer Taverne oder Bar oder auf einer Café-Terrasse, wo man mit Kollegen oder Freunden den Tag ausklingen lässt und sich für die Nacht rüstet. Dies ist die Stunde der Tapas und *raciones,* der kleinen Häppchen zu einem Bier oder Wein, denen viele den Vorzug vor einem Abendessen im Restaurant geben. Bis gegen 24 Uhr oder am Wochenende länger wird in den Küchen der Tavernen laufend kulinarischer Nachschub produziert. Je später der Abend, umso mehr wechselt der Charakter der Tavernen vom Tapas-Lokal zur Kneipe. Besonders beliebt für die Aufwärmphase sind die Plätze in den Altstadtvierteln. Von hier zieht man weiter in die Musikkneipen von Huertas oder Malasaña.

Die Vergnügungsphase

Gegen 23 Uhr beginnt die eigentliche *marcha nocturna,* das nächtliche Schieben und Drängen an die Tresen der Bars und *garitos* (Madrider Slang für Kneipe) und in die Musikclubs. Die *copas* werden nun mit musikalischem oder kulturellem Erleben gemischt. Das Angebot an Livekonzerten ist groß: Flamenco, Jazz, Indie, Rock, Pop, Heavy Metal, nicht zu vergessen die Latinomusik, die in Madrid eine große Rolle spielt. Auch viele Cafés tragen nachts das Ihre zum Kulturprogramm bei, mit Café-Theater, Lesungen oder kleinen Konzerten. Ab 23 Uhr beginnen sich langsam die Diskotheken zu füllen, in denen schon mal bis morgens um 5 oder 6 Uhr getanzt wird. Kurz darauf werfen die ersten Bars wieder die Espressomaschinen an.

Wo anfangen?

Zu den Zentren des Nachtlebens zählen die Altstadtviertel inklusive der Gran Vía. Jung, multikulturell und linksalternativ angehaucht gibt sich die Szene in Lavapiés. Hier sind die Tavernen und Bürgersteige der Calle de Argumosa (s. Lieblingsort S. 114) bis tief in die Nacht rappelvoll. Das Literatenviertel Huertas ist eine einzige Ansammlung von Gastronomiebetrieben und Musik-Locations, die auch von internationalen Gästen frequentiert werden. In Malasaña kommt ein heterogenes Publikum zusammen, junge Leute und Studenten ebenso wie die Generation 40 plus. Was sie verbindet, ist die Vorliebe für alternative Szenen. Eine stattliche Anzahl an Bars, Cafés und Musikclubs umgibt die zentrale Plaza del Dos de Mayo, aber auch die Straßen drumherum sind nachts belebt. Im Nachbarviertel Chueca gibt es die meisten Lokale mit homosexuellem Ambiente, dort verkehrt ein gemischtes, weltoffenes Publikum.

Als soziales Gegenstück dazu sind die Gegend um die Metrostation Alonso Martínez und Argüelles Treffpunkt der Söhne und Töchter aus gutem Hause und der Schickimickis. In die Nachtlokale, Musikclubs und Diskotheken der Gegend um das AZCA-Zentrum an der oberen Castellana und der Avenida de Brasil zieht es zu später Stunde die gutsituierten 30- bis 45-Jährigen. Durchmachen bis zum Sonnenaufgang ist hier angesagt.

El Botellón

Man kann es sich vorstellen: Eine Nacht durchzumachen ist nicht billig. Getränke, Eintritt in Musikclubs oder Discos kosten Summen, die für die meisten Jugendlichen in den Sternen stehen. Also trifft man sich mit Trommeln und Gitarren auf Plätzen und in Parks und hat flaschenweise Cola, Hochprozentiges und Bier dabei. *El botellón* heißt diese Gegenkultur, *botellones* sind große Flaschen. Zwar untersagt die Stadt diese Form von Wochenendsessions mit immer neuen Mixturen gegen die Nüchternheit, viel Lärm und Müll, doch unterbinden lassen sie sich nicht. Besonders beliebt dafür sind der Parque del Oeste und die Gegend rund um den Templo de Debod. ■

Jazz, Swing, Rhythm and Blues, der stadtbekannte Musikclub Sala Clamores begeistert seine Fans mit exklusiven Livesessions.

Solche historischen Kachelbilder zaubern schon mal ein Lächeln auf unser Gesicht, wir malen uns aus, wie früher gelebt wurde. Es ist schön, dass sie geblieben sind. Obwohl jetzt hinter den meisten Fassaden ganz andere Geschäfte stattfinden.

Kacheln erzählen Geschichte(n)

Azulejos — Glasierte Keramikfliesen sind fester Bestandteil des Stadtbilds und der Innendekoration. Das zeigt sich auch bis heute in vielen Bars und Tavernen der Altstadtviertel.

Die Herstellung von Keramik und Fayencen wurde von den Arabern in Iberien eingeführt und dort zu einem die Jahrhunderte überdauernden blühenden Kunsthandwerk weiterentwickelt. Farbig glasierte Keramiken blieben bis ins 20. Jh. hinein fester Bestandteil der Dekorationskunst, innen wie an den Gebäudefassaden. Und immer häufiger entstanden aus *azulejos* kunstvolle Wandbilder.

Geschichte in Bildern
Sie sind ein nettes Detail in den Madrider Altstadtgassen: Keramiktafeln mit Straßennamen, die an die einst ansässigen Zünfte und Gewerbe erinnern. Man muss die spanische Sprache nicht beherrschen, um zu rekonstruieren, welches Gewerbe in welcher Gasse seine Dienste anbot, denn die Straßenschilder sind mit entsprechenden Kachelbildern kombiniert: Die Calle de Botoneras gehörte den Knopfmacherinnen, in der Calle de Cuchilleros konnte man Messer wetzen lassen, in der Calle de Esparteros gab es Körbe und Hanfschuhe, die Färber saßen in den Straßen Colores und Tintoreros … Im Literatenviertel sind die Keramikschilder mit Abbildungen der Dichterköpfe kombiniert.

Werbung mit Kachelbildern
Gerade um die Wende zum 20. Jh. erlebten die *azulejos* in der Dekoration eine Renaissance. Läden, Friseure, Apotheken und Tavernen ließen fantasievolle Fassadenbilder anbringen. Oftmals werben die Bilder für das, was im Haus angeboten wurde: Haareschneiden, ein Medikament, das Wunder wirkt, Wein- und Likörmarken. Die Künstler setzten sich mal plakativ, mal ironisch mit ihrem jeweiligen Thema auseinander. Auch in den Räumen wurden Kacheln zum geliebten Wandschmuck.

Azulejos im Literatenviertel
Viele ältere Tavernen präsentieren sich als Bilderbuch der spanischen Kachelkunst. Einige besonders eindrucksvolle Exemplare finden sich im Literatenviertel, so das außen wie innen eindrucksvoll gefflieste Viva Madrid (s. S. 143), ein Klassiker der Madrider Nächte nahe der Plaza de Santa Ana. Oder – am Platz selbst – das Haus an der Ecke zur Calle de Álvarez Gato: Andalusische Stadtansichten schmücken die Fassade dieser früheren Fischbraterei, die 1928 eröffnet hatte und jetzt die Adresse des Flamencolokals Tablao Flamenco 1911 (s. S. 131, 141) ist. Mit den Kachelarbeiten war der Sevillaner Alfonso Romero beauftragt. Haus und Räumlichkeiten haben so viel alten Stil und Charme, dass Almodóvar sie für Filmszenen nutzte. Die Taberna La Alhambra in der nahen Calle de la Victoria 9 präsentiert auf ihren 100-jährigen Kachelbildern ebenfalls die Vorliebe für *azulejos* – und einen Blick auf die Alhambra von Granada. ■

Almudena Grandes

Porträt einer Schriftstellerin — einer, wie ihr Name sagt, ›großen‹ Frau, einer Stimme der Stadt und des ganzen Landes, einer Feministin, einer ›Roten‹, wie man sie titulierte, jedenfalls einer der wichtigsten spanischen Gegenwartsautorinnen.

Wir hätten gern ein Interview mit ihr gemacht, aber da munkelte man bereits, Almudena Grandes sei krank. Wir waren hoffnungsvoll und warteten, denn in der Wochenendbeilage der Zeitung El País fanden wir noch ihre Kolumnen. Kurz darauf kam die Nachricht, sie sei plötzlich verstorben, an einem Krebsleiden.

»Engagiert und mutig hat sie aus einer fortschrittlichen Perspektive von unserer jüngsten Geschichte erzählt.«

Das schrieb der damalige Regierungschef Pedro Sánchez am Nachmittag ihres Todestags, dem 27. November 2021, auf Twitter.

Historikerin und Schriftstellerin

Almudena Grandes wurde 1960 in Madrid geboren. Sie besuchte, wie das zu dieser Zeit für Mädchen aus gutem Hause üblich war, eine Nonnenschule. Dann studierte sie an der Universidad Complutense Geografie und Geschichte. Geschichte war ihr Thema, aber sie hatte nach Abschluss des Studiums das Gefühl, sich im Fach geirrt zu haben und in Wahrheit nichts über die jüngere spanische Vergangenheit zu wissen, über die Republik, den Bürgerkrieg oder das Franco-Regime.

Sie begann an der Oberfläche zu kratzen, um darunter nicht erzählte Geschichte(n) zu finden und insbesondere die Perspektive und Erlebnisse derjenigen zu dokumentieren, die zur *resistencia* gehört hatten. Was sie erforschte und sich von Augenzeugen berichten ließ, dokumentierte sie in Form voluminöser Romane. Sie sind heute das, was man als das historische Gedächtnis Spaniens beschreiben könnte. 2018 wurde Almudena Grandes mit dem Nationalen Buchpreis für erzählende Literatur ausgezeichnet.

Erfolgreiches Debüt

Mit ihrem 1989 veröffentlichten Liebesroman »Las edades de Lulú« (»Lulú. Die Geschichte einer Frau«) gelang ihr auf Anhieb ein durchschlagender Erfolg. Das Buch erzählt die Entwicklung eines Mädchens, das seine Kindheit noch unter Franco erlebt. Sie wird zur Frau in einer Zeit der wiederkehrenden Freiheiten mit allem, was nun auch im Liebesleben möglich ist und geschieht.

Liebe und Bewunderung drückten die Trauergäste zur Beisetzung von Almudena Grandes aus. Sie war eine große Verfechterin der Kultur: »Wer Bücher liest, Filme sieht, in Konzerte geht, hat mehr vom Leben. Nicht an Jahren, aber an Erfahrungen.«

Der internationale Bestseller wurde in 20 Sprachen übersetzt und verfilmt.

Auf der Seite der Verlierer
»Der Feind meines Vaters« spielt in den 1940er-Jahren in einem andalusischen Dorf. Dort wächst der kleine Nino auf, zerrissen zwischen Franquisten bzw. einem Vater, der für die Guardia Civil arbeitet, und einem heimlich operierenden Widerstandskämpfer, den der Junge kennengelernt hat. Eine innige, gefährliche Freundschaft verbindet die beiden. Die erlebte Geschichte eines Freundes aus Granada habe sie zu diesem Buch bewegt, berichtete Almudena Grandes in einem Interview. Es ist vielleicht der eindringlichste ihrer Romane, die sich mit der Franco-Zeit auseinandersetzen. Was sie uns lehren, ist auch, dass Gut und Böse, Schwarz und Weiß mehr Schattierungen haben, als wir gemeinhin annehmen.

»Kleine Helden« macht den Sprung in die jüngere Geschichte: die Zeit von Wirtschaftskrise und Arbeitslosigkeit. In einem Madrider Viertel steht die bunt zusammengewürfelte Zivilgesellschaft gegen die Widrigkeiten des Lebens und der Politik zusammen und erlebt die Kraft der Solidarität. Unermüdlich schrieb Almudena Grandes gegen das Schweigen an, ob als Romanautorin oder Kolumnistin für El País. Ihre Gesellschaftsromane über die Vergangenheit wurden in Spanien Publikumslieblinge.

Durch und durch Madrilenin
Sie wurde in Madrid geboren, ist in Madrid zur Schule gegangen, hat in der Stadt studiert, geheiratet, Kinder bekommen, geschrieben, Bücher veröffentlicht, daraus gelesen und mit ihrem Mann Luis García Montero, dem Dichter und Direktor des Cervantes-Instituts, das Kulturleben in der Metropole mitgeprägt. Ihr Zuhause, ihr *barrio,* sei Malasaña, sagte sie mal. Und wenn sie Madrid als »rätselhaft geordnetes Chaos« bezeichnete, dann war das wohl eine einzige Liebeserklärung.

An ihrer Beisetzung auf dem Cementerio Civil im Osten Madrids nahm eine große Menschenmenge teil. PolitikerInnen, GewerkschafterInnen, befreundete KünstlerInnen kamen zum Abschied, darunter Pedro Sánchez oder der Regisseur Pedro Almodóvar. Auch Atlético Madrid trauerte tief um sie, das war nämlich ›ihr‹ Fußballclub.

Natürlich wird eine Frau, die Partei für Vergessene, Benachteiligte, Ungehörte oder die Frauen ergreift, von den einen geliebt und von den anderen nicht. 2022 setzten sich die ›Linken‹ mit ihrem Antrag, sie zur Ehrenbürgerin zu ernennen, gegen die ablehnende Haltung von Bürgermeister Almeida durch. Inzwischen wurde auch der Schnellzugbahnhof der Estación de Atocha nach ihr benannt: Estación de Madrid Puerta de Atocha – Almudena Grandes. ■

Festsommer mit Chulapos und Chulapas

Zeit zum Feiern — Wie aus der Zeit gefallen wirken die *chulapos* und *chulapas,* die während der großen Stadtfeste im Sommer durch die Altstadtviertel tanzen. Zur Gaudi von Besuchern und Madrilenen, die alle ihre Kameras und Smartphones zücken.

Dem heiligen Landarbeiter zur Ehre!

Wenn am 15. Mai vom Balkon der Casa de la Villa – sie ist das historische Rathaus in der Altstadt – das große Fest zu Ehren des Stadtpatrons San Isidro Labrador förmlich für eröffnet erklärt wird, dann freuen sich die einen auf eine Woche mit rund 200 Konzerten und nächtelangem Feiern. Und die anderen darauf, sich in einer Mode zu zeigen, die sie aus der Mottenkiste hervorgeholt haben, um sich endlich wieder als *chulapa* und *chulapo* outen zu können. Es sind Kleidungsstücke, wie sie schon ihre ur-madrilenischen Vorfahren trugen: Frauen legen die Trachten des 18. Jh. mit Rock und Bluse, Kopftuch und großen Schultertüchern *(mantones de Manila)* an, Männer geben sich mit weißem Hemd, Weste und Schiebermütze das Outfit kecker Landburschen. Rote oder weiße Nelken geben Auskunft, wer noch zu haben ist. Und dann wird zur Musik von Drehorgeln *chotis* getanzt, ein der Polka ähnlicher Paartanz. Es ist ein bisschen wie Karneval, ein Umzug mit Riesengestalten ist auch dabei.

Chulapas und *chulapos* sind waschechte Madrilenen? Die Kleidung entsprang wohl den Traditionen, die von den zugewanderten ArbeiterInnen aus der Provinz mitgebracht wurden. Die einfachen Leute in den Altstadtvierteln kultivierten sie als proletarisches Gegenkonzept zur Mode der französisierten bürgerlichen und intellektuellen Eliten und fühlten sich als die eigentlichen, die echten Madrilenen, als *castizo.* Das ehrt den Stadtheiligen, der auch nur ein frommer, fleißiger Landarbeiter war.

Zum Picknick auf die Wiesen

Auf der Pradera de San Isidro auf der anderen Manzanares-Seite ließ der Stadtheilige, so heißt es, einst Heilwasser aus dem Boden sprudeln. Und deswegen wird der Park unweit des großen Friedhofs und der Einsiedelei des Heiligen am 15. Mai zum Schauplatz eines großen Volksfestes. Familien begeben sich zum Picknick mit Tortilla und *rosquillas* (Gebäck) in den Park oder essen dort an den Ständen Paella und Eintopf, tanzen zur Musik, vergnügen sich. Sogar PolitikerInnen lassen sich blicken, geben sich volksnah, und das geht besonders gut im Outfit einer *chulapa* oder eines *chulapo.* Das ist dann wohl als Wahlkampf einzustufen.

San Isidro ist ein richtiges Volksfest, auch auf der Plaza Mayor und bei den Jardines de las Vistillas ist viel los. An verschiedenen Orten in der Stadt gibt es abends Livekonzerte.

Das Fest der Altstadtviertel

Ein weiterer Höhepunkt im Festjahr sind die Fiestas de San Cayetano, San Lorenzo y La Paloma in der zweiten Augustwoche. Es ist die zweite Saison der *chulapos* und *chulapas,* und die Straßen werden mit Blumen, Girlanden und Tüchern herausgeputzt. Die einwöchigen *fiestas* von Lavapiés (bzw. Embajadores) und La Latina sind Madrids beliebteste Stadtteil- bzw. Patronatsfeste. Mit Prozessionen, bei denen Heiligenbilder durch die Straßen getragen werden, mit Konzerten, gastronomischen Ständen und allerlei Volksbelustigung. Lavapiés gibt sich ganz als *barrio castizo,* als ur-madrilenisches Viertel: Den Lokalheiligen San Cayetano feiert man in der Calle San Cayetano, rund um die Plaza de Cascorro und auch in der Calle de Argumosa, die erst morgens um 4 oder 5 Uhr zur Ruhe kommt. Festlich gestimmt geben sich auch Las Vistillas, die Calle de Calatrava und die Calle de la Paloma. Zehntausende aktiv Teilnehmende und Zaungäste begleiten am 15. August die Prozession mit dem Bildnis der Virgen de la Paloma (Jungfrau von der Taube). ■

Almodóvar – Kino made in Spain

Auf den Spuren eines großen Regisseurs — Madrid und Almodóvar gehören unzertrennlich zusammen. Er findet in der Stadt den Stoff für seine Drehbücher und seine Drehorte.

Almodóvar zählt zu den großen international bekannten Regisseuren. 2017 durfte er die Filmfestspiele von Cannes eröffnen. 2019 erhielt er in Venedig den Goldenen Löwen für sein Lebenswerk, und sein 2021 gedrehter Streifen »Madres paralelas« (»Parallele Mütter«) eröffnete die 78. Filmfestspiele von Venedig.

Almodóvar-Routen für Cineasten
So viele Cineasten aus Spanien und aller Welt zieht es in der Stadt zu den originalen Schauplätzen seiner Filme, dass die Touristeninformation auf ihrem Portal ausführliche Informationen samt Verortung der Plätze auf einer Karte anbietet (www.esmadrid.com/madrid-de-almodovar).

Wir listen hier nur eine Miniauswahl, darunter Locations, die ohnehin ein gutes Ziel sind. Dazu zählt die Plaza de Santa Ana. Im ehemaligen Villa Rosa und jetzigen Tablao Flamenco 1911, erkennbar an der fantastisch gekachelten Fassade, wurden ebenso Szenen für »High Heels« gedreht wie auf der Plaza del Alamillo in der Altstadt, wo Becky del Páramo (Marisa Paredes) sterben möchte, oder im Theater María Guerrero, in dem dieselbe Becky inbrünstig ihr »Piensa en mí« (Denk an mich) singt. Das Hotel Room Mate Alicia, ebenfalls an der Plaza de Santa Ana, benannte sich nach eben jener Alicia aus »Sprich mit ihr«, für den das Haus als Ballettschule der Katarina Biloba (Geraldine Chaplin) diente. In »Live Flesh – Mit Haut und Haar« (»Carne trémula«) presst Penélope Cruz während der weihnachtlichen

Busfahrt durch die leere Stadt ihr Baby heraus – im Hintergrund ziehen u. a. an der Calle de Alcalá das Metrópolis-Gebäude und die Puerta de Alcalá vorbei.

Hübsch ist die Plaza de las Comendadora beim Cuartel del Conde Duque, wo 2021 viel Material für »Parallele Mütter« gedreht wurde. Denn an dem Platz lebt die ältere der beiden werdenden Mütter, Janis (die Rolle besetzte Almodóvar wieder einmal mit Penélope Cruz), und sie sitzt schon mal auf der Terrasse des alteingesessenen Café Moderno. Auch die legendäre Taberna Ángel Sierra an der Plaza de Chueca kommt in »Madres paralelas« vor.

Ein Selfmademan

Almodóvar war 17, als er nach Madrid kam. Mit Gelegenheitsjobs hielt sich der kinoverliebte Junge aus der Provinz über Wasser. Sein Ziel: Filme machen. Durch die Arbeit als Telefonist bei der spanischen Telefónica habe er gelernt, Dialoge zu schreiben, meinte er später. Er wurde sein eigener Drehbuchautor.

Im fröhlichen, feiernden, freien Madrid während der nachfranquistischen ›Kulturrevolution‹ der *Movida Madrileña* begann er als Underground-Künstler und Filmemacher seinen Platz zu finden. »Pepi, Luci, Bom und andere Mädchen der Bande« (1980) fand spontan Anerkennung in der Stadt. Schlag auf Schlag folgte ein Kinohit dem anderen. Und Almodóvar wandelte sich vom ›Punk‹-Regisseur satirisch-komischer und schriller Streifen zum Meister des Melodrams.

Mit »Frauen am Rande des Nervenzusammenbruchs«, »Fessle mich« oder »Matador«, »Alles über meine Mutter« und »Sprich mit ihr« wurde er zum international gefeierten Star. Und gewann Preise über Preise.

Immer sind Frauen, die eine Krise durchleben, zentrales Thema seiner Filme. In sein letztes Werk jedoch packte er eine zusätzliche Lektion in spanischer Geschichte: DNA-Tests können helfen, den Vater eines Babys zu bestimmen, aber auch, um Vorfahren zu identifizieren, die im Bürgerkrieg von den Falangisten in Massengräbern verscharrt wurden. Und das ist ein noch immer nicht abgehaktes Thema in Madrid und ganz Spanien.

Gutes Ambiente für Kultur und Kunst

Madrid und Almodóvar gehören zusammen, 2018 bekam er sogar den Ehrentitel »Adoptivsohn der Stadt« verliehen:

»Hijo adoptivo de la ciudad de Madrid«

Immer fand er in der Metropole die perfekte Kulisse und die passende ›Fauna‹ für seine Produktionen, sagte der Meister des spanischen Kinos einmal, der inzwischen mehr als zwei Dutzend Filme als Drehbuchautor und Regisseur machte und eine eigene Produktionsfirma besitzt. Madrid ist eben ein Labyrinth der Passionen, und Almodóvar verwandelt das Leben in Kunst. ■

FILMFESTIVALS

Ende Mai, Anfang Juni trifft sich die Szene in Madrid zum Internationalen Festival des Dokumentarfilms und im Oktober zum Festival de Cine de Madrid. Im Frühjahr verleiht die spanische Academia de las Artes y las Ciencias Cinematográficas den national bedeutenden Filmpreis ›Premios Goya‹.

Die Hofdamen

Diego de Velázquez y Silva — Es war der Franzose Édouard Manet, der den Hofmaler Philipps IV. »Maler aller Maler« nannte. Sein wohl meistbewundertes Werk ist »Las Meninas«, die Hofdamen.

Es sind die kritisch-subtile Beobachtungsgabe und die schonungslos-realistische Wiedergabe einer Hofwelt, wie Velázquez sie wahrnahm, die ihn zu einem der genialsten Künstler der spanischen Geschichte machten. Vom Herzog von Olivares wurde der 1599 in Sevilla geborene Diego Rodríguez de Silva y Velázquez, wie er mit vollständigem Namen heißt, an den Hof geholt. Hier diente er dem vorletzten Glied in der Kette der Habsburgerherrscher, die sich aufgrund inzestuöser Eheverbindungen nicht nur von Generation zu Generation einen extrem vorstehenden Unterkiefer vererbten, sondern von Mal zu Mal auch mehr degenerierten.

Der Maler machte am Hof Karriere. Er lebte in größter Nähe Philipps IV., der ihn als Porträtmaler schätzte. Velázquez bannte manche höfische Extravaganz auf die Leinwand, darunter die vom König geliebten Hofnarren und Zwerge – das närrische Gesinde, das damals zum spanischen Hof gehörte.

Bild aller Bilder …

Das Bild »Die Familie Philipps IV.« oder »Las Meninas« (Die Hofdamen) erhielt im Prado zu Recht einen Ehrenplatz an der Stirnwand des Polygons (Saal 12). Es entstand 1656 in Velázquez' letzter Schaffensphase, vier Jahre vor seinem Tod. Der Spiegel im Hintergrund des Gemäldes zeigt Philipp IV. und seine zweite Gemahlin, Maria Anna von Österreich, denen Velázquez auch eigene Porträts widmete. Sie hängen ebenfalls im Prado. Maria Anna von Österreich hätte eigentlich Philipps Sohn Don Carlos (Baltasar Carlos) heiraten sollen, doch da dieser Cousin vorzeitig starb, musste sie im Alter von 15 (!) Jahren ihren Onkel ehelichen, um die habsburgische Thronfolge sicherzustellen. Die Quittung ihrer inzestuösen Heiratspolitik erhielten die Habsburger in der nächsten Generation: Mit dem kranken, geistig verwirrten und zeugungsunfähigen Karl II. endete ihre Herrschaft in Spanien. Als Velázquez »Las Meninas« malte, war dieser Karl II. noch nicht geboren. Das Bild zeigt dessen Schwester, das nach neunjähriger Ehe einzige überlebende Kind des Königspaars: Prinzessin Margarita Teresa mit engelsblondem Haar, fünfjährig, von geradezu ätherischer Zartheit. Das Ganze spielt offenbar im Atelier von Velázquez im königlichen Schloss, und es ist einiges los im Atelier: Der Maler, der sich selbst

Wie viele Maler versuchten sich schon an Velázquez' Sujet der Hofdamen? Selbst Picasso gehörte dazu. In wie vielen Kunstschulen und Malkursen durften Schüler eine eigene Version von »Las Meninas« ausprobieren? Für Madrid sind sie zu einem weiteren Wahrzeichen geworden. Immer wieder mal werden bunt bemalte Meninas-Skulpturen für Werbekampagnen über die Stadt verteilt.

ins Bild gesetzt hat, quasi wie ein Mitglied der königlichen Familie, hält in seiner Arbeit inne und scheint nachdenklich. Eine der Hofdamen reicht der Prinzessin artig ein Gefäß mit Wasser. Ein kleiner Hofnarr am rechten Bildrand – neben einer Zwergin – tritt einen schlafenden Hund. Im Hintergrund verlässt eine Person den Raum (oder betritt ihn?) – eine Szene wie aus dem wirklichen Leben, filigran und voller Hingabe gemalt.

»Las Meninas« lohnt eine genauere Betrachtung, denn das immer wieder kopierte oder als Vorlage für eigene Werke genutzte Bild – Picasso malte etwa einen ganzen Meninas-Zyklus – bietet ein einziges vielschichtiges Verwirrspiel …

Cees Nooteboom beschreibt »Las Meninas« so

»Es ist und bleibt eine Falle, und ich bin nicht der einzige, der da hineingefallen ist. Foucault ringt damit in Die Ordnung der Dinge, Luca Giordano sagte: ›Dies ist die Theologie der Malerei‹, und Théophile Gautier rief: ›Aber wo ist das Bild?‹. Die Frage ist verständlich, denn was ich sehe, ist ein Maler, der gerade ein Bild malt, das ich nicht sehen kann. Was ich sehen kann, ist das Bild, auf dem dieser Maler ein Bild malt, das ich nicht sehen kann, wobei er mich anschaut, den er nicht sehen kann. Ich will natürlich gern einräumen, daß er nicht mich anschaut (weil er mich nun einmal nicht sehen kann), aber als er das Bild malte, muß er gewußt haben, daß jeder Nooteboom, Foucault oder Gautier, der davorstünde, immer denken würde, der Maler sähe ihn an. Er tritt einen Schritt von dem Gemälde zurück, das er gerade malt (und das wir nie sehen werden, es sei denn, es wäre das Gemälde, das wir sehen), er hat einen langen feinen Pinsel in eine helle Farbe getaucht …, er schaut noch kurz (auf wen?) und wird gleich weitermalen. Ich weiß das, weil er sich selbst auf dem Bild abgebildet hat, das ich sehe. Aber ist er auch auf dem Bild, das ich nicht sehe? Maler malen ihr Selbstporträt mit Hilfe eines Spiegels. Steht an der Stelle, an der ich jetzt … stehe, ein Spiegel, in dem er sich malt? Aber er malt doch nicht das Bild, das ich sehe? Auf dem Bild, das ich sehe, malt er doch ein anderes Bild? Aber wer ist darauf zu sehen? Wen sehen außer dem Maler die drei, vielleicht fünf, mit den beiden im Spiegel insgesamt sieben anderen dann an? Nicht mich, obwohl sie doch zu mir schauen. Den König und die Königin, die sich aus der Ferne gespiegelt sehen? Aber wenn der Maler auf dem Bild, das ich nicht sehen kann, den König und die Königin malt, wie kann er sie dann hinter sich in dem Spiegel auf dem Bild gemalt haben, das ich sehen kann?

Drei, vielleicht fünf. Das Gesicht des Mannes, der hinter der wasserköpfigen Zwergin steht, liegt im Halbdunkel, so daß ich nicht genau weiß, wohin er schaut. Das gilt auch für den Mann in der hellerleuchteten Türöffnung, der der Wächter zur geöffneten Außenwelt zu sein scheint (und so zumindest die Möglichkeit eines Auswegs aus dem Labyrinth suggeriert). Aber die strahlende kleine Prinzessin, die Sonne, um die die beiden planetarischen Hofdamen *(meninas)* kreisen, sieht mich, der ich nicht da bin, an oder ihre Eltern (die dem Spiegel zufolge da sind). Was Velázquez hier am Ende seines Lebens malt, ist der Seufzer eines Kindes, ein Flaum, der sich mühelos wegpusten läßt. Und auch wenn er es nicht wußte, er wußte es doch. Mit fünfzehn wird sie Kaiserin von Österreich, und mit zweiundzwanzig ist sie tot. Aber jetzt (!) schaut sie noch, genauso wie der Maler schaut, wie der mächtige Wasserkopf schaut …« ■

Aus: Cees Nooteboom, Der Umweg nach Santiago, Frankfurt/M. 1992

Das ist Madrid?

Gegründet von Arabern — als einzige Hauptstadt Europas. Das war zwischen 858 und 870, sagen die Archäologen.

Ein sandiges Flüsschen, nahebei eine Anhöhe, sonst nichts. Das schien den Arabern der rechte Ort für einen Grenzposten, um ihr muslimisches Reich im Süden zu sichern. Wo heute das Schloss steht, bauten sie ihr Mayrit. Dessen Spuren wurden in der Neuzeit – wohl auch wegen der Reinhaltung des christlichen Glaubens – so gründlich ausgemerzt, dass sie nur entdeckt, wer davon weiß: Eine Gasse namens Morería (Maurenviertel; s. S. 90), ein Mauerabschnitt im Parque del Emir Mohamed I, hier der spärliche Rest eines Wachtturms, dort von Wohnungen oder Speichern, ein paar archäologische Funde im Museo de San Isidro. Los Orígenes de Madrid (s. S. 102) und in der Galería de las Colecciones Reales (s. S. 102) …

Was man aber sehen kann: Den Madrilenen gefiel die arabische Bau- und Dekorationskunst. Der Mudéjarstil (s. Abb.) erlebte später im Neomudéjarstil noch einmal eine Renaissance, wie sie etwa die Stierkampfarena (s. S. 202) zeigt.

Auch viel Nicht-Sichtbares ist geblieben aus der arabischen Epoche, die Iberien weit über Andalusien hinaus prägte. Schon die Sprache und Namen belegen das. Wie der Stadtname Mayrit. Oder der Name der Stadtheiligen La Almudena, die ›Heilige Maria der Medina‹ *(al-mudayna)*. Kann ein Frauenname arabischer sein? Bis heute heißen viele Frauen in Spanien so, etwa Almudena Grandes. Und der Nachname des Bürgermeisters lautet Almeida, die Vorsilbe ›al‹ ist ein untrügliches Zeichen für seine arabische Herkunft.

Nur gut, dass die Zeit der Glaubenskriege vorbei ist. Zumindest in Madrid. In der Stadt leben Hunderttausende Muslime, gibt es rund 20 Moscheen. Ob diese Muslime wohl wissen, dass sich auch die Stadtgründer vor mehr als 1000 Jahren zum Gebet nach Osten wendeten? Vermutlich nicht. ■

In der Stadt geirrt? Nein, dieses Hufeisentor steht mitten in Madrid, es gehört zur Casa de los Lujanes.

Das zählt

Zahlen sind schnell überlesen — Aber sie können die Augen öffnen. Nehmen Sie sich Zeit für ein paar überraschende Einblicke. Und lesen Sie, was in Madrid zählt.

4

Millionen Bus- und Metrotickets lösen Madrilenen jeden Tag, mehr als die Stadt Einwohner hat.

1.531.490

Wohnungen gibt es in der Metropole, fast jede fünfte davon ist unter 45 m^2 groß.

31.398

Bars und Restaurants lassen sich im Großraum Madrid zählen (2020). Eine Dichte, die ihresgleichen in Europa sucht. Von allen Europäern geben Spanier das meiste Geld in der Gastronomie aus.

05490

Genau hinter dieser Zahl verbarg sich in der Weihnachtslotterie 2022 ›El Gordo‹, der dicke Fisch, der 4 Millionen Euro bringt. An der wohl ältesten und größten Lotterie der Welt nimmt quasi jeder Madrilene teil.

41

Grad Celsius zeigten die Thermometer im Sommer 2023 an. Wer immer kann, nimmt sich im Juli und August eine Auszeit und verlässt die Stadt. Zentralspanien und der Süden leiden ganz besonders unter dem Klimawandel, die Hitzewellen nehmen zu. Trost der Meteorologen: Solche Temperaturen werden uns in 30 Jahren mild vorkommen.

85,5

Jahre alt werden die Madrilenen im Schnitt. Das ist laut Eurostat der europäische Spitzenwert. Frauen kommen auf 88,1 Jahre.

190.000

Menschen sind auf Lebensmittelbanken (Tafeln) und Nachbarschaftshilfe angewiesen, Besonders hart betroffen sind die Einwohner von Vierteln im Süden der Metropole.

667

Meter hoch liegt Madrid, mitten in der Meseta, der zentralspanischen Hochebene. Es ist die höchstgelegene Hauptstadt der EU.

208.000

Studierende waren 2022 an den Universitäten eingeschrieben. Es gibt sechs öffentliche, acht private und eine Hochschule der katholischen Kirche. Wichtigste Uni und eine der größten Europas ist die 1508 gegründete Universidad Complutense de Madrid.

26,6

Prozent der Madrilenen können sich keinen Urlaub leisten, also mehr als jeder vierte. Dabei liegt das Bruttoinlandsprodukt pro Kopf rund 30 Prozent über dem nationalen Mittel. Madrid ist wohl eine sehr reiche, sehr arme Stadt.

300.000

Bäume wachsen (Stand 2023) in der Stadt, und es gibt mehr als 200 verschiedene Arten. Laut europäischer Umweltagentur liegt Madrid in puncto Baumbestand und Grünfächen nach Oslo, Bern, Ljubljana und Berlin auf Platz fünf der europäischen Hauptstädte.

1

europäische Hauptstadt wurde von Arabern gegründet: Madrid.

5.416

Madrilenen leben auf einem Quadratkilometer. Das entspricht im Vergleich zu Berlin einer um knapp 29 Prozent höheren Bevölkerungsdichte.

3,2

Millionen Besucher zog es 2019, im Jahr seines 200-jährigen Bestehens, ins Prado-Museum, so viele wie nie zuvor. Nach einem massiven Einbruch in den Corona-Jahren wurden 2022 wieder fast 2,5 Mio. Besucher gezählt. Im Centro de Arte Reina Sofía waren es fast 1,2 Mio. (inkl. Ausstellungshallen im Retiro sogar 3,1 Mio), gefolgt vom Thyssen-Museum mit 1,1 Mio.

3.418

Räume besitzt der Palacio Real, das Madrider Schloss. Brauchen Könige so viel Platz zum Wohnen und Repräsentieren? Nun ja, zum Wohnen haben sie sich inzwischen in was Kleineres zurückgezogen …

302

Metrostationen verteilen sich auf 294 Kilometer Schienenstränge. Mehr Haltestellen gibt es nur in Paris, London, New York, Beijing und Shanghai.

7.000

Lokale mit Außenterrassen, Pi mal Daumen, gibt es inzwischen in der Metropole. Durch die Pandemie hat der Trend zur Außengastronomie noch einmal starken Auftrieb bekommen.
Im zentralen Bezirk Sol kommen auf zehn Einwohner acht bis neun Außenplätze! Wenn es so weitergeht, hat bald jeder Madrilene in dem Bezirk einen eigenen Platz unter freiem Himmel.

Napoleons Soldaten erschießen aufständische Madrilenen. Das Gemälde von Francisco de Goya y Lucientes hängt im Prado-Museum.

Reise durch Zeit und Raum

Mayrit, Madrid — Es ist ganz schön was geworden aus dem kleinen arabischen Grenzposten. Nämlich die zweitgrößte Hauptstadt der Europäischen Union.

Von Muslimen und Stadtheiligen
9.–13. Jahrhundert

Arabische und berberische Reiterheere eroberten ab 712 die Iberische Halbinsel bis zu den Flüssen Duero und Ebro im Norden. Um 850 ließ Mohamed I., fünfter Emir von Córdoba, auf dem heutigen Schlosshügel oberhalb des Río Manzanares einen *alcázar* errichten. Er gehörte zu einer Kette befestigter Grenzposten, die das muslimische Reich im Süden und insbesondere die Stadt Toledo gegen die Vorstöße der christlichen Könige aus dem Norden schützen sollten. In der Nähe der Burg entstand eine kleine Siedlung. Der Name Madrids soll sich vom arabischen Mayrit ableiten, was so viel wie ›Ort der vielen Wasser‹ bedeutet.

Ab 1031 zerfiel das muslimische Reich in Kleinkönigreiche *(taifas)*, und so hatte Alfons VI., König von Kastilien und León, leichtes Spiel und eroberte die arabische Siedlung. Alfons VIII. erhob sie 1202 in den Rang eines Marktfleckens. Milizen aus Madrid beteiligten sich an den fortdauernden Kriegen gegen die Muslime im Süden. Dabei tat sich ein Madrilene besonders hervor: der später seliggesprochene Schutzpatron San Isidro Labrador.

Zum Anschauen:
Parque del Emir Mohamed I, S. 99
Museo de San Isidro, S. 102

Im Spätmittelalter
14.–15. Jahrhundert

Ab 1346 wurde Madrid von einem Rat Weiser Männer regiert. Mit den Katholischen Königen Isabella von Kastilien und Ferdinand von Aragon, die 1479 heirateten und in Personalunion das Land regierten, war auch in Madrid die Zeit des tolerierenden Zusammenlebens der christlichen, jüdischen und muslimischen Kultur vorbei. Der Fokus lag nun auf der ›Reinhaltung‹ des christlichen Glaubens. Die 1478 gegründete Inquisition spürte Ketzer auf, verurteilte und vernichtete sie. 1492 eroberten die Katholischen Könige das islamische Restreich von Granada, und im selben Jahr entdeckte der von ihnen unterstützte Christoph Kolumbus den Kontinent Amerika.

Habsburger auf dem Königsthron
1516–1556

Da der einzige Sohn der Katholischen Könige vorzeitig starb, erbte deren Tochter Johanna die Wahnsinnige die Krone. Doch gab sie nur ein kurzes Gastspiel, bis ihr Sohn mit Philipp dem Schönen aus dem Haus Habsburg die Regierungsgeschäfte übernahm: Karl I., der 1519 als Karl V. zugleich zum Kaiser des Heiligen Römischen Reiches Deutscher Nation gekrönt wurde. Unter Karl V. eroberte Spanien ein riesiges Kolonialreich in Übersee, verstrickte sich aber auch in ermüdende Religionskriege gegen die Protestanten in den Niederlanden und Deutschland.

Zum Anschauen:
Museo de América, S. 177

Madrid wird Hauptstadt

1556–1588

Bei seiner Abdankung übergab Karl V. seinem Sohn Philipp II. Spanien, die Niederlande, die italienischen Besitzungen und die Kolonialgebiete. Philipp verlegte seinen Hof von Toledo nach Madrid. Damals bestand der Ort aus ca. 2500 Lehmhäusern, und es heißt, dass die Nachttöpfe mangels anderer Möglichkeiten noch auf die Straße entleert wurden – nicht ohne den Warnruf »*Agua va*« (Wasser kommt) für Passanten. Nun musste die kleine Stadt Staatsbeamte, Hofbedienstete, Diplomaten, Händler, Handwerker und Künstler aufnehmen. Madrid wuchs rasch. In der Nähe ließ Philipp II. den wuchtigen Klosterpalast El Escorial errichten. Außenpolitisch kündigte sich 1588 mit dem Untergang der als unbesiegbar geltenden Armada, deren Geschwader vor England geschlagen und im Sturm zerblasen wurden, der beginnende Machtverlust an.

Zum Anschauen:
San Lorenzo de El Escorial, S. 215

Das Goldene Zeitalter

17. Jahrhundert

Es war ein *Siglo de Oro*, ein Goldenes Jahrhundert der Kunst und Kultur. In Madrid lebten und arbeiteten begnadete Schriftsteller, Maler, Bildhauer. 1605 wurde der Roman »Don Quijote« von Miguel de Cervantes gedruckt. Im sogenannten Literatenviertel lebte auch Lope de Vega, der seiner theaterbegeisterten Stadt rund 1500 Bühnenstücke hinterließ. Zu den Bildern von Diego de Velázquez y Silva, Hofmaler unter Philipp IV., pilgern die Prado-Besucher bis heute.

Auch architektonisch gewann die Stadt: 1620 wurde die Plaza Mayor mit einem Fest anlässlich der Seligsprechung des Stadtpatrons San Isidro eingeweiht. 1631–35 ließ Philipp IV. auf dem Gelände des Retiro ein Lustschloss bauen, den Palacio del Buen Retiro. Als im Jahr 1700 der debile und verwirrte Karl II. ohne Erben starb, entbrannte der Spanische Erbfolgekrieg: Sowohl Österreich als auch Frankreich erhoben Ansprüche auf die Thronfolge. Im Frieden von Utrecht 1713/14 endete die Auseinandersetzung zugunsten der Franzosen.

Zum Anschauen:
Literatenviertel Huertas, S. 132
Museo Nacional del Prado, S. 53

›Französische‹ Reformkönige

1700–1788

Mit Philipp V., einem Enkel des französischen Sonnenkönigs, bestieg ein Bourbone den spanischen Thron. Stärker noch als die Habsburger prägten die Bourbonen das Gesicht der Stadt. Philipp V. ließ den abgebrannten Madrider *alcázar* durch ein neues Schloss ersetzen.

Der aufgeklärte Reformkönig Karl III. (1759–88) ergriff Maßnahmen zur wirtschaftlichen Gesundung des Landes, er schränkte die Macht der Inquisition ein und verwies den Jesuitenorden, der sich intensiv an der Ketzerjagd beteiligt hatte, des Landes. Der Bourbone ging zugleich als »bester Bürgermeister Madrids« in die Annalen ein: Die Stadt verdankt ihm eine Kanalisation und die erste Straßenbeleuchtung, dazu die königliche Flaniermeile Paseo del Prado samt Botanischem Garten und Prado-Gebäude, die 2021 von der UNESCO ins Welterbe eingeschrieben wurden.

Zum Anschauen:
Palacio Real, S. 94
Campus Prado, S. 43

»Der beste Bürgermeister Madrids« war Karl III. Zu Recht sitzt er also hoch zu Ross mitten in der Stadt auf dem Platz Puerta del Sol.

Aufstand gegen Napoleon
1788–1808

Unter Karl IV. wurde Spanien zum Spielball Napoleons, der 1808 kurzerhand mehrere spanische Städte besetzte. Am 2. Mai 1808 brach in Madrid ein Volksaufstand gegen die französischen Okkupanten aus. Doch unterlag die mit Küchenmessern und Scheren bewaffnete Volksmenge den napoleonischen Truppen. Einige der 1500 Madrilenen, die in den blutigen Straßenschlachten ihr Leben ließen, werden bis heute als Helden gefeiert, auch Manuela Malasaña (s. Kasten S. 156). Am 3. Mai erschossen die Franzosen zahlreiche Aufständische. Napoleon setzte seinen Bruder Joseph Bonaparte auf den spanischen Thron, der während seiner kurzen Regentschaft Kirchen und Klöster abreißen und durch Stadtplätze ersetzen ließ. Erst 1813 zogen die Franzosen aus der Stadt ab.

Zum Anschauen:
Goya-Bilder im Prado, S. 54

Wirren und Umbrüche
1814–1898

Kurz nachdem Ferdinand VII., Sohn Karls IV. und Hoffnungsträger der Liberalen, aus französischer Gefangenschaft auf den spanischen Thron zurückgekehrt war, hob er die von den *Cortes* erarbeitete liberale Verfassung auf. Der kurze Frühling des Liberalismus endete jäh in der absolutistischen Gebärde eines Monarchen, der Universitäten schloss und jegliche liberale Bestrebung im Keim erstickte. Er hinterließ der Stadt aber auch etwas Gutes, denn er eröffnete den Prado als Gemäldegalerie. Zwei Jahre nach seinem Tod, 1835, gelangten durch die *desamortización* zusätzlich Kunstwerke aus aufgelassenen Klöstern in das Museum. Der Verkauf von Kirchengütern sollte damals die leeren Staatskassen füllen helfen.

Mehrfach, 1833–39, 1847–49 und 1872–76 war Madrid Schauplatz der Karlistenkriege. Die antiliberal und antizentralistisch eingeschworenen Karlisten wollten Don Carlos, einen Bruder Ferdinands VII., anstelle von dessen Tochter Isabella II. zum Thronfolger machen.

In diesem Chaos wurde 1873 die Erste Republik ausgerufen. Ihre Präsidenten wechselten schnell, keiner wurde Herr der Lage, zumal sich der Unmut der armen Landarbeiter in immer neuen Aufständen entlud. Die Monarchisten holten Alfons XII., Sohn Isabellas II., aus dem französischen Exil auf den Thron.

Mitte des 19. Jh. begann die Industrialisierung, die Stadtmauer wurde geschliffen, Madrid expandierte und zog viele Landflüchtige an, die Arbeit und Brot zu finden hofften. Die Arbeiterbewegung organisierte sich und gründete 1879 in Madrid die Sozialistische Arbeiterpartei PSOE.

Stück für Stück lösten sich die Kolonien vom Mutterland. 1821–24 machten Mexiko, Venezuela und Peru den Anfang, 1898 verlor Spanien die letzten

Überseegebiete. Das Land erlebte eine wirtschaftliche Talfahrt, und auch der Nationalstolz litt mächtig. In den Madrider Cafés räsonierten die Intellektuellen über Auswege aus der politischen und moralischen Krise.

Die Metropole mausert sich
ab 1900

Die Stadt war auf 1 Mio. Einwohner angewachsen. Für Madrids Bourgeoisie entstand das Salamanca-Viertel. Unter Alfons XIII., seit 1886 König, begann 1910 der Ausbau der Gran Vía zum großbürgerlichen Stadtboulevard. Ab 1919 verband eine Fluglinie Madrid und Barcelona, und 1921 wurde die Metro eingeweiht. Doch die politische Situation spitzte sich zu.

Zum Anschauen:
Gran Vía, S. 70

Der Spanische Bürgerkrieg
1931–1939

Die Republikaner gewannen die Gemeindewahlen im April 1931, auf Madrids Stadtplatz Puerta del Sol wurde die Zweite Republik ausgerufen. Da Agrarreform und Enteignung von Großgrundbesitz nur schleppend vorankamen, gingen die Linksparteien – Sozialisten, Kommunisten und Anarchisten – 1933 gespalten in die Wahlen und verloren sie. Eine Koalition von Rechtsparteien machte die Reformen rückgängig. Das Land erlebte eine extreme politische Polarisierung. Die faschistische Falange Española gründete sich, Rechte und Linke lieferten sich in Madrid Straßenschlachten.

In den Februarwahlen 1936 erhielten die zur Volksfront verbundenen Linksparteien die Mehrheit und setzten zügig Reformen um, deren Radikalität Großgrundbesitzer, Militärs und Klerus als Bedrohung empfanden. Am 18. Juli 1936 löste der Putsch der Generäle Franco und Mola den Spanischen Bürgerkrieg aus. Er kostete ca. 1 Mio. Menschen das Leben. Madrid fiel 1939.

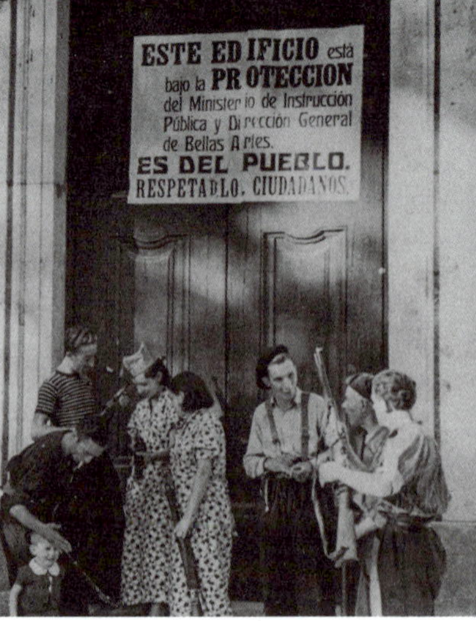

Es ist Bürgerkrieg. Madrider Milizen schützen Objekte, die sie als Kulturgut des Volkes betrachten. Hier ist es die Kapelle, in der Goya begraben liegt.

Zum Anschauen: »Guernica« von Picasso, Centro de Arte Reina Sofía, S. 47

Die Franco-Diktatur
1939–1975

Die Zeit der Diktatur lähmte das Leben in der Stadt. In den 1960er-Jahren kam es zu ersten Streiks und Studentenprotesten. Ende 1973 fiel Luis Carrero Blanco, designierter Nachfolger Francos, in Madrid einem Bombenattentat der ETA zum Opfer.

Kurz nachdem Franco die letzten Todesurteile gegen Regimegegner hatte vollstrecken lassen, starb er im November 1975. Aufgrund einer Verfügung Francos wurde König Juan Carlos I das neue Staatsoberhaupt des Landes.

Transición und Movida Madrileña
1975–ca. Jahrtausendwende

Der Übergang von der Diktatur zur Demokratie, die *transición*, gelang friedlich, wenngleich es in Madrid zu Straßenschlachten zwischen Rechten und Linken kam. Nach den ersten freien Gemeindewahlen wurde Enrique Tierno Galván, ein Linkssozialist, dem Franco die Professur entzogen hatte, Bürgermeister (1979–86). Langsam schüttelte die Stadt den franquistischen Trott ab. Besonders die junge Kulturbewegung Movida Madrileña vollzog deutlich den Bruch mit der Gesellschaft der Post-Franco-Zeit.

Für einen Moment bangte 1981 die junge Demokratie um ihren Fortbestand: Den Putschversuch am 23. Februar von Oberstleutnant Antonio Tejero im Parlament half König Juan Carlos I abzuwenden. In den 14 Jahren der Regierung des sozialistischen Ministerpräsidenten Felipe González (ab 1982) profitierte Madrid vom spanischen Wirtschaftsaufschwung der 1980er-Jahre. Die Kunst- und Kulturszene erlebte eine Blütezeit. 1992 war Madrid europäische Kulturhauptstadt.

Madrid unter Schock

2004

Am 11. März 2004 sprengten die Bombenanschläge islamischer Fundamentalisten vier voll besetzte Vorortzüge bei ihrem Eintreffen am Atocha-Bahnhof. Die Opfer: 191 Tote und 5000 Verletzte. Die konservative PP-Regierung wollte den Terrorangriff der baskischen Separatistenorganisation ETA zuschreiben (und von Spaniens Beteiligung am Irakkrieg ablenken) und verlor daraufhin am 14. März die Wahlen gegen den PSOE.

Zum Anschauen: Bosque del Recuerdo, S. 50

Eine neue Parteienlandschaft

2010–2020

Ein Jahrzehnt großer politischer Herausforderungen rief neue Parteien im linken wie im rechten Spektrum auf den Plan. Unter der konservativen Rajoy-Regierung (2011–18) litt Spanien unter der ganzen Wucht der Wirtschafts- und Finanzkrise. Gewerkschaften und die Bürgerbewegung 15-M protestierten in Madrid mit Demonstrationen und Sit-ins. Korruptionsskandale kamen an die Öffentlichkeit, sogar das Königshaus war betroffen. Juan Carlos I dankte 2014 zugunsten seines Sohnes Felipe VI ab.

Die Protesthaltung vieler Spanier bündelte sich in der 2014 gegründeten Linkspartei Podemos. Parallel dazu spaltete sich 2013/14 vom konservativen PP der Rechtsaußenableger Vox ab. Als Bürgermeisterin wurde Manuela Carmena samt ihrem links-ökologischen Programm 2019 vom Konservativen José Luis Martínez-Almeida abgelöst. Seit Mai 2023 hat er im Stadtparlament die absolute Mehrheit hinter sich.

Gespaltenes Land

seit 2020

Corona, Katalonien-Konflikt, Krieg, Inflation, Hitzewellen und Wasserknappheit – für die Regierung von Pedro Sánchez (PSOE) war es keine leichte Legislaturperiode. Sie endete 2023 vorzeitig, nachdem die Konservativen und Rechten im ganzen Land bei den Kommunal- und Regionalwahlen stark zugelegt hatten. Die danach folgenden Parlamentswahlen erbrachten eine Pattsituation zwischen dem konservativ-rechtspopulistischen und linksliberalen Lager, zu dem auch die neue Linkspartei Sumar zählt. Trotz seines Wahlsieges (33,05 %) erreichte PP-Chef Alberto Núñez Feijóo nicht die für eine Regierung mit Vox erforderliche Parlamentsmehrheit. Pedro Sánchez vom PSOE (31,7%) verhandelte für eine Regierung mit Sumar die Zustimmung der kleinen Regionalparteien aus dem Baskenland, Galicien, von den Kanaren sowie aus Katalonien. Letztere mit einem Amnestieversprechen für die Anführer des katalanischen Abspaltungsversuchs im Jahr 2017. Eine politische Lösung dieses Konfliktes wäre ein Fortschritt.

Die Umarmung

Dieses Standbild gehört zu Madrid.

»El Abrazo« — Eine Geste der Brüderlichkeit erinnert an ein menschenverachtendes Blutbad.

In der Nacht des 24. Januar 1977 drang eine Gruppe bewaffneter Rechtsextremer in die Büros einer auf Arbeitsrecht spezialisierten Anwaltskanzlei in der Calle de Atocha 55 ein. Sie schossen wild auf die zu später Stunde noch arbeitenden Anwesenden, Anwälte und ein Büroangestellter. Fünf Menschen starben bei dem terroristischen Attentat, vier weitere wurden verletzt. An einer Bürowand hing das Poster »El Abrazo«, es war blutbespritzt.

Gespaltenes Land

Das Blutbad *(matanza)* von Atocha fand 14 Monate nach Francos Tod statt. Da war der Franquismus noch nicht am Ende, an den Schaltstellen der Macht saßen die alten faschistischen Cliquen. Doch ahnten sie wohl, dass ihnen eine Zeitenwende bevorstehen würde. Der junge König Juan Carlos I, den Franco im Testament zu seinem Nachfolger bestimmt hatte, wollte den Weg für eine Demokratisierung des Landes ebnen. Parteien waren legalisiert worden und eine neue demokratische Verfassung war in Arbeit. Aber der Riss, der seit dem Spanischen Bürgerkrieg durch die Gesellschaft ging, war keineswegs gekittet.

Eine Stadt unter Schock

Die Mörder von Atocha wollten etwas aufhalten, das sich auch mit Gewalt nicht aufhalten lässt: dass sich Menschen für ein Leben in Würde, in Rechtssicherheit und Gleichheit vor dem Gesetz einsetzen, so wie die Anwälte von Atocha. Selten nahmen in Madrid so viele Menschen an einem Begräbnis teil wie in diesem Fall. Der Leichenzug wurde zu einem langen Marsch für die Demokratie.

»Kunst ist politisch«

Jedenfalls war sie das für Juan Genovés, der 1930 im Valencia geboren wurde und 2020 in Madrid starb. Genovés hatte das Gemälde »El Abrazo« während der Diktatur 1973 begonnen. Er landete dafür im Gefängnis, wenn auch ›nur‹ für eine Woche. Es war nicht sein einziges Werk in dieser Art. Er stellte die Jagd auf Menschen, ihre Flucht, Folterszenen oder Verhaftungen dar, immer mit schablonenhaft und entindividualisiert wirkenden Personen ohne erkennbare Gesichter und meist dunkel gekleidet.

Amnesty International warb mit Genovés' Bild für Amnestie

Nach Francos Tod wurde »El Abrazo« von demokratischen Organisationen als Metapher für ihre Forderung nach Freilassung aller politischen Gefangenen eingesetzt, hunderttausendfach als Postkarte und Poster gedruckt und verbreitet. Eines dieser Poster hing auch im Büro der ermordeten Anwälte von Atocha. Sogar die Menschenrechtsorganisation Amnesty International bediente sich der Gruppenumarmung von Juan Genovés für Plakate, auf denen es um Amnestie-Forderungen ging.

Vom Museum ins Parlament

»Die Umarmung« wie andere Werke des Malers und Grafikers Juan Genovés war eine künstlerische Auseinandersetzung mit dem faschistischen Franco-Regime, es ist ein zutiefst politisches Kunstwerk. Dabei war es eine harmlose Straßenszene, die Genovés inspiriert hatte. Von seinem Balkon hatte er Jungen beim Fußballspielen zugesehen. Zum Schluss umarmten sie sich, weil es ein faires Spiel gewesen war.

»El Abrazo« gehört zum Schatz zeitgenössischer Kunst des Centro de Arte Reina Sofía. Weil dieses Bild symbolisch für eine Zeit steht, die sich in das Gedächtnis der Menschen eingeschrieben hat, weil es für die *transición*, den Übergang von der Diktatur zur Demokratie, und für Aussöhnung, Freiheit und eine bessere Zukunft der Spanier steht, durfte es 2016 einen Ausflug in den Congreso de los Diputados machen. Im spanischen Parlament hängt bis heute eine Kopie.

»Es ist immer Zeit für Umarmungen«

2003 wurde das Standbild einer sich brüderlich und freudig umarmenden Menschengruppe auf der Plaza de Antón Martín platziert. Auf einem 6 m hohen Sockel steht es direkt vor dem U-Bahn-Eingang und nur wenige Meter vom Ort des blutigen Attentats entfernt. Die sich umfassenden Figuren bilden einen geschlossenen, nach innen schauenden Kreis, die Einheitlichkeit und Schablonenhaftigkeit der Kleidung und des Faltenwurfs der Jacken, Hosen und Röcke zeigen sie als eine Gemeinschaft der Gleichen und des innigen Zusammenhalts. Für Juan Genovés, der die Umsetzung seines Bildes »El Abrazo« in Form einer Bronzeskulptur selbst begleitete, steht es für die Aussöhnung der Spanier und für die unbändige Freude über die Wiedergewinnung von Freiheit und Demokratie zur damaligen Zeit.

Es sei ohne Zweifel immer Zeit für Umarmungen, sagte er anlässlich der Übergabe seines Bildes an das Parlament. Auch wenn er den Eindruck habe, dass den Menschen aktuell weniger nach Umarmungen zumute sei. Zu Füßen des Sockels wachsen Planzen und Blumen. ■

Flamenco pa tós – für alle!

Musik, die ins Herz trifft — und seit 2010 mit dem UNESCO-Prädikat »Kulturerbe der Menschheit« ausgezeichnet ist. Nirgendwo erleben Sie besseren Flamenco als in Madrid.

Paco de Lucía. So heißt die Endstation der Madrider Metrolinie 9. Sie führt nach Mirasierra, wo der Großmeister der Flamencogitarre einst wohnte. Die Straßenkünstler Okusho und Rosh333 schufen im 2015 eröffneten Metrobahnhof ein 300 m² großes Wandgemälde, das sie »Entre dos Universos« (Zwischen zwei Welten) nennen, vielleicht eine Anspielung auf »Entre dos Aguas« (Zwischen zwei Meeren) von Paco de Lucía. Dieses legendäre Stück brachte 1975 den internationalen Durchbruch in der Karriere des Flamencokünstlers, der 2014 in Mexiko starb. Jetzt schaut sein farbenfroher, gelockter Kopf auf die Schienen der Metro und die Madrilenen, die unter ihm zu- oder aussteigen.

Hauptstadt des Flamenco

In Andalusien ist der Flamenco eine Art Nationalheiligtum, ein Teil der Identität. Aus diesem Schmelztiegel der Kulturen stammen die Gesangs- und choreografischen Traditionen des Flamenco und werden intensiv gepflegt.

Madrid eine Hochburg des Flamenco? Ja! Die Crème de la Crème der spanischen FlamencokünstlerInnen – SängerInnen, Gitarristen, TänzerInnen – lebt in Madrid. Wer sich in der Szene einen Namen machen möchte, tritt in Spaniens Metropole auf, bei Festivals oder in den *tablaos flamencos.* Das galt schon für den Gitarristen Paco de Lucía oder den Sänger Camarón de la Isla, die beide aus Andalusien stammten. Einige führende Plattenlabels, bei denen die Karriere so mancher KünstlerInnen begann, sind in der Hauptstadt ansässig. Zudem leben hier seit jeher viele Familienclans der *gitanos,* der spanischen Roma, in deren Kultur der Flamenco seine Wurzeln hat. Die Stadt ist das richtige Pflaster, um in die Flamencoszene einzutauchen oder sich einmal von ihrer Musik mitreißen zu lassen.

Wild und traurig …

Die Musik der *gitanos* ist wild und traurig, schwermütig und zornig: Ausdruck von Gemütsverfassungen, die von Liebeskummer, Außenseiterleben, ungerechter Behandlung erzählen. Mit heiserer, kehliger Stimme schreien SängerInnen heraus, was ihnen auf der Seele liegt. Flamenco ist eine expressive Kunst mit einer emotionalen Wucht, die eine atemberaubende Kraft ins Publikum transportiert.

»Flamenco lernt man nicht, man hat ihn im Blut.«

Tatsächlich sind viele Sänger und Gitarristen Autodidakten. Auch Paco de Lucía lernte als Kind das Gitarrespielen von seinem Vater, der in den Kneipen der Hafenstadt Algeciras auftrat. Die musikalische Struktur ist kompliziert, der Rhythmus wechselt ständig. Ob *cante* (Gesang), Gitarre oder Tanz, die Kunst des Flamenco wurde in den Familien von Generation zu Generation weitergegeben.

Gesang, Gitarre, Tanz

Ursprünglich war der Flamenco eine in intimen Zirkeln gepflegte reine Gesangskunst. Metaphernreiche Texte wurden oft spontan vorgesungen, in einer Gesangsform, die zu Recht dem Genre der Kunst zugerechnet wird. Zwei Grundtypen des *cante* bildeten sich heraus: der inbrünstige, ernste, große Gesang *(cante jondo)* und die leichtere und unterhaltsamere Form *(cante chico* = kleiner Gesang).

Seit 1881 in Sevilla das erste Flamencocafé aufmachte und der Flamenco damit an die Öffentlichkeit trat, professionalisierte sich diese Musikkunst. *Tablaos* entstanden, Nachtlokale, in denen die Gäste trinken und essen und dazu Flamenco genießen. Und der *cuadro flamenco* wurde geboren, mit den vier Säulen *cante* (Gesang), *toque* (In-

FLAMENCOFESTIVAL

Suma Flamenca, so heißt das jährlich im Juni und Oktober/November stattfindende Flamencofestival, eines der weltweit bedeutendsten Ereignisse dieser Art. Neben den bekannten Figuren des Genres treten zahlreiche junge Newcomer unter den Gitarren-, Gesangs- und Tanzkünstlern auf.
Tickets und Infos für Flamenco in Madrid: www.flamencotickets.com

Flamenco hat eine große emotionale Wucht: das Stahlgewitter nagelbeschlagener Schuhe, das Stampfen auf dem Bretterboden, anfeuerndes Händeklatschen, der Sound der Gitarren und der expressiv-kehlige Gesang. Oben: Estrella Morente.

strumentalbegleitung, Gitarre), *palmas* (Händeklatschen, ›Percussion‹), *baile* (Tanz). Immer wichtiger, je mehr sich der Flamenco zur Bühnenkunst entwickelte, wurde die Choreografie, das Repertoire einstudierter Tanzbewegungen. Dabei übernehmen alle Teile des Körpers eine Rolle: Arme, Hände und Finger mit komplizierten Drehungen, der stolz aufgerichtete Oberkörper, die den Rhythmus stampfenden Füße in nagelbeschlagenen Schuhen bis hin zu Mimik und Blick.

Pur oder experimentell

Nie ging es dem Flamenco und seinen InterpretInnen so gut wie heute. Einst war er ebenso marginalisiert wie die Volksgruppe, aus der er stammt. Inzwischen ist er eine weltweit anerkannte Musik. Madrid bietet Flamenco für alle *(pa tós!)*, für diejenigen, die ihn pur und klassisch mögen, wie für diejenigen, die Fusion-Flamenco und die experimentelle Vermischung mit Pop, Rock oder Jazz bevorzugen. Leider schlossen einige sehr gute Lokale aufgrund von Corona für immer.

Fusion-Flamenco haben Konzertsäle und Musikclubs wie Galileo Galilei, Café Berlín oder die Sala Clamores im Programm. In *tablaos* wie Corral de la Morería, Las Carboneras, Cardamomo, Tablao Flamenco 1911 oder Las Tablas liegt der Schwerpunkt auf Tanz, aber immer begleitet von Gitarre und Gesang. *Tablaos* bieten Abendmenüs an, für die Sie einen Tisch reservieren können (ca. 30–50 € ohne Menü, Essensbeginn in der Regel ca. eine Stunde vor den Shows). Auch in Theatern wie den Teatros Canal in Chamberí oder dem Teatro Flamenco (Teatro Alfil, www.teatroflamencomadrid.com) in Malasaña kommt Flamenco auf die Bühne. Und dann gibt es noch die *peñas*, die wegen ihres Clubcharakters jedoch nicht so einfach zu finden und zugänglich sind. ■

DAS KLIMA IM BLICK

Reisen bereichert und verbindet Menschen und Kulturen. Wer reist, erzeugt auch CO_2. Der Flugverkehr trägt in erheblichem Maße zur globalen Erwärmung bei. Wer das Klima schützen will, sollte sich für eine schonendere Reiseform (z. B. die Bahn) entscheiden – oder die Projekte von atmosfair unterstützen. Atmosfair ist eine gemeinnützige Klimaschutzorganisation. Die Idee: Flugpassagiere spenden einen kilometerabhängigen Beitrag für die von ihnen verursachten Emissionen und finanzieren damit Projekte in Entwicklungsländern, die dort den Ausstoß von Klimagasen verringern helfen. Dazu berechnet man mit dem Emissionsrechner auf www.atmosfair.de, wie viel CO_2 der Flug produziert und was es kostet, eine vergleichbare Menge Klimagase einzusparen (z. B. Berlin – London – Berlin 14 €). Atmosfair garantiert die sorgfältige Verwendung Ihres Beitrags.

Offene Fragen*

Wird man von Tapas überhaupt satt?
Seite 15

Wo wohnt denn eigentlich der König?
Seite 215

Ist der Patican das Pendant zum römischen Vatikan?
Seite 125

Wird Madrid jemals radfahrtauglich?
Seite 265

Das beste Bier der Stadt ist ein deutsches, oder?
Seite 141

Wenn das Wappentier eine Bärin ist, warum wird sie dann Bär (Oso) genannt?
Seite 240

War Karl III. der beste Bürgermeister?
Seite 288

Ist Salamanca eine Stadt oder ein Aristokrat?
Seite 193

Leben hier die Nonnen immer noch in Klausur?
Seite 100

Die höchstgelegene Hauptstadt der EU heißt wie?
Seite 241

15-M, das ist ein Geheimdienst?
Seite 291

Ist der Campus Prado eine Universität?
Seite 43

Wo ist der Kopf von Goya geblieben?
Seite 176

Bewacht die Oberste Heeresleitung die Bank von Spanien?
Seite 46

** Fragen über Fragen – aber Ihre ist nicht dabei? Dann schreiben Sie an info@dumontreise.de. Über Anregungen für die nächste Ausgabe freuen wir uns.*

Maria Anna Hälker lebte ein Jahr lang in Madrid und war sofort Feuer und Flamme für die spanische Metropole. Weil sie, wie sie findet, einfach eine gute Energie hat, zieht es sie immer wieder zum Besuch von Freunden dorthin. Für DuMont schrieb sie auch das Reise-Taschenbuch über Andalusien.

Manuel García Blázquez wurde in Salamanca geboren, ist jedoch seit seinem 16. Lebensjahr in Madrid zu Hause. Er studierte an der Universidad Complutense und arbeitet als freier Journalist, u. a. zu Madridthemen. Für DuMont schrieb er Reiseführer zu Madrid, Málaga, der Costa del Sol und Costa Blanca.

Abbildungsnachweis
Ángela Martín-Retortillo, Madrid (ES): S. 263 **Archivo Fundación Anselmo Lorenzo (CNT),** Madrid (ES): S. 290 **Ayuntamiento de Madrid,** San Antonio de la Florida (ES): S. 176 **Chocolatería de San Ginés,** Madrid (ES): S. 14 **iStock.com,** Calgary (CA): S. 7 u. li. (Rouzes) **Katrin Hasert,** Stuttgart: S. 303 o. **laif,** Köln: S. 62 re., 71 (Gerhard Westrich); 150 (Gunnar Knechtel); 55 (hemis.fr/Hervé Hughes); 261 (Miquel Gonzalez) **Lookphotos,** München: Titelbild (age fotostock) **Manuel García Blázquez,** Madrid (ES): Umschlagklappe vorn, 2/3, 6, 7 o. li., 7 re., 8, 16 o., 16 u., 18, 19 re., 21 M., 21 re., 23, 25, 27, 34 li., 34 re., 35 M., 37, 42, 44, 47, 50, 52, 57, 62 li., 63 li., 65, 67, 74, 81 M., 91, 92, 95, 99, 101, 103, 107, 110 li., 110 re, 111 M., 111 re., 113, 114, 121, 125, 126 li., 137, 140, 144 li., 144 re., 145 M., 155, 157, 160, 162, 166 re., 167 M., 167 re., 169, 175, 182, 184, 188, 190 li., 190 re., 191 M., 191 re., 193, 199, 202, 206, 208, 211, 212 li., 213 M., 213 re., 215, 216, 219, 225, 226, 230, 236, 239, 240, 262, 265, 266, 272 o., 272 li. u., 272 re. u., 283 **Mariana Copola,** Madrid (ES): S. 105 **Mauritius Images,** Mittenwald: S. 281 (Alamy/Alamy Stock Photos/ IanDagnall Computing); 234 (United Archives) **Niko Chicote,** Madrid (ES): S. 10, 11, 15, 19 li., 20, 26, 29, 32/33, 35 re., 41, 49, 61, 63 re., 72, 75, 76, 79, 80 li., 80 re., 81 re., 83, 87, 88, 97, 109, 118, 126 re., 127 M., 127 re., 129, 133, 134, 142, 145 re., 147, 152, 163, 165, 166 li., 172, 179, 197, 205, 258/259, 268, 270, 271, 275, 276, 278, 289, 292/293, 295, 297 o., 297 u. **Pedro Guerra,** Madrid (ES): S. 212 re., 223 **picture-alliance,** Frankfurt a. M.: S. 286 (Prisma Archivo) **Room Mate Hotels,** Madrid (ES): S. 28 **Shutterstock.com,** Amsterdam (NL): S. 22 (EQRoy) **Vincci The Mint,** Gran Vía, Madrid (ES): S. 24, 30 **Virginia Verdejo,** San Lorenzo de El Escorial (ES): S. 303 u.

Zitatnachweis
Zitat S. 282 – Textauszug aus: Cees Nooteboom, Der Umweg nach Santiago. Aus dem Niederländischen von Helga van Beuningen. © Suhrkamp Verlag Frankfurt am Main 1992.

Umschlagfotos
Titelbild: Am Estanque im Parque del Retiro
Umschlagklappe vorn: Das Rathaus an der Plaza de Cibeles

Kartografie
© KOMPASS-Karten GmbH, A-6020 Innsbruck; DuMont Reiseverlag, D-73751 Ostfildern

Autoren: Maria Anna Hälker, Manuel García Blázquez **Redaktion/Lektorat:** Britta Rath **Bildredaktion:** Manuel Gracía Blázquez, Titelbild: Carmen Brunner **Grafisches Konzept und Umschlaggestaltung:** zmyk, Oliver Griep und Jan Spading, Hamburg

Hinweis: Autoren und Verlag haben alle Informationen mit größtmöglicher Sorgfalt geprüft. Gleichwohl erfolgen alle Angaben ohne Gewähr. Bitte schreiben Sie uns! Über Ihre Rückmeldung und Ihre Verbesserungsvorschläge freuen wir uns: DuMont Reiseverlag, Postfach 3151, 73751 Ostfildern, info@dumontreise.de, www.dumontreise.de

2., aktualisierte Auflage 2024

Printed in Poland